RELIURE SERREE
Absence de marges
intérieures

ALABLE POUR TOUT OU PARTIE
DU DOCUMENT REPRODUIT

Couvertures supérieure et inférieure manquantes

61837

# CORRESPONDANCE SECRÈTE

INÉDITE

# DE LOUIS XV.

L'auteur et l'éditeur déclarent réserver leurs droits de reproduction et de traduction à l'étranger.

Ce volume a été déposé au ministère de l'intérieur (direction de la librairie) en avril 1866.

Paris. — Typographie de Henri Plon, imprimeur de l'Empereur,
8, rue Garancière.

# CORRESPONDANCE SECRÈTE

INÉDITE

# DE LOUIS XV

SUR

## LA POLITIQUE ÉTRANGÈRE

AVEC LE COMTE DE BROGLIE, TERCIER, ETC.

ET

AUTRES DOCUMENTS RELATIFS AU MINISTÈRE SECRET

PUBLIÉS D'APRÈS LES ORIGINAUX CONSERVÉS AUX ARCHIVES DE L'EMPIRE

ET PRÉCÉDÉS D'UNE

ÉTUDE SUR LE CARACTÈRE ET LA POLITIQUE PERSONNELLE DE LOUIS XV

PAR

**M. E. BOUTARIC**

Archiviste aux Archives de l'Empire.

TOME PREMIER

PARIS

HENRI PLON, IMPRIMEUR-ÉDITEUR

RUE GARANCIÈRE, 10

1866

# INTRODUCTION.

La publication des documents que nous mettons sous les yeux du public aura pour résultat de modifier l'opinion que l'on a eue jusqu'ici de Louis XV. Nous avons essayé dans une Étude préliminaire de faire ressortir les notions nouvelles que fournit, sur le caractère et la politique personnelle de ce Roi, la correspondance secrète, jusqu'ici restée inédite et même inconnue, qu'il entretint pendant plus de vingt ans avec le comte de Broglie et avec Tercier. On apprendra, non sans étonnement, que Louis XV eut des idées politiques arrêtées; qu'il voulut fermement la liberté de la Pologne; que l'alliance autrichienne fut son ouvrage; qu'il s'occupa sérieusement du gouvernement, à l'insu de ses ministres et de ses maîtresses; et qu'il eut un ministère secret, à la tête duquel était le comte de Broglie.

Aux lettres inédites de Louis XV, dont les autographes sont déposés aux Archives de l'Empire, nous avons joint divers documents relatifs au ministère secret qui ont été publiées dans différents ouvrages. Nous n'avons admis que ceux dont l'authenticité nous était démontrée; et, sauf quelques rares exceptions, le tout a été publié d'après les originaux.

Le lecteur aura donc sous les yeux l'ensemble de ce qui nous est parvenu de la Correspondance secrète. Chaque document est précédé de l'indication de sa provenance, seul moyen d'assurer à ces pièces une créance que l'on serait tenté de leur refuser autrement.

Outre les lumières nouvelles qu'elle nous donne sur Louis XV, la Correspondance secrète a une importance historique très-haute. L'ordre définitif qui doit régler l'équilibre européen n'est pas encore établi; il était, dès la seconde moitié du dix-huitième siècle, dans l'enfantement; et il y a entre la situation présente et l'état de choses constaté dans la Correspondance secrète des analogies qui fixeront l'attention des hommes d'État. On a dit que le passé était le miroir de l'avenir; si cette maxime est une vérité, c'est surtout pour l'histoire des relations des différents peuples entre eux.

Dès lors, les périls qui menacent l'avenir se dessinaient nettement: l'ambition de la Prusse, qui ne peut acquérir de consistance que par des conquêtes incessantes; la faiblesse de la Turquie; l'extension formidable de la Russie, qui s'étendait vers Constantinople; l'embarras de l'Autriche. Un instant le partage de la Pologne, qui est l'œuvre de Frédéric II, vint reculer le danger, en donnant à chacune des trois grandes puissances voisines ce que Louis XV appelait une part du gâteau ; mais ce partage devait un jour ou l'autre créer de nouvelles difficultés.

Cette situation fut vue et décrite avec la plus grande perspicacité par les hommes distingués qui prirent part à la Correspondance secrète, par MM. de Broglie, de Breteuil, Favier, de Vergennes, de Saint-Priest. Ces diplomates éminents, qui étaient animés d'un sincère amour de la France et de vues généreuses, ont cherché quels étaient les moyens de conjurer l'orage. Ce qui était pour eux l'avenir est devenu le présent, et a démontré la justesse de leurs vues. Ils ont donné franchement leur avis à Louis XV, qui n'eut pas la force d'en profiter; mais peut-être leurs lumières et leur expérience ne seront pas perdues.

Ce travail, où les intérêts actuels sont unis au charme singulier que l'on éprouve à explorer un passé inconnu, a été pour moi le délassement de travaux non pas plus sérieux, mais plus arides ; il a occupé ce que j'appellerai mes loisirs, loisirs studieux, comme en sait faire aux archivistes placés sous ses ordres M. le marquis de Laborde, directeur général des Archives de l'Empire. Cet esprit élevé, qui a toutes les intelligences, a compris que les travaux officiels, tels que publications d'inventaires et de documents, classement d'archives, etc., ne pouvaient contenter les archivistes qui vivent au milieu des richesses incroyables accumulées au palais Soubise. Il n'a pas voulu leur imposer le supplice de

Tantale; et conciliant ses devoirs de directeur général avec la sympathie que le savant accorde à ceux qui demandent à l'étude un aliment à l'activité de leur esprit ou un adoucissement à de cruels chagrins, il n'a pas voulu les traiter moins favorablement que les personnes qui viennent chaque jour consulter les Archives pour leurs études et leurs intérêts. En dehors des heures dues à l'administration, il les a conviés à profiter des trésors confiés à sa garde, non plus comme archivistes, mais comme hommes de lettres. C'est là une mesure libérale que l'on ne saurait trop signaler, qui sauvegarde tous les droits et tous les devoirs et impose silence à la malveillance, en donnant à l'archiviste vis-à-vis de tous l'assurance que sa conscience lui donne vis-à-vis de lui-même. Il n'a plus l'air de se dérober à son devoir; sous un contrôle légitime et avec toute la réserve que lui commande sa position, il use d'un droit, du droit au travail intellectuel, le plus noble, le plus désintéressé de tous.

Mais là ne se bornent pas les droits de M. de Laborde à ma gratitude; il s'est créé des titres particuliers à ma reconnaissance, et il m'est doux de la lui témoigner publiquement, pour ces nombreuses marques de bienveillance et pour un de ces gages solennels d'estime qui élèvent un homme aux yeux de tous et le fortifient dans la voie du devoir et de l'honneur.

# ÉTUDE

SUR

## LE CARACTÈRE ET LA POLITIQUE PERSONNELLE
# DE LOUIS XV.

## I.

### LES CORRESPONDANCES INTIMES.

L'étude du dix-huitième siècle est à l'ordre du jour, non sans raison, car ce siècle fut une période de transition, d'enfantement, un champ de bataille entre le passé et l'avenir. Il y a donc un très-grand intérêt à bien connaître les hommes qui représentèrent les éléments divers dont le choc devait amener la Révolution. A la tête de ceux qui personnifient le passé, est celui qu'on peut appeler le dernier roi de France, Louis XV, car le malheureux Louis XVI avait bien avant 1789 rompu avec l'ancienne tradition monarchique : il y avait en lui l'étoffe d'un roi constitutionnel. Louis XV, au contraire, avait reçu et conserva intacte cette vieille foi dans le droit divin de la royauté, qui plaçait le prince dans une sphère au-dessus de l'humanité et subordonnait les intérêts de la France à ce que les courtisans appelaient la gloire du Roi.

Louis XV a été sévèrement jugé, mais on a plutôt flétri l'homme que le Roi : on n'a fait attention qu'à son immoralité, au funeste exemple qu'il donna. On n'a pas recherché si le gouvernant fut aussi coupable ou aussi négligent qu'il le paraît au premier abord. Ce jugement a été porté à la fin du siècle dernier, alors que le souvenir récent de ses vices, la faiblesse de son successeur, la catastrophe qui fit tomber dans le sang la dynastie des Bourbons, étaient autant de causes qui empêchaient d'apporter dans l'appréciation de ce règne une impartialité suffisante; mais le temps semble venu de faire reprendre à la vérité ses droits. L'éloignement, la publication d'importants documents, l'étude de sources d'informations encore inédites, le progrès de la critique historique, et l'expérience politique acquise depuis plus d'un demi-siècle, nous mettent à même de procéder avec plus d'indépendance et de sûreté à l'examen du rôle qu'a joué Louis XV.

Posons nettement l'état de la question. S'il ne s'agissait que d'attirer de nouveau l'attention sur les hontes et les débauches de cette époque, nous n'aurions point pris la plume. Il y a des images et des récits auxquels l'histoire ne saurait se complaire, même en les réprouvant, sans compromettre sa pudeur et sa dignité; mais parmi les points obscurs que l'on peut éclairer, il en est qui sont susceptibles de donner satisfaction au désir inné dans les cœurs honnêtes d'envisager les hommes sous un jour moins défavorable et de faire en toute chose, si petite qu'elle soit, la part du juste et du bien. Tel est le but que nous nous proposons. La mémoire de Louis XV gagnera certainement aux révélations qu'il nous fournira lui-même. Loin de nous toutefois la pensée de le réhabiliter : nous ne le voulons pas, nous ne le pourrions; mais, entre la réhabilitation qu'il serait téméraire d'essayer et la flétrissure dont on l'a marqué au front, il y a des degrés. Le jugement porté n'en restera pas moins acquis dans ce qu'il a de général et d'essentiel; l'humanité serait bien à plaindre s'il en était autrement, et que pour peser un homme public à sa valeur il fallût attendre un temps plus ou moins long et les lents travaux de l'érudition. Non : il y a la conscience de tous, qui, du vivant même, blâme ou glorifie, absout ou condamne, et prononce un arrêt dont il est rarement permis d'appeler. L'examen attentif des pièces du procès confirme toujours la sentence : elle procure tout au plus le bénéfice des circonstances atténuantes : ce bénéfice, nous croyons être en droit de le demander pour Louis XV.

Il a été condamné par son époque et par les âges qui l'ont suivi, et à juste titre ; cependant les contemporains bien informés s'accordent à reconnaître en lui tout ce qu'il fallait pour faire un honnête homme et un bon roi, de la finesse dans l'esprit, de la dignité, et, qui le croirait? un sincère amour du bien. Mais ces qualités furent annulées par des vices nombreux et par quelques-uns de ces défauts qui chez les princes sont aussi funestes que les vices. Il mit la débauche sur le trône et avilit la couronne en abandonnant, par indolence, le gouvernement à des favorites ; en laissant la Pompadour et la du Barry arbitres des destinées de la France. Cet oubli honteux de tout devoir et de toute bienséance avait sa source, non pas dans une coupable indifférence, mais dans une incroyable faiblesse de caractère et dans une défiance de soi-même qui n'était égalée que par celle que lui inspiraient les gens dont il était entouré.

Il était persuadé qu'un honnête homme ne voudrait pas rester à sa cour; avec cela, il aimait son pays. Il se savait mal servi : maître absolu, il n'avait qu'à parler pour être obéi, et fort de sa conscience il pouvait ordonner ; mais il était tellement timide, disons le mot, tellement pusillanime, qu'après avoir soigneusement cherché le bon parti et s'être éclairé dans son for intérieur, il se décidait presque toujours, quoique à regret, pour le mauvais qui lui

1.

était proposé par ses ministres ou par ses maîtresses. Il était de notoriété publique qu'au Conseil, lorsque le Roi ouvrait un avis, cet avis était toujours combattu et que le prince finissait, après quelques objections, par adopter le sentiment de ses conseillers, et cela en sachant qu'il faisait mal, et en se disant tout bas : Tant pis, ils l'ont voulu. Il justifiait ainsi ces vers d'un ancien, qu'un de ses historiens a pris pour épigraphe de son livre :

. . . . . Video meliora proboque,
Deteriora sequor.

Défiance et timidité, tel était le fond de son caractère. Cette tendance avait été fortifiée par l'éducation qu'on lui avait donnée. Unique et faible rejeton d'une illustre race, des bruits de poison répandus autour de son berceau avaient fait craindre pour sa vie les serviteurs dévoués de la monarchie qui plaçaient en lui leur dernière espérance. Enfant, il avait vu son gouverneur, le maréchal de Villeroy, afficher les précautions les plus injurieuses pour le Régent, qui à bout de patience finit par ôter au petit roi ce mentor trop zélé mais cher à son pupille. Le duc d'Orléans mort, le poids des affaires tomba tout entier sur un enfant de treize ans qui, n'ayant pas comme son aïeul la force de saisir d'une main ferme les rênes de l'État, après avoir subi quelque temps à contre-cœur la direction du duc de Bourbon, fit de son ancien précepteur Fleury son ministre, et celui-ci eut sur le Roi un empire d'autant plus absolu qu'il était volontaire et qu'il reposait sur une entière confiance. On ne saurait calculer l'influence qu'eut sur Louis XV cette longue tutelle, pendant laquelle il ne fut qu'un écolier docile, s'habitua à ne prendre aucune décision par lui-même et s'en remit sur toutes choses à son ministre.

Fleury gouverna ainsi dix-sept ans. Quand il mourut, le pli était pris : le pouvoir était un fardeau trop lourd, Louis XV ne voulut pas le porter, et ne sachant à qui le confier, il laissa ses maîtresses s'en emparer. Ce furent elles qui gouvernèrent, nommèrent et chassèrent les ministres, souvent sans que le Roi y eût d'autre part que celle d'un instrument docile, n'osant manifester son improbation. Il lui échappait dans l'intimité de ces mots qui peignaient sa profonde faiblesse et les violences morales qu'il subissait. Ayant, par suite des obsessions de madame de Pompadour, remercié M. de Machault, ministre de la marine, il épanchait l'amertume de son âme dans une lettre à sa fille chérie la duchesse de Parme. « Ils ont tant fait, lui écrivait-il, qu'ils m'ont forcé à renvoyer Machault, l'homme selon mon cœur; je ne m'en consolerai jamais. » Vers la fin de sa vie, il disait en parlant de M. de Monteynard, ministre de la guerre, que les intrigues du duc d'Aiguillon et de madame du Barry cherchaient à renverser : « Il faudra bien qu'il tombe, car il n'y a que moi qui le soutienne. »

Quand il avait pris une résolution importante, il ne savait comment l'exécuter; sa timidité lui faisait même jouer un rôle odieux. Les disgraces étaient toujours précédées de prévenances et de caresses; mais dès qu'il avait frappé, c'était pour toujours, moins par dureté de cœur et pour ne point pardonner, que pour éviter l'embarras de se trouver face à face avec celui contre lequel il avait sévi : on ne quittait le ministère que pour l'exil, et de l'exil on ne revenait jamais. Et cependant il avait au fond du cœur le sentiment profond et vivace de ce qui était bon et vrai, mais il craignait de se compromettre et d'engager sa responsabilité. Il faut reconnaître que si le courage d'imposer sa volonté ou sa conviction lui manquait, cette conviction il la gardait, et il cherchait dans son particulier à l'éclairer et à l'affermir. Il devint dissimulé et faux. Il s'habitua à jouer double jeu : c'est ainsi qu'il eut son trésor privé, sa politique personnelle, et même un gouvernement occulte, en opposition avec le gouvernement officiel; l'homme passa une partie de sa vie à entraver et à contrarier le Roi.

C'est cet étrange caractère que je veux montrer dans tout son jour. Outre la satisfaction donnée à une curiosité légitime, il y aura peut-être quelque enseignement salutaire dans le spectacle d'un roi absolu réduit aux plus obscures intrigues pour chercher à faire prévaloir sa volonté qu'il n'osait pas déclarer, engageant avec ses ministres une lutte sourde et cachée, et, en fin de compte, déçu dans ses espérances, froissé dans son amour-propre, conspirateur émérite, persister jusqu'à son dernier souffle dans des intrigues percées à jour de toutes parts, et ne devant qu'à son rang suprême de ne point partager la captivité ou l'exil de ses agents, j'allais dire de ses complices. On croirait assister à quelque rêve, à quelque scène des Mille et une nuits, mais la réalité est là dans toute sa certitude, on peut dire dans toute sa nudité, et c'est pièces en main que nous allons dérouler sous les yeux du lecteur quelques-unes des étranges péripéties du gouvernement secret de Louis XV. Nous ne prétendons pas faire une histoire complète de ce gouvernement; les documents qui nous sont parvenus ne nous le permettraient pas; nous nous bornerons à montrer la part que prit personnellement Louis XV à cette politique souterraine qui était la véritable expression de sa pensée et dont il ne cessa jamais d'être l'âme.

Mais il n'arriva pas d'emblée à une situation aussi extraordinaire; il y fut conduit par degrés et insensiblement. Élevé à l'école sénile de Fleury, il avait de bonne heure contracté des habitudes d'intrigue et de dissimulation qui du reste étaient d'accord avec le fond de son caractère. « La marotte du Roi, dit quelqu'un qui l'étudia de près, est de ne vouloir pas être pénétré[1]. » Personne, sauf Fleury, n'eut sa confiance entière. Il se complaisait dans les petits moyens et les voies tortueuses. Outre les rapports officiels que lui faisait chaque jour le lieutenant de police, qui avaient souvent pour objet les anecdotes les moins dignes de l'attention d'un roi et dont se repaissait sa lubricité, il avait à Paris et à Versailles des agents qui le tenaient au courant des intrigues politiques et des secrets de la vie privée. Un valet de chambre recueillait et transmettait à son maître les informations provenant de cette source impure[2].

Tous les dimanches, l'intendant des postes entretenait le Roi des découvertes du cabinet noir, où des commis invisibles décachetaient les lettres et transcrivaient celles qui leur paraissaient intéressantes. Personne n'échappait à cette inquisition, et Louis XV ne rougissait pas de se servir des notions qu'il acquérait ainsi[3]. Ce fut à la suite de l'interception d'une lettre à un ami que le comte d'Argenson, ministre de la guerre, fut disgracié et exilé. Le cabinet noir coûtait des sommes énormes. Il reçut une activité nouvelle sous l'intendant Jeannel, qui faisait participer madame de Pompadour à ses découvertes.

Du vivant même de Fleury, Louis XV entretenait en secret une correspondance politique avec M. de Chauvelin, qui voulut mettre à profit ce rôle de confident, pour supplanter le cardinal : mais celui-ci dominait encore son

---

[1] *Mémoires du marquis d'Argenson*, édit. Rathery, t. IV, p. 42.
[2] *Mémoires de l'abbé Georgel*, t. I, p. 278.
[3] *Mémoires de d'Argenson*, t. VII, p. 92.

ancien élève, et M. de Chauvelin fut chassé du ministère et exilé à Bourges[1].

Fleury mort, le Roi se trouva fort embarrassé. En pareille circonstance, à la mort de Mazarin, Louis XIV s'était écrié : « Enfin, je suis roi ! » Louis XV, plus modeste, se contenta de dire : « Me voilà premier ministre. » Il ne le fut même pas. Alors paraît un homme qui, sans remplacer Fleury, et surtout sans titre officiel, eut pendant quelque temps une influence considérable sur les affaires de l'État et dont Louis XV suivit avec déférence les conseils : je veux parler du maréchal de Noailles.

C'est une honnête figure que celle de M. de Noailles. Fils d'un maréchal de France, époux de mademoiselle d'Aubigny, nièce de madame de Maintenon, confident de Louis XIV, qui lui avait remis, comme à un gardien fidèle, les Mémoires de son règne et les papiers où il s'était plu à consigner ses réflexions sur le métier de roi, Adrien-Maurice de Noailles avait su, sans s'avilir, sans se compromettre, devenir l'ami du Régent et remplir, non sans intelligence et sans dignité, la place de président du conseil des finances. Il quitta cette position lors du triomphe des idées de Law, qu'il combattit, et fut admis à siéger au conseil de régence. Exilé par Dubois, il revint à la cour après la mort de ce dernier, et eut l'honneur de voir déclarer publiquement le mariage de sa sœur avec le comte de Toulouse, fils légitimé de Louis XIV. Maréchal de France en 1734, bien vu du Roi, qui aimait en lui le frère de la comtesse de Toulouse, son amie intime, et le père des deux compagnons de son enfance, le duc d'Ayen

---

[1] D'Argenson, t. VI, p. 58 et 59. — Il ne faut pas confondre ce premier exil avec une seconde disgrâce éprouvée par M. de Chauvelin pour avoir, après la mort du cardinal, adressé au Roi un mémoire contre son administration.

et le comte de Noailles, protégé du cardinal Fleury, M. de Noailles fut, au mois d'août 1742, appelé à organiser la défense des côtes de Flandre, menacées par les Anglais. Il entra à cette occasion en correspondance directe avec Louis XV, auquel il demanda la permission de soumettre avec franchise ses observations sur les affaires du temps. Louis XV accepta ces ouvertures, et, déposant l'étiquette, annonça qu'il laisserait désormais de côté, en écrivant au maréchal, les formules royales de *Mon Cousin* et de *Que Dieu vous ait en sa sainte et digne garde.* « Je crois que vous ne voulez pas d'autre fin qu'adieu, monsieur le maréchal, jusqu'au revoir, où il plaira au bon Dieu. » (10 octobre 1742.)

Dès lors s'établit entre le Roi et le maréchal une correspondance intime, qui vient d'être publiée d'après les originaux du Dépôt de la guerre, par ordre de M. le maréchal Randon, par M. Camille Rousset, l'heureux historien de Louvois[1]. Cette correspondance n'était ni inconnue ni entièrement inédite. En 1777, l'abbé Millot y avait largement puisé pour rédiger ses *Mémoires politiques et militaires, pour servir à l'histoire des règnes de Louis XIV et de Louis XV,* composés sur les pièces originales recueillies par Adrien-Maurice, duc de Noailles[2]. Des lettres intimes de la main de Louis XV étaient une trop heureuse fortune pour que Millot les négligeât : il en a publié une bonne partie, donné des extraits ou des analyses du reste; mais, écrivant quelques années après la

---

[1] *Correspondance de Louis XV et du maréchal de Noailles,* publiée par ordre de S. E. le maréchal comte Randon, ministre de la guerre, d'après les manuscrits du Dépôt de la guerre, avec une introduction par Camille Rousset. Paris, 1865, 2 vol. in-8°.

[2] 6 vol. in-12, réimprimés depuis dans les collections des *Mémoires sur l'histoire de France,* de Petitot et de Michaud. Nous citerons d'après l'édition originale.

mort de Louis XV, à une époque où plusieurs des personnes nommées dans ces lettres étaient encore vivantes ou avaient laissé des descendants dont il fallait ménager le crédit ou l'amour-propre, il dut omettre des passages renfermant des jugements sévères ou des anecdotes fâcheuses. En outre, Millot n'entendait pas l'histoire comme nous l'entendons; ce qu'il cherchait dans les lettres de Louis XV, c'étaient des marques de bonté pour M. de Noailles; peu lui importait de nous faire connaître l'homme et le roi. Pour ces différentes raisons, les Mémoires rédigés par Millot, bien que contenant des documents de premier ordre, n'ont pas servi à éclairer le caractère de Louis XV. La correspondance complète du Roi et du maréchal de Noailles, publiée par le ministère de la guerre, nous révèle le Louis XV de la maturité, de 1742 à 1756. C'est pour ainsi dire le prologue de la correspondance secrète, avec cette différence que M. de Noailles provoqua les confidences du Roi, tandis que les agents du ministère secret étaient chargés d'instruire le Roi et d'exécuter ses volontés personnelles. Louis XV aimait beaucoup à écrire : il s'entretenait volontiers des affaires publiques et demandait conseil par écrit[1]; mais jusqu'ici peu de lettres de lui nous sont connues. Profitons donc de l'intéressante publication de M. Rousset et de celle des Mémoires du duc de Luynes et du marquis d'Argenson, pour demander aux lettres mêmes de Louis XV le secret de sa pensée.

Autorisé à écrire librement à Louis XV, M. de Noailles hésita; il craignit de trop s'avancer et sollicita une permission plus explicite. « Quels que soient le zèle et le

---

[1] Il entretint une correspondance avec les frères Pâris. Espérons que peu à peu les lettres de Louis XV se produiront au jour et qu'on pourra publier sa correspondance complète.

dévouement qui puissent remplir le cœur le plus pénétré de respect et d'amour pour Votre Majesté, une infinité de raisons que sa pénétration lui fera aisément découvrir, retiennent ceux mêmes qui seroient le mieux intentionnés et le plus en état de la servir. Ainsi, jusqu'à ce qu'il plaise à Votre Majesté de me faire connoître ses intentions et sa volonté, me bornant uniquement à ce qui regarde la frontière dont elle m'a donné le commandement, je parlerai avec franchise et liberté sur l'objet qui est confié à mes soins, et je me tairai sur tout le reste, toujours prêt cependant à vous exposer, Sire, lorsque vous le voudrez, ce qu'un zèle sans bornes, l'attachement le plus véritable, l'amour de la vérité, quelque étude et quelque méditation soutenues d'une expérience de près de cinquante ans, peuvent m'avoir acquis des connoissances qui pourroient peut-être n'être pas inutiles au service de Votre Majesté et au bien de son royaume. Mais si vous voulez, Sire, qu'on rompe le silence, c'est à vous de l'ordonner[1]. »

Le Roi donna l'exemple de la confiance au maréchal ; il lui fit part de ses sentiments, et expliqua, en fort bons termes, ses vues dans la lettre suivante :

A Versailles, ce 26 novembre 1742[2].

« Il est vrai que j'ai été très-sensible à nos malheurs d'Allemagne, mais par malheur il y a longtemps qu'ils durent ; tâchons, je vous prie, qu'il n'en arrive pas autant en Flandre. M. le cardinal m'a envoyé une lettre que vous lui avez écrite en dernier lieu de Saint-Omer ; elle dépint bien nos maux présents et futurs, et j'ai une grande confiance en vous pour les prévenir et les empêcher, s'il est possible. Tout ce qui m'est revenu de vous depuis que

---

[1] Saint-Omer, 20 nov. 1742.—Millot, t. V, p. 314.—Rousset, t. I, p. 8.
[2] Millot, t. V, p. 315. — Rousset, t. I, p. 9.

vous êtes sur cette frontière m'en donne cette idée ; tâchez de ne pas la démentir dans la suite.

» Tout le monde est bien persuadé qu'il faut faire revenir nos troupes d'Allemagne, et vous croyez bien que quand cela sera les régiments de vos enfants seront des premiers ; mais jusqu'à présent cela n'a pas été possible, et, pour l'exécution, il faudra un profond secret ; car, sans cela, les ennemis qui pourroient le savoir d'assez bonne heure tomberoient aisément sur ce qui y resteroit : et quelle augmentation de malheurs si nous perdions encore ce reste d'armée-là ! Nous prenons des arrangements en conséquence, et nous songerons aux augmentations que vous jugez, avec grande raison, être si nécessaires, soit pour soutenir la guerre, soit pour ouvrir une négociation de laquelle je sens aussi bien que vous toute la nécessité : elle me coûtera peut-être d'une part, mais, de l'autre, quelle consolation pour moi de voir mes sujets goûter le repos d'une solide paix ! Le feu Roi, mon bisaïeul, que je veux imiter autant qu'il me sera possible, m'a recommandé en mourant de prendre conseil en toutes choses et de chercher à connoître le meilleur pour le suivre toujours ; je serai donc ravi que vous m'en donniez ; ainsi je vous ouvre la bouche, comme le Pape aux cardinaux, et vous permets de me dire ce que votre zèle et votre attachement pour moi et mon royaume vous inspireront. Je vous connois assez, et depuis assez de temps, pour ne pas mettre en doute la sincérité de vos sentiments et votre attachement à ma personne.

» Louis. »

Sur ces entrefaites, Fleury meurt. M. de Noailles, pour qui Louis XIV était le type du monarque accompli, veut donner à son arrière-petit-fils le désir de gouverner lui-même. Il lui adresse dans ce sens un mémoire remarquable qu'il appuie du double des instructions remises par Louis XIV au duc d'Anjou, quand celui-ci partit pour prendre possession du trône d'Espagne[1]. Ce que M. de Noailles recommande avant tout d'éviter, c'est d'avoir un premier ministre ; honorable désintéressement, car M. de Noailles aurait pu chercher à profiter de la faveur du Roi pour se couler tout doucement à ce poste envié.

Parmi les conseils que Louis XIV donnait au Roi d'Espagne, et que M. de Noailles priait Louis XV de prendre pour lui, étaient ceux-ci :

« Si vous êtes contraint de faire la guerre, mettez-vous à la tête de vos armées.

» Ne quittez jamais vos affaires pour votre plaisir.

» Donnez une grande attention aux affaires ; quand on vous parle, écoutez beaucoup dans le commencement, sans rien décider.

» Quand vous aurez plus de connoissance, souvenez-vous que c'est à vous de décider ; mais, quelque expérience que vous ayez, écoutez toujours tous les avis et tous les raisonnements de votre Conseil, avant que de faire cette décision.

» Je finis par un des plus importants avis que je puisse vous donner : *Ne vous laissez pas gouverner, soyez le maître.* N'ayez jamais de favori ni de premier ministre. Écoutez, consultez votre Conseil, mais décidez. Dieu, qui vous a fait roi, vous donnera toutes les lumières nécessaires, tant que vous aurez de bonnes intentions. »

C'était là un royal langage, dont Louis XV aurait dû profiter : les bonnes intentions, il les avait ; cette Étude le prouve surabondamment ; mais il n'avait pas la force de les imposer ; il ne sut pas être roi. Le maréchal de Noailles, à la suite de cette communication, fut nommé

[1] Millot, t. II, p. 4. — Rousset, t. I, p. 28.

ministre sans portefeuille, ce qu'on appelait ministre d'État; il eut pendant quelque temps tellement l'oreille du maître, qu'il exerça un contrôle qui s'étendait à tout. « La survenue du maréchal de Noailles dans le Conseil rend la vie très-dure aux ministres, dit le marquis d'Argenson ; ce n'est pas un premier ministre, mais c'est un inspecteur importun qui leur a été donné, lequel se mêle de tout, quoiqu'il ne soit le maître de rien[1]. »

La tâche de M. de Noailles fut de rappeler sans cesse les traditions de Louis XIV : il alla même quelquefois trop loin dans cette direction, et cita des exemples qu'il eût été sage de taire ou de réprouver. Il avait tort de dire, à propos de dépenses utiles, il est vrai : « Lorsque le feu Roi votre bisaïeul avoit jugé une dépense juste et nécessaire, il falloit qu'on en trouvât les fonds, parce qu'il le vouloit. Votre Majesté doit expliquer sa volonté et la faire respecter : son royaume est fécond en ressources, et, dès qu'elle le voudra, et que l'on s'appliquera à rechercher les moyens et les expédients qu'on peut mettre en usage, *l'argent ne doit pas manquer et ne manquera pas.* » (23 mars 1743[2].) Paroles imprudentes, surtout après avoir affirmé quelques mois auparavant que le pays était écrasé d'impôts dont il était urgent de le soulager (20 novembre 1742). Il était dangereux et impolitique de dire à un roi qu'il n'avait qu'à vouloir et à ordonner pour se procurer de l'argent.

Nous ne suivrons pas M. de Noailles dans le détail de ses avis : nous ne voulons ni tracer sa biographie ni même faire ressortir ses mérites. Ce que nous cherchons, ce sont les traits qui peuvent nous procurer une notion plus complète du caractère de Louis XV, nous faire pénétrer dans

---

[1] *Mémoires de d'Argenson*, t. IV, p. 61.
[2] Rousset, t. I, p. 41.

sa pensée, nous divulguer les habitudes de son esprit. Les éléments de cette étude psychologique se trouvent dans ses lettres, et ce sont elles que nous interrogerons. Nous laisserons Louis XV parler autant que possible : nous l'aurons ainsi peint par lui-même ; non le Louis XV de la Pompadour et de la du Barry, mais le Louis XV de madame de Châteauroux : car bien que la correspondance avec M. de Noailles aille de 1742 à 1758, elle n'est suivie et véritablement intime que jusqu'en août 1744. Elle reprend quelque vivacité en 1746 ; mais dès la fin de cette dernière année elle fait place à un commerce irrégulier et sans épanchements. S'il n'y a pas disgrâce pour M. de Noailles, il n'y a plus faveur, et l'on ne rencontre plus du côté du Roi cet abandon qui est le caractère de la correspondance des deux premières années. Aux lettres adressées à M. de Noailles nous joindrons celles que Louis XV écrivit à d'autres personnes de son intimité et qui nous sont parvenues : et nous réunirons tous les traits qui peuvent servir à nous donner sa physionomie. Les lettres du Roi à M. de Noailles sont écrites sans art, mais non sans réflexion : tout y est mêlé, la politique, les nouvelles de cour ; on y rencontre de nombreuses réflexions qui prouvent que le Roi savait envisager les vilains côtés de la vie et que bien des amertumes venaient le troubler sur le trône. Il était clairvoyant par nature, équitable par tempérament, bienveillant par caractère : il lui coûtait de parler sévèrement, il lui répugnait de frapper. Pour donner une idée de ses procédés épistolaires, je vais rapporter en entier une lettre qu'il adressa à M. de Noailles, contre lequel on avait porté deux accusations fort graves : l'une, d'avoir divulgué au comte de Looss, ambassadeur de Saxe, un secret d'État relatif à une négociation avec le Piémont ; l'autre, d'aller contre les instructions militaires que lui avait remises le Roi en l'envoyant commander une armée en Allemagne.

### Louis XV au maréchal de Noailles.

A Versailles, ce 20 mai 1743 [1].

« L'avis me venoit par le cardinal de Tencin lui-même; mais lui, je ne sais d'où il lui venoit. Comme j'étois bien persuadé de la fausseté de l'avis, je ne me suis pas fort tourmenté de ce qu'on y disoit sur vous. Une chose qui me fait plus de peine que cela, c'est de vous voir changer absolument le projet que vous aviez quand vous êtes parti d'ici. La dépêche que M. d'Argenson vous envoie de moi, ainsi que celle qu'il vous écrit de ma part sur ce sujet, vous instruira assez de mes volontés; joint à cela, la copie de celle que j'envoie à M. de Broglie vous fera voir que mon intention n'est pas d'abandonner l'Empereur ni la Bavière, et que vous ne sauriez mieux faire que d'en revenir à votre premier projet. Je sais aussi fort bien que les choses qui devroient être les plus secrètes ne le sont pas toujours : j'en suis et en ai été assez peiné; mais il faudroit donc faire toujours tout seul ce que l'on ne voudroit pas qui fût su, et vous savez que cela est presque toujours impossible. J'attends des nouvelles de Turin avec la dernière impatience, et je vous promets que vous ne tarderez pas à savoir le résultat de ce qui s'y sera passé.

« Les envieux mourront, mais non jamais l'envie, et tant que vous n'y donnerez pas plus de prise, souciez-vous peu de ce qu'ils feront et diront. Qui est-ce qui est à l'abri des discours ?

« Mes compliments, je vous prie, au duc d'Ayen et au comte de Noailles, l'un pour n'avoir pas été et l'autre

---

[1] Millot, t. V, p. 340 (sauf la première et la dernière phrase). — Rousset, t. I, p. 69.

pour avoir été [nommé maréchal de camp]. Le premier doit être présentement installé dans la dignité de maréchal, presque comme vous. Je vous prie d'en faire part à ses amis et amies. Il doit voir aussi qu'on ne lui manque pas absolument de parole. La pauvre mademoiselle de Nantes [1] est dans un pitoyable état, et périra vraisemblablement dans peu, ainsi que messieurs ses frères [2]; j'en suis très-fâché, car c'étoit une très-bonne princesse. »

La correspondance devient de plus en plus intime; outre l'estime que le Roi avait pour M. de Noailles, un nouveau lien les unissait : la faveur de madame de la Tournelle, qui devait depuis, sous le nom de duchesse de Châteauroux, jeter un scandaleux éclat sur la conduite privée de Louis XV. Madame de la Tournelle était amie du maréchal. Je ferai remarquer que c'est surtout pendant le court règne de cette favorite que M. de Noailles eut la confiance du Roi, qui plus d'une fois entretint son correspondant de celle que, dans un moment d'agréable humeur, le maréchal avait appelée la Ritournelle. L'habitude de donner des surnoms était répandue dans la meilleure compagnie et même à la cour, et ces surnoms n'avaient pas toujours la délicatesse qu'auraient pu souhaiter ceux auxquels on les appliquait. Louis XV ne se faisait pas faute de ces appellations plus que familières, qui nous étonnent dans la bouche d'un prince : il désignait ses trois filles par les ignobles sobriquets de Chiffe, Loque et Graille; et dans sa correspondance même avec M. de Noailles il appelle la duchesse de Villars, fille de ce dernier, la bonne Idiote. Mais ne l'oublions pas, ce mauvais goût était celui du temps, et les lettres de madame du Deffand nous montrent les étranges surnoms,

---

[1] Fille de Louis XIV et de madame de Montespan, mère du duc de Bourbon.

[2] Le duc du Maine, et le comte de Toulouse.

l'Idole, les Oiseaux de Steinkerque, le Merle, donnés et reçus par les hommes et les femmes les plus distingués, dans la société la plus élégante et la plus spirituelle.

Le maréchal avait à l'armée ses deux fils, le duc d'Ayen et le comte de Noailles, tous deux favoris du Roi, dont ils avaient, ainsi que nous l'avons dit, partagé l'éducation. En père habile et prévoyant, le duc voulut faire participer un de ses fils à la faveur politique dont l'honorait Louis XV ; il demanda en badinant la permission de se servir, comme secrétaire dans sa correspondance intime, du comte de Noailles ; Louis XV autorisa, mais à une condition : « Quand vous trouverez, ajouta-t-il, pour vous seul, je désire que cela n'aille pas plus loin que nous [1].

Cette prudence était excessive, car Louis XV ne se compromettait pas dans ses épanchements avec M. de Noailles : le tour de ces lettres est en général celui de la conversation ; il est familier, il emploie souvent quelqu'une de ces expressions triviales que l'on croit être un signe de notre époque, témoin ce qu'il écrit :

A Versailles, ce 31 mai 1743 [2].

« .... Pour ce qui est de la défense du Necker ou du Mein, je ne vous avois prescrit votre retour sur le Necker qu'au cas que vous ne fussiez pas assez en force présentement pour soutenir le Mein ; puisque vous vous croyez en état de cela, j'en suis ravi, et le serois encore bien davantage si je voyois arriver le duc d'Ayen avec la nouvelle *que vous avez frotté d'importance le superbe Stairs et sa nation insulaire*. N'oubliez pas pourtant que nous avons une armée en Bavière assez en presse, et que l'on en est plus près sur le haut Mein que sur le bas. » L'expression énergique

---

[1] Rousset, t. I, p. 90.
[2] *Idem*, p. 91.

*frotter* lui revient une autre fois sous la plume; et il demande grâce pour cette nouveauté, qui le séduit. Le 22 juin il écrit : « J'espère que vous préviendrez les ennemis aux défilés, ou au moins que vous ne les y laisserez pas passer impunément, désirant autant que le comte de Noailles que vous puissiez *frotter d'importance ces messieurs Anglo-Autrichiens : vous voyez que je me conforme aux mots nouveaux, quand ils me paroissent bons.* »

Si le Roi s'efface de temps à autre devant le franc compagnon, il ne tarde pas à reparaître; mais il ne reste jamais sur une nouvelle politique : c'est le cœur qui parle en dernier. « Pour vous tenir la parole que je vous avois donnée de vous instruire des nouvelles de Turin, je vous dirai que nous en avons eu d'assez mauvaises. L'on ne veut pas de nos projets, l'on demande du temps, l'on nous en promet d'autres; cependant il n'y a encore rien de conclu avec les Anglois, et demain ou après, j'espère que nous aurons la réponse définitive, ayant promis à M. de Senneterre qu'on la lui feroit le 20, et lui ayant un courrier à Gênes exprès pour nous l'apporter. — Je sais que vous avez été assez incommodé, mais que votre cœur a fait marcher votre corps : ménagez l'un et l'autre, je vous prie, et soyez sûr que j'ai été très en peine de vous, parce que je vois que vous me servez bien[1]. »

Cette négociation avec la Sardaigne était une source d'inquiétude : le Piémontais était indécis entre l'alliance de la France et celle de l'Angleterre, désireux avant de se décider de voir clairement quel était le parti le plus avantageux. En attendant, il prêtait l'oreille à toutes les propositions. Nous n'avions pas qu'à stipuler pour nous, mais encore pour l'Espagne : les prétentions de l'Infant don Philippe, auquel il fallait une souveraineté en Italie et qui

---

[1] Millot, t. V, p. 346. — Rousset, t. I, p. 93.

la voulait la plus étendue possible, trouvaient dans le Roi de Sardaigne un contradicteur intéressé.

4 juin 1743 [1].

« Le courrier de Turin est arrivé: il a apporté une longue dépêche pour M. de Solar [ambassadeur du Roi de Sardaigne], qu'on lui a envoyée; il vint hier la communiquer à M. Amelot : elle est très-haute. Il ne veut d'aucun de nos projets et il en propose un ridicule : cependant je crois qu'il ne le faut pas rejeter. On l'a communiqué à M. de Campo-Florido (ambassadeur d'Espagne), qui a envoyé sur-le-champ un courrier à sa cour pour avoir des pleins pouvoirs, parce qu'il veut, lui Roi de Sardaigne, que cela se traite à Paris. Il dit qu'il est toujours libre, mais il ne cache pas que sa négociation avec les Anglois n'est pas rompue et qu'il la suit toujours. Vous voyez ce que cela sent : il promet seulement de nous avertir de tout, et il veut gagner du temps. Il veut aussi que l'Empereur et moi soyons dans son traité. Je ne veux céder qu'une petite partie de la Savoie, et il veut Mantoue; mais il nous est nécessaire : ainsi il faut lui céder quelque chose pour l'avoir. Nous lui avons promis du secours, et c'est le sujet de la lettre dont je parle ci-dessus, et qu'il est bien nécessaire qu'on ne sache pas. Il sent fort bien aussi qu'il peut [le corps qu'on envoie au secours du Roi de Sardaigne] se tourner contre lui ; nous avons un prétexte pour retenir ces troupes, qui est le Languedoc, et effectivement il s'y remue quelque chose. »

Ces citations prouvent que Louis XV avait l'intelligence politique et qu'il se rendait parfaitement compte des situations : aussi une pareille lettre n'avait-elle vraiment pas besoin de l'excuse qu'il crut devoir invoquer pour faire passer les négligences de rédaction qui s'y peuvent trou-

[1] Rousset, t. I, p. 97. — Fragments dans Millot, t. V, p. 347.

ver. « Ma lettre n'est pas trop bien conçue, mais je suis pressé : il est plus d'une heure ; je vais demain à la chasse à Rambouillet, et votre ambassadeur sera vraisemblablement parti quand je reviendrai. De plus, je ne suis pas plus spirituel que cela : mais ce qui est de sûr, c'est que je fais de mon mieux. » (4 juin 1743.)

Tranquillisez-vous, Sire, vous êtes assez spirituel comme cela : ne cherchez jamais à faire mieux. Contentez-vous de faire aussi bien, et vous serez un grand roi. Mais, hélas ! ces bons sentiments avaient besoin d'être excités par un honnête homme de la trempe de M. de Noailles, qui préférait à tout la gloire de son roi et le bien de l'État. Louis XV était une nature bonne et faible qui ne pouvait persévérer dans le bien qu'à condition d'y être encouragé, soutenu. C'est un Télémaque à qui il faut un Mentor ; mais Mentor devient un censeur fâcheux, on l'éloigne, et Télémaque se plonge dans les délices de l'île de Calypso. Cependant jamais il n'oubliera cet idéal qu'on lui a montré, et vers lequel une force cachée le porte ; mais pour l'atteindre, il faudrait un effort dont sa mollesse est incapable, et toute sa vie nous le verrons gardant précieusement cette notion du juste et du bon, si vivace en lui, l'alimentant en secret, désirant voir le bien triompher. Pour cela il faudrait dire un mot, exprimer une volonté, parler haut, en roi : il n'en a pas la force.

Reprenons sa correspondance avec M. de Noailles. Il continue à exposer avec une grande lucidité les péripéties des négociations avec la Sardaigne.

« 19 juin 1743.

« Le Roi de Sardaigne a proposé deux plans : le commandeur Solar n'a jamais voulu signer sans envoyer à sa cour notre ultimatum ; ainsi le courrier est parti il y a déjà quelques jours ; mais en voilà le précis, et qu'il est bon que vous sachiez. Dans le premier plan, le Roi de Sardaigne ne veut point exclure la Reine de Hongrie de l'Italie et lui laisse le Mantouan et le Crémonais; à l'Infant (don Philippe), Parme, Plaisance, une petite partie du Lodésan dont vous avez déjà ouï parler, et le Roi de Sardaigne prend pour lui le reste du Milanais, avec le titre de Roi de la Lombardie. — Dans le deuxième plan, qui est supposé que la Reine de Hongrie n'accepte pas le premier plan : à l'Infant, Parme, Plaisance, la Sardaigne et toute la Savoie (il faut vous observer que le Roi de Sardaigne ne vouloit céder à l'Infant qu'une partie de la Savoie), au Roi de Sardaigne tout le Milanais, avec le même titre, et le Mantouan. Je ne sais si, vu le temps présent [après les succès des Autrichiens en Bavière], il voudra signer quelque chose de cela... »

L'insuccès, pour ne pas dire plus, éprouvé à Dettingen contre l'armée anglaise, par M. de Noailles, inspire au Roi de sévères mais justes réflexions. La bataille avait été perdue par l'imprudente ardeur et la désobéissance du duc de Grammont. Ce qui manquait à la noblesse française, c'était la discipline, et sans discipline, ni soldats ni généraux. Il y avait là un signe très-grave. « J'ai toujours été bien persuadé, écrivit Louis XV au duc de Noailles, de la valeur de nos jeunes seigneurs, mais ce qu'il convient que vous étudiiez en eux, c'est les talents qu'ils développeront, pour que vous les cultiviez afin qu'ils puissent devenir bons généraux, ce dont tout le monde convient que nous manquons absolument. » (5 juillet 1743[1].) Les gardes françaises s'étaient mal conduits; ils avaient fui et traversé le Mein à la nage. Le duc, en apprenant ce triste événement au Roi, recommandait le silence. « Je garderai le secret que vous m'en mandez; mais le tout est déjà public, et peut-être même plus enflé

---

[1] Millot, t. V, p. 356. — Rousset, t. I, p. 127.

qu'il n'est, car vous savez qu'en ce pays-ci l'on y va fort vite, soit d'une façon, soit d'une autre. » C'était connaître le caractère français, prompt à se porter aux extrêmes, à passer sans transition de l'enthousiasme à l'abattement, de l'admiration au mépris. Quant au Roi, il ne se décourageait pas, et il était résolu de lutter avec énergie. « Dans l'hiver, nous verrons ce qu'il y aura à faire pour l'année prochaine, et à la paix pour l'avenir, laquelle il ne faut pas faire honteuse qu'on n'y soit contraint par la très-grande force, et j'y suis bien déterminé, au péril de ma vie. »

La France était dans une pénible situation, et le maréchal, parlant avec franchise, demandait comment il se faisait qu'après trente ans de paix, interrompus seulement par des guerres de courte durée, le royaume fût si promptement sans fonds, sans ressources et épuisé (8 juillet 1743)[1]. Louis XV fit cette réponse pleine de bon sens, qui justifiait en partie les ministres que M. de Noailles accusait :

13 juillet 1743. — « On peut dire que nous avons eu trente ans de paix; mais considérez, je vous prie, les événements qui sont arrivés pendant ce temps, dont l'agio[2] n'est pas le moindre, puisqu'il a renversé toutes les têtes et fait perdre tout crédit. Combien ne faut-il pas de temps pour le faire revenir! De plus, ne payons-nous pas tout ce que le feu Roi a fait de dettes pour affaires extraordinaires, et cinquante millions de rentes et plus qu'il faut commencer de payer avant tout? De là[3], les maladies qui ont fait périr tant de monde, puis la famine dont nous avons été menacés; tout cela ne vaut-il pas bien une guerre

---

[1] Millot, t. V, p. 368. — Rousset, t. I, p. 149.
[2] Le système de Law.
[3] *De là*, en outre.

cruelle, sans compter la peste de Provence? Et si nous sommes obligés de retarder le payement et de faire quelques mauvaises affaires, comme sûrement nous y serons forcés, adieu tout crédit, et l'argent, qui est déjà si rare, le sera encore bien davantage. Je vous dis tout cela, non pas pour ne pas faire tout ce qu'il faut, mais pour le faire comme il faut, et ne pas en user avec prodigalité et volerie, comme nous avons fait jusqu'à présent [1]. »

Est-ce bien là le Louis XV que l'histoire nous a fait connaître jusqu'ici? Et notez que ce langage n'est pas dicté, que ce n'est pas un discours de la couronne écrit par un ministre, une lettre destinée à formuler un programme de gouvernement; c'est l'expression spontanée de ce que pense le Roi, de ce qu'il sait, de ce qu'il sent, un épanchement intime, sans belles phrases, mais non sans finesse; de la franchise et de la simplicité, de la bonhomie même, témoin ce trait final. « Voilà une longue réponse à une longue lettre, passez-moi, je vous prie, ce qui pourroit s'y trouver de fautes; sûrement elles ne viendroient pas de mauvaise volonté de ma part. »

Un autre point qu'il faut faire ressortir, c'est l'indulgence du Roi. M. de Noailles avait justement insisté pour qu'on punît le maréchal de Broglie, qui, au mépris des ordres reçus, avait abandonné la Bavière. Il fallait un exemple : Louis XV marqua publiquement son mécontentement, mais avec de louables ménagements, qui, sans affaiblir le blâme, le rendaient moins amer à celui qui en était l'objet.

13 juillet 1743. — « Vos désirs sont prévenus sur le maréchal de Broglie; je ne l'ai point puni tant qu'il ne l'avoit pas mérité, puisqu'il avoit carte blanche d'agir comme il le voudroit : à cette heure, qu'il n'est plus dans

---

[1] Millot, t. V, p. 369. — Rousset, t. I, p. 164.

le même cas, m'ayant désobéi entièrement en évacuant totalement la Bavière avec une si grande précipitation, les ordres sont partis pour que, dès qu'il arrivera à Wimpfen, il vous remette le commandement de son armée, et qu'il se rende à Strasbourg, où il recevra de nouveaux ordres. Ces nouveaux ordres doivent aussi être partis pour qu'il quitte l'Alsace et qu'il vienne à Chambray[1] sans passer à Paris ni à la Cour. Il est vrai que je n'ai pas voulu lui faire faire cette dernière signification par mon ministre de la guerre, mais je la lui ai fait faire par le contrôleur général[2], son ami, qui, par parenthèse, l'abandonne entièrement dans cette occasion-ci; cela lui sera plus doux, mais pourtant fera toujours le même effet de marquer mon mécontentement, tant envers la nation françoise qu'envers l'Empereur..... Cela est incroyable : pourtant l'on dit partout qu'il a sauvé l'armée par cette belle retraite; mais j'en dirois trop et en ferois trop si je me laissois gagner à ma mauvaise humeur. Mais vous savez que *je n'aime pas les grandes punitions*, et que souvent, en punissant peu et en récompensant de peu, nous en faisons plus qu'avec les plus grandes rigueurs et les plus lucratives récompenses[3]. »

Jusqu'alors la France n'avait fait la guerre que comme alliée de l'empereur Charles VII; celui-ci ayant traité avec l'Autriche, la France devait se battre pour son propre compte. Le maréchal ne cessait de rappeler l'exemple de Louis XIV, et le Roi n'avait pas oublié le conseil que son aïeul donnait au duc d'Anjou de se mettre à la tête de ses armées. Aussi écrit-il à Noailles :

24 juillet 1743. — « Selon toute apparence, nous allons

---

[1] Chambray, actuellement Broglie, dans le département de l'Eure.
[2] M. Orry.
[3] Rousset, t. I, p. 161. — En partie dans Millot, t. V, p. 369.

avoir la guerre personnellement. La déclarerons-nous, ou attendrons-nous qu'on nous la déclare, soit de fait, soit autrement? Dans tous les cas, il faudra faire quelque chose, soit à la fin de cette campagne, soit au commencement de l'autre. Vous savez ce que vous m'avez promis, et ce n'est pas d'aujourd'hui que j'en grille d'envie...... Je me hasarde peut-être un peu trop dans les circonstances critiques où nous sommes; mais si vous ne croyez pas la chose possible, mandez-le-moi avec votre franchise ordinaire. Je suis accoutumé à me contenir sur les choses que je désire, et je saurai encore me contenir sur celle-ci, quoique je puisse vous assurer que j'ai un désir extrême de pouvoir connaître par moi-même un métier que mes pères ont si bien pratiqué, et qui jusqu'à présent ne m'a pas réussi par la voie d'autrui..... J'attendrai votre réponse avec honnêtement d'impatience[1]. »

Cette décision fit tressaillir de joie le vieux maréchal. En attendant mieux, le Roi suit avec attention les mouvements de l'armée; il s'inquiète de voir Noailles repasser la frontière; il craint une feinte du prince Charles de Lorraine. « Personne ne m'a suggéré rien de tout ceci; mais c'est le sujet des réflexions que j'ai faites à la lecture de vos lettres, je n'exécute que ce que vous m'avez fait promettre de tout vous dire, tant ce que je pensois que ce que les autres pourroient me dire. Ainsi vous ne devez point vous alarmer, et au contraire être plus persuadé que jamais de la confiance que j'ai en vous. » (7 août 1743[2]).

Louis XV se dispose en secret à se mettre à la tête de son armée. Il embrasse cette idée avec ardeur et accorde une sérieuse attention à tout ce qui touche à l'armée. Il veille au maintien d'une exacte discipline.

---

[1] Millot, t. V, p. 392. — Rousset, t. I, p. 172.
[2] Rousset, t. I, p. 187.

25 août 1743. — « Les étrangers et même nos François trouvent fort singulier que nos officiers soient à se divertir à Strasbourg au lieu d'être au lieu de leur destination, ou les colonels à leurs régiments. Ils disent : Est-ce la discipline qu'on a promise? De plus, je sais que les officiers particuliers tiennent de fort mauvais propos. Je vous prie de me mander ce qui en est et de ne pas oublier que c'est la discipline que je vous ai recommandée le plus fortement à votre départ.... Depuis ma lettre écrite, j'ai appris que plusieurs colonels vouloient avoir des congés, sous prétexte du rétablissement de leurs régiments. Je ne crois pas que vous leur en donniez, et je vous réponds qu'il n'en partira pas d'ici. Cela ne s'est jamais vu en pleine guerre.....[1] »

Et quelques jours après :

« Vous faites bien de ne pas jouer, malgré les reproches de la *Bonne Idiote*[2]; mais cependant de temps en temps quelques relâches à l'esprit sont nécessaires, tant pour le corps que pour l'esprit. A l'égard du jeu, puisque vous m'en parlez, je vous dirai que le duc de Biron m'a proposé de casser un capitaine de mon régiment, uniquement pour cela. Je l'ai fort approuvé, en lui accordant sa demande. Comment cela se passe-t-il dans le reste de votre armée? Car c'est la perte des officiers, et je veux que vous teniez la main aussi à ce que l'on ne joue que des jeux de commerce, et surtout qu'il n'y ait point de lieu destiné à cela chez aucun officier; et l'exemple de mon régiment seroit très-bon à suivre[3]. »

Le désordre de l'armée, l'inaction du maréchal de Noailles, l'indécision du gouvernement, produisaient de

---

[1] Rousset, t. II, p. 1.
[2] Madame de Villars, fille du maréchal de Noailles.
[3] Rousset, t. II, p. 9.

mauvaises impressions, de là de mauvais bruits qui arrivaient jusqu'aux oreilles du Roi.

« Les bruits de Paris sont assurément plus singuliers que jamais; mais il est difficile de faire taire une cohorte comme celle-là : si je vous disois tout, je ne finirois pas. Ce qui est sûr, c'est que je suis très-patient, peut-être trop, et que j'aime à voir clair dans les choses; après quoi je sais prendre mon parti. » (1$^{er}$ septembre.)

Louis XV se flatte : il est vrai qu'il cherche patiemment, mais il ne prend pas de parti de lui-même, ou plutôt il n'a pas la force de l'exécuter. Se résoudre est chez lui un effort qu'il ne saurait faire tout seul; il aime pour ainsi dire obéir à une impulsion étrangère, même quand cette impulsion contrarie son penchant. Là est la source de tout le mal. Cette belle ardeur que nous venons de voir à se mettre à la tête des troupes, s'affaiblit vite; en vain le maréchal cherche à le maintenir dans ces bonnes dispositions; il annonce que le moment est arrivé, Louis XV hésite.

3 septembre. — « Je vous dirai que si je suivois une vaine gloire, je ne prendrois certainement pas le parti que vous me proposez. Si je consultois quelqu'un, toutes les apparences sont qu'il penseroit de même; reste donc à moi seul à balancer le *commodo* et *incommodo*. Ma tête a déjà fait du chemin et en fera d'ici à quelques jours. Si la saison étoit moins avancée, on pourroit prendre du temps; mais il me paroît qu'il n'y a pas à en perdre. La seule visite de mes frontières ne me convient en nulle façon en ce moment. Je vais faire mes dispositions secrètes, et attendrai une nouvelle lettre de vous pour me déterminer[1]. »

Le maréchal comprit, et sa réponse se mesura sur la

---

[1] Rousset, t. II, p. 12.

tiédeur du Roi. Louis XV se trouvait de bonnes raisons pour renoncer à se rendre à l'armée cette année-là : la saison était trop avancée, l'on était au mois de septembre. Et puis, qu'est-ce qu'il pourrait y faire? S'illustrer par quelque coup d'éclat? Ce n'était pas vraisemblable. Le royaume était-il envahi? Fallait-il payer d'exemple? On n'en était pas encore réduit à cette extrémité. En outre, il est si bon de rester à Versailles, de se divertir par de petits voyages à Choisy, à Marly! Et madame de la Tournelle, comment s'en séparer? Ce dernier motif n'est pas de notre part une supposition fâcheuse. La maîtresse déclarait ne vouloir pas abandonner son royal amant! Le maréchal avait cherché à la dissuader de la folle prétention qu'elle avait de suivre le Roi à l'armée, mais Louis XV était flatté de cet attachement si vif. « Les exemples que vous lui citez ne l'arrêteroient pas, je crois, et elle a de bonnes raisons pour cela, que je ne puis vous dire, *mais qu'il vous est permis de penser.* » (18 septembre 1743[1].) Cependant sa conscience lui faisait des reproches; il sentait que le devoir l'appelait à la frontière, et il cherchait un prétexte plausible de s'en dispenser. « Jusqu'à la fin du mois je serai bien perplexe et comme l'oiseau sur la branche. Dans le courant du prochain, je serai un peu plus tranquille, mais je désirerai de vieillir à un point inexprimable[2]. »

Le traité entre la Savoie et l'Angleterre est enfin signé; nous avons un ennemi de plus (13 septembre). M. de Noailles, qui réussissait mal en Allemagne, dénonçait charitablement le maréchal de Coigny, qui ne faisait pas mieux, mais qui ne faisait pas pis. Louis XV se pique et donne une leçon à son correspondant. « J'ai promis de

[1] Lettre au duc de Noailles. Rousset, t. II, p. 16.
[2] Le 18 septembre. — Millot, t. V, p. 403. — Rousset, t. II, p. 16.

vous tout dire, vous voyez que je tiens parole. Vous connoissez Paris, l'on n'y est pas content de vous. L'on y dit encore du bien du maréchal de Coigny; mais vraisemblablement cela ne durera pas longtemps. » Suit cette rude apostrophe et cet avertissement salutaire : « Pas de factions, je vous prie. » Le bruit s'étant répandu que le Roi était tombé malade, et le maréchal lui ayant fait part de ses inquiétudes, Louis XV le rassure, non sans quelque aigreur et sans quelque dépit de l'attention que l'on met à surveiller ses faits et gestes, et de l'empressement à bâtir des commentaires sur le plus mince incident. « Ma santé est très-bonne; je sais qu'on m'a mené vite à Paris[1]; mais, Dieu merci, je n'ai eu qu'un effort dans le col, lequel a dégénéré en rhumatisme, dont je me sens encore un peu, mais qui ne m'empêche de rien, et mon sang en reste tout entier dans mes veines, sans qu'il en soit sorti plus d'une goutte, occasionnée par une coupure que je me suis faite au petit doigt en soupant dimanche dernier au grand couvert. » — (27 septembre.)

Le Roi de Prusse, Frédéric II, dit dans l'*Histoire de mon temps :* « Ce siècle étoit stérile en grands hommes pour la France[2]. »

Un pareil jugement peut passer pour exagéré et semble bien placé dans la bouche de cet ami douteux qui ne demandait pas mieux que de devenir un ennemi, et qui ne connaissait qu'une chose, l'intérêt et la grandeur de sa patrie. Eh bien, il n'a rien que de juste, et l'on est tout surpris de trouver ce sévère arrêt formulé dans les mêmes termes et à la même époque par Louis XV, mais avec une restriction qui atténue ce qu'il pourrait avoir de trop humiliant pour l'amour-propre national. « Ce siècle-ci

[1] C'est-à-dire qu'on a amplifié la maladie.
[2] *Histoire de mon temps*, ch. VI, circa finem.

n'est pas fécond en grands hommes, et il seroit bien malheureux pour nous si cette stérilité n'étoit que pour la France. » (21 octobre 1743)[1]. Il est bien entendu qu'il ne s'agit que d'hommes de guerre; car, dans la pensée de Louis XV et des hommes de cour, la grandeur était l'apanage exclusif de la noblesse et de l'épée.

La cordialité est encore le caractère dominant de la correspondance avec M. de Noailles, bien que de temps en temps l'on sente une pointe. (21 octobre 1743.) « Le maréchal de Coigny vient d'essuyer une cruelle maladie pour un homme de son âge. Il en est quitte présentement; mais l'on peut dire qu'à la bonne heure lui prit la pluie, car il est tombé malade le jour même qu'il n'a plus rien eu à faire. A l'égard des mauvais propos, sur cela je vous regarde comme moi, où l'on se donne bien de garde d'en tenir devant moi; ainsi je ne suis point surpris que vous n'en ayez point entendu. » Ce qui protége le maréchal, c'est l'amitié de madame de la Tournelle, dont la faveur va toujours croissant, et qui est créée duchesse de Châteauroux; le Roi s'empresse de faire savoir cette bonne nouvelle au duc. « Si la poste partie avant-hier arrive avant votre courrier, Son Excellence vous fera part du changement arrivé à votre Ritournelle; sinon je vous charge de lui dire qu'elle est duchesse de Châteauroux, et en cette qualité elle vous fait bien ses compliments, ainsi qu'à toute votre famille[2]. »

M. Rousset croit que par Son Excellence le Roi désigne M. d'Argenson, ministre de la guerre. C'est une erreur. Le Roi ne donnait jamais de l'Excellence à un ministre. D'ailleurs comment M. de Noailles, qui était à Strasbourg, aurait-il pu apprendre au ministre une nouvelle que celui-

---

[1] Millot, t. V, p. 390. — Rousset, t. II, p. 49.
[2] Rousset, t. II, p. 50 et 51.

ci avait dû savoir de première main? Son Excellence est ici un de ces sobriquets si familiers à la cour, où chacun avait son surnom; il s'applique au duc d'Ayen. Dans sa réponse, M. de Noailles, après avoir annoncé le départ du duc d'Ayen, ajoute, quelques lignes plus bas : « Son Excellence étoit partie à la réception de la lettre de Votre Majesté, en sorte que nous n'avons pas eu le plaisir de nous féliciter l'un l'autre sur la nouvelle duchesse de Châteauroux[1]. »

Le commerce épistolaire languit pendant l'hiver avec les opérations militaires; mais au printemps il est convenu que le Roi prendra le commandement des troupes en Flandre. M. de Noailles, qui n'aimait pas M. Amelot, ministre des affaires étrangères, avait conseillé à Louis XV d'écrire directement aux représentants de la France en Russie et en Suède, en cachette du ministre. Cette petite intrigue déplut au Roi, qui sentait combien il importe à la dignité d'un prince d'être franc avec ceux qui sont au-dessous de lui. Il repoussa cette suggestion.

24 avril 1744. — « Toute réflexion faite, je ne puis écrire à mes ministres en Russie et en Suède le billet que vous m'avez proposé : *il faut qu'une porte soit ouverte ou fermée;* et cette défiance de quelqu'un en qui il doit paroître que j'ai de la confiance ne me convient point, non plus qu'à mes affaires[2]. »

Quelle satire de la conduite qu'il tint plus tard et du ministère secret qu'il institua pour contrôler son ministre des affaires étrangères!

Cependant le Roi avait de la peine à quitter Versailles ou plutôt madame de Châteauroux, qui n'osait pas se rendre à l'armée : aveu complet. « Je vais vous parler à

---

[1] Rousset, t. II, p. 54. — 28 octobre 1743.
[2] *Idem*, p. 120.

cœur ouvert : 1° je ne pourrai partir que le 29, aussi ne m'attendez à souper que le 30; 2° vous croyez bien qu'*une Princesse*[1] ne seroit pas fâchée que je différasse encore de quelques jours; mais qu'elle seroit bien fâchée que cela pût me faire quelque tort ou à mes affaires. »

Le Dauphin ayant supplié son père de lui permettre de le suivre à l'armée, le Roi lui fit cette réponse, qui fut rendue publique et qui mérite d'être conservée :

6 mai 1744.

« Je loue le désir que vous avez marqué de me suivre à la tête de mes armées; mais votre personne est trop chère à l'État pour oser l'exposer avant que la succession à la couronne soit assurée par votre mariage. Quand vous aurez des enfants, je vous promets que je ne ferai jamais de voyage à la guerre sans vous mener avec moi; mais je souhaite et j'espère n'être jamais dans le cas de vous tenir cette parole. Comme je ne fais la guerre que pour assurer à mon peuple une paix solide et durable, si Dieu bénit mes bonnes intentions, je sacrifierai tout pour lui procurer cet avantage tout le reste de mon règne. Il est bon que vous entriez de bonne heure dans ces sentiments et que vous vous accoutumiez à vous regarder comme le *père* plutôt que comme le *maître* des peuples qui doivent être un jour vos sujets[2]. »

Le Roi part; madame de Châteauroux le rejoint, au grand scandale de tous; les affaires vont mal sur le Rhin; M. de Coigny se retire sous Strasbourg; l'ennemi traverse le Rhin; M. de Broglie accuse M. de Coigny : le Roi juge à propos de se rendre en Alsace pour relever par sa présence les courages

---

[1] *La Princesse* était le surnom de madame de Châteauroux, même avant sa faveur : on le lui donnait dans sa famille, ainsi que nous l'apprend M. de Luynes : on appelait sa sœur, madame de Flavacourt, *la Poule*.

[2] Millot, t. VI. Pièces détachées, p. 361.

abattus. Il part précipitamment et lance cette phrase qui promettait : « Je sais me passer d'équipage, et, s'il le faut, l'épaule de mouton des lieutenants d'infanterie me nourrira parfaitement. » M. de Noailles dénonçait les fautes de M. de Coigny, et ses insinuations allaient fort loin : le Roi, impatienté, lui donna une leçon de charité. « Vous deviez être sûr que M. de Coigny se retireroit sous Strasbourg, l'ayant toujours mandé, ayant assemblé un conseil pour cela, et ne pouvant subsister ailleurs, à ce qu'il dit; et il faut que ce soit cette dernière raison qui l'ait déterminé à ce parti-là, car je ne présume pas assez de mal de mon prochain pour croire qu'en ce moment-ci où j'arrive en personne avec un gros détachement pour me joindre à lui, d'autres raisons puissent y avoir eu part. Pour ce qui est de l'ordre (s'il s'est retiré sous Strasbourg et que le prince Charles [de Lorraine] soit en force entre nous deux) de remarcher en avant, [il] me fait un peu de peine, car c'est précisément le contraire de ce que vous lui avez fait mander, de ne point hasarder d'action avant notre jonction ; je vous l'envoie pourtant aussi, car vous et M. de Belle-Isle devez en savoir encore plus que moi sur pareille chose [1]. »

Le Roi arrive à Metz, non en équipage de lieutenant, mais traînant avec lui madame de Châteauroux; on sait qu'il manqua mourir. M. de Noailles laisse échapper le prince Charles, qui avait passé le Rhin : cette faute capitale le ruine comme général dans l'esprit du Roi. Aussi, quand il veut reprendre sa correspondance, il reçoit une réponse amicale, mais qui donnait implicitement congé à l'homme de guerre. — A Metz, ce 30 août 1744. « Je serai ravi de vous revoir, monsieur le maréchal ; vous me trouverez avec bien de la peine à revenir : il est bien vrai que

---

[1] Millot, t. VI, p. 61. — Rousset, t. II, p. 174. — 31 juillet.

c'est de la porte de la mort. Ce n'a pas été sans regret que j'ai appris l'affaire du Rhin ; mais la volonté de Dieu n'étoit pas que j'y fusse, et je m'y suis soumis de bon cœur, car il est bien vrai qu'il est le maître de toutes choses, mais un bon maître. *En voilà assez, je crois, pour une première fois* [1]. »

Dès lors, le maréchal ne fut plus que spectateur des événements militaires, mais le Roi ne cessa pas de le consulter sur la direction générale de la politique. La maladie de Metz, l'amour que la France lui avait témoigné, avaient touché le cœur de Louis XV : il eut quelque temps le ferme désir de bien faire, et s'appliqua au gouvernement. Le marquis d'Argenson, nommé ministre des affaires étrangères, ayant demandé quelles étaient les intentions particulières du Roi, s'il désirait réellement la paix, et dans quelle mesure il voulait qu'on y travaillât, Louis XV remit à son ministre une instruction précise.

« 23 décembre 1744.

« Je vous envoie mon ultimatum pour la paix. Ne disons point que nous voulons la paix, mais désirons-la comme le plus grand bien, pourvu qu'elle puisse durer longtemps. Attendons ce qu'on nous dira, et ne négocions rien sur cela présentement avec nos alliés. Le Roi de Prusse ne veut plus rien de nouveau pour lui ; et, pour les deux autres, il faudra bien qu'ils en passent par ce que nous voudrons pour leur bien. Si l'on nous prise aujourd'hui, c'est que l'on nous craint. Ne faisons mine que de vouloir la plus vigoureuse guerre ; il n'y aura jamais que cela qui puisse amener la paix, que je désire autant et plus que tout autre. »

Sur un papier séparé, était ce qui suit :

« Ci-dessous est mon ultimatum ; mais je veux que tout

---

[1] Millot, t. VI, p. 82. — Rousset, t. II, p. 181.

vienne des autres. Ne rien dire et écouter est ma volonté.

» 1° Que l'Empereur soit empereur sans confirmation, n'en ayant pas besoin, mais d'une simple reconnoissance de la Reine de Hongrie, qui est la seule puissance qui ne le reconnoît pas ;

» 2° Son rétablissement en entier dans la Bavière ;

» 3° La reconnoissance pour lui et ses descendants de l'Autriche antérieure ;

» 4° Cession à l'Infant don Philippe de la Savoie et du comté de Nice par le Roi de Sardaigne, en l'indemnisant du côté du Milanais, et Finale restant aux Génois ;

» 5° Restitution par la France des places de Flandre, à condition qu'il lui sera permis de faire ce qu'elle jugera de plus à propos pour la sûreté de Dunkerque.

» 6° La France et l'Espagne étant contentées par les articles ci-dessus, il est juste que l'Angleterre jouisse du vaisseau de permission et qu'on lui renouvelle le traité d'Arpento, et je me porterois volontiers pour médiateur sur le reste de leurs différends [1]. »

Cette politique était un peu imprudente ; mais, à l'époque où elle fut formulée, la position de la France semblait justifier ce langage. Nous étions alors intacts de tous côtés. Bientôt la mort de l'Empereur Charles VII, l'élection du grand-duc, notre expulsion de l'Allemagne, changèrent la face des choses. On eut pourtant, en 1745, de beaux succès en Flandre, mais des succès stériles. Le 11 mai, la bataille de Fontenoy est gagnée sous les yeux du Roi et du Dauphin : Louis XV annonce cette victoire à la Reine par ce billet laconique :

« Au champ de bataille de Fontenoy, ce 11 mai,
à deux heures et demie.

» Les ennemis nous ont attaqués ce matin à cinq

---

[1] *Mémoires du marquis d'Argenson*, t. IV, p. 254.

heures : ils ont esté battus. Je me porte bien et mon fils aussy. Je n'ay pas le tems de vous en dire davantage, étant bon, je crois, de rassurer Versailles et Paris. Le plus tost que je pourray, je vous enverray le détail[1]. »

Frédéric II fait sa paix séparée avec l'Autriche; Marie-Thérèse envoie de grandes forces en Italie; les Espagnols, conduits par le comte de Gages, et les Français par M. de Maillebois, remportent d'importants avantages. Ils occupent Parme, Plaisance, le Montferrat, la majeure partie du Milanais. Le Roi de Sardaigne demande la paix et négocie secrètement avec la France. Il s'agissait de se partager l'Italie, là était la difficulté; nos prétentions étaient modestes, mais celles de l'Espagne et du Piémont s'excluaient. L'opposition de l'Espagne à tout accommodement était donc à craindre : aussi on se cacha d'elle pour négocier. On fit des propositions au duc de Savoie par l'intermédiaire de M. de Champeaux, qu'on envoya déguisé à Turin. Voici l'ultimatum que reçut M. de Champeaux : « Au Roi de Sardaigne, tout le Milanais qui est à la rive gauche du Pô, et à la droite jusqu'à la Scrivia. A l'Infant, toute la rive droite, depuis la Scrivia jusques et y compris l'État de Parme, le Crémonois (le fort de Gera d'Adda rasé), et la partie du Mantouan qui est entre l'Oglio et le Pô; celle par delà, à la république de Venise; et ce qui est à la rive droite du Pô, au duc de Modène, avec l'éventualité du duché de Guastalla; et aux Génois la principauté d'Oneille avec Finale et le château de Serravalle.

» Louis[2]. »

Ce projet était l'œuvre du Roi. M. d'Argenson, qui était alors ministre des affaires étrangères, nous donne de pré-

[1] *Mémoires du duc de Luynes*, t. VI, p. 440.
[2] *Mémoires de d'Argenson*, t. IV, p. 287.

cieux renseignements sur la part active et intelligente que le Roi prenait à la direction de la politique extérieure.

« Quant au partage, dit-il, je le vanterai avec d'autant plus de plaisir que c'est l'ouvrage entier du Roi, et c'est peut-être le seul ouvrage de son règne qui soit bien à lui. Le Roi est bon géographe, il a présentes à l'esprit toutes les dispositions topographiques; il a l'esprit naturellement juste, il ne s'agit que de le faire sortir de l'assoupissement, de l'indécision et de la timidité. J'eus ce talent avec mon maître en plusieurs affaires : je le plaçois sur les bonnes voies, et il y couroit mieux qu'un autre. Je ne l'ai jamais vu si grand que lorsqu'il écouta le rapport que M. de Champeaux lui fit de sa première négociation à Turin; il ordonnoit en maître, il discutoit en ministre. Sa Majesté écrivit beaucoup de sa main sur ce partage... Je laissai à Champeaux quelques-uns de ces écrits de la main du Roi : ils firent merveille, ou plutôt ils firent tout quand il les montra au Roi de Sardaigne... Que de grandes choses feroient les princes, s'ils vouloient d'une volonté propre et indépendante des courtisans et des flatteurs [1]. »

Le Roi de Sardaigne, certain de connaître la pensée de Louis XV, prêta l'oreille et se montra accommodant. M. de Mongardin, qui avait été envoyé pour traiter, ayant annoncé ces bonnes nouvelles, ajoutait que tout allait bien, sauf quelques changements dans le plan que l'on réclamait à Turin, et M. d'Argenson ayant communiqué cette dépêche au Roi, celui-ci répondit :

« 28 décembre 1745.

« Je vous renvoie sur-le-champ votre lettre de Mongardin; l'on nous annonce quelques changements, ainsi je ne vois pas la négociation aller si vite que vous croyez. Le temps au dégel ne me permettra pas d'aller à Choisy

---

[1] *Mémoires du marquis d'Argenson*, t. IV, p. 285.

dimanche, et l'état de madame de Pompadour ne me permettra peut-être pas d'y aller avant mardy, qui sera peut-être aussi reculé. Ainsi, vous ferez bien de prendre un jour pour aller à Paris la semaine prochaine ; ce sera vraisemblablement le mardi tout au soir ou mercredi après le conseil, selon le jour où je le tiendrai[1]. »

Cependant des préliminaires furent signés (17 février 1746) : le Roi de Sardaigne insistait pour la signature du traité définitif. Pour cela il fallait l'accession de l'Espagne, avec laquelle on était lié par le traité de Fontainebleau (25 octobre 1743), qui établissait entre les deux couronnes une alliance offensive et défensive à perpétuité, à condition que l'Infant don Philippe aurait le Milanais, Parme et Plaisance ; or, Louis XV reconnaissait au Roi de Piémont la partie du Milanais située à gauche du Pô et à droite de la Scrivia. L'Espagne ne voulait rien entendre : l'ambassadeur de France, M. de Vauréal, évêque de Rennes, ne savait que répondre aux invectives de la cour de Madrid ; on criait à la trahison ; la Reine alla jusqu'à dire à l'ambassadeur : « On veut nous traiter comme des enfants, et l'on nous menace du fouet si nous ne faisons pas ce qu'on veut. » Il fallait prendre un parti : il n'y avait d'autre ressource que d'envoyer à Madrid quelqu'un qui eût assez d'influence pour persuader à Philippe V que Louis XV était résolu à traiter quand même avec le Piémont, et que l'Espagne avait intérêt à prendre part à cette négociation. Le duc de Noailles s'offrit et fut pris au mot par le Roi.

« J'accepte avec plaisir vos offres, et j'espère que si quelqu'un peut réussir, ce sera vous. Je ne prétends pas qu'il vous en coûte rien. Vous emporterez avec vous une somme d'argent que je vous ferai donner, et, à

[1] *Mémoires de d'Argenson*, t. IV, p. 288.

votre retour, nous payerons le surplus de votre dépense. Je connois votre sagesse, et vous savez parfaitement ce qu'il faut faire. Ainsi, je m'en rapporte bien volontiers à vous sur ce chapitre, ainsi que sur le premier, qui est délicat; mais

A vaincre sans péril, on triomphe sans gloire [1]. »

Louis XV remit à M. de Noailles les instructions suivantes, qui sont fort courtes, se reposant, pour l'objet principal du voyage, sur l'intelligence du maréchal :

« Je charge particulièrement le maréchal de Noailles d'assurer Votre Majesté de ma tendresse extrême pour elle. Il est d'ailleurs pleinement convaincu de la nécessité qu'il y a que nous soyons unis à jamais. Je souhaite qu'il revienne satisfait de Votre Majesté, et qu'il la convainque que ce que j'ai fait, ce que je fais et ce que je ferai est pour l'accomplissement de ses désirs.

*A la Reine.*

Compliments, amitié, confiance.

*A ma fille* [2].

Tendresse, amitié.

*Au Prince et à la Princesse* (des Asturies).

Beaucoup d'amitiés en particulier [3]. »

Cependant le duc de Savoie s'impatientait et demandait la conclusion du traité; de leur côté, les Espagnols continuaient les hostilités, et s'apprêtaient à frapper un grand coup; la France voulait que le Piémontais reconnût que l'armistice conclu était une suite de ses démarches; les Piémontais prirent l'offensive, attaquèrent Asti, et firent la garnison française prisonnière; Charles-Emma-

---

[1] Millot, t. VI, p. 151. — 22 mars 1746.
[2] Louise-Élisabeth, fille de Louis XV, mariée en 1739 à l'Infant Philippe.
[3] Rousset, t. II, p. 196.

nuel se déclara libre de tout engagement. Ce fut dans ces circonstances que M. de Noailles se rendit en Espagne (1er avril 1746). Il trouva Philippe V maussade et aigri, quoique resté Français de cœur, et la Reine hostile à la France et prévenue contre le maréchal. Louis XV n'ignorait pas cette particularité. « (12 avril 1746). Il me revient que la Reine vous craint auprès du Roi, et que l'on ne veut pas vous traiter si familièrement que l'évêque. Nous verrons ce qui arrivera. Vous êtes bien instruit et sage : je compte. Votre diligence me paraît embourbée, tant pis pour vous, car j'espère me mettre en branle dans les premiers jours du mois prochain, pour être revenu pour les couches de ma belle-fille, et puis retourner, si besoin est [1]. »

M. de Noailles parvint heureusement à calmer l'irritation du Roi et de la Reine d'Espagne, et à les faire renoncer au traité de Fontainebleau en ce qui concernait les seigneuries à donner en Italie à l'Infant don Philippe. M. de Noailles ne rendait pas un compte exact de ses démarches au ministre des affaires étrangères, M. d'Argenson, et le Roi faisait parvenir au maréchal des dépêches diplomatiques à l'insu de son ministre [2].

Louis XV se rendit à l'armée, et continua sa correspondance avec le maréchal, mais il l'entretenait de choses de peu d'importance. « Au camp de Malines (16 mai 1746). Je vous prie de faire part au comte de Noailles que M. le cardinal d'Alsace, notre archevêque, qui est un saint, a permis de faire gras ces trois jours-ci, et que j'en profite avec grand plaisir ; il est vrai qu'il n'y avoit pas le le plus petit poisson d'arrivé [3]. » Mais il y avait là calcul.

---

[1] Millot, t. VI, p. 165.
[2] Rousset, t. II, p. 199. — Les documents que transmettait le Roi étaient renfermés dans les boîtes.
[3] *Idem*, p. 212.

Il cachait volontairement à l'ambassadeur la négociation ouverte alors avec la Hollande : le partage de l'Italie était la grande difficulté ; il avait été question de donner à l'Infant don Philippe la Toscane. Les plénipotentiaires hollandais ayant proposé de lui attribuer le Parmesan, Louis XV jugea ainsi cette proposition dans une lettre au marquis d'Argenson :

« 13 juillet 1746.

« Je crois que la Toscane apporterait aujourd'hui de grandes difficultés, et en cela seul je serois pour eux. S'il n'y avoit que cet article et qu'ils voulussent signer seuls et tout à l'heure, nous pourrions y condescendre encore ; mais la mauvaise foi, du reste, est si odieuse, que je vois que tout mon conseil s'y récriera fortement. Rendons-leur ce qu'ils ont voulu nous donner : amusons-les et allons notre chemin [1]. »

Tout le monde, en effet, cherchait à se tromper : on ne disait mot à l'Espagne de cette négociation, qui l'intéressait si vivement ; aussi Philippe V, qui en fut informé, fit de vifs reproches à M. de Noailles, qui n'était pas mieux instruit. Enfin il se désista, au nom de son fils, du Mantouan et de la Lombardie, que lui assignait le traité de Fontainebleau, et s'en remit à Louis XV pour obtenir un équivalent en Italie.

Nous ne suivrons pas le duc de Noailles sur le terrain de la politique générale en analysant plusieurs mémoires qu'il remit au Roi ; nous ne perdrons pas de vue que Louis XV seul fait l'objet de cette Étude ; nous allons le voir sous un aspect nouveau pour nous, sous celui de père. La première Dauphine étant morte (22 juillet 1746), le Roi d'Espagne Ferdinand VI, qui venait de succéder à son père, offrit la sœur de la défunte, l'infante doña Anto-

[1] *Mémoires du marquis d'Argenson*, t. IV, p. 348.

nia. Le Roi refusa catégoriquement cette nouvelle alliance, qui lui semblait un inceste, et s'expliqua sur ce sujet avec le maréchal de Broglie, qui lui avait transmis une lettre du duc de Bournonville contenant des plaintes au nom de Madame Élisabeth, fille du Roi, mariée à don Philippe.

« Septembre 1746.

« La lettre du duc de Bournonville n'est point bonne du tout ; il faut tâcher d'y remédier. Je souhaite toutes sortes d'alliances avec l'Espagne, et les désire ainsi que notre union parfaite ; mais je ne consentirai jamais à voir mon fils épouser les deux sœurs en légitime mariage, surtout y ayant un témoin vivant de leur union [1]. A propos de ce témoin, comme il n'a plus rien à espérer ni prétendre à ma succession, il lui revient une dot que nous ne payons jamais en ligne directe. Si l'Espagne veut payer celle de ma fille, je tiendrai bon compte de celle-ci. Si l'Espagne veut payer la sienne, moi je payerai la mienne ; mais tant tenu, tant payé : voilà ce que vous pourrez mander au duc de Bournonville. A l'égard des arrérages, si nous en devons, l'on nous en doit : partant quitte [2]. »

Pour comprendre la fin de cette lettre, il faut savoir que le Dauphin avait une fille de son mariage, et que la dot de Madame Élisabeth n'avait jamais été réglée ; le nouveau roi, Ferdinand VI, retrancha une partie de la pension que Philippe V avait assignée à son frère et à sa belle-sœur. Celle-ci réclama les bontés du Roi, qui, dans un moment de mesquine rancune, voulait venger sa fille en faisant retomber la punition sur sa petite-fille. Le maré-

---

[1] Le mot union n'est pas dans l'original : il y est remplacé par des points ; mais il n'y a pas, ainsi que le croit M. Rousset, de réticence ; c'est tout simplement un oubli ou plutôt un expédient pour rendre plus vive la pensée : le Roi écrivit cette lettre sous l'empire du dépit.

[2] Rousset, t. II, p. 223.

chal de Noailles fut consulté ; il chercha et parvint à adoucir Louis XV, qui n'avait agi que dans un moment de dépit causé par les insistances du Roi d'Espagne à offrir sa sœur pour le Dauphin. A la réponse faite tout d'abord que cette union était impossible, vu l'étroite alliance des futurs époux, la cour de Madrid objectait la possibilité d'obtenir une dispense du Pape. Cette objection fut combattue en invoquant l'usage de la France, qui n'admettait pas de dispense en pareil cas. On s'indignait en Espagne de ce prétexte ; et douter du pouvoir du Pape en cette matière était presque taxé d'hérésie. Louis XV ne savait que répondre ; il consulta de tout côté pour composer une épître qui ôtât au Roi d'Espagne toute espérance sans trop le blesser, et pour couper court à toute nouvelle demande, on déclara publiquement le mariage du Dauphin avec Marie-Josèphe de Saxe, fille d'Auguste III. M. de Noailles ne termina pas l'année sans, selon sa louable coutume, dénoncer quelqu'un : général, il avait accusé d'autres généraux, MM. de Broglie et de Coigny, et provoqué leur disgrâce ; ambassadeur, il attaqua auprès du Roi le ministre des affaires étrangères, M. d'Argenson, qu'il avait trahi pendant son ambassade, et remit au Roi un volumineux pamphlet, qui fut suivi quelques jours après de la chute de M. d'Argenson ; mais celui-ci conserva la bienveillance du Roi, et, chose inouïe pour un ministre tombé, reparut à la Cour et fut bien accueilli du maître [1].

Il ne faudrait pas formuler, d'après la lettre précédente, un jugement sur les sentiments paternels de Louis XV : cette lettre fut dictée sous l'empire de circonstances particulières ; elle ne saurait donner une juste idée de la sensibilité du Roi ; je n'en veux d'autre preuve que la lettre

---

[1] Rousset, t. II, p. 224. — *Mémoires de d'Argenson*, t. IV, passim.

suivante à madame de Ventadour, qui fait connaître toute l'affection et la bienveillance qu'il y avait dans son cœur :

« A Fontainebleau, ce 28 octobre 1739 [1].

« Je suis très-aise de la bonne santé de mes filles, et encore plus de ce que vous me mandez en être contente. Nous sommes ici dans l'affliction du pauvre M. d'Ancenis; tout le monde le regrette infiniment et admire au-dessus de tout le courage de son père. C'est ce qui s'appelle un honnête homme ; pour moi, je le regrette plus qu'aucun autre. J'avois fait connoissance avec lui dans son premier et dernier quartier, et je ne lui avois rien trouvé que de bon. Il est mort aussi avec beaucoup de courage et en vrai saint, ce qui fait que je ne doute pas qu'il ne soit beaucoup mieux que partout où il eût pu être en ce bas monde. Voilà une pauvre famille bien tourmentée et désolée. Il est venu des nouvelles d'Espagne qui disent qu'on attendoit ma fille à Alcala le 25. J'espère que mes parents en seront contents ; dans huit jours nous en saurons davantage. M. de Tallard sera ici à la fin de ce mois, et madame de Tallard vers la Saint-Martin. On ne peut être plus content d'eux que je suis, et principalement de madame de Tallard, ce qui ne me donne point de repentir sur le choix que j'ai fait d'elle. C'est vous, *maman*, qui me l'avez donnée; ainsi elle ne pourroit être guère autrement, à moins qu'elle ne se fût furieusement démentie, et, de plus, c'est votre même sang. A l'égard d'un moins important, qui est celui de Filleul, je suis charmé d'avoir trouvé un pareil sujet dans une famille que vous protégez; par tout le bien qu'on en dit, ainsi que de sa femme, et par ce que j'en connois, j'espère que j'en serai content. Adieu, maman, ménagez-vous bien, car nous avons encore long-

[1] *Mémoires du duc de Luynes*, t. III, p. 62, note 1.

temps besoin de vous. Je vous embrasse de tout mon cœur. »

Le maréchal perdit en 1748 sa mère, artisan habile de la fortune de sa famille, qui mourut presque centenaire. A cette occasion, Louis XV n'oublia pas son ancien serviteur :

« Juillet 1748.

« Mon Cousin, j'ai le malheur de n'avoir jamais su ce que c'est que de perdre une mère; mais l'ayant senti pour des amis, je partage bien véritablement avec vous votre juste douleur. J'approuve fort que vous restiez encore quelques jours à Paris; après quoi, vous ferez bien de venir ici, pour vous dissiper et prendre l'air, ce dont vous devez avoir grand besoin. Dites au duc d'Ayen que j'attends la fin de sa quarantaine avec grande impatience [1]; pour ce qui est du comte de Noailles, je me contente du compliment qu'on lui fera de ma part. Je finis sans compliment.

» Louis [2]. »

La paix d'Aix-la-Chapelle ramène enfin la tranquillité. M. de Noailles n'est plus que de loin en loin consulté par le Roi sur différents projets tant militaires que politiques, tels que l'organisation et la défense des colonies d'Amérique (juillet 1749), l'état de l'Europe (5 février 1751), l'alliance avec la Sardaigne (7 mars 1751), la conduite à tenir avec le Parlement lors des troubles à propos de la bulle *Unigenitus* et des refus de sacrements (3 août 1753). Le Roi adressa au maréchal, sur ce dernier objet, une série de questions qui dénotent de sa part une grande perplexité.

[1] La duchesse d'Ayen venait d'être malade de la petite vérole, et son mari, qui l'avait soignée, s'abstenait pendant quelque temps de toute communication extérieure.

[2] Roussel, t. II, p. 283. — Millot, t. VI, p. 254.

En 1754, Louis XV voulant retenir dans l'alliance française le Roi d'Espagne qui allait aux Anglais, demanda des conseils à M. de Noailles et même un projet de lettre à Ferdinand VI; mais après en avoir transcrit quelques lignes il s'arrêta, montrant ainsi son hésitation.

« A Crécy, ce 23 septembre 1754.

« J'ai commencé à écrire votre lettre, mais je vous avoue avec sincérité, et pour vous seul, que je la trouve un peu longue, et que c'est un libelle diffamatoire contre la gent anglaise, qui est très-vrai; mais ne trouveriez-vous pas que, dans ma plume, cela n'est pas un peu fort? Je discontinuerai, si vous le trouvez bon, jusqu'à ce que j'aie votre réponse[1]. »

Voici un échantillon du style que Louis XV trouvait avec raison un peu trop énergique : « Les Anglois ont été de tout temps les ennemis constants et implacables de notre sang et de notre maison; nous n'en avons jamais eu de plus dangereux. » Sur l'insistance de M. de Noailles, cette lettre fut envoyée écrite de la main du Roi, accompagnée d'un volumineux mémoire, qui servait de pièces justificatives. Le tout produisit l'effet que redoutait Louis XV, et qu'il avait aperçu; en voulant enlever le succès on avait dépassé le but, et Ferdinand VI, déjà inclinant vers les Anglais, n'avait pas été converti par le réquisitoire violent, quoique juste au fond, que M. de Noailles avait fait tracer à la plume de Louis XV. Le Roi d'Espagne donna une réponse polie, où il déclinait toute alliance intime avec la France.

Cette haine de M. de Noailles pour l'Angleterre fut justifiée par les événements. De 1749 à 1755 les Anglais se préparèrent à recommencer la lutte contre nous, à nous

[1] Rousset, t. II, p. 339.

procurer des ennemis, à nous affaiblir. Tout à coup, en 1755, ils attaquent et prennent nos vaisseaux sans déclaration de guerre et se liguent avec Frédéric II; la guerre de sept ans commence, et avec elle une nouvelle politique : l'alliance autrichienne. M. de Noailles se trouve dépaysé dans ce monde nouveau. L'âge et les infirmités le décident à une retraite que les principes qu'il a suivis jusqu'ici, et qui sont maintenant mis de côté, lui conseillent. Il demande et obtient la permission de se retirer (13 avril 1756). Le Roi lui écrit encore deux fois : la première, pour le remercier des félicitations que le maréchal lui a envoyées lors de la prise de Mahon (14 juillet 1756); la dernière, le 30 décembre 1758, pour accorder au duc d'Ayen la charge de capitaine des gardes, dont le maréchal était en possession, et au comte d'Ayen la survivance de son père.

« Mon Cousin, vous savez la répugnance que j'ai d'accorder des survivances, votre fils étant plus jeune que moi, et par conséquent devant durer plus longtemps. Cependant les services de votre famille, depuis plus d'un siècle, les vôtres rendus à mes pères et à moi, ainsi que votre attachement à ma personne, me déterminent à vous accorder la grâce singulière et dernière que vous me demandez. Heureusement le sujet est dans sa vingtième année, car vous savez qu'à mon âge les enfants ne nous vont plus, et qu'il promet; et, malgré vos quatre-vingts ans accomplis, je me flatte que vous lui apprendrez encore à me bien servir et fidèlement. Je diminue les brevets de retenue; ainsi, je n'en donnerai qu'un de quatre cent mille livres au comte d'Ayen, votre petit-fils; bien entendu que s'il lui arrivoit malheur avant son père, et que je n'accorde pas sa charge dans sa famille, celui qui lui succéderoit payeroit les cinq cent mille livres en entier à la succession du duc d'Ayen. Un aussi zélé et aussi vieux serviteur peut et doit toujours compter sur mes bontés et sur mon amitié. Plaise à Dieu qu'il vous ait, mon cousin, en sa sainte et digne garde[1].       « LOUIS. »

« A Versailles, ce 20 décembre 1758.

Ce fut le congé de Louis XV au maréchal de Noailles, qui mourut le 24 juin 1766, âgé de près de quatre-vingt-huit ans.

M. Rousset a parfaitement saisi et rendu avec bonheur l'impression que laisse la correspondance de Louis XV et de M. de Noailles[2]. « Nous pouvons nous figurer, dit-il, Louis XV recevant, au meilleur temps de leur correspondance, les lettres du maréchal : il les lit attentivement, quoique un peu longues, et tranquillement, quoique un peu vives. La dernière ligne achevée, il réfléchit un moment, prend la plume et répond. Il ne contredit à rien, raisonne juste, explique très-clairement pourquoi les affaires vont mal, mais ne s'ingénie pas assez pour qu'elles aillent mieux. « Ce qui est de sûr, écrit-il un jour au maréchal, c'est que je suis très-patient, peut-être trop, et que j'aime à voir clair dans les choses; après quoi, je sais prendre mon parti. » Si Louis XV veut dire qu'il sait prendre un parti, se décider, il se flatte; mais il est vrai qu'il prend facilement son parti des événements; la doctrine des faits accomplis lui agrée à merveille. Le duc de Luynes a dit de Louis XV qu'il parlait et s'occupait historiquement des affaires : le mot est d'une justesse parfaite. Malheureusement, l'humeur historique, excellente pour le récit, ne vaut rien pour l'action : c'est l'humeur militante qui convient aux hommes politiques et aux chefs d'État. »

[1] Millot, t. VI, p. 330. — Rousset, t. II, p. 417.
[2] *Correspondance de Louis XV*, tome I, Introduction, p. ccxxxviii.

Telle est l'idée qu'il convient d'avoir du correspondant du maréchal de Noailles ; plus tard le Roi se désintéressa moins du gouvernement qu'il ne le faisait par le passé, mais il lui manqua toujours cette humeur militante, ou, pour parler plus exactement, cette énergie de résolution qu'il faut pour conduire dignement les hommes. Ce nouveau personnage, nous allons le voir se développer dans la *Correspondance secrète*.

## II.

### LA CORRESPONDANCE SECRÈTE.

Dès les premières années du règne de Louis XVI, le bruit courut dans le public que le feu Roi avait à l'étranger des correspondants qui lui transmettaient les nouvelles politiques, et recevaient ses ordres par l'intermédiaire de personnes qui jouissaient de sa confiance intime. En 1773, M. d'Aiguillon, qui était alors ministre des affaires étrangères, avait en effet surpris une correspondance de ce genre relative à la Pologne, et découvert que le comte de Broglie, frère du maréchal, était le confident du Roi. Louis XV, plutôt que d'imposer silence à M. d'Aiguillon, en couvrant M. de Broglie de son autorité, aima mieux sacrifier celui-ci en apparence et l'exila, mais il continua jusqu'à sa mort à correspondre avec lui. A l'avénement de Louis XVI, le comte de Broglie réclama contre l'exil qu'on lui avait imposé, et ne voulant pas rester sous le coup des accusations d'intrigues et même de trahison qui avaient été le prétexte de sa disgrâce, demanda qu'on examinât sa conduite, et mit sous les yeux du Roi les originaux des ordres qu'il avait reçus de Louis XV : ordres qui témoignaient qu'il n'avait fait qu'obéir, et qu'il avait été à plusieurs reprises la victime de sa discrétion. Il remit en même temps les minutes de toutes les dépêches, revêtues de l'approbation royale, qu'il avait adressées aux agents secrets à l'étranger, ainsi que les dépêches que ceux-ci avaient envoyées. MM. du Muy et de Vergennes, que Louis XVI chargea d'examiner ces papiers, après plusieurs entretiens avec le comte de Broglie, n'hésitèrent pas à déclarer que le comte s'était toujours conduit en sujet fidèle et discret, et que, plutôt que de divulguer le secret de son maître, il avait subi sans se plaindre plusieurs exils, et s'était vu attaquer dans son honneur. Louis XVI, par une lettre rendue publique, justifia M. de Broglie, mais lui ordonna d'anéantir la correspondance. M. de Broglie fit des remontrances, et demanda qu'on conservât ces documents, dont plusieurs avaient, au point de vue politique, une grande valeur, et qui étaient tous des témoins de son zèle et de son habileté. Louis XVI, convaincu par ces raisons, revint sur sa première décision, et ordonna la remise au dépôt des affaires étrangères des dépêches concernant la politique extérieure. Cet ordre a été exécuté. C'est donc à tort qu'on croit que ces papiers ont été brûlés. Malgré le mystère qui enveloppe le Dépôt des affaires étrangères, nous savons que la correspondance étrangère de Louis XV y est conservée; mais l'entrée de ce Dépôt est inaccessible. Heureusement, tous les documents relatifs à cette correspondance n'ont pas eu le même sort.

Peu de temps avant la mort de Louis XV, le comte de Broglie remit au Roi un volumineux travail intitulé *Conjectures raisonnées sur les intérêts de la France avec les autres États de l'Europe*. Le manuscrit de ce travail, qui avait été rédigé sous la direction de M. de Broglie et sous ses inspirations, par un de ses secrétaires, F. Favier, fut trouvé en 1792 dans le cabinet de Louis XVI, aux Tuileries, et publié l'année suivante avec les lettres et mémoires adressés à Louis XVI par M. de Broglie pour sa justification. M. de Ségur donna, en 1801, sous le titre de

*Politique de tous les cabinets de l'Europe,* une nouvelle édition du Mémoire de Favier et de la correspondance de M. de Broglie avec Louis XVI et ses ministres, seuls monuments que l'on connût de la fameuse correspondance secrète. On croyait que le reste avait été détruit. Nous avons dit que cette opinion était erronée, car, outre les documents qui se trouvent au Dépôt des affaires étrangères, nous avons encore les originaux mêmes de plus de trois cents lettres ou billets adressés par Louis XV à Tercier, son premier confident, et au comte de Broglie. Ce dernier les avait gardées par devers lui, et c'est dans ses papiers qu'elles ont été trouvées à la révolution et déposées aux Archives nationales. Ces lettres sont écrites toutes au courant de la plume, sans recherche; c'est l'expression spontanée et peut-être quelquefois involontaire de la pensée. Ce ne sont souvent que des billets de quelques lignes annonçant l'envoi de papiers ou d'argent, mais une phrase, un mot viennent apporter une vive lumière. Toutes sont le témoignage irrécusable de la faiblesse de caractère que l'on a signalée chez Louis XV, mais aussi d'un désir obstiné du bien, et des petits moyens employés pour faire triompher ce qu'il regardait comme la bonne cause. La malheureuse Pologne avait en lui un partisan ardent et désintéressé, et il la servit à sa manière.

Il est sans doute regrettable de n'avoir pas à notre disposition la série complète des instructions envoyées par le cabinet secret, et les dépêches des agents occultes : on aurait pu tracer, à l'aide de ces documents, une histoire complète et sincère de la diplomatie française de 1750 à 1774; mais, dois-je le dire, il me semble que mieux vaut pour nous être privés de ces documents que des lettres personnelles de Louis XV, qui nous font descendre dans la conscience royale, et grâce auxquelles il est permis de lire enfin dans ce cœur qui vivant se plaisait à rester fermé et impénétrable, cachant avec soin le bien qu'il faisait ou voulait faire, et affichant le scandale : singulier phénomène moral, étranges contradictions, qu'il est curieux d'étudier et de saisir pour ainsi dire sur le vif.

Les notions que nous donnent les lettres de Louis XV, nous avons essayé de les compléter avec les quelques fragments de la correspondance secrète qui nous sont parvenus par des voies diverses. C'est ainsi qu'outre les très-curieux mémoires de M. de Broglie, publiés par M. de Ségur, des lettres du Roi à M. de Breteuil, et des réponses de ce diplomate qui participait au secret, ont été insérées d'après les papiers de M. de Breteuil, par M. de Flassan, dans son *Histoire de la diplomatie française*. On trouve aussi de très-curieuses lettres de Louis XV au chevalier d'Éon dans les Mémoires du chevalier, rédigés par M. F. Gaillardet, auquel une libéralité qui n'est plus de ce temps-ci avait ouvert les archives du ministère des affaires étrangères. Que sont devenus les papiers de M. de Breteuil, du prince de Conti, de M. de Saint-Priest, de M. Durand, de M. Hennin? Je l'ignore. Ils offriraient les moyens de recomposer l'ensemble de la correspondance secrète; mais espérons qu'un jour viendra où le Dépôt des archives étrangères s'ouvrira aux historiens dans les limites de discrétion et de convenance dont chacun reconnaît la nécessité.

En attendant, contentons-nous de ce qu'une heureuse fortune nous donne; essayons de faire ressortir les notions nouvelles que renferme la correspondance secrète, nous attachant à tout ce qui peut éclairer le caractère et la conduite de Louis XV [1]. Qui eût dit que ce prince se fût soucié

[1] Voici quelques détails curieux qu'avait recueillis l'abbé Georgel, ancien

de ce que Louis XIV appelait le *métier de roi* et qu'il voulût se tenir au courant de ce qui se passait en France et à l'étranger? car ce n'était pas seulement sur les affaires extérieures que son attention se portait, il voulut avoir en

secrétaire d'ambassade à Vienne, et qui découvrit, ainsi que nous le dirons plus loin, la correspondance secrète. Il rédigeait ces Mémoires au commencement de ce siècle. « La correspondance secrète de Louis XV était parfaitement ignorée de son conseil et surtout de son ministre des affaires étrangères. Le comte de Broglie, qui avait succédé au feu prince de Conti, était le ministre privé et surtout très-caché d'une diplomatie aussi extraordinaire. Il avait pour secrétaire M. Favier, auquel ses connaissances et ses ouvrages diplomatiques ont fait une réputation ; et enfin Du Mouriez, élève de Favier. Le mystère de cette politique privée n'était pas confié à tous nos ambassadeurs. Quelquefois c'était le secrétaire d'ambassade ou tout autre Français, qui, voyageant sous différents prétextes, était trouvé propre à remplir ce rôle ... Ici je dois au lecteur quelques détails très-peu connus sur l'origine et la cause de la correspondance mystérieuse et de la politique secrète de Louis XV. Je me suis trouvé à portée par des relations intimes à Versailles de connaître la manière dont ce monarque a été amené à créer ce ministère secret. Louis XV, si mal élevé par son précepteur et son premier ministre le cardinal de Fleury, avait contracté une habitude de timidité, d'indécision et de méfiance qui influait sur son caractère et sa conduite. On lui avait persuadé qu'il remplissait ses devoirs en suivant l'avis de son Conseil et en laissant agir ses ministres... A cette défiance de ses propres forces et à cet abandon total de volonté dans les affaires du gouvernement de son royaume, Louis XV joignait une excessive curiosité... Par une suite de son caractère défiant et curieux, ce monarque s'était aussi ménagé près des cours de l'Europe un ministère secret, absolument ignoré du ministre des affaires étrangères. Le Roi, pour qui ce mystère était une véritable jouissance, voulait de cette manière pouvoir juger la conduite de son ministre avoué dans les différentes Cours, et comparer les rapports que celui-ci faisait avec ceux que lui transmettait son ministère secret. Les agents et les correspondants de cette ténébreuse politique étaient soudoyés par le Roi lui-même sur sa cassette particulière. Ils étaient au choix du ministre secret, qui travaillait directement avec Sa Majesté et lui répondait de la discrétion des personnes à qui par son intermédiaire ses instructions étaient confiées. Le voile le plus épais couvrait cette obscure diplomatie. » (Georgel, *Mémoires*, t. I, p. 271 et suiv.) — On voit que la part personnelle que prenait Louis XV à la correspondance secrète était fort mal connue. Notre publication met pour la première fois dans son jour le travail incessant du Roi pendant près de vingt-deux ans.

dehors des voies officielles des renseignements sur le gouvernement intérieur et l'état des esprits en France.

Jusqu'au milieu du dix-huitième siècle la France avait poursuivi en Europe l'abaissement de la maison d'Autriche : Henri IV, Richelieu, Louis XIV avaient donné la consécration de leur génie et du succès à cette politique, qui était devenue véritablement nationale, et dont la France semblait ne pouvoir jamais se départir. Le traité de Westphalie, qui était la base de l'équilibre européen, avait fait de la France le protecteur et le garant officiel des intérêts des petits princes allemands, dont l'indépendance était menacée par la maison de Habsbourg. Cette dernière avait réussi à faire de la couronne impériale, élective en principe, l'apanage de la maison de Habsbourg; mais au milieu du dix-huitième siècle cet équilibre devait être changé, par suite d'importantes modifications survenues dans la situation respective des divers États. La Russie, tirée de la barbarie par Pierre le Grand, demandait qu'on comptât avec elle, et cherchait un prétexte pour appuyer de ses immenses armées sa prétention nouvelle de faire écouter sa parole en Europe. Plus près de nous, la Prusse grandissait, devant tout à deux de ses rois, qui, à force de persévérance, ont su créer un peuple destiné à jouer en Allemagne le rôle de contre-poids qui avait été si longtemps entre nos mains.

L'intérêt de la France était de favoriser cette nouvelle puissance antagoniste née de l'Autriche, et qui pouvait devenir une barrière contre la Russie. Au centre de l'Europe, la Pologne, république aristocratique sous un roi électif, avait été longtemps un rempart contre l'islamisme, mais elle ne donnait plus que le spectacle de l'anarchie et de la faiblesse, et offrait une proie facile à la convoitise de ses voisins. Longtemps étrangère à la France, elle lui était, depuis près de deux siècles, attachée par des liens d'affection : avant de monter sur le trône de France, Henri III avait ceint la couronne des Jagellons; c'était une Française qu'avait épousée le grand Sobiesky, le sauveur de l'Autriche, qui avait été lui-même dans sa jeunesse au service de Louis XIV. En 1697, les Polonais avaient jeté les yeux sur le prince de Conti pour en faire leur roi; enfin Louis XV avait épousé la fille de Stanislas Leczinski, roi détrôné de Pologne, et le seul fils issu de ce mariage, le Dauphin, s'était uni à Marie-Josèphe, fille d'Auguste de Saxe, l'heureux compétiteur de Stanislas. Les mœurs et l'influence de la France gagnaient de jour en jour en Pologne : il y avait entre les deux peuples sympathie, mais la France était bien éloignée, tandis que les ennemis entouraient la Pologne de toutes parts.

La Turquie, qui naguère faisait trembler l'Europe, était bien déchue de son prestige; c'était déjà l'homme malade, et la Russie guettait le moment de la dépouiller. Il y avait entre la Turquie et la Pologne communauté de dangers et de craintes; mais, par sa position géographique, la Pologne était appelée à succomber la première sous le poids de ses propres fautes et sous l'accord de la Russie, de l'Autriche et de la Prusse. La France était son seul appui et son seul espoir, et c'était vers elle que se tournaient les regards des Polonais aimant sincèrement leur patrie.

En 1745, plusieurs seigneurs polonais se rendirent à Paris, et, préparant de loin l'avenir, cherchèrent un prince français : ils portèrent leur choix sur le prince de Conti, petit-fils de celui qui sous Louis XIV avait été appelé à régner sur la Pologne. Louis XV, qui eut jusqu'à son dernier soupir un amour sincère de la Pologne, autorisa le prince de Conti à écouter les propositions de M. Mokranowski, patriote éminent, qui se distingua plus tard au milieu de désastres et de lâchetés de toutes sortes par son inébranlable fermeté et par son dévouement sans bornes aux véritables intérêts de son pays.

Le prince de Conti était digne de ce choix : c'était un homme d'une grande valeur, intelligent, brave, ennemi de la flatterie et de l'intrigue, auquel on pouvait même reprocher de la roideur, et qui passa la plus grande partie de sa vie à faire de l'opposition au gouvernement de Louis XV; mais alors il était le favori du Roi. Louis XV savait par tradition que son bisaïeul aimait à être informé par plusieurs voies de ce qui se passait dans les cours étrangères, et ne se fiait pas entièrement à ses ambassadeurs, dont il contrôlait les rapports au moyen de ceux que lui adressaient des agents secrets. Sous la Régence, Dubois, étant ambassadeur en Angleterre, faisait parvenir au Régent des dépêches confidentielles qui étaient quelquefois en opposition avec celles qu'il envoyait au ministre. Le prince de Conti fut chargé par Louis XV de diriger une correspondance de ce genre, non-seulement en Pologne, mais encore dans d'autres parties de l'Europe. Outre le but primitif d'assurer pour l'avenir la couronne de Pologne au prince de Conti, il y en eut un autre plus élevé, de rattacher entre elles et à la France la Suède, la Pologne, la Turquie et la Prusse, pour les opposer à l'Autriche et à la Russie, et de maintenir l'état de choses établi en 1749 par le traité d'Aix-la-Chapelle.

Les correspondants secrets furent choisis en partie dans le corps diplomatique; tantôt c'était l'ambassadeur lui-même qui rendait compte au Roi, par l'intermédiaire du prince de Conti, des événements qui se produisaient dans le pays où il représentait la France, et des instructions qu'il recevait du ministre des affaires étrangères; tantôt, quand on n'avait pas jugé à propos d'accorder à l'ambassadeur cette marque de haute confiance, le secret était donné à l'un de ses secrétaires; des étrangers étaient aussi admis à la correspondance. Ces divers agents étaient astreints, sous les peines les plus rigoureuses, et en vertu d'un ordre écrit du Roi, à garder la plus grande discrétion : ils ne se connaissaient pas entre eux et ignoraient même l'existence d'autres correspondances que celle à laquelle ils étaient appelés à prendre part. Au moyen de ce système, le Roi surveillait son ministre des affaires étrangères et découvrait ce que celui-ci aurait voulu lui cacher. La composition du corps diplomatique était alors excellente. Les ambassadeurs extraordinaires étaient pris dans la noblesse, mais leurs secrétaires étaient des hommes capables, rompus à la pratique des affaires, dont les services étaient appréciés et récompensés par le titre de ministres plénipotentiaires; ce fut surtout parmi eux que l'on recruta les agents de la correspondance secrète, qui devint une école diplomatique où se formèrent des hommes éminents, tels que MM. de Breteuil, de Vergennes et de Saint-Priest. La certitude de voir leurs dépêches mises sous les yeux du Roi, qui provoquait leurs réflexions sur les événements dont ils étaient témoins, était un puissant stimulant à bien faire, d'autant plus que Louis XV ne se montrait pas oublieux du zèle dont ils faisaient preuve.

Ce fut surtout à partir de 1750 que la correspondance secrète prit de l'extension et comprit les principaux États de l'Europe. Le ministre des affaires étrangères, M. de Puysieux, partageait les idées politiques du prince de Conti : les ambassadeurs qu'il nomma participèrent, à son insu, il est vrai, à la correspondance avec le prince : ce furent M. des Alleurs à Constantinople, M. des Issarts en Pologne; le marquis d'Havrincourt en Suède, le chevalier de La Touche à Berlin. Le prince de Conti était le ministre dirigeant, quoique non avoué, mais son influence fut bientôt contrariée par madame de Pompadour, qui ne put voir sans ombrage le prince s'enfermer pour travailler avec le Roi à des affaires dont Louis XV lui cacha toujours la nature; car en politique il se défiait autant de ses maîtresses que de ses ministres, et ne se sentant pas la force de leur résister, il prenait le parti de cacher aux uns et aux autres ses désirs, et les moyens particuliers par lesquels il cherchait à les réaliser. Le mystère dont le prince de Conti et le Roi s'entouraient piquèrent vivement la curiosité des courtisans : on était étonné de voir les nombreuses conférences du prince avec Louis XV[1]. Mais quelles que fussent les précautions dont ils s'entouraient, ils ne purent faire que des yeux clairvoyants ne pénétrassent le but qu'ils poursuivaient. Le marquis d'Argenson, ancien ministre des affaires étrangères, en fut informé, et il en parle ainsi dans ses Mémoires, sous la date du 31 mars 1753 : « L'on m'informe de quelques secrets, en voici un. Le travail si fréquent et si long de M. le prince de Conti avec le Roi regarde uniquement le dessein de faire ce prince roi de Pologne, soit après la mort du Roi

---

[1] Le duc de Luynes raconte à la date du 14 février 1748 : « J'ai marqué que M. le prince de Conty travailla dimanche dernier avec le Roi. Tout le monde demande quel est le sujet de ce travail; il paraît que personne ne le sait... Il y a des gens qui prétendent que M. le prince de Conty s'est instruit sur différentes matières dont il vient rendre compte au Roi. On dit qu'il travaille beaucoup et qu'il a plusieurs secrétaires qui paroissent fort occupés. » (*Mémoires du duc de Luynes*, t. IX, p. 177.)

M. d'Argenson s'exprime ainsi (23 janvier 1748) : « On est toujours étonné de l'immixtion de M. le prince de Conti dans les affaires de l'État. M. le comte de Saint-Severin ne bouge pas de son cabinet, où ils travaillent dès quatre et cinq heures. Ce prince porte souvent de gros portefeuilles chez le Roi et travaille longtemps avec Sa Majesté : il s'enferme aussi longtemps avec le ministre de la guerre. » (*Mém. du marquis d'Argenson*, t. V, p. 167.)

régnant, soit même plus tôt. L'on croit que son parti est considérable et qu'on y a embarqué les puissances voisines, surtout le Roi de Prusse. La ligne contraire à la nôtre a aussi conçu, dit-on, qu'un prince aussi isolé que seroit ce prince françois leur seroit meilleur que l'Électeur de Saxe, car celui-ci pourroit s'accommoder avec le Roi de Prusse, et se lier avec lui, son intérêt y étant net et clair ; mais en attendant le Roi de Prusse sacrifie à sa passion l'intérêt qu'il auroit de l'espérer. Ainsi on l'y aura embarqué pour le satisfaire, et avec lui la Suède et le Danemark, de sorte que toutes les puissances y concourroient, et l'Autriche diminueroit par là cette force qu'a un puissant Électeur de l'Empire et le réduiroit à l'État de Saxe, qui est accablé des dettes de ce prince. De mon temps j'ai vu ce projet travaillé secrètement et connu du Roi seul, mais je ne pouvois croire que le Roi y songeât sérieusement. Voilà cependant qu'on le lui a montré comme très-facile, car c'est ainsi que l'on fait toujours cheminer les grands et ruineux projets à des yeux superficiels et sans système. De là arrive ce travail assidu et souvent répété du prince de Conti avec le Roi, car ce prince reçoit quelquefois des dépêches à la chasse et sur-le-champ griffonne quelques lignes qu'il envoie au Roi par des courriers. Il y a peu de jours qu'il arriva pour travailler avec le Roi, et il retourna sur-le-champ à l'Isle-Adam. L'on ne sauroit attribuer à d'autres affaires d'État cette correspondance secrète, car on ne lui voit aucun crédit dans les autres affaires [1]. »

En effet le prince se bornait à traiter avec le Roi des voies et moyens propres à amener l'éxecution du plan politique si bien défini par d'Argenson, qui en avait été informé d'une façon bizarre. En 1746, étant encore

---

[1] *Mémoires du marquis d'Argenson*, t VII, p. 437.

ministre des affaires étrangères, il reçut un jour la visite d'un Polonais nommé Blandowski, qui vint lui révéler les vues de M. de Conti sur le trône de Pologne et les moyens qu'il employait pour réussir : on comptait sur la mort prochaine d'Auguste III. Blandowski, qui était l'agent secret du prince, remit à M. d'Argenson copie de toutes les pièces relatives à cette négociation, laquelle il prétendait connue et autorisée du Roi. Quant à lui, il faisait cette démarche auprès du ministre, de crainte de se voir surpris, traité d'intrigant et mis à la Bastille. M. d'Argenson s'entretint de cette découverte avec son frère, le ministre de la guerre, qui lui donna à entendre qu'il pouvait y avoir quelque vérité dans le récit du Polonais, et l'engagea à parler au Roi : M. d'Argenson n'osa pas, mais fut rassuré en faisant signer au Roi, pour M. des Issarts, des instructions contraires aux vues du prince de Conti[1]. Mais c'était là un jeu de la part de Louis XV, car M. des Issarts était affilié à la correspondance secrète.

La marquise de Pompadour prit ombrage des rapports intimes du Roi et du prince de Conti : le prince engagé par la marquise à lui révéler le secret de ses entretiens, refusa de satisfaire sa curiosité; dès lors, il fut perdu. La guerre s'alluma entre le confident et la favorite, lutte dans laquelle le premier devait succomber. Le prince dirigeait la correspondance, c'était lui qui proposait au Roi les réponses à faire aux dépêches reçues, réponses qui étaient envoyées après avoir été approuvées par le Roi; mais il fallait faire parvenir au Roi les dépêches et envoyer les réponses sans attirer l'attention des ministres. Louis XV avait confiance dans Jeannel, le directeur des postes, cependant il ne lui révéla pas le secret; ce fut Tercier, premier commis des affaires étrangères, qui fut

[1] *Mémoires de d'Argenson*, t. V, p. 51 et suiv.

chargé de la réception et de l'expédition des nombreuses lettres auxquelles donnait naissance la correspondance secrète.

Tercier était un homme intelligent et dévoué; il s'était compromis, en 1728, à Varsovie, où il était secrétaire d'ambassade, par son ardeur à travailler à replacer sur le trône de Pologne Stanislas Leczinski. Il avait donné asile au prince, l'avait accompagné dans sa fuite à Dantzig. Arrêté pour ces faits, il était resté dix-huit mois prisonnier. Louis XV l'aimait et lui accordait toute confiance. Tercier était lettré, et fut membre de l'Académie des inscriptions. La position de premier commis des affaires étrangères lui donnait toute facilité pour aider le Roi dans ses vues particulières. Les courriers de cabinet étaient employés par lui pour transporter les dépêches secrètes; souvent aussi le Roi remettait à Jeannel des lettres à expédier par une voie sûre et détournée.

Du reste, la question de transmission secrète des dépêches fut une des préoccupations constantes de Louis XV; il craignait surtout, en employant la poste, de révéler son secret aux commis du cabinet noir, chargés, ainsi que nous l'avons vu, de décacheter les lettres qui paraissaient importantes. Aussi finit-il par organiser un service grâce auquel les lettres adressées à certains noms lui étaient remises directement par Jeannel, et envoyées par lui-même à Tercier par l'intermédiaire de son valet de chambre Lebel; mais, malgré toutes ces précautions, il tremblait toujours de se voir découvert.

En 1752, paraît sur la scène un nouveau personnage qui était appelé à jouer un rôle important, le comte Charles de Broglie, frère cadet de celui qui fut depuis le maréchal duc de Broglie, homme d'épée et de plume, vif, brave, hardi, singulièrement pénétrant. Au mois de mars de cette année, le comte de Broglie fut nommé ambassadeur en Pologne; le lendemain de sa nomination, le 12, il reçut le billet suivant, par lequel s'ouvre la série des lettres originales de Louis XV qui nous sont parvenues :

« A Versailles, ce 12° mars 1752.

« Le comte de Broglie adjoutera foy à ce que lui dira M. le prince de Conty, et n'en parlera à âme qui vive.

» Louis. »

Cette nomination surprit la cour. On parlait généralement pour ce poste de M. de Poyanne[1] ou de M. d'Aubeterre. D'Argenson se fait l'écho de cet étonnement. « Le comte de Broglie, frère puîné du duc de ce nom, dit-il dans ses Mémoires, vient d'être déclaré ambassadeur du Roi de France près du Roi de Pologne, électeur de Saxe. C'est un fort petit homme, droit de la tête comme un petit coq. Il a quelque esprit et beaucoup de vivacité en tout : on le dit homme de mérite. La grande question est de savoir s'il entre dans les intérêts favorisés par M. le prince de Conti[2]. » D'Argenson, quoique fort au courant, ne put parvenir à connaître l'influence qui avait porté M. de Broglie au poste élevé qui lui était donné. « Le comte de Broglie, ajoute-t-il après avoir pris de nouvelles informations, notre nouvel ambassadeur en Pologne, est un petit homme colère, vif et d'assez d'esprit, mais de peu de lecture. Sa nomination a surpris; tout le ministère était pour nommer à cette place M. Dopter[3], car les mesures étaient déjà prises pour qu'il fût bien dévoué aux intérêts de M. le prince de Conti; mais un crédit tout neuf a fait déclarer M. de Broglie. L'on croit que c'est celui de madame de Pom-

---

[1] *Mémoires du duc de Luynes*, t. XI, p. 273. *Mémoires de d'Argenson*, t. VII, p. 144. (15 mars 1752.)

[2] *Mémoires de d'Argenson*, t. VII, p. 145. (16 mars 1752.)

[3] Le savant éditeur des *Mémoires de d'Argenson* a reconnu qu'il s'agit ici de M. d'Aubeterre.

padour. L'on croit aussi que ceci repousse loin les vues du prince de Conti, et que le Roi ne veut pas courir les risques de cette aventure. »

Il est impossible de se mieux tromper que ne le faisait M. d'Argenson, mais à cela il n'y a rien d'étonnant, car le mystère le plus profond et le plus intelligent ne cessa d'envelopper dès ses débuts la correspondance secrète. La nomination de M. de Broglie était due à son oncle l'abbé de Broglie, le même qui entretenait une correspondance intime avec le Roi sur les affaires intérieures, et qui connaissant le goût que Louis XV prenait au travail du prince de Conti, lui désigna son neveu comme capable de concourir aux vues communes du Roi et du prince sur la Pologne[1].

M. d'Argenson a tracé en quelques mots, du comte de Broglie, un portrait dont la ressemblance est attestée par tous les contemporains, notamment par l'abbé Georgel, dont l'inimitié publique pour le comte de Broglie rend le témoignage précieux : « Le comte de Broglie, avec une âme remplie d'ambition, ressembloit à un volcan; ses yeux étincelants déceloient l'inquiétude et l'activité de son esprit. Ami chaud, ennemi implacable, il mettoit tout en œuvre pour servir ses amis et perdre ses ennemis. Il avoit de grands talents pour la politique et pour la guerre; mais le despotisme de ses idées et les calculs d'une ambition démesurée le portoient toujours avec impétuosité au-delà de toutes les bornes[2]. »

[1] Voyez *Mémoires de l'abbé Georgel*, t. I, p. 283. — Voici le portrait que Georgel trace de l'abbé : « Cet homme frondeur et toujours mécontent n'avait jamais brigué l'épiscopat, que sa naissance, ses talents et des qualités estimables auraient pu très-aisément lui faire obtenir; il préféra son indépendance, afin de pouvoir donner plus librement l'essor à ses opinions satiriques sur le gouvernement.

[2] *Idem*, p. 288.

Pour achever de faire bien connaître ce personnage, qui joue dans la correspondance secrète un si grand rôle et qui mérite à tous égards de jouir de la considération qui jusqu'ici a été refusée à ses talents restés ensevelis dans l'ombre, nous reproduirons un portrait admirablement tracé par Rulhière, à une époque où le comte de Broglie était mort et où il était entré déjà dans la postérité.

« La guerre avait occupé sa jeunesse. Formé à des mœurs austères, dans le sein d'une famille ambitieuse qui sortait de la plus ancienne noblesse d'une ville libre d'Italie, et qui, fixée en France depuis un siècle, y devait sa plus grande illustration à des services militaires et politiques; élevé dans les camps, sous les yeux d'un père vigilant et sévère, que la religion attachait à tous les principes d'une probité rigoureuse; instruit dans l'art de l'intrigue par un de ses oncles, un vieil abbé qui suivait très-habilement à la cour les intérêts de sa famille, tandis que ses frères et ses neveux en assuraient la gloire par l'éclat de leurs actions, le comte de Broglie ne tarda pas à développer un esprit actif, appliqué, laborieux, également propre à tous les soins de la guerre et aux négociations les plus mystérieuses et les plus étendues; mais un esprit inquiet, remuant et altier, ne sachant ni fléchir ni se détourner, quels que fussent les obstacles. Il se montra dès lors ce qu'il fut toujours dans la suite : ami et protecteur ardent et fidèle, ennemi implacable, opiniâtre, livré sans relâche et sans trêve à la fureur de ses animosités; passionné pour la gloire du nom français; ne connaissant ni le luxe, ni la mollesse, ni les délassements de l'esprit; pratiquant toutes les vertus domestiques, moins comme un bon père, un mari tendre, un parent zélé, que comme un factieux, et faisant de sa famille même un parti dans l'État; capable du plus profond secret dans ses longues et impénétrables intrigues, mais sans dissimulation dans la société; se laissant emporter par ses ressentiments et ses haines, soit qu'il dût uniquement l'espèce d'assurance et d'audace qui paraissait dans toutes ses actions à la certitude des appuis sûrs et cachés qu'il avait à la cour, soit plutôt qu'une telle certitude ne servît qu'à renforcer son caractère; mais enfin dans ce rôle singulier, où il fut conduit par les conjonctures, affectant et devant affecter le rôle d'un censeur; portant la sévérité de ses principes jusqu'à l'exigence la plus rigoureuse dans les moindres devoirs, jusqu'à la pédanterie dans les affaires; portant la justice même jusqu'à cet excès où elle cesse d'être juste; ne pardonnant rien à ceux qui ne lui étaient pas dévoués; plus indulgent et plus facile pour ceux qui lui consacraient leurs talents; ne s'étant jamais trompé sur le choix des hommes qui secondèrent ses desseins, quoique les événements l'aient presque toujours trompé dans ses vues; inspirant au petit nombre de ceux qui l'approchaient un attachement qui allait jusqu'au fanatisme, et pour indiquer dès à présent ce que les événements nous forceront successivement à développer, oubliant quelquefois, par la violence de ses haines, par l'aigreur que lui causaient les contrariétés, et surtout les desseins d'une ambition profonde et réfléchie, ce grand amour du bien de l'État, cette probité rigide qu'il exigeait dans ses adversaires, et que lui-même suivait constamment dans le cours ordinaire de sa vie[1]. »

La vivacité extrême du comte de Broglie est attestée par Louis XV lui-même en plusieurs endroits de la correspondance secrète. Cette vivacité, que des malveillants ont exagérée et imputée à crime, était le signe d'une âme ardente; elle attira à M. de Broglie bien des mécomptes,

---

[1] Rulhière, *Révolution de Pologne*, édit. Ostrowski, t. I, p. 154.

car elle était accompagnée d'une franchise et d'une certaine hauteur qui lui firent des ennemis implacables. Il n'est pas jusqu'à sa position ambiguë de confident non avoué qui ne l'exposât à être regardé comme un intrigant et un brouillon, et cette opinion que l'on eut de lui fut confirmée par les disgrâces éclatantes que lui infligea publiquement le Roi pour dérouter les soupçons, pendant qu'en secret il lui continuait la plus entière confiance[1].

Dès qu'il eut reçu l'ordre du Roi qui l'admettait à la correspondance occulte, M. de Broglie alla trouver le prince de Conti, qui l'initia à son plan politique et lui ordonna de l'instruire de tout ce qui se passerait en Pologne[2]. M. de Broglie remplit les espérances que l'on avait fondées sur lui; il restaura et affermit en Pologne le parti français, qui devint le parti patriote. Quelques années après, on admit

---

[1] M. de Broglie, même après avoir été reconnu par Louis XVI comme un loyal serviteur du feu roi, fut en butte aux bruits les plus injurieux. Il eut, en 1779, au parlement un procès avec l'abbé Georgel, qui avait tenu des propos désavantageux sur son compte : il publia à cette occasion un mémoire, dont il nous a été impossible de rencontrer un exemplaire, malgré nos recherches, et dans lequel il donnait un résumé de ses rapports diplomatiques avec Louis XV. On peut voir dans le premier volume des *Mémoires de l'abbé Georgel* l'histoire de ce procès, qui préoccupa tout Paris. L'abbé, ayant désavoué toute intention blessante pour le comte de Broglie, fut renvoyé des fins de la plainte en diffamation portée contre lui.

[2] M. de Broglie raconte qu'il hésita avant d'exécuter les ordres du Roi, transmis par le prince de Conti. Il écrivit à Louis XVI, le 13 mai 1774, que ce n'avait été que sur un ordre réitéré du Roi qu'il avait consenti à participer à la correspondance secrète. Il revient sur ce fait dans un mémoire à Louis XVI en date du 14 juin 1774. « Il (le comte de Broglie) a déjà eu l'honneur d'observer au Roi qu'il n'y était entré qu'avec une peine infinie, et que sa résistance ne fut vaincue qu'au second ordre que M. le prince de Conti lui remit de la part du feu Roi. Ces deux ordres existent, ainsi que M. le prince de Conti, et prouvent invinciblement que le comte de Broglie n'a point recherché d'être chargé de cette correspondance. Il sentait que son attachement inébranlable pour son maître le rendrait tôt ou tard la victime de sa fidélité constante, et cette crainte ne s'est que trop justifiée. »

au secret le chevalier de Vergennes, nommé à l'ambassade de Constantinople, le même qui devint ministre de Louis XVI, et M. Durand, homme utile et modeste qui fut quelque temps garde du dépôt des archives du ministère des affaires étrangères, et remplit avec distinction plusieurs missions à l'étranger, notamment à Londres et à Vienne. Nous retrouverons par la suite ces personnages.

La correspondance s'étendait chaque jour, ce qui augmentait les alarmes du Roi : il craignait d'être trahi par ses confidents; ses lettres offrent le témoignage de cette préoccupation.

Ayant appris, par une voie détournée, que Tercier entretenait une correspondance quotidienne en chiffres avec un employé du cabinet noir, nommé Avril, il lui demanda des explications et lui ordonna d'envoyer le déchiffrement de cette correspondance (4 novembre 1755). Quelque temps après, Tercier ayant accepté quelques cadeaux, il lui écrivit : « Dans la place de confiance où vous êtes, vous ne devez recevoir de présents de personne que de moy ou des miens qui ne sont qu'un avec moy. » (1er avril 1756).

Tercier aurait dû être à l'abri de ces soupçons et le Roi ne tarda pas à en être persuadé, mais cette défiance n'était pas le signe d'un caractère malveillant et égoïste; car ce serait se tromper que de représenter Louis XV, ainsi que l'ont fait quelques-uns, comme un voluptueux insouciant, méconnaissant les services qu'on lui rendait; on trouve dans ses lettres des preuves nombreuses de sa bonté et même de sa patience, mais il avait trop d'esprit pour être dupe de son cœur, ce qui n'aurait pas manqué d'arriver s'il s'était montré confiant dans le milieu corrompu où il vivait. J'oserai même dire que livré à lui-même il était bienveillant et reconnaissant, témoin la lettre qu'il écrivait au comte de Broglie, dont la belle conduite en Pologne avait trouvé dans le Roi un appréciateur éclairé :

« Monsieur le comte de Broglie, je suis disposé à vous donner des marques de la satisfaction que j'ay des services que vous me rendez en qualité de mon ambassadeur, en vous nommant à un des cordons de mon ordre du Saint-Esprit qui sonts à présent vacquants. Des engagements et des circonstances font que je ne puis vous assurer du moment où je pourray effectuer ma bonne volonté, sur laquelle cependant vous pouves compter, et être assuré que je ne vous oublieray point dans les occasions où je pourrai faire de ces sortes de grâces à ceux qui sont employés pareillement que vous pour mon service. Sur ce je prie Dieu qu'il vous aie, monsieur le comte de Broglie, en sa sainte garde. » (28 octobre 1755.) Dès que M. de Broglie fut initié, la correspondance secrète poursuivit un double but : en première ligne, les moyens d'assurer la liberté de la Pologne ; au second rang, l'élection du prince de Conti [1]. L'année 1755 vit une révolution dans la politique étrangère. La guerre s'étant allumée entre la France et l'Angleterre en Amérique, au sujet des limites de la Nouvelle-Écosse, les hostilités furent transportées en Europe ; on se ménagea de part et d'autre des alliances, et une guerre européenne devint imminente. La Prusse, notre ancienne alliée, s'empressa de conclure un traité de neutralité avec l'Angleterre, et excita par cette conduite le ressentiment de Louis XV, qui déjà ne pouvait pardonner à Frédéric II ses plaisanteries sur madame de Pompadour et sur le Roi lui-même [2].

L'Impératrice Marie-Thérèse n'oubliait pas non plus que

[1] Lettres des 4 novembre 1755 et 1ᵉʳ avril 1756.
[2] Frédéric appelait madame de Pompadour un d'Amboise en jupons.

Frédéric II lui avait pris la Silésie ; elle cherchait à reconquérir cette province. L'ancienne inimitié qui régnait entre la France et l'Autriche était vivace dans son cœur, mais cette inimitié devait céder devant sa haine contre le Roi de Prusse. Frédéric II avait été prévenu à cet égard par M. de Podewils, son ambassadeur, qui dans des dépêches confidentielles s'exprimait ainsi [1] : « La Reine Marie-Thérèse a hérité de ses ancêtres la haine contre la France, avec laquelle je doute fort qu'elle soit jamais bien, quoiqu'elle soit assez maîtresse de ses passions lorsque son intérêt l'exige. » Ces préventions contre la France étaient générales à Vienne, elles étaient surtout partagées par l'archiduc Joseph, héritier de la couronne. « On lui inspire, écrivait aussi M. de Podewils, beaucoup d'animosité contre la France, et il s'y prête si bien qu'il refuse d'apprendre la langue françoise et ne la parle jamais. L'Empereur désapprouve extrêmement qu'on lui donne de pareils principes, mais il n'est pas le maître et n'ose même pas le blâmer, pour ne pas accréditer encore davantage l'idée où l'on est qu'il ne hait pas les François. » L'Empereur dont il est question ici est François Ier, ancien duc de Lorraine, mari de l'Impératrice, qui ne jouissait d'aucune influence à la cour, et était même suspect de partialité pour la France.

Marie-Thérèse fit voir que M. de Podewils l'avait bien jugée, et qu'elle savait faire passer son penchant après son intérêt. Elle chercha à se rapprocher de la France ; elle fut puissamment secondée dans cette tentative difficile de conciliation par le comte de Kaunitz, qui fut son ambassadeur à Paris de 1750 à 1752. M. de Kaunitz n'avait pas les vieux préjugés autrichiens, et regardait comme néces-

[1] *Sitzungsberichte der philosophisch-historischen Classe der kaiserlichen Académie der Wissenschaften*, t. V, p. 486 et suiv.

saire de modifier la politique traditionnelle de Vienne, en l'accommodant aux circonstances présentes. L'alliance intime de la France et de l'Autriche lui paraissait indispensable pour arrêter les progrès de la Russie, et pendant son ambassade il travailla avec ardeur, mais discrétion, à amener cette alliance.

Frivole en apparence, efféminé, fat même, il n'inspirait aucune crainte; il vivait loin de la cour et des ministres dans le monde des financiers, paraissant uniquement occupé de ses plaisirs; mais sous ces dehors trompeurs, sous cette insouciance légère, il cachait une âme ferme et persévérante; il allait droit au but désiré, sans s'occuper d'intrigues vulgaires, donnant juste la mesure d'efforts qu'il fallait pour obtenir ce qu'il cherchait. A quelqu'un qui s'étonnait un jour devant lui de l'existence épicurienne qu'il affichait et du peu de soin qu'il paraissait mettre à remplir ses fonctions diplomatiques, il lui arriva de dévoiler le secret de cette conduite : « Je ne suis ici, dit-il, que pour deux choses : pour les affaires de ma souveraine, et je les fais bien; pour mes plaisirs, et sur cet article je n'ai à consulter que moi. La représentation m'ennuierait et me gênerait, je m'en dispense. J'ai deux personnes à ménager, le Roi et sa maîtresse, je suis bien avec tous les deux. » Quand en 1753 il fut nommé chancelier de cour et d'État, il eut pour successeur à Paris son secrétaire, M. de Stahremberg, qui continua sa politique.

Les tentatives de rapprochement faites auprès des ministres français n'avaient trouvé qu'indifférence, ou avaient même suscité une vive opposition; mais madame de Pompadour et Louis XV étaient à moitié gagnés lorsque l'ouverture des hostilités en 1755 entre la France et l'Angleterre, ainsi que la défection du Roi de Prusse, fournirent l'occasion à M. de Stahremberg de presser la conclusion d'une alliance qui semblait être devenue une nécessité. Marie-Thérèse frappa un coup décisif en écrivant de sa main à madame de Pompadour un billet flatteur qui détermina la favorite à embrasser avec feu la politique autrichienne[1]. Le Roi ne fut pas difficile à décider; il n'aimait pas le Roi de Prusse, qu'il regardait comme un hérétique, et souhaitait de former une ligue catholique capable de contre-balancer en Allemagne le parti protestant, à la tête duquel était Frédéric II ; mais l'alliance autrichienne était pour tous les ministres une chose tellement monstrueuse, que les négociations furent faites à leur insu entre M. de Stahremberg et l'abbé de Bernis. Le traité de Versailles, qui couronna ces négociations, anéantit la politique traditionnelle de la France et souleva une réprobation générale, tant était forte cette vieille haine contre l'Autriche, qui prit une nouvelle intensité dans ce traité qui était destiné à y mettre fin.

Le prince de Conti vit par là ses espérances ruinées, d'autant plus qu'il avait dirigé une intrigue de cour tendant à renverser madame de Pompadour. Celle-ci ne le lui pardonna pas. Louis XV lui avait promis le commandement en chef des armées si la guerre éclatait; il lui manqua de parole. Le prince se plaignit, écrivit une lettre remplie d'amertume, où il se prétendait déshonoré. Louis XV fut piqué. « Parce que je ne lui ay pas donné le commandement de l'armée qui vraysemblablement s'assemblera sur le Rhin, il dit qu'il est déshonoré. C'est un mot qu'on met toujours en avant présentement, et qui me

[1] Madame de Pompadour, qui se piquait de cultiver les beaux-arts, fit graver sous sa direction, par Legay, et peut-être grava-t-elle en partie un médaillon représentant l'alliance de la France et de l'Autriche qu'elle daignait regarder comme son œuvre. On peut voir un dessin de ce médaillon dans Soulavie, *Mémoires historiques*.— Sur les productions artistiques de madame de Pompadour, voyez Chabouillet, *Catalogue des Camées*, p. 69.

choque infiniment. Il mettra peut-être de l'eau dedans son vin ; ce qui est sûr, c'est que je le recevres, mais que je n'ires pas au-devant de lui, surtout après les lettres qu'il a écrites. Ce sonts ses affaires, et il n'en rejaillira de mal qu'à lui, s'il plaisit à Dieu. » (A Tercier, 9 novembre 1756.)

Cet incident n'eut pas d'influence sur la marche générale de la correspondance secrète et sur le but qu'elle poursuivait, but ainsi formulé par le Roi : « de soutenir les Polonois et de leur laisser se choisir un roi à leur libre volonté. » Car, ainsi que nous l'avons déjà dit, ce but était depuis quelque temps le seul que le Roi se proposât d'atteindre, l'élection du prince de Conti étant devenue un objet accessoire. Cette ferme résolution de favoriser et d'aider la Pologne est exprimée non moins catégoriquement dans une autre lettre écrite quelques jours après; et cette bonne volonté ne fut point passagère, car Louis XV consacra pendant toute la durée de son règne une somme annuelle à cet objet : je ne parle pas des sommes considérables qui étaient envoyées dans les circonstances graves; mais la pénurie du Trésor public ne permettait pas à la France de lutter avec avantage contre la Russie, qui prodiguait l'or dans ce malheureux pays où tout s'achetait et se vendait. Une autre difficulté se présentait, celle de faire parvenir en Pologne l'argent dont le Roi pouvait disposer. « Je vous dires que je ne changeray jamais de façon de penser et d'agir pour la liberté entière des Polonois, sur le chois à venir de leur roy, et que, malgré la bouderie du prince de Conty (que je pense mal fondée, étant, je croy, très-libre dans le choix que je veux et dois faire de mes généraux), si les Polonois le choisissent j'en seray charmé, ainsy je veux qu'on continue à faire tout ce qui a été fait par le passé. » (A Tercier, 27 novembre 1756.)

Le prince de Conti boudait le Roi, mais celui-ci l'aimait encore : ce ne fut que par degrés que le prince arriva à une rupture ouverte et complète; il était encore retenu par l'espoir d'obtenir la couronne de Pologne, et c'était uniquement dans cette vue qu'il continuait de prendre part à la correspondance secrète. Celui qui menait tout sous les yeux du Roi, c'était Tercier. Dès lors le comte de Broglie inspirait au monarque une confiance qui s'accroissait sans cesse en présence des témoignages d'habileté que donnait le comte en Pologne; mais M. de Broglie était de l'ancienne école et n'aimait pas l'Autriche : cette disposition d'esprit perçait dans ses dépêches. Le Roi jugea à propos de lui signifier quelle était sa manière de voir : « J'ay très-bien vu dans toutes vos lettres, comte de Broglie, que vous aviez de la peine à adopter le système nouveau que j'ay pris; vous n'éties pas le seul, mais telle est ma volonté, il faut que vous y concouries. A l'égard de M. le prince de Conty, c'est lui qui me boude, parce que je lui ay dit que je ne l'avois pas destiné de commander l'armée qui doit s'assembler dans le Rhin. Je croiois être le maître de mon chois, tant pis pour lui, c'est tout ce que je vous en puis dire. Faites-moy passer par la voie de Lebel tous les mémoires que vous voudrez; il me les remettra et vous faira tenir les réponses. Il vous donnera aussi de l'argent pour la Pologne, quand je lui en aurai fait remettre, ce qui sera incessamment, étant tout prêt pour cela depuis du temps. Je fairay instruire Durand, ou je vous en chargeray. » (24 décembre 1756.)

La politique personnelle de Louis XV se formule ainsi : liberté pour les Polonais de se choisir un roi; alliance indissoluble avec l'Autriche. Sur ce dernier point les mauvaises dispositions de M. de Broglie l'inquiétaient, aussi ne cessait-il de lui recommander de respecter ce qu'il regardait comme son ouvrage. « Je trouve très-bon, comte de Broglie, que vous me fassiez toutes les représentations que vous croirez devoir me faire et à mes ministres, mais ayez toujours en vue l'union intime avec Vienne, c'est mon ouvrage, je le croy bon, et je le veux soutenir. Dans ces circonstances je croy votre présence très-nécessaire à Varsovie; vous êtes aimé et estimé des Polonois, et un nouveau ministre ne seroit pas capable de leur faire faire bien des choses qu'ils faut qu'ils fassent, sans y abandonner notre parti, car je le veux soutenir : c'est leur bien et leur liberté. Aussy je vous conseille d'abandonner l'idée de Vienne et de n'être pas si changeant, surtout après que je vous ay tenu mes promesses, et que je vous croy capable de me bien servir encore. MM. de Bellisle et de Bernis ne sont pour rien dans ce que je vous dis icy. Continues à envoier les lettres que vous recevres là-dessus au prince de Conty, jusqu'à ce que je vous aie fait scavoir à qui, à l'avenir, je jugerai à propos que vous vous adressiez. Je n'ay pas douté de vos sentiments sur ce qui m'est arrivé. Peu de François ont, je croy et j'espère, pensé autrement. » (22 janvier 1757.)

Cette lettre mérite de fixer l'attention : Louis XV y paraît tel qu'il était, animé de bonnes intentions, et bienveillant. Pour en bien comprendre certains passages, il faut savoir que le comte de Broglie avait demandé l'ambassade de Vienne : le Roi la lui refuse en alléguant les services que lui seul est capable de rendre à cette Pologne dont il veut le bien et la liberté; et ce refus, il le lui adoucit en lui rappelant qu'il a tenu envers lui ses promesses, ce qui n'avait pas été aisé, car il lui avait donné le Saint-Esprit, malgré madame de Pompadour. Quant à la dernière phrase, elle se rapporte à la tentative de régicide de

Damiens, et le Roi s'y exprime avec une vraie dignité. Le passage où Louis XV invite M. de Broglie à n'être pas si changeant, se rapporte à une autre demande du comte de servir dans l'armée; il avait, il paraît, insisté pour qu'on lui permît d'abandonner la diplomatie pour la guerre, mais le Roi n'accéda pas à son désir. Il lui refusa sa demande dans les termes les plus bienveillants, lui déclarant qu'il ne connaissait personne qui pût aussi bien que lui représenter la France en Pologne[1]; et c'était toute justice, car le comte avait rendu à la Pologne et à son pays des services éminents.

On a publié récemment[2] un Mémoire du comte de Broglie sur l'état de la République de Pologne, qui est regardé par les juges compétents comme présentant le tableau le plus exact et le plus complet du gouvernement intérieur de la Pologne, dont la bizarre organisation a été saisie par M. de Broglie avec la plus ingénieuse sagacité. Ce travail est le fruit de l'étude la plus attentive des faits et des détails unie à la perspicacité la plus pénétrante et à l'intelligence politique la plus exercée. M. de Broglie aperçut ce qui arriverait si on ne combattait pas énergiquement les causes de dissolution qui menaçaient, à ses yeux clairvoyants, la République polonaise : il prédit l'avenir avec l'énergie de la conviction et la prévision des difficultés que la chute de la Pologne devait créer en Europe : mais il ne fut pas écouté. Tercier fut chargé de remettre des instructions à M. de Broglie, et Lebel de lui faire passer l'argent que le Roi destinait à soutenir le parti national en Pologne.

Sur ces entrefaites, Louis XV éprouva des inquiétudes sur le secret de sa correspondance. M. Durand, qui était

---

[1] Lettre du 11 mars 1757.
[2] Un Polonais, M. Kurzweill. Paris, 1840, in-8°.

resté à Varsovie en qualité de ministre résidant et qui était affilié à la correspondance secrète, entretenait des communications suivies avec le prince de Conti : quelques-unes de ses lettres tombèrent entre les mains du cabinet autrichien, et l'ambassadeur de Marie-Thérèse, M. de Stahremberg, vint se plaindre à Versailles de ce commerce, dont il ne pénétrait ni le but ni la nature réelle. Le Roi, prévenu par le ministre des affaires étrangères, prit d'abord la chose assez légèrement, croyant qu'il était impossible qu'on eût trouvé la clef des chiffres employés, ni qu'on ait pu pénétrer les fausses adresses sous lesquelles les lettres de la correspondance secrète étaient transmises.

Mais quelque temps après il revint sur ce sujet et chercha, en se procurant une des lettres interceptées, à découvrir si le ministre autrichien avait réellement surpris la correspondance, ou s'il plaidait le faux pour savoir le vrai et convertir ses soupçons en certitude. (11 mars 1757, à Tercier.)

A cette époque paraît M. de Monnet, qui fut un des agents les plus intelligents et les plus dévoués de Louis XV. Il avait servi pendant quelque temps en Pologne, où il avait acquis par ses services le grade de général. Entré dans la diplomatie, il avait épousé à Varsovie une Suédoise de distinction, veuve de M. de la Fayardie, émissaire du prince de Conti. Madame de Monnet était admise au secret : s'étant convertie au catholicisme, elle s'était vu fermer l'accès de son pays natal et priver de sa fortune. Les bienfaits du Roi s'efforcèrent de réparer une disgrâce si peu méritée. M. le général de Monnet touchait sur le Trésor une pension de douze mille livres, plus une autre pension sur les fonds de la correspondance secrète.

Le comte de Broglie déclare, dans un mémoire adressé à Louis XVI, que le Roi consacrait encore dix mille livres par mois à la correspondance secrète : cette somme était suffisante; les agents employés à cette correspondance étant presque tous attachés officiellement au département des affaires étrangères, et touchant en cette qualité un traitement régulier, on se bornait à leur allouer une indemnité annuelle assez minime. Il n'y avait pas de fonds spéciaux affectés à cet objet, et la correspondance secrète ne figure pas dans le fameux Livre Rouge. On sait que l'Assemblée nationale ayant demandé un état des dépenses faites depuis l'avénement de Louis XVI, Necker produisit à l'Assemblée un livre rouge sur lequel étaient inscrites les dépenses secrètes qui s'acquittaient au Trésor sur un bon du Roi au porteur, sans spécification de la nature de la dépense. Ces bons s'appelaient des ordonnances au comptant, et la Chambre des comptes était tenue d'apurer les comptes du garde du Trésor, qui avait payé sur le vu de ces ordonnances. C'étaient donc là des dépenses qui échappaient au contrôle. Les ordonnances au comptant allaient toujours en augmentant, et sous Louis XV elles atteignaient plus de cent millions par an. Mais elles n'étaient pas délivrées sans qu'on en prît note sur un registre paraphé par le Roi et qu'il gardait dans son cabinet. Necker communiqua à l'Assemblée constituante un registre en maroquin rouge qui contenait toutes les ordonnances au comptant signées par Louis XVI; mais ce volume renfermant aussi une partie remontant au règne de Louis XV, les feuillets qui appartenaient aux époques antérieures à Louis XVI furent scellés et dérobés à la connaissance de l'Assemblée. Le livre rouge fut remis à Louis XVI, et on ignorait ce qu'il était devenu, quand, en 1793, on trouva dans une armoire de fer pratiquée dans un mur d'une des salles du palais de Versailles le livre rouge déjà connu en partie, plus deux autres entièrement inconnus, où étaient inscrites les ordonnances au comptant depuis 1750. La Convention s'empressa de faire imprimer les trois livres rouges, qui sont un des plus curieux monuments pour l'histoire du dix-huitième siècle, et où l'on trouve l'explication de bien des faits obscurs; mais, pour être compris, les renseignements donnés par les livres rouges doivent être rapprochés des faits auxquels ils se rapportent, et c'est faute de s'être livré à ces rapprochements que l'on n'a jusqu'ici tiré que très-peu d'utilité de ces précieux registres.

Nous y avons largement puisé pour l'annotation et l'éclaircissement de la correspondance secrète; car c'est surtout pour ce qui regarde les affaires étrangères que les ordonnances au comptant fournissent de précieuses lumières. On y voit quel fâcheux système suivait alors pour la politique extérieure le gouvernement, qui croyait établir sûrement l'influence française en donnant des subsides aux princes, en soudoyant leurs ministres, en intervenant avec de l'argent dans les affaires intérieures des pays voisins. Des sommes énormes furent englouties de cette sorte, et l'on ne recueillit de ces profusions qu'abandon et mécompte, car on trouve de bien mauvais appuis dans les gens qui reçoivent de l'argent de l'étranger [1].

---

[1] Il y a sans doute beaucoup d'exagération dans le discours suivant, que tinrent à la Convention les administrateurs du département de Seine-et-Oise en lui apportant les livres rouges qu'ils venaient de découvrir, mais au fond il y avait du vrai. « ... Le peuple saura combien de millions ont été versés de nos coffres dans ceux de l'orgueilleuse maison d'Autriche, et nos soldats formeront le désir de les recouvrer.... La France monarchique était la fermière de l'Europe..... Les trois livres rouges vous diront combien la monarchie eut en horreur la liberté des nations, et comment elle changeait nos ambassadeurs en vils corrupteurs des peuples, eux qui répandaient jusque dans le sénat et

La correspondance secrète ne figure pas nominalement dans les livres rouges; mais j'ai reconnu que certaines sommes qui eurent cette destination furent ordonnancées sur le Trésor avec la simple mention *pour le Roi*. Quelquefois aussi Louis XV employait à cet objet des fonds personnels : des actions, des billets de loterie ayant obtenu un lot; il était souvent à court, et M. de Broglie et Tercier devaient faire des avances. L'argent était remis par Lebel, valet de chambre et proxénète royal, et par un autre garçon du château nommé Guimard, qui le faisait passer à Tercier, chargé de le distribuer.

Vers 1755 se place une négociation dont le comte de Broglie fut exclu, mais à laquelle prit part un personnage dont le nom est célèbre, le chevalier d'Éon. Depuis une quinzaine d'années les relations diplomatiques étaient interrompues entre la France et la Russie. Après le traité de Paris et l'alliance avec l'Autriche, Louis XV, à ce excité par le prince de Conti, qui avait toujours les yeux fixés vers le Nord dans l'espérance d'une couronne, essaya un rapprochement. On savait à la Cour de Versailles que l'Impératrice Élisabeth avait de la sympathie pour la France et de l'amitié pour la personne de Louis XV, avec lequel il avait été question de la marier; mais on avait à redouter l'hostilité du chancelier Bestucheff, entièrement dévoué à la Prusse et à l'Angleterre. D'un autre côté on pouvait compter sur l'appui secret du comte Woronzoff, vice-chancelier. C'était donc une mission qui demandait beaucoup de prudence, car on ne pouvait, vu l'état des

dans la diète de Suède des sommes de six cent mille livres pour y faire passer des décrets. Ces volumes vous paraîtront la réponse la plus énergique que vous puissiez faire aux insolences de Brunswick et à ses manifestes... ils seront la réplique enfin... des gazettes stipendiées des princes étrangers, tous désolés de ne pouvoir sucer la république comme ils sucèrent la monarchie française..... »

choses, envoyer un représentant officiel, et l'envoi d'agents secrets offrait des dangers, outre la difficulté de pénétrer dans un pays dont les frontières étaient mieux gardées que celles de la Chine. Un émissaire français, le chevalier de Valcroissant, qui avait réussi à franchir ces barrières, avait été arrêté et jeté dans un cachot du château de Schlusselbourg, où il était oublié depuis un an. Le prince de Conti imagina d'envoyer quelqu'un qui déroutât les soupçons : il choisit le chevalier Douglas Mackensie, jacobite écossais, qui avait été obligé de quitter son pays et vivait en France ; on le chargea de se rendre en Russie comme un gentilhomme qui voyageait pour son agrément ; on lui donna pour le seconder le chevalier d'Éon, protégé du prince de Conti, qui, revêtu d'un costume de femme, passa pour sa nièce. Tout devait être singulier dans la vie de cet homme, car il était homme, ainsi que le constata l'autopsie de son corps faite à Londres en 1810 ; mais pendant une grande partie de son existence il fut regardé par les gens les plus sérieux comme une femme qui avait pris le costume et les habitudes d'un autre sexe ; le comte de Broglie partageait cette conviction.

M. Douglas et M. d'Éon devaient chercher à renouer les rapports diplomatiques entre la France et la Russie, et à procurer au prince de Conti soit la main d'Élisabeth, soit le commandement des armées russes, soit même une principauté, celle de Courlande. Le prince remit, le 1er juin 1755, à M. Douglas des instructions secrètes sur le but à atteindre et sur les moyens à employer. Il devait, entre autres choses, prendre des renseignements exacts sur la Courlande, sur les dispositions de la Russie à l'égard de cette principauté alors vacante, sur les vues de l'Impératrice sur la Pologne. On donna au chevalier la clef d'une correspondance allégorique qui, sous prétexte d'achat de fourrures, permit de tenir le Roi et le prince au courant des progrès et des vicissitudes de la mission : l'ambassadeur anglais était le *Renard noir;* si son crédit l'emportait, le *renard était cher; l'hermine en vogue* signifiait que le vieux parti russe triomphait; les *martres zibelines sont en baisse* indiquait la diminution du crédit de Bestucheff. Ces instructions, écrites en abrégé et en caractères très-fins, furent remises à M. Douglas dans une tabatière d'écaille à double fond [1].

Ces précautions n'étaient pas superflues : M. Douglas pénétra bien en Russie, mais, en butte aux soupçons bien fondés du chancelier et de l'ambassadeur d'Angleterre, il fut contraint de se retirer. Mais il laissa le chevalier d'Éon, qui fut présenté par M. de Woronzoff à l'Impératrice comme un agent secret de Louis XV et accueilli par Élisabeth, qui se l'attacha en qualité de *lectrice*. D'Éon avait remis à la Czarine des lettres de Louis XV renfermées dans la couverture d'un exemplaire in-quarto de *l'Esprit des lois*. Il réussit et fut chargé d'apporter à Louis XV une lettre autographe par laquelle Élisabeth demandait que le Roi de France lui envoyât un représentant officiel (1756). Ce représentant officiel fut le chevalier Douglas, auquel on donna pour secrétaire d'Éon, qui cette fois parut en costume masculin.

Louis XV proposa à l'Impératrice Élisabeth d'entretenir avec elle une correspondance directe et intime. Le 24 février 1759, il écrit à Tercier : « J'approuve le projet de lettre au chevalier Douglas, mais si ma lettre à l'Impératrice de Russie réussit, je lui propose déjà ce petit commerce. »

Élisabeth n'eut garde de refuser ce *petit commerce* que

[1] Voyez ces instructions sous la date du 1er juin 1755.

lui offrait Louis XV, car s'il n'était pas de grande utilité, il ne pouvait offrir de graves inconvénients. Connu qu'il était des ministres des deux cours, c'était plutôt un acte de politesse qu'une correspondance secrète. D'Éon fut chargé de cette correspondance au nom de l'Impératrice, sous les ordres de Woronzoff, et travailla de son mieux à perdre Bestucheff dans l'esprit de la Czarine. Les efforts combinés de Douglas, de d'Éon et du vice-chancelier parvinrent à détacher Élisabeth de la Prusse et de l'Angleterre : la Russie accéda au traité de Versailles, et les quatre-vingt mille hommes de troupes russes rassemblés en Livonie et en Courlande pour soutenir les Anglais et les Prussiens durent opérer de concert avec les armées de Louis XV et de Marie-Thérèse.

En admettant l'accession de la Russie au traité de Versailles, la France prétendait excepter de l'alliance générale offensive et défensive formée avec la Russie notre antique alliée la Porte Ottomane, exception d'autant plus nécessaire, qu'on pouvait craindre que les Russes ne se fissent payer au détriment de la Turquie les secours qu'ils nous donnaient. Il avait d'abord été question d'insérer cette exception dans le traité : la Cour de Pétersbourg s'y refusa. L'Autriche, qui avait un intérêt immédiat à obtenir le plus tôt possible le concours armé de la Russie, chargea son ambassadeur, le comte Esterhazy, de presser vivement M. Douglas de se désister de sa demande : le comte Esterhazy détermina l'envoyé français à signer à la fois un traité dans lequel les Turcs étaient exceptés du *casus fœderis*, et un article dit *secretissime*, par lequel Louis XV s'engageait, en cas de guerre entre la Russie et la Porte, à fournir des subsides en argent à la Russie.

La faiblesse de Douglas excita la réprobation du ministère français, du prince de Conti et de Louis XV. Celui-ci s'exprimait ainsi en s'adressant à Tercier. — « (13 février 1757). J'approuve fort ce que M. le prince de Conty se propose d'écrire au chevalier Douglas, et désapprouve pareillement ce bel acte secret que le chevalier Douglas a eu la bestise de signer. Dans cette circonstance, ce que M. Rouillé me propose de lui écrire me paroît bien. Ne me parles plus du prince de Conty, j'approuve que vous écriviez à mots couverts au chevalier Douglas comme vous vous le proposes, en retranchant tout ce qui peut regarder M. le prince de Conty. » M. Douglas fut désavoué, rappelé, et remplacé par M. de l'Hôpital. En même temps M. de Broglie fut renvoyé en Pologne, où le Roi le jugeait nécessaire, après avoir reçu le cordon bleu que le Roi lui avait promis pour le dédommager de l'ambassade de Vienne, que le comte avait sollicitée et que Louis XV lui aurait accordée s'il n'eût jugé plus avantageux pour son service de l'envoyer de nouveau en Pologne. (A Tercier, 22 janvier 1757.)

Un des soucis de Louis XV était la future succession de la couronne de Pologne. Il y avait plusieurs candidats à ce trône, qui n'était pas encore vacant, mais qui allumait de toutes parts d'ardentes convoitises. On comptait sur les rangs, outre le prince de Conti, un Infant d'Espagne et plusieurs fils de l'Électeur de Saxe, roi de Pologne. Parmi ceux-ci on distinguait le prince Xavier, frère chéri de Madame la Dauphine. Louis XV ne voulait donner ni troupes ni argent, et promettait, à cette condition, de favoriser un des prétendants. Au fond, peu lui importait qui ; mais dès lors il cherchait au sujet de la Pologne à s'entendre avec la Russie. — « (A Tercier, 9 avril 1757.) Je n'ay mis en avant l'infant don Louis que par ce que je ne voulois pas qu'on songeât à l'infant don Philippe.

Sans doute qu'il en faudroit prévenir l'Espagne, mais il faudroit que cette idée vînt aux Polonois et que de là on la communiquât à l'Espagne; mais je ne puis l'aider de subisdes. S'ils en veulent pour leur roy, c'est à eux à le soutenir entièrement. Il en seroit de même du prince Xavier. Mais pour tout cela, je pense qu'il faut voir ce que deviendra la négotiation secrette entamée à Pétersbourg. Je pense aussi qu'il faut bien se garder de prévenir le roy de Pologne; il *faudra bien qu'il en passe par ce que l'on voudra*..... »

M. de Broglie était parti pour son poste le 5 mai : il passa par Vienne, où il fut mal reçu, car on connaissait son peu de sympathie pour l'alliance autrichienne. Le comte vit les fautes commises dans la conduite de la guerre : il fit part de ses craintes au Roi, et exposa l'urgente nécessité d'envoyer de nouvelles troupes en Allemagne. Il demandait en même temps de prendre part à la guerre, et de verser son sang sur les champs de bataille, l'action de la diplomatie étant désormais inutile. Louis XV reçut ces ouvertures avec plaisir, annonça en confidence au comte qu'on avait prévenu ses désirs, que des troupes étaient en marche pour l'Alsace, lesquelles seraient suivies d'autres troupes, et étaient destinées à former un corps d'armée prêt à se porter sur la Franconie, et de là où le besoin l'exigerait. (2 juin 1757.)

D'Éon était revenu à Paris, chargé par M. de Woronzoff de propositions pour le prince de Conti : l'Impératrice de Russie dissuadait ce dernier d'aspirer au trône de Pologne, et lui faisait espérer le duché de Courlande ou le commandement des armées russes. Louis XV autorisa cette négociation, mais il voulut en surveiller tous les détails et les connaître par plusieurs voies différentes : d'Éon reçut l'ordre de faire à Tercier un récit exact de son entrevue avec le prince, afin de contrôler le compte rendu que celui-ci en ferait au Roi.

Le prince était hésitant ; il ne savait que résoudre, et traînait en longueur. Il travaillait à la rédaction d'un mémoire sur la question ; il demanda et obtint la permission de conférer avec Tercier, et de lui faire part de ses vues ; le Roi surveillait de près cette négociation, qui ne laissait pas que de le préoccuper et de l'inquiéter. Ce que le prince de Conti voulait, c'était une souveraineté quelconque. Plusieurs perspectives s'ouvraient à lui, la Pologne, la Courlande et Neufchâtel. En présence des difficultés qui naissaient de tous côtés, il avait presque renoncé à la Pologne : restaient Neufchâtel et la Courlande ; mais Louis XV n'agréait pas également ces différents projets.

« Vous scaves, écrivait-il à Tercier le 15 septembre 1757, que nous n'avons encore pris aucun engagement formel sur la succession au throsne de Pologne, depuis que M. le prince de Conty a paru se désister absolument, mais que nous sommes bien prest d'en prendre. Si l'Impératrice de Russie appelle véritablement M. le prince de Conty pour commander ses armées et qu'elle veuille lui donner la Courlande, en attendant mieux, j'en seres très-aise ; mais, pour le présent, je n'y puis plus prendre d'autre part directe que celle de ne m'y pas opposer et d'y donner mon consentement quand il n'y aura plus besoing que de cela. Neufchâtel est un procès dont je ne veux ni ne me soucie de me charger. J'ay lu le mémoire sur la Courlande et l'extrait ou précis de celui de Neufchâtel ; je vous les renvoie l'un et l'autre, et garde le compte du comte de Broglie, que n'ay pas encore examiné...... »

Louis XV devenait ami de la paix : la désastreuse guerre de sept ans, dans laquelle il était engagé et dont il ne prévoyait pas l'issue, lui faisait prendre la ferme résolution d'éviter tout ce qui pourrait par la suite amener une nouvelle guerre. Il ne voulait surtout pas se compromettre pour le prince de Conti. Il l'écrivit sans détours à Tercier : « Je vous renvoie la lettre du prince de Conty ; quand je voires une certitude morale que l'impératrice de Russie lui destine le commandement de son armée et la Courlande, je donneray toutes les authorisations et promissions qu'on me demandera. Jusques-là j'y répugne beaucoup, craignant de faire une fausse démarche qui nous fairait plus de mal que de bien... » (21 septembre 1757.) En fin de compte, Louis XV ne donne pas de réponse et le prince de Conti non plus.

La grande question, l'éventualité de la vacance du trône de Pologne, était l'objet de l'attention inquiète de Louis XV. Il sentait que là était le danger, et que le changement de roi serait mis à profit par la Russie et la Prusse.

Cependant le comte de Broglie ne réussissait pas en Pologne : son activité à reconstituer le parti national lui attirait l'inimitié de tous ceux qui espéraient pêcher en eau trouble. Louis XV ne savait à quoi se décider; mais une chose sur laquelle il ne variait pas, c'était son désir de voir la Pologne libre et forte. Un instant il avait été question de l'abdication d'Auguste III. « (6 décembre 1757.) Je pense, écrivait-il, qu'il faut éloigner plutôt qu'approcher l'abdication du Roi de Pologne... J'aimerois mieux le prince Xavier que le prince électoral, mais par-dessus tout la liberté des Polonois. »

Louis XV était en Europe le seul souverain qui portât un intérêt véritable à la Pologne; mais il fallait autre chose que de bonnes intentions pour sauver ce pays, dont tant de gens désiraient la ruine. Le comte de Broglie, qui agissait dans le sens des idées du Roi, fut bientôt victime de son zèle; les cours de Vienne et de Pétersbourg ne purent voir sans inquiétude ce diplomate qui menaçait d'entraver leurs desseins et qui devinait leurs cupides projets; lui-même s'accordait mal avec le ministère français, qui se souciait assez peu de la Pologne. Cet état de choses n'échappait pas à la pénétration du Roi. — « (16 décembre 1757, à Tercier.) A l'égard du comte de Broglie, il me semble qu'il s'embrouille fort avec l'abbé de Bernis[1]. Tâchez qu'il n'y ait pas de contradiction dans les lettres, et que, si l'on est obligé de le rappeler, qu'on ne puisse découvrir notre secret. »

En dehors de ses habitudes galantes, on n'a que peu de détails sur la vie privée de Louis XV et surtout sur la nature de ses sentiments politiques. L'étude de sa correspondance inédite éclaire certains côtés intéressants de son existence. On le représente comme étant hostile à son fils le Dauphin, que l'on dépeint comme un ennemi déclaré de l'alliance autrichienne. Il est certain que les partisans du Dauphin professèrent toujours cette politique et cherchèrent à l'inspirer à Louis XVI; que ce furent eux qui firent une guerre sourde à Marie-Antoinette, pour laquelle ils trouvèrent le surnom odieux d'Autrichienne. Nous trouverons à cet égard des déclarations formelles de Louis XV qui atténuent l'attitude décidée prêtée au Dauphin. Quant à la Dauphine, elle était fille du Roi de Pologne, et plusieurs de ses frères étaient candidats à la couronne. Voici le jugement de Louis XV sur ces différentes prétentions.

« (A Tercier, 10 janvier 1758.) Je vous renvoie les trois lettres du comte de Broglie; si on lui envoie son congé, je croy inutile de répondre à ces importantes questions, sinon j'y réfléchiray encore; mais mon intention a toujours été la liberté des Polonois, et seulement celui qui leur seroit le plus agréable. Le prince Charles est plus

---

[1] M. de Bernis était alors ministre des affaires étrangères.

ouvert, plus parlant et d'une plus belle figure que le prince Xavier; mais il a raison de craindre que Madame la Dauphine n'aime mieux ce dernier, et la raison en est simple, elle le connoit beaucoup et presque point l'autre, l'ayant toujours regardé comme un enfant. A l'égard du prince royal, il faut toujours l'éloigner, à moins qu'on ne voie clairement qu'il en faudra passer par là. Tous les autres, je crois bien qu'il faut les laisser de côté... »

M. de Broglie ne trouvant plus la position tenable à Varsovie, demanda et obtint un congé. Arrivé à Paris, le ministre des affaires étrangères, M. de Bernis, l'admonesta vertement, à propos de ses querelles avec le comte de Bruhl, ministre dirigeant de l'Électeur. Le comte demanda des instructions au Roi, qui lui répondit (25 mars 1758) : « J'ay lu toutes vos lettres et mémoires, mais il s'en faut de beaucoup que j'aie le temps d'y répondre aussy viste que vous le désireries. Je ne vois point d'inconvénient que M. Jacobovsky et vous voies M. le prince de Conty, selon vostre coutume. Modérés vostre vivacité et prenés patience jusqu'à ma réponse. L'abbé de Bernis ne vous a rien dit de plus que ce que nous étions convenus qu'il vous diroit, mais ne vous effraies pas, quoique je pense qu'il soit bien difficile que vous retournies en Pologne tant que Bruhl y sera. »

M. Jacobowski, dont il s'agit dans cette lettre, était un officier polonais qui avait rendu des services importants à Stanislas Leczinski, et qui recevait une pension de la France. M. de Broglie paraissait en pleine disgrâce, le Roi éclaire Tercier à cet égard (10 avril 1758). « Le comte de Broglie a bien servi, mais il est un peu vif, et vis-à-vis du comte de Bruhl il n'y avoit plus moien de l'y faire trouver; voilà uniquement ce qui m'a dettérminé à son rappel. Continues à me bien servir et laisses là l'approbation des beaux esprits, ce qui a achevé de bouleverser les têtes. Je suis content de vous; renfermez-vous dans votre besogne. » Notons cette dernière phrase, ce mépris pour les beaux esprits. Désormais les lettres de Louis XV à Tercier contiendront un certain nombre de ces traits qui nous permettront de connaître le fond de la pensée du Roi : c'est que, sûr de la fidélité de Tercier, il ne craignait pas de s'épancher dans le sein de celui qu'il avait reconnu comme un honnête homme. Un commis, qui n'était pas admis à la table du ministre, était devenu le confident d'un prince qui ne voyait dans ses ministres que des hommes à craindre ou à mépriser, qu'on lui imposait et qu'il ne se sentait pas la force de renverser, tant que leur arrêt n'avait pas été dicté par la maîtresse en faveur.

Le caractère loyal du comte de Broglie lui conciliait aussi de plus en plus l'estime du Roi, qui ne laissait pas que de redouter un peu sa vivacité et sa franchise. Le comte, définitivement rappelé de Pologne, attendait, non sans impatience, qu'on lui donnât un emploi : Louis XV, qui avait déjà jeté ses vues sur lui, le rassura (21 mai 1758). Il n'était plus possible de le renvoyer en Pologne tant que le comte de Bruhl y serait à la tête du ministère saxon; M. de Broglie en profita pour demander du service à l'armée. La Dauphine, qui lui savait gré des services qu'il avait rendus à sa famille, le recommanda vivement pour l'inspection; mais ce que M. de Broglie voulait, c'était se battre. Il obtint enfin ce qu'il demandait : il fut envoyé à l'armée sous les ordres de son frère aîné, qui, à la fin de 1759, fut fait maréchal de France. Le duc de Broglie s'était distingué sous M. de Contades en contribuant puissamment au gain de la bataille de Berghen. Devenu commandant en chef, le maréchal s'illustra par une nouvelle victoire, celle de Corbach, où il défit trente mille Hanovriens (10 juillet 1760) ; mais plus tard, obligé d'agir de concert avec le maréchal de Soubise, la discorde se mit entre les deux généraux, et le manque d'accord eut les résultats les plus funestes. On a porté contre le comte de Broglie de fortes accusations à propos de sa conduite à l'armée, on lui a imputé les revers et les fautes de son frère, qu'on prétendait n'agir que par ses conseils. « Jaloux, envieux, turbulent, brouillon, haut et dur, il étoit, » dit-on, « aussi détesté des troupes que le maréchal en étoit aimé, et l'asservissement de celui-ci à son cadet devoit souvent lui faire perdre le fruit de ses bonnes qualités [1]. »

Il y a sans doute beaucoup d'exagération dans ce jugement d'un contemporain qui se faisait l'écho du bruit public. Que le comte de Broglie fût vif, hardi, entreprenant, c'est le jugement qu'en porte Louis XV ; mais il y a de l'injustice à le représenter comme un être tracassier et malfaisant, qui voulait imposer despotiquement ses volontés. On lui reproche d'avoir tellement abreuvé de dégoûts un de nos meilleurs généraux, M. de Saint-Germain, que celui-ci préféra renoncer à son grade, au cordon de Saint-Louis et à sa patrie, plutôt que de continuer à servir sous ses ordres. M. de Broglie était fier, et même haut, et, au milieu de l'abaissement des esprits, on ne peut lui en faire un crime : mais la discrétion et la patience qu'il mit pendant près de vingt années qu'il dirigea la correspondance secrète avec l'approbation du Roi, les relations suivies qu'il eut pendant ce temps avec des hommes tels que MM. de Vergennes, de Breteuil et de Saint-Priest, qui, après être arrivés au pouvoir, lui témoignèrent de la considération et de la déférence, sont d'imposants témoignages en faveur de l'honorabilité de son caractère.

[1] *Vie privée de Louis XV*, t. IV, p. 484.

Cependant, on ne saurait nier qu'il n'exerçât un grand empire sur son frère : on en a la preuve dans la correspondance intime qu'il entretint avec le duc de Choiseul pendant la campagne de 1761, campagne qui fut couronnée par la perte de la bataille de Filingshausen. Ce désastre fut le résultat de la discorde des deux généraux qui commandaient l'armée française; et cette même cause fut celle qui nous fit perdre dans la guerre de sept ans plusieurs autres batailles. La bravoure du soldat était infinie, l'officier affrontait la mort de la manière la plus chevaleresque; mais, il faut le dire, il n'y avait de discipline que chez le soldat : les officiers, quel que fût leur grade, accordaient difficilement à leurs supérieurs l'obéissance qu'ils exigeaient de ceux qui étaient placés sous leurs ordres. Les généraux ne s'entendaient pas, et ne pouvaient s'habituer à plier devant l'autorité : c'est que ces hommes si braves n'étaient pas seulement militaires; c'étaient avant tout des membres de l'aristocratie, qui voyaient dans leurs supérieurs hiérarchiques non le grade, mais l'homme. Celui dont la généalogie remontait à 1399 supportait impatiemment les ordres d'un chef d'une noblesse moins antique. A Filingshausen, il y avait deux armées françaises commandées chacune par un maréchal : réunies, elles étaient supérieures en nombre à l'ennemi; elles n'attaquèrent pas avec ensemble. Le prince de Soubise accusa le duc de Broglie d'avoir, dans l'espoir de se réserver l'honneur de la victoire, attaqué trop tôt; le duc de Broglie imputait à son collègue de n'avoir pas attaqué du tout, pour l'empêcher d'établir solidement les avantages qu'il avait déjà remportés. La correspondance du comte de Broglie fournira sur cet événement caractéristique du temps des détails intéressants. Il semblerait que M. de Soubise eût tort; mais Louis XV et madame de Pompadour lui donnèrent raison. M. de Broglie fut exilé, mais l'opinion publique le vengea [1]. Le comte de Broglie, après avoir partagé la gloire de son frère, partagea sa disgrâce, il fut exilé à Ruffec; mais, par une bizarre contradiction, il continua à jouir de la faveur intime du Roi, et à diriger la correspondance secrète, comme il l'avait fait étant à l'armée.

Pour Louis XV, tout, même la Pologne, était subordonné à la conservation de l'alliance autrichienne. Il ne cessait de le répéter. « En conservant notre parti en Pologne, écrivait-il à Tercier, mettez-leur bien dans la teste (aux Polonais) que jusqu'à ma mort je ne me séparerai point de l'Impératrice-Reine, et *que mon fils est dans ces mêmes sentiments.* » (26 octobre 1758). Cette dernière assertion est importante. « Il y a, poursuivait le Roi, apparence que le prince Charles va être duc de Courlande ; il y a apparence qu'un seul des cadets va entrer dans l'État ecclésiastique : l'électorat de Cologne pourra être son fait. Madame la Dauphine n'aime véritablement que le prince Xavier, et depuis qu'il est à mon armée, il a acquis l'estime générale de tous les François ; mais il faut attendre le dénouement de tout cecy avant que

---

[1] Le lendemain de l'exil du maréchal on jouait *Tancrède* de Voltaire à la Comédie française ; mademoiselle Clairon remplissait le rôle d'Aménaïde. Quand elle récita ces vers :

> On dépouille Tancrède, on l'exile, on l'outrage,
>
> C'est le sort d'un héros d'être persécuté.
>
> Tout son parti se tait : qui sera son appui ?
> Sa gloire. . . . .

l'actrice mit dans sa prononciation une telle affectation que les spectateurs saisirent l'allusion et battirent des mains. (*Vie privée de Louis XV*, t. IV, p. 187.) — Voyez aussi une lettre de d'Argens à Frédéric II et la réponse du Roi, *OEuvres de Frédéric II*, t. XIX, p. 300 et 301.

de se déterminer, conserver nos amis en Pologne, et surtout M. Mocranowsky, car le palatin de B... me paroit douteux, et surtout que Durand prenne bien garde aux papiers secrets. Avant la fin de l'année, sûrement nous verrons plus clair pour prendre un parti sûr. »

L'avénement au ministère de M. de Choiseul, partisan zélé de l'alliance autrichienne, et par conséquent selon le cœur du Roi, n'apporta aucune modification à la correspondance secrète, dont l'existence fut cachée au nouveau ministre, malgré les instances du duc de Broglie, qui comprenait bien que le ministère secret, réduit à ses seules forces, serait toujours impuissant. Le Roi attendait avec impatience l'arrivée de M. de Choiseul pour s'éclairer. — « (2 décembre 1758, à Tercier). Le changement de votre ministre me fait garder la lettre pour Durand, étant bien aise de voir tout ce qu'il me dira de Vienne auparavant... »

Trompé sur la véritable situation des choses en Allemagne, Louis XV croyait Frédéric près de succomber. Le 7 décembre 1758, il écrit à Tercier : « Je vous renvoie les lettres de Ruben; il est fort au fait de la cour de Berlin, et, s'il étoit besoing, je pense qu'il y pourroit mieux servir qu'aucun autre ; mais nous ne sommes pas dans ce cas-là, et je n'aime guère les menées sourdes. Si Sa Majesté Prussienne tombe dans le précipice, tant pis pour lui, je ne me départirai jamais de l'alliance de l'Impératrice. » Il est évident, d'après cette lettre, qu'on montrait à Louis XV les conséquences fâcheuses d'une complète victoire de l'Autriche et de la ruine de la Prusse ; on lui conseillait même un rapprochement avec cette dernière puissance, rapprochement contraire à l'alliance autrichienne, mais il repoussa ces suggestions. Quant à la répulsion qu'il affiche pour les menées sourdes, elle est peu justifiée de la part de l'auteur de la correspondance secrète. Cependant il pouvait se rendre la justice qu'il ne trompait que ses ministres, et qu'il ne trahit jamais ses alliés.

Il ne se défiait pas encore de M. de Choiseul, aussi a-t-il pour lui toutes sortes de ménagements. Le 23 février 1759, il annonce à Tercier l'envoi prochain avec l'approbation royale d'une dépêche pour M. d'Havrincourt, ambassadeur en Suède, et admis à la correspondance ; mais il se ravise : « Je rouvre ma lettre pour vous renvoier celle à M. d'Havrincourt ; je trouve qu'elle lui donneroit trop lieu de croire que je ne suis pas content de M. de Choisieul. Ainsy, renvoies-moy un autre projet corrigé. »

C'étaient là des scrupules étranges. Mais, pour Louis XV, un ministre, tant qu'il n'était pas disgracié, avait droit aux respects de tous, même de ceux que le Roi employait en dessous à contrecarrer ce ministre ; il n'hésitait jamais à lui abandonner ses serviteurs les plus dévoués, sauf à leur donner secrètement des compensations. Tercier était censeur royal ; il avait été chargé d'examiner le fameux livre de *De l'Esprit*, d'Helvétius : il avait donné son approbation à la légère à cet ouvrage, dont l'apparition fit grand bruit, et causa du scandale. On prit prétexte de cette approbation pour rendre Tercier odieux à la Reine, qui avait horreur de l'impiété ; il fut destitué des fonctions de premier commis des affaires étrangères, qu'il remplissait depuis longtemps. La vérité n'échappa pas au Roi.

« Depuis l'approbation que Tercier a donnée à l'ouvrage *De l'Esprit*, l'on a cherché un prétexte pour le renvoyer des Affaires étrangères : le cardinal de Bernis, dans ce temps-là, en fut sur le point, mais se contenta de lui laver la teste. La Reine n'a pas voulu garder Helvétius dans sa maison, et M. de Choiseul a pris ce prétexte-là pour renvoyer Tercier. Moi, je ne connois ni ne veux connoître que mon secrétaire d'État ; ainsy je les laisse entièrement les maîtres de leurs commis. Voies avec lui ce qu'il veut demander et comment continuer les affaires secrettes de la Pologne. J'ay été fasché pour lui de l'affaire où il s'est engagé, et d'autant plus, que sûrement il n'avoit leu ce livre *De l'Esprit* que très-superficiellement. » (3 mars 1759.) — En laissant renvoyer Tercier du ministère des affaires étrangères, Louis XV espérait donner le change, mais personne ne fut dupe de cette duplicité. En tout cas, Tercier n'eut pas à se plaindre, car le Roi s'occupa de réparer à son égard l'injustice dont il avait permis qu'il fût publiquement victime. M. de Choiseul lui avait accordé une pension de six mille livres, réversible en partie sur sa femme et ses enfants ; le Roi ajouta trois mille livres sur les fonds extraordinaires de Pologne, ce qui, avec une pension de six mille livres sur les postes, faisait un total de quinze mille livres. « Vu le temps, il m'est impossible d'aller plus loing. Comme vous etes boiteux et que votre santé est desrangée, mon intention est que vous ne retournies plus au cabinet ; je verrai avec Jannel si l'on pouroit vous doner le brevet que vous desires, mais sans aucune fonction, seulement *ad honores*. Du reste, j'approuve l'arrangement que vous continues la correspondance secrette. »

Cette dernière lettre prouve que Louis XV n'était ni ingrat ni égoïste ; les détails dans lesquels il entre spontanément pour assurer le sort de Tercier et de sa famille, le souvenir qu'il garde de ses infirmités et de sa mauvaise santé, témoignent de la bonté d'âme de cet homme qui gardait encore quelques vertus, et qui avait certainement encore d'autres occupations que celles de ses plaisirs. Tercier vit à la suite de cet événement, qui aurait pu lui être si funeste, la confiance du Roi augmenter ; il devint l'agent principal de la correspondance secrète, en vertu de l'ordre suivant : « Je vous charge, Tercier, de continuer l'expédition de mes ordres secrets à mes ministres en Pologne, pour la négotiation dont vous avez connoissance, ainsy que des autres parties qui peuvent y avoir raport. Vous communiquerez le tout au comte de Broglie, et vous vous concerteres avec lui sur les projets de réponse à leur faire. Je vous ordonne d'observer le plus grand secret dans toute cette affaire. Fait à Versailles ce 22 mars 1759. Louis. » Il n'est plus question du prince de Conti, qui était définitivement entré dans cette opposition à la Cour où il devait persister toute sa vie.

M. de Broglie n'était appelé à donner son avis que sur les affaires de Pologne ; il apprit la marque de confiance dont l'honorait le Roi par l'ordre suivant : « Monsieur le comte de Broglie, mon intention étant de continuer en Pologne la négotiation secrette que vous y avez suivie pendant votre ambassade avec zèle et succès, je veux que vous en aies la principale direction. En conséquence, j'ordonne au sieur Tercier, que j'ay chargé de l'expédition de mes ordres secrets à mes différents ministres qui peuvent concourir à cette affaire, de vous communiquer exactement tout ce qu'il recevra de relatif à cette négotiation, et de se concerter avec vous sur les projets de réponse à y faire, pour, après que je les aures approuvés, en faire l'expédition. Votre attachement à ma personne m'assure que vous faires un usage utile des connoissances que vous avez acquises dans cette partie, et que vous continueres à observer le plus exact secret, comme vous aves fait par le passé. Fait à Versailles, ce 23 mars 1759. Louis. »

Cet ordre explique suffisamment le mécanisme de la correspondance secrète et les attributions de M. de Broglie. Il ne devait s'occuper que de la Pologne, mais la question polonaise était une question européenne, et peu à peu M. de Broglie fut amené et autorisé par le Roi à prendre connaissance de l'ensemble des négociations suivies par les agents particuliers de Louis XV dans les différentes cours.

En 1759, M. de Paulmy fut désigné comme ambassadeur en Pologne ; M. de Broglie proposa de l'admettre au secret ; Louis XV refusa, préférant donner à M. de Paulmy pour secrétaire M. Hennin, qui était déjà initié ; il ne craignait rien tant que d'étendre le nombre de ses agents, persuadé avec raison qu'un secret communiqué à plusieurs personnes cesse d'être gardé. Il se défiait surtout des employés de la poste. Il se doutait que le cabinet noir pourrait bien ne pas respecter les fausses adresses que portaient les lettres qui lui étaient envoyées.

La Russie donnait des inquiétudes ; les rapports faits par d'Éon s'étaient trouvés démentis par les faits ; M. de Broglie fut mis au courant de la correspondance avec M. de Woronzof. L'ambassadeur du Roi à Pétersbourg, M. de l'Hôpital, ne rendait aucun service ; dans une dépêche du 11 juillet, Louis XV écrivait à Tercier : « M. de l'Hospital est bien cher à Pétersbourg, il seroit à désirer qu'il en fût déjà revenu ; mais l'embarras seroit son successeur. » Le 4 décembre, il motivait ses griefs contre M. de l'Hôpital, dont l'ambassade n'était pas seulement dispendieuse, mais qui donnait des sujets fondés de plainte. « M. le duc de Choiseul a mandé à M. de l'Hopital de sçavoir si M. de Breteuil seroit agréable à la czarine, soit en sous-ordre, soit seul, étant très-mécontent dudit M. de l'Hopital, lequel, quand on lui mande d'éclaircir un fait, s'en ouvre d'abord avec M. de Woronzof, même le regardant ; ainsy, il faut bien se donner de garde de lui

7.

confier le secret des Anglois venu par la Suède, car il iroit lui dire d'abord tout cruement et sans aucuns préparatifs. Je vous renvoie la lettre pour le comte de Broglie approuvée ; cependant, je ne sçay s'il n'y faut pas faire quelques changements, vu ce que dessus. Je pense aussi qu'il faut attendre le moment du départ de M. de Paulmi pour mettre au fait le sieur Hénin. »

M. de Broglie fit nommer M. de Breteuil ministre en Russie, et insista pour le faire admettre au secret. Dans une lettre du 22 février 1760, Louis XV fait part de ses hésitations à Tercier : « Il n'y a certainement rien à craindre de la découverte des lettres de madame la Dauphine et du comte de Luzace. Je lui en ay parlé, et elle m'a assuré qu'il n'y avoit que le comte de Bruhl qui pût en être scandalisé, mais que cela ne lui apprendra rien qu'il ne sçache. J'approuve qu'on continue l'affaire secrète. J'ay beaucoup réfléchi sur le secret à confier au baron de Breteuil, et j'y réfléchires encore. Cependant, envoies-moy un projet des deux ordres que le comte de Broglie propose, mais au moins je ne lui dirois qu'au dernier moment de son départ, qui doit être prochain, et je lui tournerai de façon que c'est pour madame la Dauphine qu'on travaille principalement, et le secret pour la surprendre agréablement. »

Cette surprise agréable devait être l'élection du prince Xavier comme Roi de Pologne. Louis XV se résout enfin, et le 24 écrit à M. de Broglie : « Le comte de Broglie remettra l'ordre cy-joint au baron de Breteuil, et recevra de lui la communication des instructions, soit verbales, soit par écrit, qui lui auronts été remises par le duc de Choiseul, pour, après les avoir examinés de concert avec le sieur Tercier, en dresser de particulières et secrètes, relativement à ce qu'ils connoissent de mes intentions, tant sur la Russie que sur la Pologne, et me les envoyer afin que je puisse les examiner, les approuver ou les corriger avant qu'elles soient remises au baron de Breteuil. »

Louis XV désirait autant surveiller son propre ministre des affaires étrangères qu'être instruit exactement de ce qui se passait dans les autres cours ; c'est ce qui ressort de l'ordre qu'il fit remettre par M. de Broglie à M. de Breteuil, où il enjoignait à ce dernier de communiquer au comte et à Tercier les instructions verbales ou écrites qu'il recevait de M. de Choiseul ; il lui ordonnait même de différer son départ, sous un prétexte quelconque, pour mettre les confidents du Roi au courant de ce que lui aurait dit le ministre. En même temps d'Éon était chargé d'instruire, de diriger et même de contrôler M. de Breteuil, mais d'apporter dans ses relations avec l'ambassadeur toute réserve et toute discrétion. M. de Breteuil ne fut pas longtemps avant de se trouver dans l'embarras, par suite de sa double position d'ambassadeur et d'agent secret. Le prince Auguste Poniatowski, ministre de Pologne à la cour de Russie, s'était, quelque temps auparavant, compromis par ses intrigues galantes avec la femme du Czarewitz, qui fut depuis l'Impératrice Catherine II. M. de Poniatowski étant du parti anglais, l'Impératrice Élisabeth avait profité de cette circonstance pour attirer sur lui l'attention du marquis de l'Hôpital, ambassadeur de France ; celui-ci avait, au nom de son gouvernement, demandé au Roi de Pologne le rappel de son ministre, connu par son amitié pour les Anglais, et dont le crédit auprès de la princesse pouvait devenir funeste à la France ; M. Poniatowski avait été rappelé. A peine installé à Pétersbourg, M. de Breteuil reçut de la part de Catherine des insinuations pour demander le retour de M. Poniatowski, dont la princesse supportait difficilement l'absence. M. de Choiseul avait prévu le cas et prescrit à M. de Breteuil de se concilier la future Impératrice, en travaillant à faire revenir M. Poniatowski en Russie. M. Durand, notre ministre à Varsovie, reçut ordre d'agir dans ce sens auprès du comte de Brühl, premier ministre du Roi de Pologne. Mais on ne peut contenter tout le monde à la fois : l'Impératrice Élisabeth trouva la demande de M. Durand inconvenante, et crut qu'il avait agi sans ordre. Elle profita du commerce épistolaire qu'elle entretenait avec Louis XV pour lui faire part de son mécontentement et demander quelles étaient les intentions du Roi.

On ne pouvait avouer à l'Impératrice quelles vues avaient dirigé M. de Choiseul ; on lui affirma que l'on n'avait jamais eu dessein de lui déplaire. Louis XV écrivait à ce sujet à Tercier : « M. le duc de Choiseul n'a eu en vue, dans ce qu'il a mandé à M. Durand, qu'une véritable indifférence, partant du principe que si on l'avoit laissé, *l'amour n'auroit pas duré, vu le caractère de la princesse*, et que s'il y retournoit, il en seroit encore de même ; mais il n'a point du tout eu en vue de l'y faire retourner, et il ne pressera pas pour cela, même au contraires, surtout sachant l'effet que cela fairoit sur la Czarine. » (23 juillet 1760). Peut-être la conduite indiquée par Louis XV, qui en pareille matière était passé maître, et qui connaissait le caractère de la princesse, aurait-elle été préférable à l'éclat qui avait eu lieu. Quoi qu'il en soit, M. Poniatowski ne retourna pas à Saint-Pétersbourg, mais Catherine ne l'oublia pas, et en fit un roi de Pologne.

La position de M. de Breteuil à Saint-Pétersbourg était difficile : il fallait à la fois contenter l'Impératrice et ménager la grande-duchesse ; l'ancien ambassadeur, M. de l'Hôpital, avait négligé de faire la cour à Catherine et à son entourage, entièrement livré aux Anglais ; c'était là un tort qu'il fallait réparer, mais avec discrétion, car trop d'empressement pour la femme de l'héritier de la couronne aurait blessé l'Impératrice. Mais il y avait pour M. de Breteuil des difficultés encore plus grandes : M. de Choiseul lui avait prescrit dans ses instructions de travailler à amener la paix par l'intermédiaire de la Russie ; mais M. de Breteuil, acé encouragé par le ministère secret, avait suivi une marche contraire, de crainte que la médiation de la Russie ne lui assurât une trop grande prépondérance. C'est ici qu'il y a lieu de remarquer quels embarras et même quels dangers préparait cette double politique, l'une avouée, l'autre secrète, qui est le caractère du gouvernement de Louis XV. Les instructions secrètes étaient, par rapport à la Russie, entièrement en opposition avec celles de M. de Choiseul. Cependant, M. de Breteuil reconnut bientôt la nécessité de revenir à la politique officielle, seul moyen de terminer une guerre que le gouvernement secret de Louis XV réussit à faire durer encore pendant trois années, pour aboutir à une paix honteuse.

La Pologne était toujours l'objet de la sollicitude du Roi. —(5 avril 1760, au comte de Broglie.) Il est vrai que M. de Choiseul a lu au dernier Conseil des instructions pour M. de Paulmi ; elles promettent protection aux Polonois pour la liberté du choix de leur roy, et peu d'argent ; et en cela je ne puis le désaprouver, car le temps ne le permet absolument pas. Si la diette se tient, comme cela est fort douteux, l'on voira pour lors ce qu'il y aura à faire ; mais vous scavez que tant de personnes ont intérêt de la rompre, que je pense qu'avec peu d'argent l'on fera beaucoup. Il y a déjà du temps qu'il me parle du rapel de M. Durand ; ce ne sera point par congé, mais tout à fait. L'on poura l'employer ailleurs, mais sûrement il ne partira pas que M. de Paulmi ne soit arrivé et qu'il n'ait eu le temps de l'instruire, ainsi que M. Hénin. Si j'avois contredit le retour de Durand, cela auroit donné du soupçon à M. de Choiseuil, et mis sur les voies de découvrir ce qu'il ne sait certainement pas. »

Tercier, bien qu'ayant cessé d'être premier commis, était de temps à autre employé par M. de Choiseul à rédiger des mémoires politiques ; Louis XV voulait être tenu au courant des travaux de Tercier, et donnait son avis sur des points délicats.—(10 mai 1760.) « Je vous renvoie la lettre de Stockholm. S'il est parlé dans les négociations avec l'Espagne des démarches que la Reine d'Espagne avoit faites en 1733 pour la couronne de Pologne en faveur de l'Infant don Philippe, vous ne pouvez pas vous dispenser d'en parler dans l'ouvrage que vous faites, mais sans réflexion qui ait lieu à la circonstance présente en Pologne. Si le duc de Choiseuil vous en fait [la remarque], vous lui en dires votre pensée. S'il vouloit absolument que vous le retranchassies de votre mémoire, vous le faires, puisque vous pensies qu'il n'y avoit pas grand inconvénient de ne l'y pas mettre. »

Louis XV lisait avec la plus scrupuleuse attention les dépêches de ses correspondants, ainsi que les projets de réponse de Tercier ou de M. de Broglie ; il n'approuvait pas un seul de ces projets sans le corriger. Voici un exemple de ce travail de révision. Le projet est de Tercier.

*Note de ce que le sieur Billet se propose de dire :*

« J'ai réfléchi sur cette réponse. J'y entrevois que, quoique la personne principale soit liée par des motifs qui l'empêchent de faire usage de l'ouverture qu'on luy indique, elle *conserve néanmoins dans son cœur le fond de son ancienne amitié.* » (Rédaction de Louis XV : « *a néanmoins dans son cœur le désir de voir finir les troubles qui subsistent avec celuy à qui on donne cette réponse.*) Il est à présumer que s'il est dans les mêmes sentimens, et qu'il s'occupe des moiens de terminer, je désirerois fort qu'il en imaginât qui, conformément à la réponse, pussent tout concilier. » Ce changement, Louis XV le déclare nécessaire. Il s'agissait de tentatives de rapprochement avec la Prusse.

Nous avons vu que le gouvernement français avait formellement excepté les Turcs de l'alliance offensive et défensive conclue avec la Russie; la Porte demandait à la France des garanties écrites, qui lui furent refusées; Louis XV en instruisit Tercier : « Il a été décidé dans le Conseil qu'on ne donneroit rien par écrit aux ministres de la Porte. » (24 avril 1760.)

En 1762, l'Impératrice Élisabeth, l'intime alliée de Louis XV, meurt; elle a pour successeur Pierre III, admirateur du Roi de Prusse. A ce sujet, le ministère secret adresse à M. de Breteuil d'importantes instructions. On remarque le passage suivant : « Quoique l'Impératrice (celle qui fut Catherine II) ne paroisse pas avoir de crédit, vous devez cependant, autant que vous pourrez, tout concilier avec ce qui est dû à l'Empereur, et tâcher de mériter la continuation de la confiance qu'elle vous a marquée étant grande-duchesse. » M. de Breteuil oublia trop cette prescription.

Le Roi s'intéressait à tous les sujets qui méritent d'exciter la curiosité d'un homme intelligent; témoin ce billet à Tercier, en date du 29 juillet 1760 : « J'ay lu un peu tard votre mémoire sur l'Angleterre; je trouve bon que vous en écriviez pour vérifier les faits et surtout cette nouvelle secte dont j'avois déjà entendu parler pour l'Allemagne, M. de Sinzendorf étant de ce pays-là. » Louis XV fait allusion aux Frères Moraves, dont le comte de Zinzendorf avait réuni les restes dispersés, et qu'il avait organisés non-seulement en Allemagne, mais encore en Hollande, où il y en a encore, en Angleterre et en Amérique.

Le Roi s'occupait toujours des moindres détails.—(4 mai 1762, à Tercier.) « Janell propose de s'adresser à M. Orneca, banquier à Amsterdam, qui faira passer le paquet à Hambourg, à son correspondant, lequel l'envoie à Pétersbourg. Voilà ce qu'il pense pour détourner la curiosité sur le paquet, puisqu'il paroistra venir d'un banquier d'Hollande... » M. de Breteuil ne réussissait pas à la cour de Russie; il était question de le remplacer et d'envoyer d'Éon à Saint-Pétersbourg. — 1er juin 1762. A Tercier. « Je vous renvoie la lettre de M. le comte de Broglie. M. de Choiseul m'a dit qu'il me proposeroit le sieur d'Éon pour envoier à Pétersbourg, lorsque le retour de M. de Breteuil seroit certain; mais, dans l'interval, M. de Breteuil laissera sûrement un secrétaires, et j'ignore si ce sera le sien ou le sieur Michel. M. de Choiseul m'a dit aussy que, jusqu'à présent, il n'y avoit que M. de Turpin qui se proposa pour la Prusse lors de la paix, mais celui-là ce n'est qu'en conversation. » Le rappel de M. de Breteuil est décidé. Il remplacera en Suède M. d'Havrincourt.

19 juin 1762.

« J'approuve entièrement la façon de penser du comte de Broglie, par raport à la Russie et à l'envoi du sieur d'Éon : il connoist notre pénurie sur les dépenses d'argent, il faut lui recommander d'en être bien avare. L'on peut demander le mémoire raisonné à M. d'Avrincourt. A l'égard de M. de Breteuil, il passera par icy en allant en Suède et on lui dira tout ce qu'il y a à dire, vu les circonstances présentes et à venir d'icy là. A l'égard de la Pologne, je n'ai rien à en dire de nouveau. »

La question d'argent était un des soucis du Roi; il craignait toujours de manquer. Inhabile dans l'art de se procurer des ressources, il regardait comme le plus sûr de dépenser le moins possible, pour se créer des réserves. On a dit qu'il avait puisé dans de longues conversations avec Quesnay, médecin de madame de Pompadour, les éléments de l'économie politique, science nouvelle dont Quesnay était l'apôtre en France ; mais Quesnay était de l'école des physiocrates, qui prenait l'agriculture pour base de la richesse publique : ses théories ne pouvaient donc être que de peu de secours en matière d'impôts et de finances publiques. En somme, il faut reconnaître que Quesnay eut un élève qui lui fit peu d'honneur dans le prince qui ne craignit pas de spéculer sur les blés.

Le Roi même reconnaissait son incompétence en pareille matière. Tercier lui ayant soumis un plan financier, il lui répondit (16 novembre 1759) : « Je me connois fort mal en projets de finances ; mais celui que vous m'aves addressé pourra être bon quand le crédit sera revenu. Vous faires bien de le remettre à M. le duc de Choiseul par la voie que vous croirez la plus convenable. » Cette renaissance du crédit qu'espérait Louis XV, il ne devait pas la voir. Loin de là, la détresse du trésor s'accroissait ; aussi, quand il s'agissait de donner de l'argent pour la Pologne, il se trouvait dans un étrange embarras, partagé entre son désir bien justifié d'économie et son affection pour les Polonais.

7 juillet 1762. « Il faut être bien circonspect en promesse d'argent, cependant l'on peut en promettre, comme vous le proposez, pour de grandes choses, et seulement après qu'elles auront eu lieu pleinement... Songez toujours à la disette d'argent où nous sommes, et qu'une confédération feroit peut-être plus de mal que de bien à la liberté de la Pologne, même dans les circonstances présantes... »

Quelle naïveté de ne vouloir payer qu'après le succès !
De grands événements se préparaient. M. Durand, ministre en Pologne, fut rappelé. Le Roi ignorait quel serait son successeur. — (15 juillet 1762.) « Le duc de Choiseul m'avoit déjà parlé de Durand pour lui confier le dépôt des archives du ministère des affaires étrangères. Je voiray, sans lui rien faire soubçonner, qui il destine à Warsovie ou en Saxe quand le Roi de Pologne ira. Le baron de Breteuil doit être parti du 15 du mois passé. Quand nous le sçaurons à Vienne, il sera temps je croy de luy écrire, mais cela ne peut tarder. » M. de Breteuil s'était en effet mis en route, mais d'importants événements le firent revenir sur ses pas. Laissons la parole à Louis XV.

A Tercier, 28 juillet 1762. « Par un courier du marquis de Paulmi [1] arrivé hier au soir, nous avons apris que le roi de Pologne venoit de recevoir la nouvelle de Kœnigsberg que le Czar Pierre III ayant abjuré publiquement la religion grecque pour retourner à l'hérésie luthérienne, avoit été détrosné et enfermé, et que sa femme avoit accepté les rênes du gouvernement; nous ne sçavons si c'est en son nom ou en celui de son fils Paul. M. de Breteuil, qui se trouvoit le 17 à Varsovie, s'offre dans ces circonstances pour retourner à Pétersbourg, et M. de Choiseul accepte avec plaisir sa proposition, si cette grande nouvelle se confirme, ce qui ne peut manquer d'arriver d'icy à quelques jours. Il a encore adjouté qu'elle a annullé les derniers traités de son mari et envoyé l'ordre aux troupes russes de rentrer aussytost dans leur païs. Voilà au moins le départ du sieur d'Éon différé et vraysemblablement aussy toutes les affaires de Pologne. »

M. de Breteuil avait été maladroit, et ce fut avec justice que le Roi lui fit adresser par M. de Choiseul de vifs re-

---

[1] Ambassadeur en Pologne.

proches. L'Impératrice, qui songeait à renverser son mari, avait fait sonder M. de Breteuil et lui avait demandé de l'argent. M. de Breteuil avait répondu qu'il n'en avait pas, et voyant la conjuration prête à éclater avait jugé à propos de quitter la Russie. Ce fut à Varsovie qu'il reçut la nouvelle de la mort de Pierre III. Voyant le succès de la conspiration, il s'offrit à retourner à son poste. Le ministère secret lui fit tenir une instruction détaillée et très-remarquable. On y observait que le changement de gouvernement en Russie amènerait des modifications dans la conduite des puissances étrangères. On chargeait M. de Breteuil d'étudier le caractère de l'Impératrice, « dont la dissimulation et le courage au moment de l'exécution de son projet indiquent une princesse capable de concevoir et d'exécuter de grandes choses. » On lui recommandait aussi de rechercher et de cultiver ses favoris, « car si cette princesse a l'âme haute, elle a le cœur sensible. » Quant à l'alliance intime, elle était jugée sinon perdue, du moins compromise. Il était à craindre que l'Autriche n'eût essayé de reprendre son ancien crédit. « Le comte de Merci aura sans doute profité des premiers moments du nouveau règne et de votre absence; l'Impératrice-Reine lui en aura fourni les moyens, tant en lettres qu'en présents, et je ne doute pas que ce ministre n'ait gagné bien du terrain avant votre arrivée. Vous devez donc vous attendre à ne plus trouver dans l'ambassadeur de Vienne auprès de l'Impératrice Catherine, celui que vous avez laissé auprès de Pierre III. » Prévisions qui furent entièrement justifiées.

On a reproché à Catherine son éloignement pour la France, le reproche est fondé; mais la faute en est tout d'abord à Louis XV, qui formulait ainsi à M. de Breteuil sa ligne politique : « Vous savez déjà, et je le répéterai ici

bien clairement, que l'objet de ma politique avec la Russie
est de l'éloigner autant qu'il sera possible des affaires de
l'Europe, sans rien faire personnellement qui puisse
donner lieu à se plaindre de vous. L'objet de votre
attention doit être de donner de la consistance à tous les
partis qui se formeront immanquablement dans cette cour.
C'est par la dissension qui y régnera qu'elle sera moins
en état de se livrer aux vues que d'autres cours pourroient lui suggérer. Il ne doit pas être question de ma
part de former des liaisons avec la Russie; il suffira d'entretenir celles qui sont de bienséance, et de détourner
adroitement les engagements qu'on pourroit prendre
contre mes vues. » (Dépêche du 9 février 1762.)

Telle était la politique personnelle de Louis XV vis-à-
vis de la Russie, politique de froideur et de défiance
qui produisit de mauvais fruits. Le but secret du Roi
était, ainsi qu'il le disait lui-même dans son instruction à
M. de Breteuil, la liberté de la Pologne. Il fallait donc
montrer pour la Russie d'autres sentiments que celui de
l'indifférence. Catherine ayant demandé de continuer avec
Louis XV la correspondance intime qu'il entretenait avec
Élisabeth, celui-ci refusa, et les lettres de l'ancienne
correspondance furent brûlées par M. de Woronzoff, en
présence de M. de Breteuil.

Je ne sais à quel événement fait allusion la lettre suivante. Il est clair qu'un danger de mort avait menacé le
Roi, qui s'exprima, dans une lettre à Tercier, en date du
31 août 1762, en ces termes significatifs : « Je sçavois, il
y a du temps, par M. le Chancelier, l'affaire des Jésuites
d'Artois, mais je l'avais entièrement oubliée, *me souciant
assez peu par quelle manière je sortirai de ce monde, puisque
tôt ou tard il en faut sortir. Je ne ferai pourtant rien qui me
puisse me le faire faire tost, parce que tout homme doit*

*tâcher de vivre jusqu'à l'âge le plus reculé.* L'on m'a reparlé depuis votre lettre de cette affaire; elle est entre les mains de la justice, qui la jugera apparemment selon l'équité. »

L'aveu est franc et même naïf. Que dire de la justice qui jugera apparemment selon l'équité? Le Roi a disparu pour faire place à l'épicurien qui ne songe qu'à une chose, à vivre le plus longtemps et le plus voluptueusement possible, sans se soucier de l'honneur et des devoirs dont l'accomplissement est le but et la raison d'être de la vie. Voici des sentiments plus nobles. — A Tercier, 27 octobre 1762 : « Je suis fâché de la mort de Baron; l'on disoit que c'étoit un parfait honnête homme, et étoit fils d'un homme de feu M. le comte de Toulouse, que je connoissois beaucoup. »

Glanons quelques nouvelles politiques. — 26 octobre 1762 : « La diète de Pologne n'a duré que deux jours, et elle a été rompue à l'occasion du fils du comte de Bruhl, que l'on n'a pas voulu reconnoître comme naturel polonois. » — 27 janvier 1763 : « Je ne crois pas que M. de Praslin se soucie de laisser M. de Paulmi en Pologne, mais je crois que c'est qu'il ne sait qu'en faire après. Je lui en parlerai au premier travail. » Pauvre M. de Paulmy, qui ne reste ambassadeur que parce qu'il est incapable de remplir d'autres fonctions! En 1763, la paix vint mettre un terme aux désastres de la guerre de sept ans. La France cédait à l'Angleterre le Canada, l'île du Cap-Breton, les îles du Saint-Laurent, une partie du Sénégal. Interdiction de fortifier Dunkerque ; un commissaire anglais payé par la France devait veiller à l'exécution de cette clause du traité. Cette paix était déplorable, et cependant elle n'était pas aussi funeste que semblait l'exiger l'abaissement où nous étions tombés. Louis XV sentit l'amertume d'une pareille situation, mais il s'estima heureux d'en être quitte à si bon compte. Il s'en ouvrit à Tercier : « Vous pouves envoier la lettre du comte de Broglie à Durand. Ce dernier témoigne un peu trop que la paix que nous venons de faire n'est pas bonne ni glorieuse; *personne ne le sent mieux que moi;* mais, dans les circonstances malheureuses, elle ne pouvoit être meilleure, et je vous réponds bien que si nous avions continué la guerre, nous en aurions fait encore une pire l'année prochaine. Tant que je vivray, je ne me départiray jamais de l'alliance de l'Impératrice, et ne me lieray jamais intimement avec ce Roy de Prusse-cy. Raccommodons-nous avec ce que nous avons, pour nous préparer *à ne pas être engloutis par nos vrays ennemis.* Pour cela il ne faut pas recommencer une guerre. Il est fâcheux que le trône de Pologne vienne à vaquer dans ce moment-cy; heureusement le Roy est mieux depuis l'opération qui lui a été faite le 6, et coopérons de notre mieux à la nouvelle élection; mais je ne fairé aucune guerre pour ce throsne, qu'avec le peu d'argent qui nous reste... » (26 février 1763.)

Quels étaient les ennemis par lesquels Louis XV craignait d'être englouti? Il y en avait certainement au dedans, mais ceux que le Roi regardait comme les plus redoutables étaient les Anglais, pour lesquels il avait conçu une haine vigoureuse. Dès 1763, il songea à se venger un jour ou l'autre des humiliations qu'il avait reçues, en opérant un débarquement en Angleterre, et il fit ses préparatifs longtemps à l'avance. Dès le 7 avril de cette année, c'est-à-dire le lendemain du traité de Fontainebleau, il voulut s'assurer les moyens de prendre sa revanche. Il ordonna au comte de Broglie de faire procéder à des études en Angleterre « pour faciliter l'exécution des projets que les circonstances pourroient engager à former un jour très-éloigné, j'espère. » Il l'autorisait à envoyer un officier capable et intelligent, M. de la Rosière, reconnaître les côtes d'Angleterre. M. de Broglie, Tercier, d'Éon et Durand, furent seuls admis à la connaissance de cette mission, dont la découverte aurait pu avoir les suites les plus graves.

M. de la Rosière fut envoyé avec un traitement de mille livres par mois. Il paraît que c'était Durand qui avait parlé au comte de Broglie « des moyens les plus propres à employer pour s'opposer à l'ambition et à l'arrogance de la nation anglaise. » Le Roi lui ordonna de communiquer au comte et à Tercier tout ce qu'il trouverait de relatif à cet objet dans le dépôt des affaires étrangères, à la tête duquel il avait été placé. (Lettre du 25 juin 1763). La mission de M. de la Rosière dura plus d'une année ; on le charge ensuite d'examiner les côtes de France, le tout à l'insu des ministres. — (A Tercier, 14 juillet 1764.) ..... « Qu'on recommande bien au sieur de la Rosière de prendre bien garde, dans les reconnoissances qu'il fera de nos côtes, qu'on ne le découvre, car il est bien connu dans ce pays-ci, et M. de Choiseuil scait que c'est lui qui a levé la carte de Hesse par ordre du comte de Broglie. »

Cette mission produisit les fruits qu'en attendait le Roi, qui conserva précieusement les plans que M. de la Rosière était parvenu à lever ou à se procurer ; et les ministres de Louis XVI, qui en prirent connaissance, n'hésitèrent pas à déclarer qu'on y pourrait trouver les plus utiles renseignements, dans le cas où l'on voudrait faire une descente en Angleterre.

Quand, au mois de novembre 1770, il fut un instant question d'avoir la guerre avec les Anglais, les plans recueillis par M. de la Rosière furent produits au Conseil à Fontainebleau, et expliqués par leur auteur ; ce projet fut approuvé[1]. Mais, par suite du renvoi de M. de Choiseul, la paix fut maintenue, et les plans rentrèrent dans leurs étuis. En 1793, on avait déjà perdu la trace et on regrettait vivement la perte de ces documents, qui étaient, par suite des événements, devenus susceptibles de recevoir une application utile et de concourir au but que s'était proposé Louis XV en se préparant de loin aux éventualités d'une guerre avec l'Angleterre[2]. Mais, si on ne les avait pas trouvés, c'était faute de les chercher : ils étaient et sont encore au dépôt des affaires étrangères, où on les cache à tous les yeux. Mais ils n'ont plus d'intérêt pratique ; les canons rayés et les navires cuirassés, en modifiant les conditions de la guerre, ont rendu sans objet ces plans surannés.

La correspondance secrète donne de précieux éclaircissements sur un singulier incident qui fit beaucoup de bruit ; je veux parler de la querelle du chevalier d'Éon avec le comte de Guerchy, ambassadeur de France en Angleterre.

C'est dans cet épisode que le caractère de Louis XV se révèle tout entier, que l'on voit son goût pour les petites choses ; mais, sous une anecdote en apparence puérile, se trouve caché un enseignement profond dont la moralité n'échappera à personne.

Lors de la paix de 1763, M. d'Éon avait été envoyé à Londres comme secrétaire d'ambassade sous le duc de Nivernais, ambassadeur extraordinaire ; il avait tellement réussi auprès de la cour d'Angleterre, qu'après le départ de M. de Nivernais, on le nomma ministre plénipotentiaire chargé de l'intérim, jusqu'à l'arrivée du nouvel ambassa-

---

[1] *Mémoires du duc d'Aiguillon*, p. 50.

[2] Pour l'histoire des relations de Louis XV avec d'Éon, j'ai trouvé de précieux documents dans les *Mémoires de d'Éon* par M. Gaillardet, qui a reçu des communications des Archives des affaires étrangères où l'on conserve ce fameux projet de descente.

deur, M. de Guerchy. Il entretenait en même temps avec le Roi, le comte de Broglie et Tercier une correspondance intime qui avait pour objet de faire connaître à Louis XV les intrigues anglaises, et surtout de préparer le grand projet d'invasion dont nous avons parlé. Il avait aussi pour mission de surveiller M. de Guerchy. Cette correspondance, pour plus de sûreté, avait recours à l'allégorie.

*L'Avocat*, désignait le Roi ;

*Le Substitut*, le comte de Broglie ;

*Le Procureur*, M. Tercier ;

*Le Président*, M. Durand ;

*Le Mielleux*, le duc de Nivernais ;

*L'Amer*, le duc de Praslin ;

*Le Lion rouge* ou *la Porcelaine*, le duc de Choiseul ;

*L'Intrépide*, ou *la Tête de dragon*, le chevalier d'Éon ;

*Le Novice*, *le Bélier* ou *le Mouton cornu*, le comte de Guerchy.

D'Éon fit des dépenses assez fortes, dont il présenta la note à payer à M. de Guerchy, qui se plaignit au ministre, M. de Praslin. D'Éon, poussé à bout, engagea avec M. de Praslin, M. de Guerchy et M. de Nivernais une correspondance où il se permettait les plus vives insolences. Il se sentait soutenu par le comte de Broglie et par Louis XV, qui appréciait les services qu'il rendait au ministère secret. M. de Praslin demanda son rappel au Roi, qui, tout en laissant prendre publiquement des mesures sévères contre d'Éon, le faisait avertir en secret, et le prévenait que l'ordre de rappel n'était signé qu'*à la griffe*, circonstance dont le chevalier profita habilement pour refuser d'exécuter cet ordre, prétendant qu'ayant été nommé par un ordre signé de la main du Roi, un ordre signé de la même manière était nécessaire pour le rappeler. (4 octobre 1763.)

De son côté, Louis XV écrivait à Tercier : « D'Éon a écrit plusieurs lettres fort singulières ; c'est apparemment son caractère de ministre plénipotentiaire qui lui a tourné la teste. En conséquence, M. de Praslin m'a proposé de le faire venir icy pour juger de ce qui en est. Prenes garde à tout ce qu'il a du secret, et, s'il est fol, qu'il ne découvre quelque chose. » (11 octobre 1763.) Remarquez que Louis XV ne disait pas toute la vérité à Tercier, qu'il ne lui faisait pas connaître l'avertissement secret que d'Éon avait reçu de lui plusieurs jours auparavant. Il poussait même la dissimulation jusqu'à charger Tercier de voir d'Éon à son retour en France, et de l'empêcher de commettre quelque imprudence. (12 octobre 1763.)

On trouvera sans doute étonnant que le rappel d'un simple secrétaire d'ambassade ait fait tant de bruit, et que pendant plusieurs années le Roi, son ministre secret, le ministre des affaires étrangères, l'ambassadeur de France en Angleterre, aient été occupés d'un objet si minime en apparence ; c'est que sous cette question frivole se cachait un intérêt supérieur : c'était la politique personnelle de Louis XV qui était en jeu ; c'était au fond une lutte entre lui et ses ministres. Madame de Pompadour s'était aperçue que Louis XV lui cachait certains papiers, qui étaient renfermés dans un meuble placé dans le cabinet du Roi, et dont Louis XV portait toujours la clef sur lui [1]. Quand elle demandait quels étaient ces papiers, le Roi lui répondait : « Des papiers d'État. » Il paraît qu'elle voulut en avoir le cœur net ; elle s'empara un jour de la clef, et Louis XV reconnut, au désordre qu'il trouva dans ces papiers, qu'on y avait touché. Il attribua cette indiscrétion à madame de Pompadour, et fit part à Tercier du

---

[1] Ce meuble est aujourd'hui au Musée des souverains.

chagrin que lui causait cette découverte. (Tercier à d'Éon, 10 juin 1763.)

Madame de Pompadour, et par elle MM. de Choiseul, de Praslin, et M. de Guerchy, ami intime de ce dernier, avaient donc, sinon connu entièrement, du moins pénétré en partie le secret du Roi. D'Éon leur était signalé comme un des agents secrets du prince ; ils le savaient détenteur de papiers importants, et tous leurs efforts tendirent à s'en emparer.

D'Éon, qui avait reçu l'ordre entièrement écrit de la main de Louis XV de rester à Londres, refusa, comme nous l'avons vu, d'obéir à un ordre de rappel signé avec la griffe royale ; il provoqua même publiquement M. de Guerchy. Un éclat devient inévitable : pour le prévenir, Louis XV prend le parti d'écrire directement à M. de Guerchy ; craignant que d'Éon ne tombe dans les embûches qu'on lui tend, il veut au moins sauver ses papiers ; il ordonne à M. de Guerchy de s'emparer des papiers d'Éon, de les mettre sous scellés, et de les apporter lui-même au Roi lors de son prochain voyage en France. (4 novembre 1763.) Il lui enjoint la discrétion la plus absolue. (A Tercier, 4 novembre 1763.) En même temps, fidèle à son système de duplicité, il écrit à d'Éon pour le prévenir qu'un ordre d'extradition a été transmis au gouvernement anglais, et que cette demande est accompagnée d'exempts pour prêter main forte à son exécution. « Si vous ne pouvez vous sauver, sauvez du moins vos papiers, et défiez-vous du sieur Monin, secrétaire de Guerchy et votre ami ; il vous trahit. » (4 novembre.)

Monin avait été le précepteur du comte de Guerchy, puis secrétaire du prince de Conti, et, en cette qualité, initié à la partie de la correspondance secrète relative à la Pologne ; il était actuellement secrétaire d'ambassade à

Londres ; il avait appris à M. de Guerchy les anciennes relations de d'Éon avec le Roi. M. de Guerchy, poussé à bout par les insultes de d'Éon, et excité par M. de Praslin, est à la veille de trahir le secret que Louis XV lui a confié, c'est-à-dire que d'Éon est un espion chargé d'observer la cour de Londres et de favoriser la combinaison des projets hostiles conçus contre l'Angleterre. M. de Broglie et Tercier sont dans les alarmes ; le Roi les rassure. « Si Guerchy manquoit au secret, ce seroit à moy présentement qu'il manqueroit, et il seroit perdu. S'il est honneste homme, il ne le faira pas ; si c'est un fripon, il faudroit le faire pendre. Je vois bien que vous et le comte de Broglie êtes inquiet ; rassures-vous. Je suis plus froit ; si j'envoiais un second ordre présentement à Guerchy, il ne sauroit pourquoi, et croiroit peut-être que je n'ai pas assez de confiance en lui. L'ayant mis si aisément dans mon secret, il le gardera. S'il douttoit de toute ma confiance, peut-être au contraire cela l'engageroit-il à le divulguer, non pas en entier (je ne le peux croire), mais en partie, qui pourroit faire ce que vous craignes. Madame de Guerchy n'est pas tout à fait dans le cas de son mary ; par ma lettre au mary, j'espère qu'il ne le dira pas à sa femme. L'affaire du sieur d'Éon n'est pas au clair : attendons son arrivée. J'ay confié à Guerchy, par votre conseil, mon secret ; attendons ce qu'il en aura fait, mais croyons qu'il m'aura obéi. (11 novembre 1763.)

Mais, malgré ses affirmations contraires, Louis XV n'était pas sans inquiétude. M. de Guerchy ne répondait pas, et laissait dans l'incertitude sur la conduite qu'il tiendrait. Les nouvelles qu'on recevait n'étaient pas rassurantes : « Je n'ai point de nouvelles directes de M. de Guerchy, écrivait le Roi à Tercier le 9 novembre ; mais je sçay par M. de Praslin que d'Éon est sorti de chez lui [1]; qu'il est renfermé avec quatre personnes, dont M. de Praslin sçay que la Rozière en est un, et un parent à lui. Peutêtre Monin est-il le quatrième, et que M. de Praslin ne sçay ce que c'est que tout cela, et qu'il n'en est pas content. J'aurois mieux aimé que tout cela se fût passé avec moins d'éclat, et que d'Éon fût déjà revenue. Le temps nous éclaircira du reste. » Voici quelques explications : d'Éon avait, par ordre de M. de Broglie, quitté l'hôtel de M. de Guerchy, loué un appartement en ville, et s'y était installé avec M. de la Rosière et d'Éon de Mouloize, son cousin, « afin que dans aucun cas, soit de surprise, soit de mort, de feu, ou autrement, la correspondance ne tombât en aucunes mains étrangères, et surtout en celles de l'ambassadeur et du ministre du Roi [2]. »

D'Éon accusait publiquement M. de Guerchy de l'avoir voulu empoisonner. Enfin, l'ambassadeur répondit au Roi (6 décembre 1763). Il lui apprenait qu'il n'avait pu s'emparer des papiers de d'Éon, qu'il regardait comme fou. Le gouvernement anglais avait rejeté la demande d'extradition que lui avait transmise l'ambassadeur, qui ajoutait : « Il n'a pas dépendu de moi de m'en saisir par moi-même, ainsi que de sa personne, par force ou par adresse. » En même temps Monin écrivait confidentiellement au Roi qu'il n'avait pu tirer de d'Éon aucun renseignement sur l'endroit où il avait déposé ses papiers, qu'il savait pertinemment qu'il en avait dans le temps, en sa présence, remis une partie à Tercier.

M. de la Rosière avait été envoyé par d'Éon à Paris, porteur pour le Roi d'une note secrète, où le chevalier récapitulait ses griefs contre l'ambassadeur : tentative d'em-

---

[1] C'est-à-dire de l'hôtel de M. de Guerchy.
[2] Lettre de M. de Broglie du 5 juin 1763.

poisonnement, d'enlèvement, etc. Louis XV était dans une grande perplexité. « Il n'est pas possible, écrivait-il à Tercier le 17 décembre, de vous répondre encore sur ce qui regarde le sieur d'Éon ; les réflexions en sont trop grandes. » Il n'osait pas signifier sa volonté, et ordonner à M. de Praslin de cesser de poursuivre d'Éon ; il était à craindre qu'il ne laissât son ministre prendre à l'égard du chevalier quelque mesure décisive ; c'est ce qu'appréhendait Tercier, qui écrivait à d'Éon : « Vous et M. le comte de Broglie êtes perdus, si vous ne vous servez de tout le courage et de toute la prudence que le ciel vous a donnés, pour ne laisser ni compromettre ni prendre votre personne ni enlever vos papiers. Vous et M. le comte de Broglie n'avez qu'à compter, mais en secret, sur le Roi, qui ne peut vous abandonner, mais dont la politique, malgré tout l'attachement qu'il vous porte, vous sacrifieroit entièrement peut-être à sa maîtresse et à ses ministres. »

M. de Praslin voulait prendre un parti violent ; M. de Broglie proposa d'adoucir ce ministre ; Louis XV ne crut pas à l'efficacité de ce moyen, et chercha à gagner du temps, persuadé qu'il fallait avant tout ne pas pousser le chevalier à bout.

« Il n'est pas fol, je le pense bien, mais orgueilleux et fort extraordinaire. Je crois donc qu'il faut laisser écouler assez de temps, le soutenir de quelqu'argent, et qu'il reste là où il est en sûreté, et surtout qu'il ne fasse pas de nouvelles affaires. J'avois mis quelques apostilles au mémoire que vous m'avez adressé avec la lettre du comte de Broglie, mais, après un mur examen, j'en suis revenu à ce que je vous ai dit ci-dessus et vous renvoie le tout tel qu'il est. Je ne crois point Monin capable de trahir mon secret, non plus que d'Éon de se faire Anglois, car il n'y gagneroit rien du côté du ministère ; et dans le parti de

l'opposition que feroit-il ? Faites donc passer deux cents ducats à d'Éon : j'approuve que le comte de Broglie mette son nouveau secrétaire de Nort dans le secret..... »
(30 décembre 1763, à Tercier.)

D'Éon, ne tenant aucun compte de la position difficile où il place le Roi, continue sa guerre contre M. de Guerchy : il publie à Londres un volumineux pamphlet renfermant des lettres de MM. de Praslin, de Nivernais et de Guerchy : ce dernier est couvert de ridicule par la publication de cette correspondance, où l'on voit le peu de cas que faisait de ses talents M. de Praslin. On craint que d'Éon n'aille plus loin et ne découvre le but véritable de sa mission. Louis XV autorise l'envoi à Londres du secrétaire de M. de Broglie pour ramener d'Éon à la raison et au besoin l'empêcher de nuire. Cependant d'Éon, exaspéré, à court d'argent, ne recevant plus de réponses aux lettres, notes et communications dont il accablait le comte de Broglie et le Roi, n'écoute plus que son désespoir, et le 23 mars 1764 envoie un ultimatum à M. de Broglie : il menace, si on ne lui donne pas satisfaction, de se faire Anglais et de se disculper aux yeux de tous en montrant les ordres secrets en vertu desquels il agissait. Les chefs de l'opposition dans le parlement britannique lui offraient de lui prêter tout l'argent qu'il désirerait contre le dépôt de ses papiers secrets ; mais il ne voulait pas s'en dessaisir avant d'avoir reçu une réponse définitive. « Mais, ajoutait-il, si d'ici au 22 avril, jour de Pâques, je ne reçois pas la promesse signée du Roi ou de M. le comte de Broglie que tout le mal que m'a fait M. de Guerchy va être réparé, alors, je le déclare, toute espérance est perdue pour moi, et en me forçant de me laver totalement dans l'esprit du Roi d'Angleterre, de son ministère et de la chambre des pairs et des communes, il *faut vous déterminer à une guerre des plus prochaines*, dont je ne serai certainement que l'auteur innocent, *et cette guerre sera inévitable.* »

Louis XV reçut cette nouvelle assez froidement. Il écrit à Tercier : « Je vous renvoie la lettre du comte de Broglie. Je ne dis rien sur le compte du sieur d'Éon. *Je doute que nous eussions la guerre quand il diroit tout*, mais il faut arrêter ce scandale. »

9 avril 1764. — « Le sieur de Nort partira pour l'Angleterre aussitôt qu'il le lui sera ordonné de ma part par le comte de Broglie, et il se conformera aux instructions qu'il lui donnera en mon nom et pour mon service, afin de régler sa conduite tant vis-à-vis du sieur d'Éon que vis-à-vis le comte de Guerchy, mon ambassadeur. Il exécutera également tout ce qui lui sera dit ou écrit sur cet objet par le sieur Tercier, et gardera le plus profond silence sur cette mission, généralement avec tout le monde, sans nulle exception que les cy-dessus nommés. Louis. »

M. de Nort était chargé de protéger d'Éon contre les violences dont il pourrait être l'objet de la part du ministère français, bien que le Roi eût à cet égard signifié sa volonté à M. de Praslin et à M. de Guerchy. — (A Tercier, 10 avril 1764, au soir.) « L'ancienne instruction pour le sieur de Nort n'est plus bonne dans le moment présent et demande à être refondue. Je ne me souviens plus trop de ce que j'ay mandé à Guerchy, mais cela est analogue à ce que vous m'avés mandé, et surtout qu'il n'use de voie de rigueur qu'après toutes celles de douceur, car l'homme envoyé en Angleterre par M. de Praslin lui a demandé s'il faloit l'avoir mort ou vif, et le ministre lui a défendu sur toutes choses de l'avoir autrement que vif. » Il s'agissait en effet d'un enlèvement, mais le Roi répugnait à cette mesure, qui aurait exaspéré d'Éon et l'aurait engagé à révéler les secrets dont il était dépositaire; c'est ce qu'il exprime nettement à Tercier. — (Ce 11 avril 1764, au matin.) « J'approuve la lettre du comte de Broglie pour d'Éon. M. de Praslin voudroit bien voir arriver d'Éon en France et qu'il y fût bien enfermé. Ces lettres particulières, avouez-le, le mériteroient bien, mais le point essentiel est de l'adoucir et de ravoir mes papiers. A l'avenir, soyons plus circonspects sur les choix de confiance : il est pourtant le seul jusqu'à présent qui ait branlé et menacé de trahison au premier chef. Dans les tribunaux que croies-vous qu'on lui fît! » L'arrivée à Londres de M. de Nort, qui apportait de l'argent et une lettre de M. de Broglie, releva le courage de d'Éon et lui inspira la plus vive reconnaissance. Il oublia toutes les injures reçues, pour se consacrer entièrement à l'exécution du grand projet contre l'Angleterre [1].

Mais le chevalier ne put maîtriser sa pétulance, et il donna encore bien du souci au Roi et à M. de Broglie.

Je vais indiquer de suite les lettres de Louis XV qui ont trait à cette affaire, dont il fut très-affecté et dans laquelle il fit preuve de beaucoup de modération. — (1er mars 1764.) « Je ne suis pas surpris que le sieur de Nort aie adopté les principes que le comte de Broglie juge en voyant la conduite du sieur d'Éon (qui est fol et capable de tout); mais il faut tâcher de le tirer de là et nos papiers. » — (9 janvier 1765.) « Je suis après à examiner le projet de réponse à M. de Guerchy, mais la dernière lettre du sieur de Nort est le comble de la folie, et mériteroit d'être pillé comme le muphti. » Je crois que le reproche de folie ne s'adresse pas à M. de Nort, mais à d'Éon, dont il rapportait sans doute quelque nouvelle

---

[1] D'Éon au Roi. 20 avril 1764.

excentricité, et c'était, dans la pensée du Roi, d'Éon qui méritait d'être pilé comme le muphti. Mais Louis XV n'était pas au bout de ses tribulations dans cette malheureuse affaire : il voulait avant tout cacher à ses ministres l'existence de ses relations avec d'Éon; une lettre d'un agent secret de M. de Broglie à d'Éon fut saisie. De là grand empressement de la part de M. de Praslin, qui se doutait bien de quelque chose, mais qui voulait forcer Louis XV à se déclarer : celui-ci recourut à tous les moyens plutôt que de laisser punir ses agents ou de les reconnaître publiquement. — (A Tercier, 14 janvier 1765.) » Le sieur Hugonet a été arresté à Calais et l'on a trouvé sur lui une lettre du sieur Drouet[1] au sieur d'Éon, ce qui a desterminer le Conseil à faire arrester le sieur Drouet. J'ai prévenu de tous M. de Sartines pour me remettre directement les papiers qui regarderoient M. de Broglie, Durand ou vous. Vous voyez que voila à peu près tout découvert. La lettre n'est pas signée, mais l'écriture connue a tout découvert. Vous devez savoir son contenu, mais le substitut, les avocats, etc., tout y est tout du long. Comment est-ce que cet homme s'est chargé de quelque chose d'aussi important en clair[2] de la main de Drouet? »

Louis XV fut réduit, malgré sa répugnance, à instruire le lieutenant de police, M. de Sartines, qu'il chargea de communiquer avec Drouet, alors détenu à la Bastille, et de prendre, pour les remettre au Roi, des papiers compro-

---

[1] Sur Drouet, voyez une lettre du 30 juin 1764, où Louis XV écrit à Tercier : « En récompense du zèle et de la fidélité avec laquelle le sieur Drouet a servi pendant plusieurs années dans des affaires très-secrètes et à condition qu'il continuera à la garder très-scrupuleusement, je veux bien lui conserver la moitié de ses appointements. »

[2] En clair, c'est-à-dire en écriture ordinaire, sans avoir recours à l'écriture chiffrée.

mettants. — (A Tercier, Marly, 16 janvier 1765.) « La lettre que j'ay vue trouvée sur le sieur Huguonet est sans adresse ni signature, mais elle a été reconnue pour être de l'écriture du sieur Drouet, et par son contenu devoir être pour le sieur d'Éon de ....., cousin de l'autre, et qui a actuellement la petite vérole; je n'ay pu prendre copie de cette lettre ny me ressouvenir de tout son contenue. Je sçay seulement qu'il nomme Durand et qu'il parle du substitut, des avocats, de l'argent que d'Éon doit avoir touché, qu'il le traitte en ami et comme dans une grande correspondance avec lui. M. de Praslin doit faire une visite ce soir des papiers, mais j'espère que M. de Sartine aura mis à l'écart ceux que lui ay le plus recommandé. Je vous en instruires quand j'en scauray davantage. Huguonet n'est pas encore arrivé, je croy, à Paris, mais il est à craindre qu'il n'ait parlé en chemin. Il n'est pas possible que vous puissies aller à la Bastille examiner les papiers avec M. le lieutenant de police, ce seroit tout découvrir. Je me suis ouvert et confié à lui, il me paroît que cela lui a plu, mais il faut attendre de sa sagesse et de cette marque de confiance qu'il faira bien. Si le contraires arrive, nous verrons ce qu'il y aura à faire à M. de Guerchy. — L. — Tranquillises-vous. »

Au même, 17 janvier 1765, à Marly. — « J'ay peur que notre affaire ne s'embrouille un peu. J'ay mandé à M. de Sartines qui est au fait de tout, de vous envoier chercher (je n'ai pas voulu le faire sçavoir plus tost) et de vous ouvrir à lui, mais de vous voir secrètement. Vous êtes nommé dans les papiers du sieur Drouet, mais point M. de Broglie. Il n'est pas possible que vous assisties aux confrontations et recollements; mais, comme vous dires tout à M. de Sartines, que vous vous arrangeres ensemble et qu'il n'en rendra compte, je ne m'étends pas davantage en ce moment. Est-ce sur le secret en général ou sur l'affaire d'Angleterre que porte le papier que d'Éon a sur lui et qu'il ne veut pas rendre? Le sieur de Nort ne doit rien craindre : il n'est nommé nulle part, à ce qu'il me semble, ainsy vous pouvés le rassurer. »

« Ce 18 au matin. — J'allois faire partir cette lettre hier au soir, quand j'ai reçu la votre. Sur le premier interrogatoire M. de Praslin nous a dit qu'il se moquoit d'eux, mais il a demandes à parler en particulier à M. de Sartines, et il lui a dit assez pour vous tranquiliser de ce costé-là; mais Huguonet va arriver et il y a à craindre qu'il ne soit pas si sûr de lui. Je crois bien que Drouet s'est un peu embrouillé, mais il se remettra. (Je sens un peu que je m'embrouille un peu.) M. de Sartine sera instruit sans doute de l'état des affaires de M$^r$ Drouet, et il y apportera tous les romèdes qui lui seronts possibles. Son avanture est malheureuse : son écriture en est seul la cause. »

Louis XV au milieu de ces petites intrigues était dans son élément; il s'embrouillait bien un peu, ainsi qu'il l'avouait lui-même, mais il trouvait dans l'obligation de cacher à ses ministres le secret compromis de sa correspondance et de dégager ses agents pris sur le fait, un plaisir inquiet qui faisait diversion à l'ennui incurable dont il était dévoré. — « A M. de Broglie, 21 janvier 1765, à Versailles. Il n'est pas surprenant qu'un homme dans la position de M. de Sartines seroit embarrassé, mais il ne peut manquer à ce que j'ai exigé de lui sans se perdre pour jamais. Il m'a déjà envoéé une liasse de papiers où M. le comte de Broglie m'a paru désigné en plusieurs endroits, n'aiant pu que les parcourir. M. de Praslin est icy pour jusqu'à demain au soir; ainsy il ne pourra aller à la Bastille que mercredi au plus tost; mais il pourroit bien n'y aller que vendredi. Ce qui m'a fait différer de vous répondre pour réfléchir encore, et différer encore en ce moment de vous envoyer l'ordre que vous desires, parce qu'il ne sera pas possible, je pense, que Tercier aille à la Bastille sans que quelqu'un ne le sçache, et par conséquent ne le dise au ministre... » Cependant le Roi se ravisa, il trouva le moyen de faire pénétrer Tercier à la Bastille.

« A Tercier, 24 janvier 1765. J'ai autorisé M. de Jumillac à vous faire voir les prisonniers, et M. de Jumillac (lisez Sartines. M. de Jumillac était gouverneur de la Bastille) à vous y laisser entrer. J'approuve le second point du projet de lettre à écrire au sieur de Nort, mais point le second, car jamais on ne déterminera M. de Praslin à donner cent cinquante mille livres... » Il s'agissait d'acheter le silence de d'Éon, et l'argent en question était destiné à cet usage. L'affaire de Drouet et d'Hugonin prend une tournure favorable; les papiers compromettants ont été soustraits par M. de Sartines; les deux prisonniers, avertis à temps, nient énergiquement; le ministre se sent joué, mais il ne peut insister. — (6 février 1765, à Tercier.) « M. de Praslin a rapporté [au Conseil] du dimanche l'affaire du sieur Drouet; il persiste à croire qu'il n'a pas dit tout à fait la vérité, et cela est un peu vray. Il subira encore un interrogatoire, et puis il sera mis hors de prison à la fin de cette semaine. Hugonet y restera un peu plus, mais j'espère que voilà cette affaire-là finie. Tout s'est très-bien passé au conseil et l'on ne s'y est douté de rien. Je n'ay pas cru devoir ordonner sur-le-champ l'élargissement de Drouet, afin de détourner tout soupçon. »

C'était là une fausse sécurité; le secret était éventé, et les ministres guetteront toutes les occasions de le surprendre et de faire avouer au Roi ce qu'il voulait cacher. C'est désormais une lutte de ruse et d'expédients. La correspondance est décachetée à Versailles et arrive en cet état au Roi. Alarmes de Tercier. Le Roi, qui ne veut pas céder à l'évidence, explique ce fait par un accident. — 24 avril 1765, au Roi. « Ce n'est pas la première fois que cet inconvénient est arrivé, parce que la lettre addressée à Le Bel est ouverte par son camarade qui est auprès de moy quand je ne suis pas icy, lequel me remet celle qui m'est adressée. Je vais prendre des mesures pour que cela n'arrive plus. » Mais un beau jour, il est obligé de se rendre à l'évidence. La correspondance secrète a été ouverte à la poste. Il n'y a pas moyen de se faire illusion ; mais le Roi dans son optimisme ne tarde pas à se rassurer. — A Tercier, 10 août 1765. « Je suis bien fasché de la nouvelle avanture qui vient d'arriver, heureusement vous n'y paroissez pas compromis. Tasches qu'on ne puisse pas avoir de longtemps de l'écriture du sieur Chrestien [1]. A la poste on se plaint depuis longtemps des contreseings dont on fait des fraudes, et voilà ce qu'on veut découvrir. J'examinerai les moyens de faire passer sûrement les lettres et je vous le manderai. Il y a deux jours que M. de Guerchy est ici ; mais je ne scais si le sieur de Nort y est. Je n'y ai vu que Monin. Je vais m'en informer par Le Bel ou Guimard. » Cependant le Roi conçoit quelque défiance à l'égard de la poste. — A Tercier, 22 septembre 1765. « J'examinerai encore ce que vous me proposes sur les correspondances. Celles au dehors et en chiffre me paroissent assurées par le moyen des adresses, celles du dedans et en clair pourroient donner de la curiosité. Ce n'est pas que j'accuse Jeanel de cela, mais j'aime les secretes. »

Terminons tout de suite ce qui a rapport à d'Éon. On lui dépêchait des émissaires, entre autres un nommé Lefèvre. Le ministère, instruit de ces manœuvres, donne l'ordre de

---

[1] Chrestien, secrétaire de M. de Broglie, fut mis auprès de Tercier pour l'aider, en vertu d'un ordre de Louis XV daté du 20 août 1765.

l'arrêter; le Roi prévient Tercier. — « A une heure, ce 27 septembre 1765. Lefèvre doit-il aller en Angleterre, et n'est-ce pas lui que vous m'avez mandé qui feroit un grand tour pour y aller? Il faira bien, et peut-être même feroit-il mieux de ne pas aller droit par la route d'Hollande. » Le lendemain 28, Tercier reçoit des indications plus précises sur les desseins du ministère : « C'est à Calais, s'il y passe, que M. de Crouy a ordre d'arrester Lefèvre, et point à Paris. Je vous ai parlé de Lille parce que comme c'est une routte on peut y avoir envoié le même ordre, quoique je ne le croie pas. C'est tout ce que j'ai le temps de vous mander en ce moment que je pars pour Choisy. Vous pouves, s'il est besoing, en parler à M. de Sartines. »

Le Roi avait de tristes préoccupations : le Dauphin était mourant. — A Tercier, Fontainebleau, 24 novembre 1765. «Vous ne seres pas surpris, vu l'état de mon fils, que je n'aie répondu à aucune de vos lettres depuis que je suis icy. Je vais les reprendre par ordre. S'il est nécessaire que le sieur de Nord aille à Londres, je le lui permets. » — «Ce 30. Il ne m'a pas été possible d'aller plus vite depuis le 24. M. de Praslin doit travailler avec moi demain, ainsy ce ne sera qu'après, que je répondrai sur le sieur Lefèvre. » Le 1ᵉʳ avril 1766, le Roi signe un ordre portant concession d'une pension annuelle de 12,000 livres à d'Éon. M. Durand passa en Angleterre, flatta et calma le chevalier, qui fut depuis un serviteur dévoué.

Après avoir épuisé l'important incident auquel donna lieu le chevalier d'Éon, revenons en arrière et reprenons l'exposé des négociations relatives à la Pologne et au reste de l'Europe. Le roi Auguste III était malade, et l'on prévoyait le moment prochain où sa succession laisserait le champ libre non plus à des compétitions personnelles, mais aux vues spoliatrices des puissances voisines. Louis XV était resté invariablement fidèle et sympathique à ce malheureux pays.

« A Tercier, 17 mars 1763. Ce que je desire premièrement pour l'élection prochaine en Pologne, c'est la liberté des Polonois dans leur choix, ensuite un des frères de Madame la Dauphine, Xavier préféré aux autres [1], l'aisné exclus de lui-même, sans que nous y paroissions. S'ils prennent le prince de Conty, je ne m'y opposeres pas. D'autres princes de notre maison ne conviennent pas. » Il y avait une combinaison consistant à faire épouser à Catherine de Russie le futur Roi de Pologne. Louis XV trouvait ce projet irréalisable. — 8 mai 1763. « Je vous envoie la lettre pour M. de Breteuil approuvée. La religion feroit, je croy, un grand obstacle pour que l'Impératrice pût épouser un roy de Pologne. » Dès lors la Russie jetait les yeux sur la Pologne et cherchait un moyen de se l'approprier. Elle songea d'abord à un mariage, mais cette voie pacifique ayant été reconnue impossible, elle résolut de recourir à la force.

Pendant que de graves événements se préparaient dans le Nord, M. de Broglie était exilé, mais il n'avait pas perdu la confiance du Roi, dont il continuait à diriger la correspondance secrète. Pour tout le monde il était disgracié, et nul ne s'imaginait que le comte, du fond de son exil à Ruffec, prît une part active et directe aux grandes intrigues qui agitaient une partie de l'Europe. Tercier lui-même, qui savait pourtant à quoi s'en tenir, avait manifesté son étonnement au Roi de cette disgrâce prolongée, et le mot de haine lui avait échappé. Louis XV voulut le détromper, et lui affirma que le comte de Broglie n'était

---

[1] Dans une lettre du 6 octobre 1762 le Roi écrivait à Tercier : « Le prince Xavier est le chéri de cœur de Madame la Dauphine, et jamais elle ne changera pour aucun de ses autres frères.

exilé qu'à cause de son frère le maréchal, dont il avait partagé la disgrâce après avoir participé à ses succès militaires. Il permit au comte de se rendre à Paris, où le réclamaient d'importantes affaires de famille, mais il releva vivement ce mot haïr dont s'était servi Tercier.

« A Marly, le 8 mai 1763. Un roy ne se sert point du mot haïr avec ces sujets, mais quand il a un sujet d'en exiler un, il ne les fait pas souvent revenir. Le comte de Broglie n'étoit pas de ce cas, mais il n'étoit pas possible de le séparer de son frère. Il peut voir Tercier, je pense, avec des précautions, mais je ne lui conseille pas de voir Durand pendant son séjour à Paris. Je lui ai permis d'y veiller à ses affaires, par conséquent il peut voir les personnes qui lui seronts nécessaires pour cela, ainsy que le maréchal, pendant le temps que je lui ay marqué qu'il pouvoit rester à Paris. »

Le Roi de Pologne meurt ; de Broglie demande à revenir à Paris. Le Roi refuse ; en même temps il expose à Tercier ses vues sur la Pologne. L'électeur de Saxe, fils aîné d'Auguste, se met sur les rangs, ce que Louis XV désapprouve. — (16 octobre 1763.) A Tercier. « Il n'est pas possible qu'on puisse faire revenir dans ce moment ci le comte de Broglie. Si son oncle étoit fort mal ou mort, à la bonne heure ; pour lors ce seroit un prétexte autre que celui de la mort du Roi de Pologne. Du reste, vous ferez pour le mieux et pouvez envoyer des courriers si cela est absolument nécessaire. Le nouvel électeur de Saxe, en me faisant part de la mort de son père, se recommande à moi pour le trône vaccant, sur lequel il se présente, dit-il, comme candidat, et M. de Paulmy ajoute que ses frères lui ont donné parole qu'ils ne concourroient pas avec lui ; l'Électrice se défie pourtant de la bonne foi du prince

Charles. N'étant pas Xavier, Madame la Dauphine désire un de ces frères sans autre préférence. »

Le tour du billet par lequel Louis XV instruit Tercier de la disgrâce de M. de Bruhl, ministre d'Auguste, est piquant. — (28 octobre 1763.) « L'Électeur a destitué le comte de Brul de tous ces emplois, *voyant qu'il ne mouroit pas, comme il l'avoit d'abord cru.* Je joins ici une lettre qui vous l'apprend peut-être. » Touchante oraison funèbre d'un ministre qui ne fait pas à son maître le plaisir de mourir pour le débarrasser d'un serviteur devenu incommode. La Russie fait entrer des troupes en Pologne, mais cette violation du droit des gens est colorée sous un prétexte stratégique et accompagnée des plus belles promesses. (2 novembre 1763.) « Le ministre de Russie est chargé de dire à M. de Praslin, de la part de sa maîtresse, et cela avant qu'elle sçut la mort du Roi de Pologne, que les troupes qui onts entrés en Pologne n'étoient que pour racourcir leur chemin, et qu'elle ne désiroit dans la future élection que l'entière liberté des Polonois et le maintien de leurs lois et priviléges. »

Cependant Catherine laisse déjà entrevoir ses projets d'intervention. « A Tercier, 18 novembre 1763. L'électeur de Saxe a reçu en réponse à celle qu'il avoit écrite à l'Impératrice de Russie pour lui notifier la mort de son père et ses désirs, qu'elle lui conseilloit de s'en désister, parce qu'il ne seroit jamais élu unanimement, qui est tout ce qu'elle désiroit, ainsi que la liberté des Polonais dans leur élection; *mais elle lui fait entendre que, pour peu qu'il y ait de la scission, elle y entrera pour mettre l'unanimité du costé qu'elle voudra....*» En présence de ces insinuations, Louis XV ne modifie pas sa ligne de conduite. Il favorisera toujours la Pologne, mais ne tirera pas l'épée pour elle. « Au même, même date. Vous sçavès que je ne veux pas recommencer la guerre pour la Pologne ; d'après les autres notions que vous avez de ma façon de penser et de ce qui est cy dessus, c'est à vous à arranger avec Durand ce que vous croires devoir me proposer. »

Le comte de Broglie insistait pour obtenir son rappel ; il demandait qu'on permît à sa femme de provoquer auprès des ministres le retour de son mari. Louis XV conseilla d'attendre. (3 février 1764.) « La demande de la comtesse de Broglie feroit de l'éclat et gâteroit plutost les affaires de son mari qu'elle ne les raccommoderoit. Il faut prendre patience, n'en plus reparler, c'est le vrai moien d'arriver plutost à son retour. » Or, dans cette même année le comte fut autorisé à revenir à Paris. Notons la déclaration suivante sur les principes qui guidaient, ou mieux que le Roi croyait le guider dans la concession des évêchés. Même date. « Je ne donne les éveschés ny au nom ny à la faveur, mais à ceux qui je croy faironts plus le bien de la religion et la paix du royaume. *Il s'en faut que je sois infaillible.* »

Cependant le prince Xavier, *le chéri de cœur* de Madame la Dauphine, ne perdait pas toute espérance ; mais il ne trouvait partout que de bonnes paroles. « A Tercier, 12 février 1764. Vos dernières lettres de Vienne annoncent clairement que cette cour ne donnera ni troupes ni argent au prince Xavier, mais lui promet tous ses bons offices et l'exhorte à se présenter pour candidat. Avec cette certitude, tout l'argent que nous donnerions seroit perdu, et nous n'en avons pas à perdre. L'Espagne pensera de mesme, je pense ; Madame la Dauphine scait tout cela, mais nous ne scavons pas encore le parti que les princes de Saxe prendront en conséquence. De là, je croy qu'il faut que vous retardiez la lettre projettée au sieur Hennin. Les nouvelles des Turcs sont aussi fort mauvaises, et ils paroissent vouloir exclure tout étranger et *ne désirer qu'un Piast.* » Le mot est lâché, le nouveau Roi de Pologne doit être un Polonais, un Piast ! Les princes de la maison de Saxe sont abandonnés de tous.

A Tercier, 22 mars 1764. « L'Espagne se refuse à tout secours, Vienne aussy; par conséquent nous ne pouvons rien donner aux princes de Saxe, que, comme eux, des recommandations. Avec ces réponses le prince Xavier ne se présentera peut-être pas, quoiqu'on le lui conseille toujours, mais sûrement ne sera pas élu. Je doutte pareillement que le prince Charles puisse l'être, encore plus que les autres princes de Saxe. De cecy je croy qu'il faudra changer une partie de ces instructions pour le sieur Hénin, et des lettres que je vous renvoie avant que de les envoyer. Si j'ay tant différé, c'est parce que j'avois d'autres choses à penser; aucun prince étranger ne réussira cette fois ci; ainsi, il faut se jeter sur les Piast... »

Les prévisions les plus funestes sont dépassées ; ce n'est plus le trône qui est en jeu, mais la Pologne. — A Tercier, 22 mai 1764. « Il est arrivé hier un courrier de Varsovie du 7 ou du 8, tout y est en combustion. Le grand général s'est retiré avec son parti, tout est confédéré. M. de Paulmi demande à revenir, et je le lui ay accordé. Il y aura vraisemblablement deux élections. Il y a eu beaucoup de coups de sabre donnés, mais peu ou point de blessés. Voila tout ce qu'ay pu retenir. Dans ces circonstances je ne croy pas que nous devions presser le prince Xavier de se mettre sur les rangs. Peut-être l'a-t-il fait, car il a envoyé de l'argent. »

De l'argent ! c'était le nœud de la question ; mais il en fallait beaucoup, et le succès était réservé à celui qui en répandrait le plus. Au milieu de ces tristes intrigues, on lit avec plaisir le billet suivant de Louis XV. — A Tercier, 25 août 1764. « Je trouve le mémoire du sieur Monnet très-juste et bon. Je suis content de son zèle, il faudra voir dans la suite, après l'élection, ce qu'on pourra faire pour la satisfaction et le bonheur de la république de Pologne. »

La Russie portait pour candidat et appuyait par les armes le comte Poniatowski, ce dernier cherchait à se concilier l'appui de la France. Il s'était adressé au baron de Breteuil, ambassadeur du Roi en Suède, que Louis XV avait secrètement chargé d'avoir l'œil ouvert sur les intrigues de la Russie ; il n'y avait alors d'ambassadeur français ni à Saint-Pétersbourg, ni à Varsovie, M. de Paulmy ayant reçu ordre de quitter un pays livré à l'anarchie. Dans une dépêche secrète à M. de Breteuil, du mois de juillet 1764, Louis XV l'invitait fortement à veiller aux intérêts de la Pologne. « La retraite de mon ambassadeur, disait-il, n'est point un abandon des affaires de Pologne, c'est au contraire une marque que je désapprouve publiquement tout ce qui s'y fait. » Quant au comte Poniatowski, ou plutôt au Stzolnick, comme on l'appelait, Louis XV avait parfaitement compris qu'il voulait modifier la constitution polonaise ; mais, ajoutait-il, « ce doit être un nouveau motif pour toutes les puissances de s'intéresser au sort des patriotes qui défendent leur liberté et leur constitution, laquelle ne peut être changée que par le concours unanime de la nation, et non par la seule volonté d'une puissance voisine *qui dans ce moment ci n'a en vue que d'opprimer la république de Pologne afin d'étendre son despotisme dans le Nord.* »

Ces prévisions n'ont été que trop justifiées par les événements ; mais cette perspicacité du cabinet secret n'était point le partage du ministre des affaires étrangères, d'ailleurs il ne s'agissait pas de voir clair dans l'avenir, il fallait chercher les moyens de combattre les dangers que l'on entrevoyait, et on ne le fit pas.

Le comte Poniatowski finit par être agréé par la France, bien qu'à regret; on proposa même à Louis XV de faire épouser au futur Roi la fille du duc d'Orléans, déjà promise au prince de Condé, il refuse. — A Tercier, 30 août 1764. « M. le duc d'Orléans a promis formellement sa fille à M. le prince de Condé. Si l'Impératrice en avoit voulu pour le Roi des Romains, j'aurois rompu par mon authorité le mariage du prince de Condé, mais pour M. Poniatowski, je ne le fairay certainement pas. Ce dernier a un frère à qui il doit donner le chapeau, j'avois trouvé bon que le feu Roi de Pologne donne sa nomination à l'abbé de Broglie, celui-ci n'est pas tenu à cette promesse et ne la confirmera certainement pas. Du reste, je doute fort que l'archevêque de Cambray l'obtienne. » Le Roi Auguste avait promis le chapeau de cardinal à l'abbé de Broglie, frère du comte; mais, lui mort, son successeur, ainsi que le reconnaissait Louis XV, n'avait aucun engagement à tenir. Le comte de Broglie tomba dans le découragement à la vue de la ruine des espérances qu'il nourrissait pour la Pologne et pour son frère, et il s'épanchait ainsi dans le sein de l'amitié. « L'Impératrice de Russie, dit-il dans une lettre à madame du Deffand (4 octobre 1764), continue à donner à l'Europe des spectacles qu'on n'auroit pas dû attendre d'une princesse née dans des climats plus policés que la Sibérie. Elle extermine la race des vrais souverains de son empire : elle en donne un par la force à un royaume voisin, et elle ne regarde pas qu'une couronne puisse être mieux placée que sur la tête de celui qui a eu le bonheur de lui plaire. *Si elle se croit obligée de traiter de même tous ceux qui ont eu ou auront le même avantage, il n'y en aura pas assez en Europe pour cet usage...* J'espère que vous me pardonnerez de songer encore à la Pologne, parce qu'il y a un certain chapeau que j'ai de la peine à perdre de vue. Je ne sais si vous aurez appris que le Roi a bien voulu permettre à mon frère de solliciter la confirmation de cette grâce, et qu'en conséquence il a envoyé son petit ambassadeur à Varsovie : nous ignorons le succès de cette importante négociation ; nous avons la justice pour nous, mais c'est un faible avocat en tout pays [1]. » En effet, l'abbé de Broglie ne fut pas cardinal, et le sacré collège n'y perdit pas.

M. de Broglie renouvelait sans cesse ses instances pour être rappelé d'exil. Les ministres lui opposaient des refus : il se plaignit et s'attira du Roi cette réponse sévère : — (A Tercier, 14 janvier 1765). « Vous pourrez dire au comte de Broglie, que quand mes ministres envoient de pareils ordres, ce n'est pas à mon insu et qu'il faut y souscrire. »

Louis XV ne perdit pas de vue les affaires de Pologne. — A M. de Broglie. 29 août 1764. « La situation actuelle de la Pologne me faisant désirer d'être instruit précisément de tout ce qui s'y est passé depuis l'interrègne, vous direz de ma part au général Monet, qu'il vous communique les instructions et les lettres qu'il a reçues du duc de Praslin, ainsi que ses réponses ; de même que ses lettres au comte Poniatowsky et les réponses qu'il en reçoit, pour que du tout vous en composies un extrait exact que vous m'envoieres. » — (A Tercier, 19 février 1765.) « Les orateurs, le maréchal, les députés des évêques et du peuple sont du parti contraire ; il y a apparence que la pluralité y sera aussy dans la noblesse pour le comité secret : c'est ce que nous devons scavoir samedi. » — (Au même, 11 décem-

[1] Voyez l'excellente édition des Lettres de madame du Deffand que vient de publier M. de Lescure.

bre 1765 au soir.) « L'Impératrice a déjà reconnu le Roi de Pologne, et dès que l'homme qui doit venir sera arrivé, nous le reconnoîtrons aussi, ainsy que le Roi d'Espagne. »

Au mois de janvier 1767, Tercier meurt subitement d'apoplexie. M. de Broglie, qui avait vu finir son exil, mais qui était alors en province, revient précipitamment pour s'emparer des papiers compromettants, d'autant plus que M. de Choiseul avait l'attention éveillée. Louis XV fut frappé de la mort de Tercier : il perdait en lui un fidèle serviteur, et dès lors ce fut au comte de Broglie qu'il transmit les ordres pour la rédaction de la correspondance secrète ; mais il ne lui témoigna jamais la même confiance qu'à Tercier. — (24 janvier 1767.) « Guimard est malade, ainsi c'est Le Bel qui m'a remis vottre lettre. Je savais déjà la mort subite du sieur Tercier, vous me manderes dimanche, à votre arrivée, à qui j'adresserai les paquets qui m'arriveront. Madame Tercier doit se tranquilliser, car je fairay tout ce qui me sera possible pour elle et sa famille. » Les effets suivent de près cette promesse, et dans deux billets datés du 26 janvier, le Roi indique à M. de Broglie les différentes mesures qu'il doit prendre pour éviter toute découverte du secret, assurer pour l'avenir la transmission des lettres dont Tercier avait été chargé jusqu'alors, et rassurer sa veuve sur son avenir.

(26 janvier 1767.) « Le comte de Broglie dira de ma part à madame Tercier que la satisfaction que j'ay des services et de la fidélité de feu son mary m'engage à donner à son fils deux mille livres de gratification annuelle, pour servir à son éducation, lequel ni personne ne doit en avoir connoissance. J'exige donc d'elle qu'elle en garde un profond secret, ainsy que sur tout ce dont elle a pu avoir connoissance des relations que le sieur Tercier par mes ordres entretenoit avec moy. — Le comte de Broglie ira chez

M. de Sartine, et lui remettra la lettre ci-jointe; après quoi il se concertera avec lui sur les moyens à prendre de prévenir et de parer aux éclats que les soupçons contre le sieur Tercier pourroient ocasionner, et il me rendra compte exactement de tout ce qui se passera à cet égard, par la voie de Lebel ou de Guimard, lesquels suivront la même route du feu sieur Tercier, tant pour recevoir que pour faire lever les paquets. » Le même jour Louis XV rendait compte à M. de Broglie de la manière dont il avait trompé M. de Choiseul. « M. le duc de Choiseul m'a dit hier soir qu'on lui avoit dit que Tercier pouvoit avoir de mes lettres. Je lui ay répondu que je ne le croiois pas, mais que, comme ayant été commis, apparament qu'il y enverroit quelqu'un, et il me dit que ce seroit Durand. Je suis donc tranquille puisque vous m'assures devoir l'être, et de plus Durand m'est bien sûr. »

En effet, tout se passa pour le mieux. M. de Broglie, aidé de M. de Sartine, avait fait enlever du cabinet de Tercier tous les documents relatifs à la correspondance secrète, et quand M. Durand vint, au nom du ministre, lever les scellés, on ne trouva que des mémoires politiques que MM. de Choiseul et de Praslin avaient demandés à Tercier; mais M. de Choiseul ne fut pas trompé, et lorsqu'on lui rendit compte du résultat de la levée des scellés, il se contenta de dire : « On s'est levé avant nous. » Il était en partie instruit, aussi M. de Broglie voulut se donner le mérite de lui révéler ce qu'il savait déjà, mais vaguement. Il demanda la permission d'initier M. de Choiseul à la correspondance secrète, mais le Roi le lui défendit absolument, voulant se réserver les moyens de surveiller son ministre. Il y avait d'autant plus d'utilité à garder le secret, que la politique occulte n'était pas toujours d'accord avec la politique ministérielle, et cela de l'aveu du Roi. M. de Broglie reçut l'ordre de vivre en bonne intelligence avec M. de Choiseul, de l'assurer de sa déférence, mais de lui cacher les négociations qu'il dirigeait. « M. le duc de Choiseul est fin et a beaucoup d'esprit : il veut en sçavoir beaucoup trop, mais tout ce qu'il a dit est peut-estre beaucoup plus sur. Moy je pense qu'il faut rester comme nous sommes et ne lui en pas dire davantage. Soutenes lui que ce sont des soubçons de sa part; retranches le mot de chimères, mais que vous êtes bien éloigné de rien faire contre lui personnellement. *Cela a pu ne pas avoir toujours été peut-être;* enfin il faut que vous soies bien avec lui. » (6 janvier 1767.)

Le chevalier d'Éon revient un instant sur le tapis, mais le Roi n'en veut plus entendre parler, car il le regarde comme fou, et il « hait les fols mortellement. » On poursuivait toujours l'étude d'un plan de débarquement en Angleterre, qui était le grand projet de Louis XV. Ce prince fit alors une perte sensible dans la personne de M. d'Havrincourt, qui avait rendu de grands services en Suède, et qui était alors ambassadeur en Hollande, participant au secret. Le Roi appréciait ses services, et regrettait de ne le pas récompenser comme il le méritait, mais il se réservait de le faire plus tard. Le 12 février 1767, il écrivait à M. de Broglie : « M. d'Havrincourt est sur ma liste, mais il falloit que mes promesses passassent avant tout; et *en faisant des heureux nous sommes obligés d'en affliger d'autres*. Mais leur tour viendra, j'espère, y en aiant encore de bien vieux. » Au risque de tomber dans des redites, je ferai de nouveau remarquer combien il y avait de vraie sensibilité dans le cœur de Louis XV : en faisant des heureux il n'oubliait pas ceux qui étaient moins favorisés. La correspondance secrète nous le montre à cet égard sous un jour bien avantageux : il faut reconnaître aussi que M. de

Broglie se fit toujours un devoir de rappeler au Roi les services des agents placés sous ses ordres, et qu'il provoqua souvent pour eux des bienfaits que le Roi ne refusa jamais. Je n'en veux d'autre témoin qu'une somme de vingt mille livres que Louis XV, à la sollicitation de M. de Broglie, accorda à M. Hennin pour l'aider à contracter un mariage avantageux [1], et le traitement généreux que reçut M. de Bombelles, alors dénué de fortune.

Revenons à M. d'Havrincourt :

19 février 1767. — « Je vous envoie des lettres pour ces messieurs approuvées, hors celle pour M. d'Havrincourt, car j'appris avant-hier qu'il avoit la petite vérole, et hier au soir j'ai appris sa mort par un courier du sieur des Rivaux, son secrétaire; les scellés ont été mis, tant par lui que par l'ambassadeur d'Espagne. Comme je croy qu'il étoit dans le secret, j'espère qu'il aura mis à part les papiers secrets. » — « (20 février 1767.) Si M. de Vergennes savoit qu'il correspondoit avec Tercier, vous n'aves qu'à lui envoier votre lettre, sinon supprimes la. Le chevalier d'Havrincourt est parti sur le champ qu'il a su la mort de son frère pour ramener ces enfants et veiller à ces effets. Je ne sçay s'il a été chargé d'autre chose, je m'en éclairciray et je vous le ferai sçavoir. Que votre lettre au sieur des Rivaux ne tombe pas entre ces mains, quoique ce soit un très-honnête homme. »

Le billet suivant est empreint d'une forte dose de philosophie : le Roi prend en pitié les petites intrigues, les rivalités dont il est entouré, il va son chemin. — (A M. de Broglie, 3 avril.) « Le Bel est brouillé avec Janel, parce que ce dernier a cru qu'il vouloit me proposer un successeur, et l'homme n'aime pas cela : ce qui produit dans l'humanité de vilaines choses. Je réponds de Le Bel, il

[1] Lettre du 10 mars 1769.

répond des autres ; je ne scay si quelqu'un a trahi. Au demeurant les grands aime à tout scavoir; un ministre comme M. de Choiseuil est plus à portée qu'un autre. Les grands se vantent aussy plus que d'autres; moy je vais mon chemin sans me soucier des petites intrigues et tracasseries. »

Voici des témoignages honorables pour M. Durand, le financier Beaujon, et madame Tercier. — (16 avril 1767. Au comte de Broglie.) « L'idée de M. Durand peut être bonne, il peut se mettre sur les rangs; mais je ne compte pas remplir cette place avant le mariage de mon petit-fils. Beaujon est un très honneste homme et que je connois beaucoup ainsi que sa femme, mais il faut encore que j'examine avant que je vous réponde sur son article; en attendant je vous envoie encore six mille livres. » — (22 avril 1767. Au comte de Broglie). « Vous pouvez faire chercher à madame Tercier ce qui étoit dû à son mari quand vous aurez reçu de l'argent et que je ne vous en auray pas marqué une autre destination. A l'égard de ce que feu son mary avoit sur les postes, il n'est pas possible de lui rien accorder. »

M. de Broglie propose de faire reconnaître les côtes d'Irlande; le Roi approuve. La Porte donne de grandes inquiétudes. — (8 janvier 1768.) « On a lu hier au Conseil une lettre volumineuse de M. de Vergennes, par laquelle il paroit qu'il n'y a rien à espérer de ce costé-là ; elle est du 7 septembre. » M. de Vergennes est rappelé : il a pour successeur M. de Saint-Priest, qui est admis à la correspondance secrète, non sans hésitation de la part du Roi. (29 janvier 1768.) En même temps M. de Breteuil est transporté de Suède en Hollande, point central d'où il reçut mission de Louis XV (24 juillet 1768) de surveiller ce qui se passait dans le Nord et en Angleterre. Il reçut l'ordre d'entretenir une correspondance intime avec M. du Châtelet, ambassadeur à Londres, et d'en faire parvenir un double au Roi. En Hollande comme en Russie, M. de Breteuil fut chargé par le ministère secret de suivre une politique différente de celle qui avait été recommandée par le ministre des affaires étrangères. M. de Choiseul avait écrit à M. de Breteuil de rechercher M. de Thurlemeyer, ambassadeur de Prusse, et de tenter d'amener un rapprochement entre les cours de Versailles et de Berlin, ce qui était en contradiction avec la politique personnelle du Roi, qui voulait tout sacrifier au maintien de l'alliance autrichienne. Dans une dépêche du mois de septembre, M. de Broglie exposait à M. de Breteuil le danger de cette négociation; on ne pouvait manquer par cette conduite d'exciter le mécontentement de l'Autriche, bien qu'on agît dans l'ombre : il lui recommandait aussi de s'informer comment les Anglais voyaient l'occupation de la Corse, et s'ils étaient disposés à intervenir publiquement, ainsi que cela était à craindre d'après le langage de Paoli. Cette dépêche se terminait ainsi : « Quoique je vous adresse cette lettre de Ruffec, où je serai encore quelque temps, elle ne partira cependant pas sans avoir reçu, comme toutes celles que j'aurai l'honneur de vous écrire, l'approbation de Sa Majesté. » Et au-dessous de l'approuvé on lit de la main du Roi cette phrase, ayant trait aux rapports de M. de Breteuil avec l'ambassadeur de Prusse à la Haye : « *Vienne est instruit de toutes nos démarches avec la Prusse.* »

L'activité de Louis XV se ralentit : c'est le règne de madame du Barry; cependant ses lettres offrent encore de temps à autre quelque renseignement curieux, quelque réflexion digne d'être relevée. — (Au comte de Broglie, 24 may 1768). « Durand ne peut que bien faire à Varsovie, mais nous sommes bien loin pour pouvoir surpasser et même égaliser ce qu'a joué le prince Repnin, tant que nous ne serons pas aidés de Vienne et de la Porte. » On sait quel était le jeu du prince Repnin, il tenait la Pologne muette et opprimée sous les baïonnettes russes. Comment lutter contre la Russie en consacrant, comme le faisait Louis XV, une modique somme de six mille livres par mois à soutenir les patriotes polonais? De Broglie demandait une somme assez forte pour M. Mocranowsky, l'un des chefs du parti français. Louis XV lui répond : — (18 septembre 1769.) « D'icy à la fin de l'année mes arrangements ne me permettronts d'augmenter en rien les six mille livres que je vous donne par mois; de plus, la somme que vous demandes est un peu forte. Si les services du sieur Mocranowsky étoient rendus, à la bonne heure ! »

M. de Broglie insiste de nouveau pour mettre M. de Choiseul dans la confidence, attendu que le ministre sait tout, et qu'il faut avoir la bonne grâce de ne pas lui celer ce qu'il connaît parfaitement. Louis XV prend mal cette ouverture, et adresse au comte ce billet rempli de défiance, écrit sous l'impression pénible de la mort de son fidèle le Bel. — (28 août 1768.) « M. le duc de Choiseuil peut avoir des notions et il doit en chercher la certitude; mais il ne m'a rien dit du tout sur vottre correspondance avec moy ni ne m'en a parlé ; et de là vous pouves être très sur qu'on vous a menti grossièrement ou que *vous aves voulu me sonder*. Du reste, je ne réponds surement que de moy. Quand j'auray donné un successeur au pauvre Le Bel, si je lui donne ma confiance avec vous, je vous le fairay sçavoir. »

La position de M. de Broglie devenait de plus en plus difficile : madame du Barry avait vent de la correspondance secrète : elle avait cherché à la faire avouer au comte en lui faisant luire l'espoir du ministère. N'ayant pu obtenir une confidence, elle résolut de découvrir le mystère et y parvint en partie. M. de Broglie fit part de ses craintes au Roi, lequel, cherchant toujours à se faire illusion, donne l'explication suivante, qui nous fait assister à une scène d'intérieur. — (22 mars 1769, à deux heures.) « Madame du Barry avoit vu votre lettre sur le gouvernement : ce n'étoit pas un secret. A l'égard du gros paquet, elle le trouva sur ma table ; elle voulut voir ce que c'étoit, je ne voulus pas le luy montrer. Le lendemain elle revint à la charge. Je lui dis que c'étoit sur des affaires de Pologne, que comme vous y aviez été ambassadeur, vous y avies encore quelques relations dont vous me rendiez compte. Voila tout ce que j'ay dit et fait. Je vois que vous aves été plus loin que moi. Je ne crains pas qu'elle le divulgue à M. de Choiseuil. Il n'y a pas de mal à ce que vous avez fait. »

En 1767, des dissentiments s'étant élevés entre le sénat et les citoyens de Genève, la médiation de la France fut invoquée, mais le projet de conciliation fut rejeté par les électeurs, et toute relation fut interrompue entre la France et la République. M. de Choiseuil forma le dessein de fonder sur le territoire français et sur les rives du lac Léman, à Versoix, une ville pour contre-balancer Genève. Dans le but d'y attirer des commerçants étrangers, il voulut y établir la liberté de conscience. Ce dernier article déplut à Louis XV, qui s'en expliqua nettement à M. Hennin, résident de France en Suisse et affilié à la correspondance secrète. Le 26 mars 1770, il désapprouva pareillement, par la même voie, la promesse faite par M. de Choiseul aux Bernois de ne construire aucune fortification [1].

---

[1] Voyez plus bas le Mémoire de M. de Broglie à Louis XVI, en date du 16 février 1775. Sur la fondation de Versoix, on peut aussi consulter un travail récent de M. G. Fazy, de Genève.

La fin de l'année 1770 vit la chute de M. de Choiseul, chute que l'on a attribuée aux circonstances suivantes. Les Espagnols, mécontents de ce que les Anglais avaient construit un fort et mis une garnison dans une des îles Malouines, y envoyèrent, au mois de juin 1770, des troupes qui prirent le fort et firent la garnison anglaise prisonnière. Devant cette insulte l'Angleterre ne pouvait hésiter, et la guerre était imminente. On accusa M. de Choiseul d'avoir poussé l'Espagne à cette mesure violente, pour faire naître des hostilités. Nous avons deux importantes lettres intimes de Louis XV au Roi d'Espagne pour l'engager à la paix. Elles sont toutes les deux sans date, mais l'une est antérieure au renvoi de M. de Choiseul, et doit être datée des premiers jours de décembre 1770; la seconde, postérieure au changement de ministère, est du mois de janvier 1771. Louis XV invitait son parent et allié à la patience, et lui exprimait nettement son intention de ne pas se battre, remettant à une époque plus opportune le soin de prendre une revanche désirée. Cette époque, Louis XV la croyait prochaine, grâce « aux *opérations aux moiens desquelles j'ai déjà commencé avec succès à rétablir mes finances.* » Étrange illusion!

Dans la seconde lettre, Louis XV remercie le Roi d'Espagne de la part que celui-ci a prise à la nouvelle de la révolution ministérielle opérée en France. « Je ne puis être que pénétré du retour de tendresse avec laquelle Votre Majesté répond dans la lettre du 2 de ce courant à la confiance avec laquelle je lui ai exposé les embarras domestiques que me causoient mes Parlements, et lui faits les plus sincères remerciements sur la vivacité d'intérest qu'elle prend à l'intégrité de mon autorité, et sur l'offre généreuse qu'*elle me fait de son secours pour forcer, s'il était nécessaire, la désobéissance des malintentionnés.* Je puis dès aujourd'huy assurer Votre Majesté que, sans être obligé de recourir aux moiens extrêmes, la nature des arrangemens que j'ai pris ramenera bientôt aux termes du devoir et de l'obeissance des corps qui s'en sont écartés bien moins par principes que par suggestions. »

On voit par cette dernière citation que Louis XV avait saisi la gravité de la situation politique intérieure. C'était déjà la Révolution qui débutait, et les Parlements étaient les premiers, à leur insu il est vrai, à entamer la lutte avec l'absolutisme royal. Il n'est pas jusqu'aux secours offerts par le Roi d'Espagne qui ne soient un signe de l'importance que l'on attachait à l'étranger à la résistance des Parlements.

Le Roi d'Espagne croyait à une connivence secrète de l'Angleterre avec la Russie. Louis XV partageait cette appréhension, mais il en tirait un nouvel argument en faveur de la modération. La présence des flottes russes et anglaises dans la Méditerranée était un danger redoutable. On pouvait craindre qu'elles ne s'unissent contre la France et contre l'Espagne. Mais ce n'était que partie remise, et Louis XV montrait à son parent la possibilité de faire la guerre avec avantage grâce au rétablissement de ses finances. Il ajoutait : « Les changements que je viens de faire dans mon ministère me mettront au-dessus des obstacles que l'intérêt particulier d'ambition et de jalousie personnelle pourroit élever contre le succès de cette importante opération. » L'abbé Terray se chargea de donner un démenti à ces espérances.

La chute de M. de Choiseul ne porta pas atteinte dans l'esprit du Roi au pacte de famille ; les ambassadeurs français reçurent l'ordre d'en instruire les cours auprès desquelles ils étaient accrédités.

C'est une bien étrange appréciation sur les colonies,

jointe à une certaine perspicacité, que celle qu'on trouve dans une lettre au comte de Broglie, en date du 16 mai 1769 : « Prenons garde quant voulant faire trop fleurir nos isles nous ne leur donnions les moiens un jour et peut-être promptement de se soustraire à la France, *car cela arrivera sûrement un jour de toute cette partie du monde* ». Ce n'était pas en favorisant la prospérité de l'Amérique que l'Angleterre devait perdre sa grande colonie de l'Amérique du Nord, mais en pratiquant à son égard la politique recommandée par Louis XV.

Revenons à la Pologne. La Prusse et la Russie montraient ouvertement leur intention d'en prendre chacune un morceau. L'Autriche n'aurait peut-être pas demandé mieux que de s'opposer à cette spoliation, mais il fallait l'appui de la France, qui le refusait. — A M. de Broglie, 21 mars 1770. « M. le prince Charles m'a parlé hier dans son audience. Il a remis de grands mémoires à M. de Choiseuil. Les secours d'hommes sont impossibles, ceux d'argent bien difficiles et l'employ un peu douteux. Quand nous aurons vu les mémoires, nous verrons ce qu'il sera possible de faire pour la Pologne. A l'égard de la Porte, un traité avec cette puissance est bien scabreux. Un secours pourroit amener la guerre, ce que je ne veux pas. » Suit une explosion furibonde contre M. Pitt, qui, au Parlement anglais, avait mal parlé du Roi et de la France. — « M. Pitt est un fol et fol dangereux ; ce qu'il dit de nous mériteroit la corde, et l'execution seroit dans tout autre païs. Quels cruels voisins nous avons là ! »

Le mariage du Dauphin avec l'archiduchesse d'Autriche Marie-Antoinette donna au vieux Roi la velléité de se remarier et de prendre femme dans la maison de Habsbourg. Il porta ses vues sur l'archiduchesse Élisabeth. Il chargea M. de Broglie d'ordonner à M. Durand, qui se rendait à Vienne en mission, de prendre sur la princesse les renseignements les plus complets. — 6 juin 1770. « Comme l'on ne scait ce qui peut arriver, si Durand n'est pas parti, montres-lui ce billet, sinon envoies lui en la copie bien chiffrée. Qu'il en examine bien la figure *de la teste aux pieds, sans rien excepter de ce qu'il lui sera possible de voir* de l'archiduchesse Élisabeth, et qu'il s'informe de mesme de son caractère, le tout sous le plus grand secret, et sans trop donner de suspicions à Vienne, et il en rendra compte sans se presser par une occasion sure. » Cette instruction rappelle les détails que le cynique vieillard demandait à l'un de ses confidents sur la jeune Dauphine lors de son arrivée en France. Sa curiosité fut pleinement satisfaite par une dépêche en chiffres qu'envoya M. Durand.

Ce beau projet en resta là. La cour de Vienne eût accueilli avec peu d'empressement les propositions de Louis XV. En outre, celui-ci était tellement enivré de madame du Barry, qu'il ne dut pas donner suite à cette velléité matrimoniale.

Madame du Barry n'avait pas abandonné son projet de connaître la correspondance secrète; son ami, le futur ministre des affaires étrangères, M. d'Aiguillon, la maintenait dans ce propos; ils eurent l'un et l'autre des notions certaines. M. de Broglie en prévint le Roi, qui, avec son incurable optimisme, lui répondit : — 14 février 1771. « Madame du Barry n'en scait pas plus qu'elle scavoit, et je ne scache pas que M. d'Aiguillon soit instruit. Continues avec eux sur le même pied. »

Le baron de Breteuil, rebuté par les déboires qu'il éprouvait dans la diplomatie, avait demandé un emploi dans l'armée. Cela déplut au Roi, qui n'aimait pas avec raison que l'on voulût courir plusieurs carrières à la fois. Il exprima son mécontentement à M. de Broglie, tout en reconnaissant le mérite et les services de M. de Breteuil. — 23 janvier 1771. « M. de Montaynar (ministre de la guerre) m'a parlé de la demande du baron de Breteuil. Vous qui estes militaires, comment pouves vous adopter une telle demande? Je vois pourtant que vous ne la croies pas dans l'ordre des militaires et vous le lui aves dit, et aves bien fait. Du reste, il est susceptible de toute autre grâces, mais il faut qu'il quitte toute intrigue, et qu'il s'occupe uniquement des affaires de son ambassade et de me plaire. »

Le Roi avait pensé à M. de Breteuil pour l'ambassade de Suède; mais il renonça à ce projet. Il eut un instant l'idée de l'envoyer à Vienne, mais comme il était connu comme un des partisans de M. de Choiseul, qui avait été renvoyé avec éclat du ministère, Louis XV ne voulut pas que la promotion de M. de Breteuil pût être regardée comme un triomphe pour le parti Choiseul. On parlait alors du retour probable de ce ministre et de la rentrée du Parlement, qui était alors supprimé et remplacé par des conseils supérieurs. Le Roi, qui haïssait M. de Choiseul et le Parlement, réfuta ces bruits avec vivacité.

A M. de Broglie, 18 mars 1771. « J'ay reçu la lettre du baron de Breteuil. C'était moi uniquement qui avois imaginé de l'envoyer en Suède dans ce moment-ci, comme plus au fait qu'un autre; il n'y fairait pas le bien que j'en attends, je n'y pense plus. A l'égard de Vienne, si s'étoit un triomphe pour le parti Choiseul, il n'yroit pas non plus. *Quel sot propos que celui de son retour aux affaires étrangères! Quel méchant que celui du Parlement!* »

L'alliance avec Vienne tenait au cœur à Louis XV. Mais cette alliance était bien compromise, à son insu, par ses ministres et par l'ambition du nouvel empereur Joseph II, qui, admirateur passionné du Roi de Prusse et avide de conquêtes, s'éloignait de jour en jour de la prudente ligne de conduite adoptée et suivie avec tant de succès par Marie-Thérèse. On travailla un instant aux instructions secrètes destinées à M. de Breteuil lorsqu'il était question de l'envoyer à Vienne. C'était là une besogne délicate. — « Les instructions du baron de Breteuil pour Vienne sont assez difficiles à faire, et je ne suis pas surpris que Géraud y soit embarrassé. *Je travaillerai moi-même aux points essentiels.* Je ne vous cacherai pas que dans le cas présent j'avais fait proposer au Roi de Pologne si pour la diète il n'aimeroit pas mieux avoir le baron de Breteuil qu'un nouveau venu. M. de Scheffer l'aime mieux à Vienne... M. d'Ayen sera-t-il assez délié pour cette diète orageuse? » Enfin le Roi prit un parti : M. de Breteuil fut nommé au poste de représentant de la France à Naples.

Nous touchons à l'un des plus graves et des plus douloureux événements des temps modernes, dont les conséquences funestes se font sentir tous les jours, et qui sera longtemps encore, il faut le craindre, une cause de troubles en Europe ; je veux parler du démembrement de la Pologne. On sait assez comment la Prusse, la Russie et l'Autriche s'emparèrent chacune, sous un spécieux prétexte, des provinces polonaises qui étaient à leur convenance, mais les préliminaires de ce partage et les actes qui le préparaient sont encore enveloppés d'obscurité. Nous nous bornerons à en examiner deux points importants et très-controversés : la part que prit l'Autriche et la conduite de la France.

On a prétendu que l'Autriche n'avait consenti que forcée au partage de la Pologne ; elle n'aurait pu, a-t-on dit, résister seule au concert de la Prusse et de la Russie, car elle était abandonnée par la France. Cette indifférence de la

France envers la Pologne est-elle prouvée? La correspondance secrète et quelques autres documents diplomatiques inédits ou peu connus peuvent à cet égard nous fournir quelques lumières.

Voici comment s'exprime M. de Broglie dans un mémoire remis en 1775 à MM. de Vergennes et du Muy, où il résume à grands traits les travaux de la correspondance secrète :

« Nous ne saurions nous dissimuler que le partage de la Pologne, que le comte de Broglie avoit prévu et annoncé depuis longtemps, n'a été effectué que par notre négligence à en prévenir l'origine, ou par la faiblesse des moyens que nous avons employés pour en arrêter le cours. Ce sont des faits bien clairement développés dans les dépêches adressées à M. Durand, et dans les relations de ce ministre... En parcourant les dépêches de M. Durand, on n'aura pas de peine à convenir que le silence qu'on a tant reproché à M. de Kaunitz peut fort bien être imputé à notre ministère. On ose même avancer qu'il a donné lieu, ou au moins servi de prétexte, à la réunion des trois cours copartageantes. Cette assertion n'est point hasardée. On s'en convaincra plus facilement encore dans les lettres que le comte de Broglie avait eu l'honneur d'écrire au Roi à cette occasion, et dans le compte qu'il eut celui de rendre de deux conversations que M. de Mercy avoit eu l'adresse de lier avec lui [1]. »

L'exposé des négociations, d'après des documents inédits, montrera que M. de Broglie disait vrai ; mais s'il y eut faiblesse du côté de la France, il y eut violence d'autre part, coalition armée et abus impitoyable de la force.

Il faut d'abord reconnaître un fait capital, c'est que l'initiative du partage appartient à Frédéric II ; il en reven-

[1] Voyez ce Mémoire à la date du 16 janvier 1775.

dique sinon l'honneur, du moins le profit, il explique lui-même avec franchise, j'allais dire avec cynisme, comment il fut amené à cet acte, dont la responsabilité ne pèse pas assez lourdement sur son nom. Pour s'en convaincre, on n'a qu'à lire la partie de ses Mémoires embrassant la période écoulée de la paix d'Hubertsbourg en 1763, jusqu'à la fin du partage de la Pologne en 1775[1].

Les Turcs avaient déclaré, à l'instigation de la France, la guerre à la Russie; de notre part c'était une grande faute que de pousser la Porte à une guerre qu'elle n'était pas en état de soutenir avec avantage (1769). Les progrès des Russes inquiétèrent la Prusse et l'Autriche: Frédéric II et l'Empereur Joseph II eurent une entrevue à Neisse (25 août): ils convinrent de s'unir pour maintenir la neutralité en Allemagne. Ce premier pas fait, Frédéric travailla à amener la paix entre la Turquie et la Russie, dans le but d'arrêter les succès inquiétants de cette dernière puissance. Mais les victoires des Russes, qui s'emparèrent de la Moldavie et de la Valachie, vinrent entraver ces tentatives de conciliation et alarmèrent l'Autriche, qui réunit de nombreuses troupes en Hongrie, et se tint prête à secourir la Turquie. Une guerre générale était imminente; le Roi de Prusse, que ses engagements secrets avec la Russie devaient forcer de marcher, et qui, ne voyant rien à gagner, ne voulait rien risquer, propose une nouvelle entrevue à l'Empereur: les deux souverains se rencontrent à Neustadt (3 septembre 1770).

M. de Kaunitz réclama l'alliance austro-prussienne. Frédéric II déclina cette proposition dans ce qu'elle avait d'absolu, lié qu'il était avec la Russie; mais l'entente s'établit, et la France en fit les frais. La Porte pria les deux

---

[1] T. V des *OEuvres complètes de Frédéric II*, édition de Berlin. — On ne saurait trop étudier cette partie des Mémoires.

grandes puissances allemandes de se porter médiatrices entre elle et la Russie [1]. Cette médiation fut acceptée par Catherine, que Frédéric II menaça d'une intervention de la France.

M. de Kaunitz se garda bien de donner à M. Durand, notre envoyé, des détails précis sur les engagements pris à Neustadt. L'alliance austro-française était virtuellement rompue; l'Empereur ne cachait pas du reste son inimitié pour la France. Dans un voyage en Hongrie, il donna cours publiquement à son hostilité : le cabinet de Versailles en fut immédiatement informé.

M. de Choiseul n'avait pas été sans comprendre l'intérêt qu'il y avait pour la France à ne pas laisser accabler la Pologne. Les patriotes, honteux de voir le Roi Stanislas-Auguste livré aux Russes, qui occupaient la Pologne comme un pays conquis, avaient pris les armes et formé plusieurs confédérations pour chasser ces étrangers ; mais mal armés, sans argent, sans vivres, ils ne pouvaient faire qu'une guerre de partisans, dangereuse sans doute, mais impuissante contre les formidables armées de la Russie [1]. Des partis polonais repoussés par des forces supérieures furent contraints de chercher un refuge sur les terres de l'Empereur : c'est dans ces circonstances que Joseph II tint le langage suivant, qui ne tarda pas à parvenir à la connaissance de notre chargé d'affaires, lequel en rendit compte au ministre des affaires étrangères.

« Dans le voyage que l'Empereur a fait en Hongrie au mois de mai dernier, il a séjourné deux jours à Sze-lespus, et il a bien voulu admettre à son audience les confédérés, malgré tous les efforts qu'ont faits les protestants domiciliés dans cette ville pour l'en détourner. Sa Majesté Impériale a vu les confédérés, d'abord chacun en particulier,

---

[1] Voir les *Mémoires de Dumouriez* et les lettres de M. de Viomènil.

et ensuite tous ensemble. Il leur a parlé avec humanité et leur a promis ses bons offices auprès de la Russie et du Roi de Prusse. Jusque-là rien de plus digne de sa bonté. — Mais il a ajouté, ce que j'aurois peine à croire si je n'avois pas vu deux lettres uniformes sur ce fait : « *Voilà donc à quoi aboutissent les promesses et les insinuations de la France et le fruit de votre confiance en elle.* »

Il paraît qu'avant l'entrevue de Neustadt, le prince Charles de Lorraine s'était rendu à Versailles et avait sondé le Roi sur le secours qu'il comptait donner à la Pologne. Louis XV avait refusé de prendre aucun engagement; témoin le billet suivant, qu'il adressa au comte de Broglie :

21 mars 1770. — « M. le prince Charles m'a parlé hier dans son audience : il a remis de grands mémoires à M. de Choiseuil. *Les secours d'hommes sont impossibles. Ceux d'argent bien difficiles et l'employ un peu doutteux.* Quand nous aurons vu les mémoires, nous verrons ce qu'il sera possible de faire pour la Pologne. »

Après une telle déclaration, l'Autriche comprit qu'il ne fallait faire aucun fonds sur la France pour protéger la Pologne par la force des armes, et dès lors elle agit en dehors de nous.

Cependant le gouvernement français se ravisa; mais il fit mal les choses : on donna des sommes insuffisantes[1]

---

[1] Voici le relevé sur le Livre rouge des subsides donnés pendant dix-huit mois, 1771 et 1772, aux confédérés :

| 1771. | N° 5. | Pour les confédérés de Pologne. | 60,000 liv. |
|---|---|---|---|
| — | N° 18. | Idem. | 120,000 |
| — | N° 55. | Idem. (Quartier d'avril). | 20,000 |
| — | N° 121. | Idem. | 180,000 |
| — | N° 184. | Idem. | 180,000 |
| | | A reporter. | 560,000 liv. |

et on envoya quelques officiers français aux confédérés. Parmi ces officiers figure un homme qui a joué un grand rôle dans la Révolution française, du Mouriez, alors simple capitaine[1]. du Mouriez, jeune et plein d'ardeur, ne tarda pas à gagner la confiance des Polonais. La résistance s'organisait à merveille, et l'Autriche étonnée y donnait les mains ; M. Durand s'applaudissait de cet heureux résultat :

« Tous les points dont je vais rendre compte sont déjà convenus avec la généralité et avec la plupart des chefs de troupes qui agissent en Pologne. La facilité que M. du Mouriez a trouvée à la faire adopter ne peut être attribuée qu'à la reconnoissance de la nation pour les secours généreux de Sa Majesté, et nous nous servirons du même ressort pour maintenir avec la fermeté nécessaire l'exécution des choses convenues. — Le subside sera uniquement employé en munitions, solde d'officiers étrangers ou nationaux, et formation d'une troupe étrangère, composée principalement de Français, qui doit servir de modèle au plan de formation des compagnies à pied et à cheval.....

|  |  |  | Report. . . | 560,000 liv. |
|---|---|---|---|---|
| 1772. | N° 28. | Secours aux Confédérés de Pologne. | | |
|  |  | (Quartier de janvier.). | | 180,000 |
| — | N° 106. | *Idem.* (Quartier d'avril. . . . | | 180,000 |
| — | N° 189. | *Idem.* (Juillet, août[*].) . . . . | | 120,000 |
|  |  |  | Total. . . | 1,040,000 liv. |

[1] *Extraits du Livre rouge :*
1770. N° 95. M. du Mourier, 6,000 liv.
1771. N° 122. M. le baron de Vioménil, 52,000 liv.
— N° 185. Mission de M. de Vioménil, 12,000 liv.
1772. N° 190. Entretien d'officiers français en Pologne, 12,000 liv.
— N° 298. Dépense concernant la mission de M. de Vioménil en Pologne, 42,261 liv.

[*] Il n'est pas fait mention des subsides des mois de mai et juin.

Cette troupe est absolument nécessaire, parce qu'il ne seroit pas possible sans cet appui de faire obéir les chefs, de leur donner de l'ensemble et surtout de tirer du pouvoir arbitraire des particuliers les troupes que chacun d'eux s'est appropriées personnellement, quoiqu'elles appartiennent aux différents palatinats qui les ont fournies par contingent [1]. »

On était parvenu à former une armée.

« M. du Mouriez est entré le 7 en Pologne..... Les troupes sont belles, bien entretenues. *Il ne leur manque que de la discipline,* et elle ne tardera pas à se rétablir. Ces troupes montent actuellement à dix mille hommes. Elles se joindront dans le mois de mai sur trois points. Nous occupons, ajoute M. du Mouriez, la campagne depuis Bochnia jusqu'à la Silésie, ce qui fait environ vingt-cinq à trente lieues d'un pays qui est au reste tellement ruiné, qu'il n'y a pas de quoi vivre. » (Dépêche de M. Durand. Vienne, le 29 avril 1771.)

Notez cette phrase : Il ne leur manque que la discipline; c'est-à-dire que tout manquait à cette armée, ou plutôt que ce n'était pas une armée. L'événement ne tarda pas à le prouver.

On voit que la France n'abandonnait pas entièrement la Pologne; mais les événements vinrent entraver le peu de bonne volonté que l'on avait pour elle à Versailles. M. de Choiseul ayant été renvoyé du ministère, ainsi que nous l'avons dit, la direction des affaires étrangères fut, après un intérim de quelques mois, remise à M. d'Aiguillon, qui s'attacha, par haine pour M. de Choiseul, à prendre le contre-pied de son prédécesseur.

Pendant que cette révolution s'opérait en France, l'orage se formait contre la Pologne. Le prince Henri de

[1] Dépêche de M. Durand, en date de Vienne, 2 mars 1771.

Prusse, frère du Roi, s'étant rendu à Saint-Pétersbourg, s'efforça de persuader à Catherine de conclure la paix avec la Turquie, en lui montrant l'Autriche prête à soutenir la Porte par les armes. Sur ces entrefaites, l'Impératrice Marie-Thérèse fit occuper militairement le comté de Zips et quatre starosties du palatinat de Cracovie. Il serait assez difficile de connaître au juste le motif réel de cette démarche : le cabinet de Vienne invoquait une donation *faite en 1238 par Boleslas le Chaste au roi Bela IV ;* il mettait en avant aussi des réclamations pécuniaires.

Ce qui se passa ensuite, Frédéric II va nous le dire, revendiquant avec franchise, et non sans quelque satisfaction, l'idée du partage de la Pologne. Il s'exprime ainsi [1] :

« L'Impératrice de Russie, irritée de ce que d'autres troupes que les siennes osaient faire la loi en Pologne, dit au prince Henri que si la Cour de Vienne voulait démembrer la Pologne, les autres voisins de ce royaume étaient en droit d'en faire autant. » Cette ouverture se fit à propos ; car après avoir tout examiné, c'était l'unique voie qui restât d'éviter de nouveaux troubles et de contenter tout le monde. La Russie pouvait s'indemniser de ce que lui avait coûté la guerre avec les Turcs, et au lieu de la Valachie et de la Moldavie qu'elle ne pouvait posséder qu'après avoir remporté autant de victoires sur les Autrichiens que sur les musulmans, elle n'avait qu'à choisir une province de la Pologne à sa bienséance, sans avoir de nouveaux risques à courir. On pouvait assigner à l'Impératrice-Reine une province limitrophe de la Hongrie, et au Roi ce morceau de la Prusse polonaise qui sépare les États de la Prusse royale ; et par ce nivellement politique, la balance des pouvoirs entre les trois puissances demeurait à peu près la même. »

[1] *Mémoires*, de 1764 à 1775, édition de Berlin, t. V.

Voilà le plan tel qu'il fut conçu par le Roi de Prusse : il le fit proposer à la Czarine par M. de Solms. M. de Panin, premier ministre, l'accueillit avec froideur, mais Catherine II l'adopta avec enthousiasme. Frédéric II fut chargé de sonder l'Autriche. Laissons-lui la parole.

« Cette ouverture, toute cordiale qu'elle étoit, ne fut point accueillie par la cour de Vienne comme on s'en étoit flatté. Le prince Kaunitz répondit sèchement que si sa Cour avait fait occuper quelques parcelles de la Pologne sur les confins de la Hongrie, ce n'étoit pas à dessein de les garder, mais uniquement pour obtenir justice sur quelques sommes que la maison d'Autriche réclamoit de la République, et qu'il n'avoit pas imaginé qu'un objet d'aussi peu de valeur pût faire naître l'idée d'un plan de partage dont l'exécution seroit hérissée de difficultés insurmontables, à cause qu'il étoit autant qu'impossible d'établir une égalité parfaite entre les différentes portions des trois puissances; qu'enfin un tel projet ne pouvant servir qu'à rendre la situation de l'Europe plus critique encore qu'elle n'étoit, il déconseilloit Sa Majesté Prussienne d'entrer dans de pareilles mesures. »

Frédéric ne se tint pas pour battu. Il résolut d'imposer, en se liant intimement à la Russie, le partage de la Pologne à l'Autriche.

« Pouvant prévoir que la cour de Vienne changeroit de sentiment sitôt que la Prusse et la Russie seroient bien d'accord, parce que les Autrichiens préféreraient d'avoir part à ce partage *à tenter les hasards de la guerre contre aussi forte partie.* »

L'aveu est assez explicite. Le Roi de Prusse s'adressa donc à la Russie; on fut longtemps avant de s'entendre, car la Czarine voulait tout prendre; enfin, le 17 janvier 1777, un accord secret fut signé à Saint-Pétersbourg :

on convint d'inviter l'Impératrice-Reine à consentir au partage.

Revenons un peu sur nos pas, et citons quelques documents qui confirmeront et compléteront le récit du Roi de Prusse [1]. Les premières propositions de Frédéric II au cabinet de Vienne n'avaient pu échapper à l'œil de la diplomatie, bien que leur objet ne pût être exactement connu.

Notre ambassadeur à Berlin recevait des confidences qui devaient donner à réfléchir et en faisait part au ministère français : « Le ministre de Suède, avec lequel je suis très-lié, m'a parlé avec l'air d'assurance qui suppose qu'on est bien instruit, et voici sa réponse au sujet du prince Lobkovitz [2], dont je prétendois la négociation incertaine pour le succès : « Tout est déjà fini; le Roi de
» Prusse a tout arrangé, et la paix sera signée avant
» quatre mois. La Pologne sera la victime de tout : c'est
» vous dire assez. » (Dépêche du 2 avril 1771.)

Quelques jours après, le même diplomate donnait des renseignements plus précis sur la participation de la cour de Vienne aux projets qui se formaient dans l'ombre contre la Pologne.

(Berlin, 29 avril 1771.) « M. de Scheffer, ambassadeur de Suède, paroît dans la plus grande inquiétude sur la position actuelle des cours de Vienne et de Berlin. Il m'a demandé avec un très-vif intérêt si j'avois les yeux ouverts sur leurs mouvements secrets, et m'a chargé particulièrement, Monseigneur, de vous marquer que *le moment devenoit très-sérieux.* Il n'a pas pu s'expliquer

---

[1] Ces documents ont été tirés des dépôts des affaires étrangères par Rulhières pour la composition de son *Histoire de l'anarchie de Pologne.* Daunou et M. Ostrowski n'en ont pas assez tiré parti.

[2] Ce prince était ambassadeur d'Autriche à Saint-Pétersbourg.

entièrement à cet égard : ce n'est qu'à la volée que j'ai trouvé le moyen d'obtenir un instant de conversation de confiance, et c'étoit dans un moment où nous étions trop observés; mais par ce que ce sénateur m'a dit, il m'a paru persuadé des arrangements secrets pris entre la Cour de Vienne et Berlin relativement à la Pologne, au détriment de cette dernière. Peut-être cette conviction n'est-elle que la suite de la façon de penser de M. le baron de Zöge : j'ai eu l'honneur de vous en rendre compte, Monseigneur, dans ma dépêche n° 15, et il est certain que les propos de M. de Scheffer et celui du ministre suédois se rapportent parfaitement [1]. »

En même temps, M. de Vergennes, notre ambassadeur en Suède, affilié à la correspondance secrète, recevait du Roi Gustave et de M. de Scheffer, sénateur, des renseignements du plus haut intérêt sur les rapports des Cours de Vienne et de Berlin et en faisait part à Louis XV.

« Le Roi de Suède m'ayant fait l'honneur de me dire, dans une promenade, qu'il avoit écrit au Roi depuis son retour, et que, faute de chiffre, il n'avoit pu lui faire part d'une remarque intéressante qu'il avoit faite à Berlin, mais que nous étions trop observés pour qu'il pût m'en parler lui-même, et que si je voulois m'adresser au baron de Scheffer il m'en instruiroit avec détail; j'ai saisi l'occasion de rencontrer celui-ci, qui est rarement en ville, pour tirer des notions si intéressantes. Suivant ce qu'il m'a confié, il y a une correspondance très-amicale et très-suivie entre le Roi de Prusse et l'Empereur. Un certain abbé Bartiani, chanoine de Breslau, qui est souvent à Potsdam, en est le centre, et l'on ne doute pas que l'objet ne soit de dégoûter l'Empereur et l'Impératrice, sa

---

[1] Voyez plus bas dépêche de septembre 1771 et lettre de M. de Broglie du 16 février 1775, article Suède.

mère, et de l'aliéner entièrement de la France. M. de Scheffer n'a pas pu ou n'a pas voulu me dire si cette vue fait du progrès, et jusques à quel point l'Empereur s'en montre susceptible. Mais il ne m'a pas dissimulé que l'animosité du Roi de Prusse contre la France est au plus haut point, que non-seulement il ne prend aucune peine de la cacher, mais qu'il l'exhale à tous propos, et que nous ferions très-bien d'y veiller, et surtout à Vienne, où il seroit à désirer que nous eussions un ambassadeur plus à portée que ne peut l'être un ministre du second ordre d'éclairer et d'approfondir la façon de penser et la conduite de l'Empereur. Il est assez adroit au Roi de Prusse de vouloir tourner l'ambition de l'Empereur contre la France, mais il me paroît bien improbable que ce prince puisse s'égarer au point de méconnoître dans le Roi de Prusse lui-même le véritable ennemi de sa maison et de sa grandeur [1]. »

Le duc d'Aiguillon, qui n'avait aucune vue politique sérieuse, et qui, poussé au pouvoir par une intrigue, ne s'y maintenait que par une complaisance servile envers la favorite, appartenait, par des traditions de famille, au parti anti-autrichien. Il avait des tendances vers l'alliance prussienne et montrait peu de confiance envers le Cabinet de Vienne. Il n'avait pas même nommé d'ambassadeur auprès de cette Cour, bien que l'Autriche eût pour représentant à Paris un de ses diplomates les plus habiles, le comte de Mercy-Argenteau. M. de Kaunitz, qui interceptait la correspondance secrète et en avait des copies, voulut, pour savoir à quoi s'en tenir, s'adresser directement à celui qui jouait auprès de Louis XV le rôle de confident ; en

---

[1] *Mémoires de l'Académie de Lyon*, 1837, p. 36. — *Mémoire de M. de Montherot sur la révolution de Suède en* 1772 : Dépêche n° 7, sans date, vers le mois de juin 1771, époque de l'avénement de M. d'Aiguillon au ministère.

conséquence, M. de Mercy reçut l'ordre de s'aboucher avec M. de Broglie. Ayant un jour rencontré le comte à Versailles dans le salon de M. de Noailles, il lui parla comme par hasard des affaires du moment.

L'Europe entière avait les regards fixés sur Constantinople : on était effrayé de l'extension probable de la Russie sur la mer Noire, et l'on était ému de la possibilité de voir Byzance devenir la capitale d'un nouvel empire grec qui compromettrait l'équilibre du monde. L'Autriche avait le plus grand intérêt à ne pas laisser trop s'agrandir sa terrible voisine : c'était et c'est encore pour elle une question de vie ou de mort d'empêcher la Russie de s'emparer des Principautés danubiennes. Elle tenait donc à rétablir le plus promptement possible la paix entre la Czarine et le Sultan; la prolongation de la guerre ne pouvait qu'être funeste aux Turcs. Nous avons vu que Frédéric avait interposé ses bons offices et avait décidé l'Autriche à se joindre à lui. Son plan était d'amener la Russie à accorder à la Turquie de bonnes conditions moyennant un dédommagement en Pologne. Par ce moyen, les inquiétudes de l'Autriche étaient apaisées, la Prusse prenait sa part de la Pologne et empêchait la Russie de s'établir sur la mer Noire.

Mais l'Autriche n'était pas encore convertie à ce beau plan : elle tenta un rapprochement avec Versailles.

M. de Thugut, internonce autrichien, reçut ordre, pour plaire à la France, d'écarter les bons offices de l'Angleterre à Constantinople. M. de Mercy vanta beaucoup à M. de Broglie cette marque de déférence et de sympathie, que des dépêches secrètes vinrent confirmer, mais il ajouta cette phrase significative, « *que cela ne pouvoit aller tant que l'on ne s'entendroit pas davantage.* » (25 juin 1770.)

Quelques jours après cette entrevue, M. de Mercy vint rendre visite au comte de Broglie et reprit la conversation de Versailles; il lui raconta que sa Cour l'avait chargé d'insister auprès du gouvernement français pour l'envoi prochain d'un ambassadeur à Vienne : s'il n'obtenait pas satisfaction sur ce point, il devait se retirer à Spa ou dans le duché de Luxembourg. M. de Broglie remercia M. de Mercy de la confiance qu'il lui marquait : « Sur les affaires, ajoute-t-il, je ne lui ai répondu que des lieux communs, et, en continuant de le remercier, j'ai aussi continué de l'assurer que je n'étois pas dans le cas de traiter avec lui aucune affaire de ce genre; à quoy il a répliqué que cela ne l'empêcheroit pas de continuer à me les confier. »

M. de Mercy se le tint pour dit, et ayant trouvé dans M. de Broglie une discrétion à toute épreuve, se ligua contre lui avec M. d'Aiguillon. Dans son second entretien avec le comte, il avait prétendu que M. de Kaunitz « n'avoit pas caché à M. Orlow la résolution de Leurs Majestés Impériales de ne pas permettre l'affaiblissement de l'empire ottoman ni aucun changement sensible dans les possessions des puissances du Nord. » Cette prétendue résolution de Leurs Majestés Impériales, au sujet de laquelle M. de Kaunitz n'avait pas été aussi explicite avec M. Durand, était subordonnée à une suite d'éventualités qui en diminuaient singulièrement la valeur.

Tout conspirait à la ruine de la Pologne. Du Mouriez fut battu [1]. Les confédérés ne purent résister à une armée

[1] « A Vienne, 12 juin 1771. L'échec qu'ont essuyé les confédérés est beaucoup moindre qu'on ne l'a d'abord cru. Plusieurs officiers présents à cette affaire ne font monter la perte qu'à deux cents hommes. L'ennemi... a fondu sur la division (de cavalerie) qui a été battue, ou pour mieux dire qui a lâché pied, abandonnant une poignée d'infanterie.... (Dépêche de M. Durand; Vienne, 12 juin 1771.)

aussi bien organisée que l'armée russe; la perte en hommes ne fut pas considérable, mais l'effet moral fut désastreux. Il fut acquis que l'on ne pouvait résister à main armée, surtout avec des corps indisciplinés.

Ce fut dans ces circonstances que M. de Broglie adressa à Louis XV une lettre remarquable, où l'intérêt de la France à préserver la Pologne était exposé dans toute sa force, en même temps qu'il éclairait le Roi sur les dangers prochains qui menaçaient ce pays infortuné. Après avoir raconté l'échec de du Mouriez à Landscron, il ajoutait : « Cet échec arrive bien mal à propos dans le début du ministère de M. le duc d'Aiguillon, qui m'en a paru un peu effarouché, et j'ai bien peur qu'il n'en résulte l'abandon total de ces malheureux Polonais. J'ose cependant supplier Votre Majesté de considérer les efforts qu'ils ont faits depuis trois ans sans être secourus de personne, et le bon usage qu'ils avoient fait du peu de secours qu'ils ont reçus. Le sieur du Mourier cherche à rejeter son imprudence sur leur lâcheté, même, dit-il, sur la trahison de quelques-uns des chefs; quelqu'un qui connoîtroit mieux et les hommes et les affaires se seroit attendu à trouver de tout cela dans une multitude rassemblée au hasard, et, en conséquence, il ne se seroit pas commis vis-à-vis une milice nationale et enrégimentée. Le remède à tout cela ne seroit peut-être pas si difficile, *si la cour de Vienne désiroit le bien de cette malheureuse nation; mais je soupçonne qu'elle l'aime mieux débellée que victorieuse; elle sera plus dans le cas de subir la loi qu'on voudra lui faire, et c'est là l'attitude où ses ambitieux voisins la désirent.* C'est dans Votre Majesté, Sire, qu'est leur unique ressource. Le nouveau ministère ne sauroit connaître encore combien le sort de cette république est politiquement intéressant pour la France, et le nouvel ambassadeur qu'on nomme pour Vienne le connoîtra encore bien moins ; c'est ainsi que la Providence réunit toutes les circonstances pour la destruction de nos intérêts et de notre système dans cette partie de l'Europe..... » (25 juin 1771.)

C'étaient là des vues politiques justes et nettement exprimées : la pénétration de M. de Broglie perçait l'avenir. Cependant M. de Kaunitz, personnellement attaché à la France, hésitait encore avant de se compromettre avec la Russie et la Prusse : c'est ce qu'exprimait lord Cathcart, ambassadeur anglais à Saint-Pétersbourg, dans une lettre confidentielle à l'envoyé britannique à Constantinople, lettre dont M. de Saint-Priest se procura la copie, et qui prouve que pendant que Frédéric II croyait négocier secrètement le partage de la Pologne avec la Prusse, cette dernière puissance traitait de son côté la même affaire avec Vienne.

Vasiliotrophe, le 26 juillet 1771. « Le comte Panin est toujours inaccessible, ne quittant pas le grand-duc. Il n'a jusqu'à présent aucune réplique de Vienne : il pense, je crois, que la difficulté de la chose gît en un combat dans l'esprit du prince de Kaunitz, qu'il est fort naturel qu'il éprouve, *sur le point de se prêter à une disposition peu compatible avec cette durable connexion avec la France qui fait la base de son système,* mais que ce ministre autrichien la surmontera, l'Empereur n'y ayant pas d'ailleurs le moindre éloignement. Telle est aussi, j'imagine, l'idée du Roi de Prusse. »

Le langage que l'Autriche tenait à Saint-Pétersbourg était bien différent de celui qu'elle affectait à Versailles : vis-à-vis de la France elle se disait prête à secourir les confédérés et paraissait disposée à prendre les armes pour es soutenir. M. d'Aiguillon se laissa aller à la confiance, et il la témoignait en ces termes à M. de Saint-Priest :

« L'attente où on est à Vienne de recourir aux armes a déjà opéré un changement dans ses dispositions relativement aux confédérés. Elle vient de nous faire témoigner qu'elle sait gré au Roi des secours qu'il leur accorde, et leur promet de leur donner de son côté toute l'assistance possible, en ne leur fournissant néanmoins ni troupes ni argent. » (1<sup>er</sup> août 1771.)

Que dire pourtant de cette assistance, qui exclut tout secours en troupes et en argent? M. Durand, trompé lui-même par M. de Kaunitz, prolongeait involontairement l'erreur du cabinet de Versailles en lui faisant part des dispositions bienveillantes que l'Empereur affichait à l'égard des confédérés.

« Un homme en qui l'Empereur a de la confiance a déjà assuré le député des confédérés qu'ils pourroient faire des achats de munitions et d'armes, pourvu qu'ils fassent leurs contrats sous des noms de particuliers. » (Vienne, 14 août 1771.)

Les confédérés ne trouvaient pas la France négligente ni oublieuse. Le gouvernement français envoya plusieurs officiers sous les ordres de M. de Vioménil. D'accord avec M. Durand, M. de Vioménil s'efforça de mettre un peu de discipline dans les corps confédérés, mais c'était là une rude besogne.

Plusieurs palatinats occupés par la Russie, Varsovie et les points principaux du royaume maintenus dans l'obéissance par une armée russe alliée du roi Stanislas-Auguste, tel était l'état déplorable où se trouvait la Pologne; des maux plus grands encore lui étaient réservés. Au mois de septembre 1771 un corps prussien envahit la Pologne amicalement, pour les motifs les plus simples. Le Cabinet de Versailles en fut instruit dans les termes suivants :
« Le corps qui doit marcher en Pologne pour protéger,

dit-on, la remonte de 6,000 chevaux que Sa Majesté Prussienne veut y faire, sera formé par des détachements de 200 hommes de chaque régiment de hussards et de dragons, ce qui excédera le nombre de 4,000 hommes. » (24 septembre 1771.)

Cet appareil ne laissait pas que d'être inquiétant, mais le gouvernement prussien avait de bonnes réponses à faire à notre envoyé.

« M. le baron de Swieten (ambassadeur d'Autriche à Berlin) prétend être de la plus grande tranquillité sur tous ces mouvements. Le Roi de Prusse n'a, dit-il, en vue qu'une opération immense sur les grains : toutes ces troupes qui marchent en avant n'ont que cet objet et *celui de vivre aux dépens de la Pologne.* C'est par conséquent sept ou huit mille chevaux que ce prince n'aura pas à nourrir cet hiver. Il est possible, a-t-il ajouté, pour éluder le subside, que la cavalerie prussienne aille joindre les Russes afin de protéger seulement leurs quartiers en Pologne et de donner la liberté d'agir contre les confédérés ; mais il m'a bien assuré que cette opération ne s'étendroit que jusqu'au printemps prochain, et qu'alors le Roi de Prusse retireroit toutes ses troupes, qui, d'ailleurs, n'entreprendront rien directement, à moins qu'elles ne soient attaquées. » (Berlin, 12 octobre 1771.)

C'était un commencement de prise de possession par la Prusse de la part de la Pologne qu'elle s'attribuait, sauf, plus tard, à étendre son lot. Frédéric II pendant ce temps cherchait à amuser la France : il voulait, disait-il, la faire admettre à la réglementation de la paix entre la Russie et la Porte.

A Fontainebleau, le 24 octobre 1771. « M. de Sandoz est venu, monsieur, ainsi qu'il me l'avait annoncé, me faire part des nouveaux ordres qu'il avait reçus du Roi son maître, mais ce qu'il a ajouté à ses ouvertures précédentes dont je vous ai fait part dans ma dernière dépêche, s'est réduit à articuler le désir de Sa Majesté Prussienne que la négociation pour la pacification pût être établie à Constantinople sous la forme d'un congrès, et que le Roi voulût se charger de faire agréer cette ouverture à la Cour de Vienne. Ce chargé d'affaires m'a, au surplus, répété sans fondement les mêmes discours dont je vous ai déjà mandé la substance. » (Dépêche de M. d'Aiguillon à M. Durand.)

L'Autriche était encore indécise : l'ambition de la Prusse l'effrayait ; elle se défiait de la Russie, qui elle-même, la regardant comme intimement liée avec la France, l'accusait d'encourager les Polonais.

« M. Panin a dit à lord Cathcart que Leurs Majestés Impériales n'ont donné aucun argent aux confédérés en Pologne, mais les ont favorisés d'ailleurs de toute manière ; que la France leur a envoyé des officiers et de l'argent ; que la Cour de Vienne s'est expliquée à Pétersbourg en termes assez compassés *pour rester maîtresse d'agir comme elle le jugera à propos*, qu'elle fait valoir son intérêt de maintenir la balance de l'Orient... Que les raisons alléguées ne sont qu'un voile pour taire les vérités qu'on veut cacher ; que la Cour de Vienne agit d'après un système d'union avec la France, mais que ce sera à la France et non pas à elle que le système actuel appartient. Lord Cathcart a répondu au comte Panin que le prince de Kaunitz sembloit avoir pris son parti et avoir intention d'aller au delà d'un simple refus des propositions russes, et il prétend que M. Panin a expliqué que cela étoit plausible [1]. »

Il y avait donc mauvaise disposition de la Russie pour

---

[1] Extrait d'une dépêche de Constantinople du 18 novembre 1771, d'après la correspondance de l'ambassadeur anglais de Saint-Pétersbourg avec son collègue de Constantinople.

l'Autriche; mais le Roi de Prusse conseillait la patience, objectant que rompre avec Vienne c'était la jeter entièrement dans les bras de la France et susciter une guerre générale. Les deux grandes puissances du Nord se réunirent donc pour caresser l'Autriche et profiter de l'ambition de Joseph II pour amener M. de Kaunitz à s'entendre avec elles au sujet de la Pologne et de la Porte.

M. de Kaunitz se tenait sur la réserve avec M. Durand, qui à son tour rassurait sa Cour.

A Vienne, le 26 octobre 1771. « M. le prince de Kaunitz m'a fait connoître que le Roi de Prusse avoit fait des ouvertures vagues, mais qu'elles avoient été fort mal reçues parce qu'elles avoient été faites dans le moment où les Turcs ont été avertis des prétentions exorbitantes de la Cour de Pétersbourg. Ainsi donc, ai-je repris, le Roi de Prusse n'a pas même articulé à la Porte les raisons qu'elle pourroit avoir pour se détacher de la Crimée et d'Azoph, comme le bruit en court? Non, m'a répondu le prince. Les insinuations n'ont eu rien de fixe; quant aux engagements que le Roi de Prusse peut prendre avec la Russie, nous ne pouvons supposer que Catherine II veuille travailler à son agrandissement; les engagements que ce prince nous a formellement déclarés ne tombent que sur la composition des troubles de la République et sur la garantie du trône de Pologne au présent possesseur. S'il y a de nouveaux articles secrets, je l'ignore. »

Mais malgré sa confiance, qu'il garda jusqu'au dernier moment, M. Durand avait des inquiétudes : il en faisait part en ces termes :

Vienne, le 30 octobre 1771. « La sécurité de M. le prince de Kaunitz n'est point naturelle, car personne n'est moins disposé que lui à se confier à un prince qu'il m'a toujours dépeint sans principe fixe et n'ayant de politique

que celle du moment. Il faut donc que ce ministre, qui se montre peu ému des avis que nous lui donnons, *soit plus instruit qu'il ne veut le paroître* de ce qui se passe entre le Roi de Prusse et les Turcs. »

Les Turcs sont battus par les Russes. M. Durand va rendre visite au premier ministre autrichien.

A Vienne, le 4 décembre 1771. « Je trouvai samedi au soir M. le prince de Kaunitz vivement affecté de l'avantage que les Russes ont remporté sur les Turcs..... Je marquai au récit de M. le prince de Kaunitz la peine que me causoit le désastre des Turcs et l'effet qu'il auroit d'augmenter l'inflexibilité de Catherine II. « *Mettons-nous à sa place,* » me répondit le prince, » *et jugeons ce qu'elle fera par ce que nous ferions.* »

C'était prendre gaiement son parti. M. de Kaunitz l'avait pris et sur la Pologne et sur la Turquie. Rien de plus instructif à cet égard que la conversation qu'il eut avec M. Durand : il était clair que c'était la Pologne qui devait faire les frais de la paix entre la Russie et la Turquie.

Vienne, le 11 décembre 1771. Dépêche de M. Durand. — « M. le prince de Kaunitz, après avoir écouté l'exposé que je lui ai fait relativement aux dispositions du Roi de Prusse, m'a dit que ce prince n'agissoit certainement point de concert avec Catherine II; que cette princesse, personnellement aigrie contre nous, n'est nullement disposée à nous donner accès au congrès, ni même à nous voir entrer dans les négociations qui doivent précéder cette assemblée, sous prétexte de la violence commise contre M. Obreskow. Elle ne veut admettre aucun lieu de la dépendance des Turcs pour y traiter de la paix; que le Roi de Prusse agissoit à la Porte pour y engager une négociation entre les Turcs et les Russes; qu'à Versailles il témoignoit vouloir que la discussion se portât dans un congrès où seroient admises plusieurs puissances, et notamment la France, dont la Russie a rejeté les bons offices; qu'à Vienne il varie dans ses propos, et qu'à Pétersbourg il avoit, selon toutes les apparences, un autre langage que dans les autres cours; qu'il avoit vraisemblablement des vues particulières et un plan opposé aux intérêts des autres; qu'il ne cherchoit à les faire travailler à son plan que pour s'acheminer vers son objet; qu'il s'efforceroit de les compromettre entre elles pour réussir; qu'après la manière dont la Russie s'est expliquée sur les conditions de la paix et la résolution ferme des Turcs de n'y point accéder, il n'y auroit que du danger à les exciter à se voir et à se parler; qu'on ne pourroit avoir l'espérance de les concilier, et qu'on pourroit cependant craindre en même temps qu'une entrevue n'aboutît à faire la paix au préjudice d'un tiers, et *qu'un démembrement tel que celui de la Pologne* ne pourroit qu'altérer le système de l'Europe; qu'à ce prix les Turcs, rentrant dans tout ce qu'ils ont perdu, seroient peu touchés d'un événement qui intéresseroit tant d'autres puissances et n'écouteroient aucune représentation; que sans en venir même à cet expédient, la paix pourroit encore se conclure de leur part à telles conditions qui seroient onéreuses aux puissances qui, sans être en guerre, sont occupées de la manière dont elle se terminera; qu'une assemblée formée avant que d'avoir ébauché avec les parties un projet de pacification, ne présentoit aucune espérance de succès; que c'étoit tout ce qu'il pouvoit m'en dire. Je saisis ce moment pour lui demander comment il envisageoit la cession de la côte de la mer Noire et l'entrée des vaisseaux russes dans cette mer.

» Ce point, reprit-il, doit toucher beaucoup les puissances commerçantes. Mais la Cour de Vienne, repris-je, ne peut y être indifférente, car que seroit-ce que la Russie si elle acquéroit un commerce si lucratif? Le prince en convint, mais ne s'expliqua pas davantage, en insinuant seulement que si les Turcs se laissoient aller à une négociation directe avec la Russie, la Cour de Vienne ne pourroit ni répondre de ce que ces puissances stipuleroient entre elles *ni s'y opposer.* »

Cependant le Cabinet de Versailles s'était déterminé à envoyer un ambassadeur à Vienne. Son choix était tombé sur le prince Louis de Rohan, coadjuteur de l'évêque de Strasbourg. C'était un homme fastueux, uniquement connu par ses prodigalités, léger, mais intelligent et ambitieux. Il prit pour secrétaire l'abbé Georgel, esprit délié, qui a laissé de curieux Mémoires sur l'ambassade du prince Louis. Après de longs délais nécessités par des apprêts d'un luxe insensé, le nouvel ambassadeur fit son entrée à Vienne au mois de janvier 1772. Sous ses ordres en apparence, mais en fait pour le diriger et le contrôler, on plaça, avec le titre de résident, M. Durand, l'homme de confiance du Roi et de M. de Broglie. M. Durand reçut l'ordre de correspondre directement et secrètement avec le Roi, qui lui recommanda de donner sur les événements ses appréciations personnelles. (27 septembre 1771.) Malheureusement M. Durand, malgré son expérience, fut joué par le prince de Kaunitz.

Les négociations pour le démembrement de la Pologne étaient poursuivies dans le plus profond secret entre la Russie et la Prusse d'une part, et l'Autriche d'autre part. De son côté, la Prusse feignait de tenter un rapprochement avec la France, afin de mieux cacher son entente avec l'Autriche. Le gouvernement français communiqua les ouvertures de la Prusse à la cour de Vienne, mais ce n'était là qu'un jeu; l'Autriche, selon le mot de Louis XV, avait déjà *pris sa part du gâteau*, et pendant qu'on donnait à l'Autriche cette marque de confiance, celle-ci signait le traité de partage. — 12 janvier 1772. Louis XV au comte de Broglie. « C'est pour marquer toute notre confiance en la Cour de Vienne que M. d'Aiguillon a communiqué les lettres de Prusse à M. de Mercy, et pour juger *si elle ne voudroit pas avoir sa part du gâteau sur la Pologne*, comme il y a tout lieu de le croire. Vienne peut avoir déchiffré vos lettres, mais il faut toujours vous en tenir avec M. de Mercy comme ayant été ministre en Pologne. »

Le 4 mars, un traité fut conclu entre la Prusse et l'Autriche, et peu de temps après, la même convention fut signée à Saint-Pétersbourg. L'Autriche, pour s'être fait prier, n'était pas la moins âpre à prendre, et ses prétentions furent plus d'une fois à la veille de tout compromettre. Cette avidité, mêlée de certains remords, a été admirablement peinte par Frédéric II lui-même, dans une conversation avec le jeune prince Charles de Hesse.

Ce dernier s'exprime ainsi dans ses Mémoires, récemment imprimés à Copenhague mais non rendus publics, et qui ne nous sont connus que par un article de M. Saint-René Taillandier, dans la *Revue des Deux-Mondes* [1] :

« Benoît, envoyé de Prusse en Pologne, avoit découvert en Pologne d'anciennes prétentions qu'il vouloit que je fisse valoir. Je les fis rechercher, et ne les trouvant pas sans fondement, je bâtis mon plan là-dessus. L'Impératrice l'accepta d'abord, mais Marie-Thérèse étoit beaucoup trop consciencieuse pour y entrer. J'envoyai alors Edelheim à Vienne, pour gagner le confesseur, qui persuada à Marie-Thérèse qu'elle étoit obligée, pour le bien de son âme, de prendre la portion qui lui étoit assignée. Alors elle se mit à pleurer terriblement. En attendant, les troupes des

1. *Revue des Deux-Mondes* du 1er décembre 1868, p. 702.

trois copartageants entroient en Pologne et s'emparèrent de leurs portions, elle toujours en pleurant ; mais tout à coup nous apprîmes, à notre grande surprise, qu'elle avoit pris beaucoup plus que la part qu'on lui avoit assignée, *car elle pleuroit et prenoit toujours,* et nous eûmes beaucoup de peine à obtenir qu'elle *se contentât de sa part de gâteau.* Voilà comme elle est. »

La ressemblance de ce portrait est singulièrement confirmée par une dépêche particulière du prince Louis de Rohan, ambassadeur de France à Vienne. « J'ai vu, écrivait le prince, Marie-Thérèse pleurer sur les malheurs de la Pologne opprimée ; mais cette princesse, exercée dans l'art de ne point se laisser pénétrer, me paroît avoir les larmes à son commandement ; d'une main elle a le mouchoir pour essuyer les pleurs, et de l'autre elle saisit le glaive de la négociation, pour être la troisième puissance copartageante [1]. » Les deux portraits sont identiques, mais la touche de Frédéric est plus légère, celle du futur héros du Collier de la Reine plus haineuse. Marie-Antoinette ne pardonna jamais au cardinal ce qu'elle regardait comme une insulte à sa mère. Le traité définitif de partage fut signé le 5 août 1772, alors que chaque puissance s'était emparée des provinces polonaises qu'elle s'était attribuées.

Le gouvernement français accueillit cette nouvelle avec indifférence ; et l'opinion publique dans notre pays ne comprit pas la gravité de cet événement, dont le comte de Broglie, dans un mémoire remis à Louis XV le 13 juin, avait démontré les suites funestes. L'Autriche, trahissant l'alliance intime, en avait fait un mystère au cabinet de Versailles. A ce dernier on peut reprocher de la faiblesse,

---

[1] *Mémoires de l'abbé Georgel,* t. 1, p. 251. — L'abbé Georgel était bien informé ; il était secrétaire du prince Louis de Rohan.

mais du moins il ne fut pas perfide. Sous le règne de Louis XVI, le gouvernement autrichien ayant besoin de la France, essaya de pallier le silence gardé lors des préliminaires du démembrement de la Pologne. Voici, d'après le rapport adressé à Louis XVI par M. de Vergennes, les excuses invoquées par M. de Kaunitz :

« M. le prince de Kaunitz, dans la lettre qui a été communiquée par M. le comte de Mercy, voulant justifier le silence que sa Cour a gardé depuis bien des années avec celle de France, et qu'il reconnoît peu analogue au système d'alliance et d'union qui subsiste entre les deux Cours, cherche à en rejeter la cause d'abord sur le caractère, selon lui, vif, arbitraire et exigeant de M. le duc de Choiseul, ensuite sur certaines menées justement suspectes de la part de M. le duc d'Aiguillon, et enfin *sur la découverte de la correspondance secrète* de M. le comte de Broglie, dont on ne dissimule pas l'interception, et qui a donné des lumières sur le peu de conformité des principes par rapport aux affaires de Pologne.

» M. le prince de Kaunitz annonce qu'il va s'expliquer :
» 1° Sur la Prusse ;
» 2° Sur la Russie ;
» 3° Sur la Porte Ottomane.

» Ce ministre ne dissimule pas que la Prusse, qui comme puissance de second ordre pouvoit être un allié utile à la maison d'Autriche, est devenue par l'acquisition de la Silésie et par les différents accroissements qu'elle a reçus, un voisin dangereux dont on a tout à craindre et rien à espérer, et contre lequel on ne peut être trop soigneusement en garde. On pallie le concert dans lequel on a été avec cette puissance, par rapport au démembrement de la Pologne. On l'attribue à des casualités, dont l'objet ne pouvoit être que temporaire. On relève l'affectation du Roi de

Prusse à noircir à dessein partout la Cour de Vienne, à lui imputer des desseins et des vues qu'elle n'eut jamais, à lui reprocher d'avoir songé à l'envahir, lorsque sa santé faisoit craindre pour ses jours. Le prince de Kaunitz prie le ministère de France de vouloir bien ne pas prêter l'oreille aux suggestions et aux insinuations malignes de ce prince, et de ne pas encourager son système d'illusion.

» La Russie étoit un allié naturel de la maison d'Autriche, mais du moment que le Czar Pierre III, fasciné par le Roi de Prusse, fit passer ses troupes dans le camp ennemi, tous les liens furent rompus. Le système que Catherine II a suivi depuis ne les a pas renoués, et l'on s'est expliqué très-clairement avec elle, à l'occasion de la dernière guerre des Turcs, qu'il n'existoit pas d'alliance. Quoiqu'on ne pense point à la renouveler, et qu'on en soit même très-éloigné, on ne peut cependant se dispenser de la ménager, pour contre-balancer l'ascendant que le Roi de Prusse a pris sur cette princesse, en flattant son amour-propre, ses caprices et ses passions. Ce prince, au désespoir d'avoir été déjoué par le parti que la Cour de Vienne avait pris, en conséquence de sa déclaration que si cette Cour vouloit rendre ce qu'elle avoit pris en Pologne au delà de ce qui lui étoit assigné par la convention, il était prêt à en faire de même. Voyant que la Cour de Vienne avoit profité de cette ouverture pour finir avec les Polonais, et pour suppléer par la garantie de l'Impératrice de Russie à la ratification que le Conseil permanent ne se croyoit pas autorisé à donner, ce prince avoit tout mis en œuvre pour calomnier et noircir la Cour de Vienne dans l'esprit de la Czarine, lui insinuant qu'elle étoit l'auteur des lenteurs et de la résistance des Turcs à exécuter les stipulations de la dernière paix. Ces insinuations d'une part, et la maladresse des Turcs de l'autre, qui rejetoient le retard de l'exécution sur ce qu'on ne leur avoit pas rendu à la paix les terrains qu'ils avoient cédés depuis par un accord volontaire, tout cela avoit mis l'Impératrice-Reine dans l'impossibilité de refuser l'office qui lui avoit été demandé auprès de la Porte Ottomane; mais elle n'entre pas pour cela dans les vues et dans les desseins de la Russie [1]. »

Remarquons parmi les excuses du silence gardé, la découverte de la correspondance secrète. Cette correspondance devait prouver au Cabinet autrichien l'intention formelle de Louis XV de sauvegarder la Pologne ; mais il y puisa aussi la conviction que le Roi Très-Chrétien voulait éviter la guerre à tout prix, même au prix de l'honneur.

Les Turcs ne purent comprendre que la France eût toléré le partage, et M. de Saint-Priest transmettait en ces termes les réflexions fort sensées du ministère ottoman :

« Le reïs-effendi me poursuit fréquemment de questions sur l'indifférence de l'Europe eu égard au démembrement de la Pologne. Il me demande en particulier comment la France peut le souffrir ; il me renouvelle des reproches de non assistance, de refus de vaisseaux et autres, et lorsque je réponds à tout cela par mille arguments que les faits me fournissent, ce ministre ne répète autre chose, sinon que la Porte s'est mal conduite, mais qu'il ne faut pas l'abandonner. Il croit que l'Angleterre est plus occupée que nous des affaires présentes [2]. »

L'Angleterre ne montrait pas moins d'indifférence, et M. Murray, ambassadeur anglais à Constantinople, ayant voulu pousser les Turcs à marcher au secours de la Pologne, fut blâmé et désavoué. La lettre qu'il reçut du chef du *Foreign Office* est un document instructif.

[1] Archives de l'Empire, K. 1304, année 1777.
[2] Dépêche du 17 juillet 1772.

Saint-James, le 24 juillet 1772. « Monsieur, j'ai reçu et mis sous les yeux du Roi votre lettre du 3 juin dernier. J'ai regret de ne pouvoir marquer à Votre Excellence l'approbation qu'elle désire sur la démarche qu'elle a faite auprès de la Porte, et d'être au contraire chargé de la fâcheuse commission de lui dire que le Roi et ses ministres n'ont pu regarder que comme une étrange méprise dans votre devoir l'avis qu'en suivant vos propres spéculations relativement au démembrement projeté de la Pologne, vous avez pris sur vous de donner à la Porte, tendant à retarder la conclusion de cette paix que le Roi a désiré constamment d'accélérer autant que possible. Sa Majesté est personnellement disposée, en considération de vos longs et fidèles services, d'avoir de l'indulgence pour cette fausse démarche; mais si la Cour de Pétersbourg en fait une matière de plainte, ainsi que cela n'est que trop probable, il sera difficile de justifier une conduite si peu amicale dans son ambassadeur. Quant à l'événement extraordinaire et inattendu du partage de la Pologne par trois puissances qui ont paru quelque temps bien éloignées de se concerter pour cet objet, je dois informer Votre Excellence que, quoique cette variation fasse naître des appréhensions plausibles que le commerce de l'Europe en pourra dans la suite être affecté, Sa Majesté, non plus que les autres puissances commerciales, ne regarde pas la chose comme d'une importance actuelle au point de s'y opposer directement ou d'entrer en activité pour y obvier, ainsi que Votre Excellence le juge nécessaire. Le Roi est encore moins porté à essayer de la voie indirecte d'encourager la continuation de la guerre aux Turcs, laquelle, sans compter les maux d'interruption de commerce, de dévastation et de pertes qu'elle entraîne, ne pourroit aller au but d'une manière désirable pour la

Grande-Bretagne, puisque, si la Russie avoit de nouveaux succès, la Porte en seroit plus hors de mesure de se mêler de l'indépendance de la Pologne, et dans le cas contraire, il en résulteroit l'affaiblissement de l'empire de Russie, qui, quoiqu'il n'ait pas témoigné en dernier lieu à Sa Majesté cette ouverture et cette confiance qu'elle mérite à juste titre, ne peut cependant être regardé que comme l'allié naturel de la côuronne et conséquemment destiné selon les apparences à contracter tôt ou tard une liaison étroite. En même temps, cette puissance, dont il n'y a que les acquisitions en Pologne qui puissent nuire à la liberté du commerce britannique en Pologne, pourroit, ainsi que Votre Excellence l'observe, braver l'orage. Ainsi un parti de cette sorte, *très-convenable et désirable pour la France, ne paroît nullement bon à être adopté par nous de concert avec elle,* quoique nous puissions former le même désir que l'état de la Pologne n'eût souffert aucune altération. »

Politique de crainte et d'égoïsme s'abritant derrière les intérêts du commerce britannique, que le partage de la Pologne n'atteignait pas. Comment ne pas se contenter du motif donné par M. de Panin à lord Cathcart, « que le partage avoit pour résultat d'éviter une guerre relative aux affaires de la République, laquelle guerre sembloit prête à s'allumer. » C'était là aussi le langage que tenait Frédéric II, qui s'applaudissait de ce qu'il regardait comme un chef-d'œuvre [1] : « Telle fut la fin de tant de négociations qui demandoient de la patience, de la fermeté et de l'adresse. L'on parvint cette fois à préserver l'Europe d'une guerre générale qui étoit près d'éclater... C'est le premier exemple que l'histoire fournisse d'un partage réglé et terminé *paisiblement* entre trois puissances. Dans les conjonctures où l'Europe se trouvoit alors, les plus

[1] Mémoires, de 1763 à 1775.

habiles politiques y auroient échoué : tout dépend des occasions et du moment où les choses se font. »

Frédéric s'admirait dans son ouvrage ; mais tout homme impartial souscrira plus volontiers au jugement que portait sur le même fait un diplomate étranger devant notre chargé d'affaires à Saint-Pétersbourg, qui en rendait compte en ces termes à M. d'Aiguillon : 11 septembre 1772. « Il doutoit que dans le corps diplomatique entier il y eût un exemple de la méthode qu'on avoit suivie en dernier lieu pour s'accorder sur cet arrangement : il en trouveroit aussi peu dans l'histoire d'un abus aussi atroce des convenances et de la raison du plus fort. »

D'après les anciennes traditions, la France avait pour alliée la Suède ; mais cette puissance était bien déchue depuis Charles XII : deux factions s'y disputaient le pouvoir. Le parti des bonnets soutenait la constitution aristocratique de 1719, qui plaçait la couronne sous le contrôle du sénat ; l'autre, celui des chapeaux, visait à rendre le pouvoir royal indépendant. La France appuyait les chapeaux et aidait de son argent les principaux membres de ce parti [1]. Le 19 août 1772, Gustave III, encouragé par le gouvernement français, fit un coup d'État et se rendit absolu. Il fut puissamment secondé dans cette révolution par M. de Vergennes [2], et l'argent de la France fut prodigué [3] pour un résultat que Louis XV regarda comme une victoire remportée par l'autorité monar-

---

[1] Outre des pensions fixes, l'ambassadeur de France répandait beaucoup d'argent dans chaque diète ; rien de plus instructif à cet égard que le livre rouge. En 1769 la diète coûta à Louis XV 1,648,000 livres, et en 1770, 1,400,000 livres.

[2] Voir les curieuses dépêches de M. de Vergennes, publiées par M. de Montherot, dans les *Mémoires de l'Académie de Lyon*, année 1857.

[3] Livre rouge : 1772. — Fonds destinés aux dépenses de la Suède, 200,000 livres. — DÉPENSE DE LA RÉVOLUTION DE SUÈDE, 603,000 livres.

chique ¹. Il comparait sa position à celle de Gustave III, et le triomphe de celui-ci sur le sénat n'était pas sans analogie avec son propre triomphe sur les parlements. Nous avons vu, d'après une de ses lettres au Roi d'Espagne, qu'il avait cru un instant son pouvoir en péril, et peut-être avait-il entrevu le moment où il lui faudrait employer la force pour vaincre la résistance des parlements. Le cabinet secret joua un rôle important dans la révolution de Suède.

Mais cette révolution, accomplie sans verser de sang, avait profondément humilié le parti aristocratique, qui chercha à prendre sa revanche. On put craindre qu'il n'appelât à son secours la Russie. Le gouvernement français, voulant soutenir son œuvre, se disposa à envoyer des troupes en Suède. Faire passer des régiments français dans ce pays était difficile : on craignait l'opposition de l'Angleterre. Du Mouriez fut chargé par le ministre de la guerre, M. de Monteynard, avec l'agrément du Roi, de se rendre à Hambourg et d'y préparer des enrôlements d'étrangers. Cette mission fut cachée à M. d'Aiguillon ; mais celui-ci ayant été instruit de ce qui se passait, intercepta la correspondance de du Mouriez avec M. de Monteynard, Favier et Guibert. On saisit des lettres de M. de Ségur qui s'exprimaient en termes énergiques sur le compte de madame du Barry ².

M. d'Aiguillon s'imagina avoir trouvé l'occasion de se venger de M. de Broglie et de M. de Monteynard ; il crut ou feignit de croire à une sorte de conspiration. Il se plaignit vivement au Roi.

Le Roi prévint immédiatement son ministre secret. — 21 août, au soir, à Compiègne. « M. d'Aiguillon a découvert une correspondance d'un nommé Du Mouriez,

---

[1] Voyez plus bas le mémoire de M. de Broglie en date du 16 février 1775.
[2] *Mémoires de du Mouriez*, t. I, p. 245 et suiv.

qui est à Hambourg, avec M. de Monteynard ; il parle aussi du fils de Guibert, d'un nommé Favier, en correspondance avec le prince de Prusse et la Russie ; il dit que vous êtes en rapport avec M. de Monteynard. Éclaircissez-moy sur ce que vous pourres savoir de tout cela ; et de là il [M. d'Aiguillon] tomba fort sur le ministre [M. de Monteynard] et sur vous. »

Louis XV fut inquiet, car M. d'Aiguillon parlait d'intrigues de M. de Broglie avec le Roi de Prusse ; on y mêlait le nom de M. de Choiseul. Favier était compromis par ses lettres à du Mouriez, et le Roi entrevoyait une cabale organisée pour le faire changer de politique. Il était d'autant plus autorisé dans ses conjectures, que M. de Broglie lui remettait depuis le mois d'avril une série de mémoires rédigés sous ses yeux et sous son inspiration par Favier. Or, dans ces mémoires, M. de Broglie s'étudiait à faire ressortir tous les inconvénients de l'alliance avec l'Autriche. Comme il connaissait les intentions du Roi, il n'osait ouvertement attaquer cette alliance, mais il faisait parler éloquemment les faits, et s'efforçait de persuader au Roi que les intérêts de la France avaient souffert de la politique suivie depuis le traité de Versailles.

Du Mouriez et Favier furent renfermés à la Bastille ; M. d'Aiguillon demanda un ordre pour faire arrêter Dubois-Martin, secrétaire de M. de Broglie : le Roi refusa, M. d'Aiguillon insistant, Louis XV avoua que le comte lui avait envoyé de temps à autre des mémoires politiques, ajoutant qu'il ne les lisait pas. Il en remit quelques-uns au ministre.

M. d'Aiguillon comprit et ne parla plus de M. de Broglie ; mais il fit continuer la procédure contre les prisonniers de la Bastille ; il voulait surtout perdre M. de Monteynard.

M. de Broglie, se sentant hors d'atteinte, eut le vertige, et se croyant sûr de l'appui du Roi, osa provoquer publiquement le ministre. Il avait été nommé ambassadeur extraordinaire pour aller au-devant de la princesse de Savoie, destinée au comte d'Artois ; il demanda la permission de pousser son voyage jusqu'à Turin, où l'appelaient ses affaires ; le duc d'Aiguillon lui remontra qu'étant revêtu d'un caractère officiel, il ne pouvait se rendre en simple particulier à la Cour de Savoie. Le comte persistant dans sa demande, le duc lui promit de porter l'affaire au Conseil. Alors M. de Broglie lui écrivit une lettre qui est un chef-d'œuvre d'impertinence, et qui montre quels résultats funestes produisait cette manie de Louis XV de faire surveiller le supérieur par l'inférieur et de rompre toute hiérarchie. Quel respect, quelle déférence pouvait avoir pour le ministre officiel le ministre secret, employé par leur maître commun à contrôler le premier, et souvent à contrarier toutes ses mesures ? C'est à ce titre que cette lettre est curieuse. Mais M. de Broglie se trompait en supposant que Louis XV laisserait publiquement bafouer un de ses ministres ; il avait pourtant par devers lui l'exemple de Tercier et sa propre expérience. Il avait été exilé une première fois et avait subi une disgrâce aux yeux de tous, pendant qu'il ne cessait d'avoir la confiance du Roi, qui voulait que les apparences fussent sauvées, et que les représentants avoués de son autorité fussent obéis. Louis XV ne tint pas une conduite différente dans la circonstance présente. Le comte était alors invité au château de Choisy. Le Roi lui fit bon visage, joua avec lui au trictrac. Mais à son retour à Paris, il reçut un ordre du Roi qui l'exilait à Ruffec.

Le Roi avait craint un instant une trahison de la part de M. de Broglie, et, sous l'inspiration de M. d'Aiguillon, il écrivit à M. Dubois-Martin une lettre désespérée. — 16 octobre 1773. « Le secret est presque découvert : il faut qu'il y ait eu un traître ou un canard privé. Le général Monet seul presque n'est point nommé ; le comte de Broglie avait des émissaires partout : d'Éon en Angleterre, Bon à Bruxelles ; Dumourier à Hambourg ; Chrétien à Stockholm ; Marbeau à Pétersbourg ; Guibert à Vienne, et le prince Louis de moitié, Châteauneuf en Espagne. Par les lettres de Dumourier à M. de Monteynard, c'est un fou qui voulait la guerre et rompre l'alliance avec Vienne. J'ai fait cette alliance et elle subsistera sûrement tant que l'Impératrice vivra, et l'Empereur, je n'ai que lieu de me louer de lui. Je ne veux point de guerre ; je m'en suis assez expliqué. A cinq cents lieues il est difficile de secourir la Pologne. J'aurois désiré qu'elle fût restée intacte, mais je ne puis y rien faire que des vœux. Le comte de Broglie a eu une conversation bien indiscrète avec M. de Mercy. Il faut tenir une conduite bien sage, et laisser dormir pendant quelque temps les choses, en continuant cependant les correspondances et prenant garde à tout. »

Mais il ne tarda pas à s'apaiser. Comme il voulait, malgré son mauvais succès, poursuivre la correspondance secrète, M. de Broglie lui était nécessaire. Il l'autorisa donc de nouveau à lui écrire et augmenta même ses appointements, mais il le laissa en exil. Deux maîtres des requêtes avaient été chargés d'instruire le procès des prisonniers de la Bastille, c'étaient MM. de Marville et de Villevault.

Les commissaires interrogèrent Favier et du Mouriez, ils n'en purent rien tirer ; on peut lire dans les Mémoires de du Mouriez le piquant récit de sa captivité [1]. Le Roi les fit mettre en liberté ; M. de Monteynard ayant été renvoyé

---

[1] *Mémoires de du Mouriez*, t. I, p. 256 et suiv.

du ministère, M. d'Aiguillon, dont le but principal était atteint, se déclara prêt à pardonner à M. de Broglie; il ne demandait que des avances, mais il s'adressait mal. M. de Broglie préféra rester en exil, mais non sans protester auprès du Roi contre les bruits injurieux que le ministre et les commissaires de l'affaire de la Bastille répandaient sur son compte.

Louis XV reconnut l'innocence de M. de Broglie, et de sa retraite de Ruffec celui-ci correspondait fréquemment avec le Roi. Il lui recommanda avec chaleur (2 mars 1774) M. Dubois-Martin, qui avait réussi à soustraire les papiers trouvés chez Favier, et avait noblement résisté aux menaces et aux tentatives de séduction dont il avait été l'objet pour qu'il livrât le secret. En l'absence de M. de Broglie, il était resté seul chargé de la réception et du déchiffrement des dépêches. Le Roi, sur la proposition du comte, lui accorda une pension de six mille livres. En même temps il rassura M. Durand. Je cite ce billet pour montrer que le comte de Broglie n'avait pas cessé de diriger la correspondance secrète. — 20 mars 1774. « Monsieur Durand, tout ce qui est arrivé au comte de Broglie ne doit pas vous effraier : il m'a envoié les lettres que vous lui aves écrites les 11 et 14 décembre dernier, contenant comme par le passé tout ce dont je vous ay chargé. Ce billet vous sera envoié en chiffre par lui : vos services me sont toujours agréables. « Louis. »

L'année 1773 avait apporté de nombreux soucis à Louis XV et à ses agents secrets. Un Français réfugié en Angleterre, Théveneau de Morande, avait composé sous le titre de *Mémoires secrets d'une fille publique,* une histoire de madame du Barry où la personne du Roi était fort maltraitée. M. de Broglie ayant appris ce fait, proposa à Louis XV de faire acheter par d'Éon le manuscrit de

Théveneau de Morande. L'auteur de ce pamphlet était une de ces âmes vénales qui vivent de scandale et font de la plume une arme dont ils vous menacent pour vous amener à composition. Il publiait un journal intitulé *le Gazetier cuirassé*, où il diffamait et calomniait ceux qui n'avaient pas consenti à acheter son silence.

M. des Cars instruisit M. de Broglie du projet de publication dont madame du Barry était menacée, et lui remontra de quel intérêt il était pour le Roi d'empêcher un pareil scandale. Il pensait que d'Éon pourrait être chargé de négocier la suppression du libelle en question. Le comte de Broglie sonda le chevalier d'Éon, qui répondit qu'il était on ne peut mieux à même de rendre ce service, connaissant personnellement Morande, et fit savoir que moyennant huit cents guinées Morande renoncerait à sa publication.

M. des Cars, qui voulait faire sa cour à madame du Barry, lui fit part de ce qu'il savait et offrit ses services. Celle-ci reçut cette ouverture avec une indifférence calculée, qui fit soupçonner à M. des Cars que la comtesse, déjà prévenue, préférait suivre une autre voie. M. de Broglie crut devoir porter ces faits à la connaissance du Roi, en le suppliant de ne rien négliger pour empêcher un tel scandale de souiller la majesté royale. Louis XV répondit : « Ce n'est pas la première fois qu'on a dit du mal de moy dans ce genre ; ils sont les maîtres, je ne me cache pas ; l'on ne peut seurement que répéter ce que l'on a dit de la famille du Barry, c'est à eux à voir ce qu'ils veulent faire, je les seconderes. »

Hélas ! il ne se cachait pas, et c'était là le mal, car il scandalisait la France entière en se montrant en public avec madame du Barry, et en lui accordant les honneurs royaux. Madame du Barry et M. d'Aiguillon étaient plus soucieux que lui de sa dignité, et s'ils s'étaient montrés froids lors des ouvertures que leur fit M. de Broglie, c'est qu'ils préférèrent se servir d'un autre agent. M. d'Aiguillon envoya à Londres un intrigant nommé Benaven, pour traiter avec Théveneau de Morande de l'achat de son manuscrit; ce dernier demanda vingt-quatre mille livres. On hésita, dans la crainte que le pamphlétaire ne gardât copie de son ouvrage; on essaya de le faire enlever, mais les agents chargés de cette opération furent surpris et durent s'enfuir pour éviter la potence. Pendant ce temps-là une autre négociation se poursuivait par les soins du comte de Broglie et du chevalier d'Éon; mais ce fut Beaumarchais qui se fit charger par M. d'Aiguillon de la négociation définitive. Morande renonça à la publication de son pamphlet, moyennant trente-six mille livres une fois payées, quatre mille livres de pension viagère, dont moitié réversible sur la tête de sa femme et de ses enfants. A la suite de ce traité, Beaumarchais reçut livraison de l'édition entière, tirée à six mille exemplaires, qui furent brûlés dans un four à briques que l'on loua pour cet effet à un mille de Londres. C'était cher, beaucoup trop cher [1].

A peine l'affaire de la Bastille était-elle terminée, à peine Louis XV avait-il repris sa sécurité, qu'un nouveau coup qu'on ne pouvait parer vint lui démontrer que son secret était connu non plus de ses ministres, mais de ceux auxquels il avait le plus d'intérêt à le cacher, de la Cour de Vienne. Le 6 avril 1774, il écrit à M. Dubois-Martin : « A Vienne on a découvert le chiffre avec Durand, et toute sa correspondance y est découverte avec le comte de Broglie. C'est le prince Louis qui me le mande secrètement. Ne lui envoies plus de lettres passant par les États

---

[1] Voyez l'opuscule de d'Éon intitulé *Campagnes du sieur Caron de Beaumarchais pendant les années* 1774, 1775, 1776.—*Mémoires*, t. II, p. 179.

de l'Impératrice, non plus qu'à Constantinople, où il pourroit y aller de la vie de mon ministre à la Porte. »

Au reçu de cette dépêche, M. Dubois-Martin s'étonne ; il ne comprend pas qu'un secret si bien combiné puisse avoir été pénétré. — 6 avril 1774. « J'ay reçu et communiqué à M. le général Monnet le billet de Sa Majesté par lequel elle a la bonté d'annoncer ce que mande secrètement M. le prince Louis, et nous ne manquerons pas de nous conformer à ses ordres. Nous ne concevons pas comment on peut deviner un chiffre, mais bien qu'on ait pu avoir à Vienne celui de M. Durand, comme M. de Saint-Priest à Constantinople la correspondance de l'ambassadeur d'Angleterre, ou par quelque moyen équivalent. Il ne faut pas moins que la constance supérieure de Sa Majesté pour que sa correspondance résiste à tant d'échecs. »

Louis XV crut avoir trouvé l'explication de ce mystère. — 18 avril 1774. « L'on envoie les copies des lettres du ministre qui ont été déchiffrées, et par cette découverte les nôtres ne sont pas difficiles à découvrir. Voilà ce que je pense, et cela, parce que pareille chose nous est arrivée. » Mais le Roi ne connaissait pas encore toute l'étendue du mal. Deux dépêches secrètes du coadjuteur de Strasbourg, transmises par M. de Soubise, vinrent l'éclairer et le désespérer [1]. — A M. Dubois-Martin, 26 août 1774. « J'envoie les deux lettres originales que j'ay reçues de Vienne par des couriers du coadjuteur, et que M. de Soubise m'a remise de sa part. Il a gagné quelqu'un du cabinet apparemment pour être si bien instruit. Vous pourres copier ce qui regarde la découverte de ma correspondance secrète pour l'envoier au comte de Broglie et me renvoier les originaux. »

[1] Voyez plus bas la dépêche du coadjuteur jointe à la lettre du Roi en date du 26 avril 1774, et Georgel, *Mémoires*, t. I, p. 273 et suiv.

Le prince Louis avait fait d'importantes mais tardives découvertes. En corrompant des secrétaires du prince de Kaunitz, il avait appris que la Cour de Vienne était parvenue à se procurer et à déchiffrer les dépêches diplomatiques échangées entre le gouvernement français et ses représentants à Constantinople, à Stockholm et à Pétersbourg, au moyen de cabinets noirs qu'il avait à Bruxelles, à Francfort et à Ratisbonne. La correspondance secrète n'avait pas échappé à ses investigations; le prince envoyait en même temps des copies du déchiffrement fait à Vienne des correspondances interceptées. Le doute n'était plus possible. Louis XV se sentit vaincu, mais l'humiliation qu'il en ressentit ne fut pas longue, car la dernière lettre dans laquelle il annonçait à Dubois-Martin la découverte de la correspondance secrète est du 26 avril 1774, et le 10 mai suivant il était mort.

J'ai dit, en commençant, comment M. de Broglie, accusé d'intrigues auprès de Louis XVI, parvint à se disculper en produisant les originaux de la correspondance secrète, ma tâche est donc terminée ; toutefois je ne saurais finir sans tirer la conclusion de cette esquisse incomplète mais véridique du gouvernement personnel de Louis XV. Pendant plus de vingt ans il employa à la correspondance secrète un temps et une intelligence qu'il refusait aux affaires de son royaume. Que n'accordait-il un peu de ce temps à s'occuper de l'administration de la France, qui dépérissait entre des mains négligentes ou coupables? Il se défiait de ses ministres et il les laissait faire, se contentant de contrebalancer en dessous leur influence.

En politique il ne suffit pas d'avoir de bonnes intentions, il faut vouloir le bien franchement, fermement. Louis XV n'eut que des velléités timides que décourageait le premier obstacle. Aussi tout ce qu'il craignait se réalisa.

Il voulut la paix à tout prix ; sa fermeté à conserver l'alliance autrichienne n'eut pas d'autre raison d'être. Il s'imagina que, tant qu'il serait uni à cette puissance, personne n'oserait l'attaquer. Par cette conduite, il froissa le sentiment national, trouva dans ses ministres des interprètes infidèles de sa politique, et dans ses agents secrets des instruments indociles. Il compromit cette alliance qui lui était si chère, et la rendit stérile. Il assista sans remords au partage de la Pologne qu'il aimait et qu'il aurait souhaitée libre et heureuse. Dans un pays où les ministres avaient à leur discrétion la Bastille, les lettres de cachet et le cabinet noir, il espéra leur cacher ses mesquines intrigues, bien puériles au fond, mais qui devinrent funestes en discréditant les dépositaires de son autorité et en affaiblissant le gouvernement.

Toujours tremblant d'être surpris, d'illusion en illusion, il atteignit le terme de son règne et de sa vie ; mais au moment de mourir il eut la honte de voir ses petits mystères découverts en France et à l'étranger, sa duplicité mise à jour, et s'écrouler l'édifice auquel il avait depuis si longtemps consacré tous les instants qu'il dérobait à ses plaisirs ou à son ennui. Cependant, à tout prendre, on doit lui savoir gré de n'avoir pas été entièrement cet égoïste et ce roi fainéant que nous dépeint l'histoire, et dans le jugement définitif que l'on portera sur lui, jugement qui ne pourra qu'être sévère, il faudra tenir compte des quelques sentiments généreux et du bon vouloir dont il a déposé le témoignage dans la *Correspondance secrète*.

La lecture de cette correspondance ne permet pas seulement de mieux connaître l'individualité de Louis XV, elle fait naître aussi des réflexions d'un ordre plus général.

En dehors des fautes qui lui sont personnelles et qu'on ne saurait ni dissimuler ni atténuer, Louis XV se trouva dans une position difficile par le fait même du pouvoir royal tel qu'il l'avait reçu de Louis XIV. Depuis plusieurs siècles, la royauté française avait travaillé sans relâche à détruire ou du moins à amoindrir les pouvoirs rivaux qui pouvaient l'arrêter ou la contenir dans son essor. Les États généraux, qui représentaient la nation, n'avaient pas été convoqués depuis 1614. Les États provinciaux, là où on les avait laissés vivre, étaient privés de toute initiative et sans force réelle. Le tiers état avait été dépouillé peu à peu des franchises communales qu'il avait si péniblement acquises au moyen âge. Le clergé, à la suite du concordat, était sous la main du Roi, qui disposait à son gré des bénéfices ecclésiastiques. Il n'y avait pas d'aristocratie comme en Angleterre, gouvernant ou participant en vertu d'un droit reconnu au gouvernement du pays, mais une noblesse sans puissance qui ne possédait que des priviléges individuels. Les honneurs de la Cour, les grades de l'armée, les dignités de l'Église, étaient la récompense de sa soumission; mais elle était écartée avec soin de l'administration, qui était confiée à une race à part[1], sortie de la bourgeoisie, gens de robe et fonctionnaires qu'on décorait de titres nobiliaires, et chez qui on recrutait les ministres, les conseillers d'État, les intendants.

Nulle résistance que dans les parlements, mais résistance stérile, illégale même, bien que sanctionnée par l'opinion; que l'on faisait taire avec des lettres de jussion et des lits de justice, et que Louis XV finit par briser en supprimant les parlements eux-mêmes. La royauté s'était donc mise en possession de l'absolutisme le plus complet, mais cet absolutisme, le Roi ne pouvait l'exercer tout seul:

---

[1] MM. de Bernis et de Choiseul, qui étaient de noblesse ancienne, parurent déroger en acceptant les fonctions de secrétaire d'État. C'est là un fait caractéristique.

il fut contraint d'abandonner à ses ministres un pouvoir effrayant dont ils n'étaient comptables qu'à lui, pendant qu'il n'avait sur eux aucun moyen de contrôle. Tant que le Roi fut Louis XIV, et que les ministres s'appelèrent Colbert ou Louvois, les choses allèrent à peu près bien ; mais Louis XV n'eut ni la volonté ni le génie de son bisaïeul : il trouva trop lourd et trop difficile de surveiller les détails de l'administration, détails qui s'accroissaient et se compliquaient de jour en jour. Il n'eût pas demandé mieux que de donner une direction générale, surtout aux affaires étrangères, mais ses ministres ne souffraient de sa part aucune contradiction. En changeant de ministres, il n'eût fait que changer de maîtres. Dans l'impuissance de faire prévaloir sa volonté en la manifestant publiquement, il eut recours à l'intrigue, à des correspondances secrètes ; il fut réduit à tromper ses ministres, à les contrecarrer en dessous, en un mot, à avoir une sorte de gouvernement occulte à côté du gouvernement officiel. Sous son règne, l'omnipotence ministérielle fit d'immenses progrès : le Roi dut plier, et n'eut d'autre moyen de manifester de temps à autre son autorité qu'en chassant le ministre qui avait régné en son nom.

Cet état de choses était notoire ; aussi le chevalier d'Éon, témoin des efforts de Louis XV pour faire prévaloir sa volonté personnelle contre celle de ses ministres, écrivait, quelque temps après sa mort, au comte de Broglie : « Le Roi, au milieu de sa propre cour, avait moins de pouvoir qu'un avocat du Roi au Châtelet ; » et il ajoutait : « Jamais la postérité ne pourra croire de tels faits, si vous et moi n'avions pas toutes les pièces nécessaires pour les constater, et de plus incroyables encore [1]. »

Le pouvoir résida entre les mains des ministres en fait

---

[1] Lettre du 17 juillet 1774.

et presque en droit, et cela de l'aveu de tous; aussi le ministère devint-il l'objet des plus ardentes convoitises. Le règne de Louis XVI se consuma dans des luttes pour des portefeuilles. L'opinion publique réveillée ne demandait plus au trône telle ou telle réforme, mais tel ou tel ministre, tant était grand le prestige attaché à ce titre, tant était grande la force de ceux qui le portaient. Le Roi s'effaçait devant le ministre, Louis XVI devant Turgot ou Necker. Et remarquez que, dans certains pays, le nom des hommes d'État portés au pouvoir a une signification, parce que ces hommes représentent un parti ; mais en France, vers la fin de l'ancien régime, il n'y avait pas même de partis politiques. Une royauté placée dans ces conditions devait se transformer ou périr : elle périt.

# CORRESPONDANCE SECRÈTE
# DE LOUIS XV.

### I. — LOUIS XV AU COMTE DE BROGLIE[1].
[Autographe. Archives de l'Empire. K. 157.]

Le comte de Broglie adjoutera foy à ce que lui dira M' le prince de Conty[2], et n'en parlera à âme qui vive.

A Versailles, ce 12e mars 1752[3].

LOUIS.

### II. — LOUIS XV A TERCIER.
[Autogr. Arch. de l'Emp. K. 157.]

A Versailles, ce 28 décembre 1754.

Si le prince de Conty vous demande communication

---

[1] Charles-François, comte de Broglie, fils et frère de maréchaux de France, né le 20 août 1719, mort en 1781. Il remplaça, en qualité d'ambassadeur de France à Dresde, le marquis des Issarts, envoyé à Turin. — *Mémoires du duc de Luynes*, t. XI, page 457 (13 mars 1752) et p. 273.

[2] Louis-François, né le 13 août 1717, mort le 2 août 1776. — Voyez l'Étude préliminaire.

[3] Le comte de Broglie reçut dès la première année de son ambassade des sommes importantes, ainsi que l'apprend le Livre rouge. 16 septembre 1752, ordonnance de 63,750 livres pour le service du Roi en Pologne; pareille somme le 26 octobre de la même année. — 14 septembre 1753, ordonnance secrète de 59,497 l. 12 s. — 11 février 1754, ordonnance de 11,375 l. — Le 20 avril, autre de 170,338 l. 2 s., pour dépenses extraordinaires en Pologne.— 7 septembre, autre de 2,357 l.; autre de 2,138 l. 14 s. — 12 octobre, autre de 318,750 l. « pour affaires secrètes en Pologne ». Cette dernière ordonnance fut annulée : on en expédia une autre le 19 juin 1755 de 96,019 l. 12 s. 4 d. — 22 novembre 1754, ordonnance de 7,252 l. pour dépenses extraordinaires pendant le mois d'octobre.

des instructions de Durand¹, je n'y vois nul inconvénient. J'approuve ce que vous proposes pour les lettres du même Durand lorsqu'il sera en Pologne. Vous n'aves qu'à composer pour lui deux addresses et me les envoier pour que je les remette à M^r de Gerseuil².

### III. — LOUIS XV A TERCIER.
[Autogr. Arch. de l'Emp. K. 157.]

Ce 8 novembre 1754.

Je vous permets d'envoier au prince de Conty l'extrait des dépesches envoiée au c^te de Broglie, ainsi que de tous ceux qui pouroient se trouver à sa place en Pologne par raport à ce qui a trait à ces afaires, suprimant ce que vous croires y être inutil, et m'en envoier un double, ainsy que vous le proposes, sans attendre que vous aies ma reponse, à moins que vous crussies qu'il n'y eût quelque chose qui eût besoin d'explication de ma part. Il est inutil que vous fassies part au prince de Conty des lettres venues de Pologne, en étant instruit exactement par le comte de Broglie même³. — Monin a toute la confiance de son maître; ainsy vous ne deves pas faire de difficulté de lui en parler⁴. Je suis bien aise que vous le cognoissies avant eux.                                    L.

### IV. — LOUIS XV A TERCIER.
[Autogr. Arch. de l'Emp. K. 157.]

Ce 15 décembre 1754.

Remettes le paquet ci-joint à Durand : arranges vous

---

1 Sur Durand, voyez la Table. Il était alors sur le point de partir pour la Pologne en qualité de ministre du Roi de France.

2 M. Thiroux de Gerseuil était intendant général des postes et conseiller honoraire à la cour des aides. Mort en 1755, à 66 ans.

3 Le comte de Broglie était au mois de décembre à Dresde. (Livre rouge.)

4 Monin était le secrétaire de M. de Broglie; il fut dès l'abord admis au secret.

avec lui pour avoir un chiffre ensemble pour éclaircir les douttes qu'il pouroit avoir et me les faire passer. Que le prince de Conty ne scache point que vous scaves que Durand est au fait, ny que Durand scache que vous y êtes.

### V. — LOUIS XV A TERCIER.
[Autogr. Arch. de l'Emp. K. 157.]

Tercier parlera au prince de Conty, le croira et se conformera à ce qu'il lui dira de ma part relativement aux affaires de Pologne et à ce qui y a trait. Il gardera du tout un secret profond, et général envers tout le monde sans exception.

A Fontainebleau, ce 31 octobre 1754.

LOUIS.

### VI. — LE COMTE DE BROGLIE A M. JAKOBOWSKI.
[Minute autogr. Arch. de l'Emp. K. 1364.]

(Vers la fin de janvier 1755 [1].)

Instruction pour diriger la conduitte de M. Jakubouski dans la mission dont il est chargé auprès de M. le comte Braniky.

L'ambassadeur du Roi à Dresden ayant reçu ordre de faire savoir à M. le grand général de la couronne les nouvelles marques d'attention que Sa Majesté vient de

---

[1] Cette pièce, qui ne porte pas de date dans la minute qui est sous nos yeux, a été écrite à propos de l'envoi de M. de Vergennes à Constantinople, c'est-à-dire en janvier 1775. Nous lisons en effet dans les *Mémoires du duc de Luynes* : « M. de Vergennes, neveu de M. de Chavigny, a fait aujourd'hui son remerciement : il vient d'être nommé ministre plénipotentiaire à la Porte. Il remplacera avec un caractère différent M. des Alleurs. M. de Vergennes est encore jeune, mais il a beaucoup d'esprit, de mérite et même d'acquit : il a été formé par M. de Chavigny, son oncle. Il était actuellement employé auprès de l'Électeur de Trèves, et avait été chargé des affaires de France auprès du Roi d'Angleterre dans le dernier voyage que ce prince fit à Hanovre. » (T. XIV, p. 16.)

donner à ce qui peut intéresser la Pologne, il ne croit ne pouvoir charger personne qui soit plus capable de s'acquitter de cette commission que M. Jakubouski, connoissant son zèle pour le service du Roi[1]. En conséquence, il le charge de partir le plustôt qu'il lui sera possible pour se rendre auprès de M. le grand général, et de luy dire qu'au moment que Sa Majesté a été informée de la perte qu'elle vient de faire par la mort de M. le comte des Alleurs, craignant que ce fâcheux événement ne pût diminuer l'utilité qu'on s'estoit proposé pour les intérêts de la république, à l'envoy d'un émissaire de la part de M. le grand général à la Porte, elle s'est déterminée sur le champ à nommer un ministre du second ordre pour se rendre sans délay à Constantinople et y attendre le nouvel ambassadeur qu'elle nommera, qui, à cause du cérémonial, ne peut s'y rendre sans des préparatifs, lesquels nécessairement prendront beaucoup de temps; on laisse à M. Jakubousky, pour luy seul, et M. le grand général, que ce ministre est M. le chevalier de Vergennes, nepveu de M. de Chavigny, qui est depuis longtemps employé dans différentes cours avec beaucoup de succès. Ce choix doit faire connaître à M. le grand général l'attention que Sa Majesté donne aux affaires du Levant, auxquelles celles de la Pologne sont si intimement liées, et qu'elle a eu principalement en veue les intérêts de cette république dans la prompte nomination d'un ministre à la Porte, de qui M. Malsensky, qu'on suppose à la Cour déjà en chemin pour se rendre à Constantinople, puisse recevoir tout l'appuy et tous les secours qu'il auroit trouvés dans M. le comte des Alleurs. On marque positivement à l'ambassadeur que cet article est un des principaux points des instructions de M. de Vergennes, et que, par conséquent,

---

[1] Sur M. Jacebowski, voyez ce nom à la Table.

il doit rassurer M. le grand général sur les inquiétudes qu'on craint que la nouvelle de la mort de M. des Alleurs ait pu luy causer sur la direction de son envoyé.

M. Jakubousky verra par cet exposé, qui n'est mot pour mot que l'extrait de la lettre de M. Rouillé, combien on avoit cru pouvoir compter sur les engagements de M. le comte Braniky, et l'attention qu'on donne à tout ce qui a rapport à la Pologne. Il est bien à désirer que des précautions aussy sages ne deviennent pas inutiles, comme cela arriveroit si M. le grand général négligeant ses propres intérêts et ceux de sa patrie, ne se déterminoit pas à une démarche promise depuis bien longtemps, mais en dernier lieu de la manière la plus authentique, elle ne permet pas de douter que la petite incertitude dont on a esté instruit par M. Buk, sera entièrement levée dès que M. le comte Braniky aura connoissance de cette nouvelle marque d'amitié du Roy pour la république et pour luy personnellement. Il paroît inutile d'exposer ici tous les justes motifs que M. Jakubouski a à alléguer à ce seigneur; il est mieux instruit que personne de touttes les obligations récentes que les patriottes ont à Sa Majesté. Il scait que, non contente d'avoir employé publiquement tous ses bons offices, et de s'être servi d'autres puissants moyens, quoique cachés, pour leur procurer l'advantage qu'ils ont remporté sur leurs adversaires, la confiance que le Roy a particulièrement dans M. le grand général l'a déterminé à faire passer par ses mains des marques de sa générosité pour captiver l'amitié du ministre distributeur des grâces; et quoy que les offres qui ont esté faites à ce sujet n'ayent pas été acceptées jusqu'à présent, il n'en exigent pas moins de reconnoissance. On croit ne pouvoir trop compter sur celle de M. le comte Braniky, pour qu'il soit nécessaire de l'animer en luy rappelant, ce qu'il scait sans douttc mieux que personne, que son courage et son zèle pour sa patrie seroient devenus des vertus inutiles, si la seureté de la protection et du secours d'un grand Roy ne luy avoit pas donné le moyen de les mettre dans tout leur jour et de jouer le plus beau rôle qu'aucun grand général ait jamais joué. Ce qui s'est passé cette année doit aussy détruire la crainte que M. le grand général peut avoir de déplaire à Sa Majesté Polonoise en se servant de touttes les prérogatives de sa charge. Ce prince a dû connoître la droiture de ses intentions et de ses démarches, et si les ministres osoient encore hasarder quelques reproches dans le genre de ceux qu'ils se sont quelquefois permis, il seroit facile d'y répondre de la façon la plus simple et la plus satisfaisante. D'ailleurs, M. le comte Braniky doit être certain que les ministres du Roy ne luy proposeront jamais rien de contraire à ce qu'il doit au Roy de Pologne, et qui sera utile et honorable à sa patrie et à sa charge. Il scait aussy combien les vues du Roy sont éloignées d'exciter le trouble dans aucun pays, et qu'elles ne tendent qu'à entretenir la paix et à procurer à ses amis et alliés la tranquille jouissance de leurs droits et priviléges. D'après ces principes connus et invariables, M. Jakubouski doit trouver beaucoup de facilité dans la réussitte de la commission dont il est chargé. Il n'en parlera qu'à madame la princesse Bolimoska avant son départ, à madame la grande chambelane, M. le prince de Betti, M. Mokranousky et M. de Buk, qui sont tous témoins des paroles réitérées qui ont esté données, et qui, estant extrêmement attachés à M. le comte Braniky, ne peuvent que l'exciter, s'il en avoit besoin, ce qu'on ne croit pas, à donner une prompte satisfaction sur un article si dénié et avec tant de raisons.

On n'envoye point de nouvelles lettres pour M. de

Vergennes, dont M. Malsensky doive estre porteur; celles qu'il a pour M. des Alleurs seront ouvertes par ce nouveau ministre, à qui, d'ailleurs, par la voye de Vienne, on en récrit qui sont encore plus détaillées. Il ne paroît pas non plus qu'il y ait rien à changer aux instructions de cet envoyé. La mort du Grand Seigneur exige seulement qu'en faisant mention dans la lettre au visir de la reconnoissance que les patriottes ont pour la Porte, on demande au nouveau Sultan la continuation d'une attention si utile à la république.

Il ne reste plus qu'à recommander à M. Jakubousky de prendre les précautions nécessaires pour donner à son voyage tout autre prétexte que le véritable; ses liaisons avec la princesse maréchale Sangusco luy en fourniront de très-vraysemblables; le principal est qu'il parte sans perte de temps, et qu'après avoir exécuté sa commission, il revienne à Varsovie, où il trouvera M. Durand, à qui il en fera le raport. Il est aussy convenable qu'il rapporte le plus de connoissance qu'il luy sera possible sur tout ce qui se passe à Dubno, où il ne manquera pas de prêcher beaucoup de ménagements pour les ordinats et beaucoup de réflexion sur l'exécution de tous les ordres qui, directement ou indirectement, tendroient à la diminution des droits de la noblesse et de la liberté polonaises.

Il ne doit pas non plus négliger de découvrir s'il est question de diette extraordinaire, et les projets qu'on pourroit y avoir sur l'ordination. Il n'oubliera pas de répéter à nos amys qu'une diette tenue sous le lien de la confédération est dangereuse pour le moment, et encore plus pour l'avenir par les conséquences, puisqu'elle tend à faire prévaloir la pluralité.

M. Jakubousky joindra à ces instructions générales tout ce que sa connoissance de la Pologne, son habitude des affaires et son zèle pour le service du Roy pourront luy dicter.

### VII. — LOUIS XV A TERCIER.
[Autogr. Arch. de l'Emp. K. 157.]

Ce premier février 1755.

Je reparleray avec M. Roullié[1] de madame des Alleurs[2]. J'approuve les réponses que vous aves faites à M. de Belgarde[3]. Si vous croies qu'il n'y aie point d'inconvénient de remettre une table de chiffre à Monin, vous poures le faire : si non, vous n'aves qu'à en faire composer une de toute autre manière que celle des bureaux, et la lui donner dès qu'elle sera faite, en lui disant que vous n'aves pu en tirer des bureaux, et que vous en faites faire une que vous lui remettres dès qu'elle sera faitte. — Vous poures donner au prince de Conty la copie de la pièce qu'il vous a donnée par raport à la déclaration à faire lors de la mort du roi de Pologne[4]; mais je pense qu'elle est au moins trop longue. Ainsy vous feres bien de chercher à la racourcir.

---

[1] Ministre des affaires étrangères; il était alors au comble de la faveur. Le Roi, le 12 janvier 1755, avait augmenté de 50,000 livres ses appointements. (Livre rouge.)

[2] Madame des Alleurs était une Polonaise, une Lubomirska. On lit dans les *Mémoires de Luynes*, à la date du 12 janvier : « On apprit il y a huit jours la mort de M. des Alleurs; il est mort à Constantinople; il avait environ cinquante-cinq ans. On prétend que c'est une ambassade fort utile que celle de Constantinople... Cependant les affaires de M. des Alleurs sont en très-mauvais état; et il doit quatre à cinq cent mille livres... » (T. XIV, p. 11.) — Madame des Alleurs, veuve de notre ambassadeur, reçut une somme de vingt mille livres pour revenir de Constantinople. (Livre rouge.)

[3] Claude-Marie, comte de Bellegarde, ambassadeur de Saxe en France; mort à Paris le 26 février 1755.

[4] C'était s'y prendre de bonne heure que de songer à ce qu'il y aurait à faire lors de la mort du roi de Pologne, car Auguste III ne mourut qu'en 1764.

### VIII. — LOUIS XV A TERCIER.
[Autogr. Arch. de l'Emp. K. 157.]

A Versailles, ce 15 mars 1755.

Je vous envoie la coppie de l'instruction donnée verbalement au sieur Tott [1]. Je ne vois nul inconvénient que vous en donniés une copie au prince de Conty, s'il persiste à vous la demander.

### IX. — LOUIS XV A TERCIER.
[Autogr. Arch. de l'Emp. K. 157.]

Ce 4 may 1755.

J'approuve que vous envoies à Durand la lettre dont je vous renvoie le projet [2].

### X. — INSTRUCTIONS SECRÈTES DU PRINCE DE CONTI, APPROUVÉES PAR LE ROI, AU CHEVALIER DOUGLAS, CHARGÉ D'UNE MISSION SECRÈTE EN RUSSIE.
[Arch. des affaires étrangères. — Gaillardet, *Mémoires du chevalier d'Éon*, t. I, p. 93.]

1er juin 1755.

La situation de l'Europe en général, les troubles qui se sont élevés l'année dernière en Pologne, ceux que l'on craint d'y voir renaître, la part que la cour de Pétersbourg y a prise, l'apparence qu'elle va conclure dans peu un traité de subsides avec l'Angleterre, par le ministère du chevalier Williams, nommé ambassadeur de Sa Majesté Britannique auprès de l'impératrice de Russie, tout demande que l'on donne la plus grande attention aux démarches et à la situation de cette cour.

---

[1] Le baron de Tott fut envoyé à Constantinople. Le Livre rouge contient, à la date du 3 février 1755, la mention d'une somme de 6,000 livres, « pour le voyage du sieur de Totte à Constantinople ». C'est le père du fameux diplomate, auteur des *Mémoires sur les Turcs et les Tartares*.

[2] Pendant que M. de Broglio suivait la cour d'Auguste III tantôt à Varsovie, tantôt à Dresde, M. Durand résidait à Varsovie. — Livre rouge, 22 août, 4 novembre 1755.

Depuis longtemps Sa Majesté n'y entretient plus d'ambassadeur, de ministre, ni même de consul; par conséquent on en ignore presque entièrement l'état, d'autant plus que le caractère de la nation et le despotisme jaloux et soupçonneux du ministère ne permettent pas les correspondances usitées dans d'autres pays. On a pensé que, pour avoir des notions sur lesquelles on pût compter de ce qui se passe en Russie, il convenait d'y envoyer, sans aucune qualité apparente ni secrète, une personne capable de bien examiner par elle-même cette cour et d'en venir rendre compte ensuite. Un Français ne pouvait être propre à cette commission. Malgré l'amitié que l'on suppose toujours que l'Impératrice de Russie a pour Sa Majesté et son penchant pour la nation française, un sujet du Roi serait certainement trop observé en Russie par le ministère pour qu'il y pût être utile, de quelque prétexte qu'il se servît pour cacher le motif de son voyage.

Par cette raison, on a jeté les yeux sur le sieur Douglas, qui, étant sujet du roi de la Grande-Bretagne, ne pourra donner aucun soupçon. Les bons témoignages que l'on a rendus de son intelligence et de son zèle font espérer qu'il s'acquittera de cette commission avec succès. On propose de le faire partir d'ici de la manière la plus indifférente, comme un gentilhomme qui voyage uniquement pour sa santé et pour son amusement. C'est un usage suivi par beaucoup de ses compatriotes; par conséquent on n'y fera point d'attention. Il ne faut point qu'il paraisse avoir aucune relation avec les ministres de Sa Majesté, ni en France, ni dans ses voyages, ne devant en voir aucun dans les différents endroits où il en pourrait trouver. Il peut partir avec un simple passe-port.

Pour éviter les questions qu'on pourrait lui faire dans les grandes cours d'Allemagne par la curiosité qu'il pourrait exciter, il paraît convenable qu'il entre en Allemagne par la Souabe, d'où il passera en Bohême, sous prétexte d'y voir pour son instruction les différentes mines de ce royaume. Les connaissances qu'il a de la minéralogie peuvent servir de prétexte à ce voyage.

De Bohême il ira en Saxe, où il se rendra par la même raison aux mines de Friberg. Après y avoir satisfait sa curiosité, il passera à Dantzick, soit par la Silésie, Varsovie et Thorn, soit par la Poméranie brandebourgeoise, en allant à Francfort sur l'Oder, et de là à Dantzick par la route qui lui conviendra le mieux. Il séjournera dans cette ville pendant plusieurs jours pour tâcher d'approfondir la cause des démêlés qui subsistent depuis quelques années entre le magistrat et la bourgeoisie, et pénétrer, s'il est possible, les causes de ces dissensions, ce qui les fomente, et si elles sont soutenues par quelque puissance étrangère.

De là il continuera sa route par la Prusse, la Curlande, où il séjournera aussi sous prétexte de se reposer, mais dans la vue de savoir en quel état est ce duché, ce que pense la noblesse curlandaise de l'exil et de la déposition du duc de Curlande et des vues du ministère russe pour confier cette principauté.

Il s'informera aussi de la manière d'en administrer les revenus et la justice, et du nombre de troupes que la Russie y entretient.

De Curlande, il passera en Livonie et suivra la grande route jusqu'à Pétersbourg. Son premier soin en y arrivant sera de répandre sans affectation la cause de son voyage, qui n'est que de pure curiosité; il cherchera à se faire des connaissances qui puissent l'entretenir de ce qu'il désire savoir. Il ne peut apporter trop de circonspection à la manière dont il fera ses recherches; il ne doit marquer d'affection pour aucune nation plus que pour les autres;

quoique la cause qui l'a fait sortir d'Angleterre paraisse devoir l'empêcher de faire connaissance avec le chevalier Williams, cependant, si, comme il l'assure, il n'en est point connu, il pourra le voir comme tout Anglais doit voir le ministre d'Angleterre.

Il s'informera aussi secrètement qu'il sera possible du succès des négociations de ce ministre pour les troupes à fournir à l'Angleterre;

Du nombre des troupes que la Russie entretient également, de l'état de sa flotte et de ses vaisseaux et galères;

De ses finances, de son commerce, de la disposition de la nation pour le ministère présent; du degré de crédit du comte de Bestucheff;

De celui du comte de Woronzow, des favoris de l'Impératrice, tant pour ses affaires que pour ses plaisirs; de l'influence qu'ils peuvent avoir sur les ministres; de l'union ou de la jalousie qui règne entre les ministres, et de leur conduite vis-à-vis des favoris; du sort du prince Yvan, ci-devant czar, et du prince de Brunswick, son père;

De l'affection de la nation pour le grand-duc de Russie, surtout depuis qu'il a un fils; si le prince Yvan a quelques partisans secrets, et si l'Angleterre les soutient;

Du désir que les Russes ont de vivre en paix, et de leur éloignement pour la guerre, surtout en Allemagne;

Des *vues de la Russie sur la Pologne pour le présent et les cas à venir;*

De ses projets sur la Suède;

De l'impression qu'aura faite la mort du sultan Mahmoud et de l'avénement d'Osman au trône; de ses ménagements pour la Porte;

Des causes qui ont fait rappeler d'Ukraine le comte Rasomowski, hetman des Cosaques;

De ce qu'on pense de la fidélité de ces peuples et de la

manière dont ils sont traités par la cour de Pétersbourg ;

Des sentiments de l'Impératrice pour la France, et de ceux que son ministère lui inspire vraisemblablement pour l'empêcher de rétablir la correspondance avec Sa Majesté ;

Des factions qui peuvent diviser la cour ;

Des sujets, tant homme que femme, à qui l'Impératrice peut avoir confiance ;

De ses sentiments et de ceux de ses ministres pour les cours de Vienne et de Londres ;

Enfin de tout ce qui peut intéresser le service ou la curiosité de Sa Majesté.

Il rassemblera toutes ces connaissances autant que le pays peu communicatif lui permettra de le faire. Il prendra des notes sur tous ces objets, qui serviront à former un mémoire qu'il ne fera et n'enverra en France qu'après être sorti des États de Russie, ou dans le cas que le ministre de Suède à Pétersbourg, à qui on fera écrire de se charger de ses paquets pour les envoyer par un courrier à Stockholm, en Suède. Il ne risquera jamais rien par la poste ordinaire que l'avis de son arrivée et les progrès qu'il pourra faire dans la recherche des différents articles détaillés ci-dessus, et, pour le faire, il se servira d'un langage allégorique et très-court dont on conviendra avec lui, et des adresses qu'on lui indiquera.

Lorsqu'il croira avoir rempli à peu près tous les objets qu'on vient de lire, il en informera, afin qu'on lui donne l'ordre de revenir en France, ou par la même route, ou par la Suède, sous le même prétexte d'y voir des mines, afin de continuer à cacher le sujet de son voyage, en paraissant toujours avoir en vue le même objet. C'est de la manière dont il remplira une commission si importante et si délicate, qu'il peut espérer que Sa Majesté, dans d'autres occasions, usera de ses talents et de son zèle, et par conséquent les grâces qui lui marquent la satisfaction qu'elle aura de ses services.

### XI. — NOTE SUR LA MANIÈRE ALLÉGORIQUE D'ÉCRIRE, CONVENUE AVEC M. LE CHEVALIER DOUGLAS ALLANT EN RUSSIE.

[Annexe du numéro précédent.]

1er juin 1755.

Le fond du langage allégorique sera des achats de fourrures.

Le *renard noir* signifiera le chevalier Williams; s'il réussit, *le renard noir sera cher*, parce qu'on a donné d'Angleterre commission d'en acheter.

Ces mots *l'hermine est en vogue*, signifieront que le parti Russien domine, et que par conséquent les étrangers n'ont pas de crédit. Si au contraire le parti autrichien, à la tête duquel est M. de Bestucheff[1], est prépondérant, on écrira que *le loup-cervier a son prix*. On se servira de cette phrase : *les soboles ou martres zibelines diminuent de prix*, pour marquer la diminution du crédit de M. de Bestucheff; ou *elles sont toujours au même prix*, pour indiquer qu'il est toujours dans la même faveur. Les *peaux de petit-gris* signifieront les troupes à la solde de l'Angleterre. Pour l'entendre, on augmentera toujours de deux tiers en sus le nombre des peaux à envoyer, pour signifier le nombre des troupes, de sorte que dix peaux signifieront trente mille hommes, et vingt, soixante ou soixante-dix.

M... n'écrira point qu'il enverra les fourrures, mais il marquera seulement qu'il les apportera en revenant. En passant à Dantzick, M... enverra un de ses domestiques à Graudentz, petite ville de la Prusse polonaise, y mettre à la poste une lettre dans laquelle il donnera avis de ce qu'il aura pu découvrir à Dantzick des dissensions entre le ma-

---

[1] Alexandre Bestuchef, devenu comte et grand chancelier de Russie sous la czarine Élisabeth; disgracié en 1758.

gistrat et la bourgeoisie. Cette lettre portera l'adresse de M... Ces lettres seront en style de lettres de change et selon le plus ou moins de succès dans les recherches, ce qui fera allonger ou diminuer le séjour. On marquera que l'on a besoin de remises ou que l'on n'en a pas besoin. Si l'on ne peut rien faire, M... marquera que l'air est tout à fait contraire à sa santé, et que l'on demande des remises pour pouvoir passer ailleurs. Si M... ne doit point passer en Suède, on lui répondra que, puisque sa santé souffre, on croit que le meilleur pour lui est de revenir en droiture. Si au contraire on juge qu'il doive y aller, on le lui insinuera par forme de conseil.

Si l'on pense qu'il doive revenir, on lui écrira que l'on a trouvé ici *un manchon*, que par conséquent on le prie de n'en point acheter.

Tout ceci écrit en très-petits caractères et en abrégé, sera mis par M... dans une tabatière d'écaille à double fond, ce qui ne pourra donner aucun soupçon.

### XII. — LOUIS XV A M. D'HAVRINCOURT.
[Autogr. Arch. de l'Emp. K. 157.]

Monsieur d'Havrincourt[1], vous voires dans le mémoire cy joint mes instructions auxquelles vous deves vous conformer.                                           Louis.

A Versailles, ce 28 juin 1755.

### XIII. — LOUIS XV A TERCIER.
[Autogr. Arch. de l'Emp. K. 157.]

A Versailles, ce 17 septembre 1755.

Vous pouves informer le prince de Conty du départ du

---

[1] M. d'Havrincourt était ambassadeur de France à la cour de Suède. — Sur M. d'Havrincourt, voyez la Table des matières. — On admit en même temps au secret Rossignol, le secrétaire de M. d'Havrincourt, aux gages de 750 liv. par an. (Livre rouge, 7 janvier 1755.) — M. d'Havrincourt dépensait à Stockholm des sommes considérables pour y asseoir l'influence de la France.

courier. C'est tout ce que j'ay le temps de vous dire. A Fontainebleau le reste.

### XIV. — LOUIS XV A TERCIER.
[Autogr. Arch. de l'Emp. K. 157.]

Je vous permets de communiquer les instructions du comte de Broglie au prince de Conty.

Ce 10 octobre 1755.

L.

### XV. — LOUIS XV AU COMTE DE BROGLIE.
[Autogr. Arch. de l'Emp. K. 157.]

Monsieur le comte de Broglie, je suis disposé à vous donner des marques de la satisfaction que j'ay des services que vous me rendes en qualité de mon ambassadeur, en vous nommant à un des cordons de mon ordre du Saint-Esprit qui sont à présent vacquants. Des engagements et des circonstances font que je ne puis vous assurer du moment où je pouray effectuer ma bonne volonté, sur laquelle cependant vous pouves compter, et être assuré que je ne vous oublieray point dans les occasions où je pouray faire de ces sortes de grâces à ceux qui sont emploiés pareillement que vous pour mon service. Sur ce je prie Dieu qu'il vous aie, Monsieur le comte de Broglie, en sa sainte garde.

A Versailles, ce 28e octobre 1755 [1].

### XVI. — LOUIS XV A TERCIER.
[Autogr. Arch. de l'Emp. K. 157.]

A Versailles, ce 4 novembre 1755.

Il m'est revenu, par une voie à laquelle je ne m'attendois pas, que le sieur Avril, du cabinet [2], vous escri-

---

[1] Le 15 septembre précédent le comte avait reçu une gratification de cinquante mille livres. (Livre rouge.)

[2] Il s'agit ici du cabinet noir où l'on décachetoit les lettres pour tirer copie de celles qui paraissaient importantes et les remettre au Roi.

voit tous les jours une lettre en chiffre. Je veux scavoir sur quoi elles roulent, s'y cela est vray, et que vous m'en envoies toutes celles de la dernière semaine, avec la clef des chiffres.. L

### XVII. — LOUIS XV A TERCIER.
[Autogr. Arch. de l'Emp. K. 157.]

Si le prince de Conty vous reparle du second voiage du sieur Michel en Russie, ou vous fasse parler, vous pouves lui dire ce que vous en scaves sous le plus grand secret [1].

A Versailles, ce 14° janvier, au soir [1756].

### XVIII. — LOUIS XV A TERCIER.
[Autogr. Arch. de l'Emp. K. 157.]

Ce 1er avril 1756.

Dans la place de confiance où vous êtes, vous ne deves recevoir de présents de personne que de moy ou des miens, qui ne fonts qu'un avec moy.

### XIX. — LOUIS XV A TERCIER.
[Autogr. Arch. de l'Emp. K. 157.]

Ce 26 juin, au matin [1756].

J'ay vu la lettre dont vous parles dans le pacquet précédent au dernier. J'ay jetté la copie dans le feu, sans la donner avec les autres à M. Rouillé. De là vous faires ce que vous jugeres le plus à propos, tant avec lui qu'avec Janelle [2].

[1] Le Livre rouge mentionne à la date du 5 février 1756 une ordonnance de six mille livres pour le voyage du sieur Michel en Russie. — C'était un attaché qui fut plus tard secrétaire d'ambassade à Saint-Pétersbourg. Ce voyage se rapporte à la négociation du chevalier Douglas.

[2] Intendant des postes. Le marquis d'Argenson en fait un très-sombre portrait. Le Roi ne lui révéla jamais le secret de la correspondance. Il fit bien, car Jeannel était dévoué à madame de Pompadour.

## XX. — LOUIS XV A TERCIER.
[Autogr. Arch. de l'Emp. K. 157.]

Ce 1er novembre 1756.

Janel peut se doutter de quelque chose : donnes lui tous les éclaircissements que vous poures pour découvrir la correspondance de Butezef[1], sans cependant le mettre entièrement dans le secret. Je vous renvoie vos papiers.

## XXI. — LOUIS XV A TERCIER.
[Autogr. Arch. de l'Emp. K. 157.]

A Fontainebleau, ce 9e novembre 1756.

Je vous renvoie la lettre de Monsieur le prince de Conty. Parce que je ne lui ay pas donné le commandement de l'armée qui, vraysemblablement, s'assemblera sur le bas Rhin, il dit qu'il est déshonoré. C'est un mot qu'on met toujours en avant présentement, et qui me choque infiniement. Il mettra peut-être de l'eau dedans son vin : ce qui est de sûr, c'est que je le recevres, mais que je n'ires pas audevant de lui, surtout après les lettres qu'il a écrit ; ce sont ses affaires, et il n'en rejaillira de mal qu'à lui, s'il plaist à Dieu. En conséquence, je vous envoie trois lettres que je lui avois remise, dont vous faires l'usage que vous voudres. Notre correspondance particulière n'étoit que pour lui : la publique en Pologne va bien sans cela, et je n'y veus rien changer, qui est de soutenir les Polonois, et qu'ils se choisissent un Roy à leur libre volonté. Je tiendres mes engagements avec les Polonois, et je vous faires remettre l'argent que j'ay encore à donner cette année, au pardelà de trente-six mille livres, pour aller jusqu'à quatre-vingt-quatre mille livres, je croy. — Je vous renvoie aussy un projet qu'il m'avoit envoié pour écrire à tous ceux qui sont

[1] Butezef était un agent russe en France.

dans notre secret, sur lequel je ne veus dire ny oui ny non. Vous écouteres tout ce qui vous sera dit à Paris, où on vous donne rendes vous, et vous m'en rendres compte à Versailles. D'icy là, je vous enverres encore un pacquet qui seroit trop gros à joindre icy. Vous vous chargeres aussy de la manière dont le sieur Billet[1] touchera la pension que je lui accorde, et dont je joins icy l'assurance.

### XXII. — LOUIS XV A TERCIER.
[Autogr. Arch. de l'Emp. K. 157.]

A Versailles, ce 27 novembre 1756.

Je commence par répondre à vottre lettre du 12. Je vous renvoie la lettre à moitié déchifrée du comte de Broglie et celle que Lenan[2] vous a fait remettre, pour que vous les déchiffries. Le retour du comte de Broglie pour quinze jours est décidé et mandé ainsy sur cela. Il n'y a plus rien à lui répondre. — En réponse à celle du 18, je vous dires que je ne changeray jamais de façon de penser et d'agir pour la liberté entière des Polonois sur le chois à venir de leur Roy, et que, malgré la bouderie du prince de Conty (que je pense mal fondée, étant, je croy, très libre dans le choix que je veux et dois faire de mes généraux), si les Polonois le choisissent, j'en seray charmé ; ainsy je veux qu'on continue à faire tout ce qui a été fait par le passé, et, en conséquence, je vous faires remettre l'argent accoutumé pour le faire passer à sa destination. Pour commencer, je joins icy un billet de dix mille livres sur M. Thiroux de Monsauge[3], que vous faires acquitter très secrettement, et sans qu'il puisse se douter par qui les autres quarante mille livres viendront par

[1] Billet était un agent de la correspondance secrète. Voyez la Table des matières.
[2] Secrétaire du comte de Broglie.
[3] M. Thiroux de Monsauge, garde du trésor royal.

la suite et en argent comptant, quand vous me manderes qu'il est tant de les faire passer à leur destination. Il sera au choix de M. le prince de Conty, par qui de luy ou de vous le sieur Billet recevra sa pension. J'ay lu avec attention les deux lettres de Constantinople; il sera, je croy, nécessaire d'y faire une réponse relative aux circonstances présantes. Voies à m'en faire un projet.

### XXIII. — LOUIS XV AU COMTE DE BROGLIE.
[Autogr. Arch. de l'Emp. K. 157.]

J'ay très bien vu dans toutes vos lettres, comte de Broglie, que vous avies de la peine à adopter le système nouveau que j'ay pris[1]; vous n'éties pas le seul, mais telle est ma volonté, il faut que vous y concouries. A l'égard de M. le prince de Conty, c'est lui qui me boude, parce que je lui ay dit que je ne l'avois pas destiné de commander l'armée qui doit s'assembler dans le Rhin. Je croiois être le maître de mes choix; tant pis pour lui, c'est tout ce que je vous en puis dire. Faites moy passer par la voie de Le Bel[2] tous les mémoires que vous voudrez, il me les remettra, et vous faira tenir les réponses. Il vous donnera aussy de l'argent pour la Pologne quand je lui en aurai fait remettre, ce qui sera incessamment, étant tout prest pour cela depuis du temps. Je fairay instruire Durand, ou je vous en chargeray.

A Versailles, ce 24 décembre 1756.

LOUIS.

### XXIV. — LOUIS XV A TERCIER.
[Autogr. Arch. de l'Emp. K. 157.]

A Versailles, ce 26 décembre 1756.

Je ne me soucie pas d'avoir les duplicata, à moins que

[1] C'est-à-dire l'alliance intime de la France et de l'Autriche, formée par le traité de Paris.

Le Bel, valet de chambre de confiance du Roi, dont les fonctions ne sont que trop connues.

vous n'y trouvies quelque chose d'intéressant à me faire remarquer. Si vous n'aves pas déjà vu le prince de Conty, je vous permets de faire porter la lettre pour Durand, mais je pense que, ne vous aiant point répondu, elle doit l'être. Je vous envoie le projet de lettre à M. d'Havrincourt que j'ay approuvé. — Je joins encore icy un pareil billet de dix mille livres, que vous ferez acquitter de même. — Mandes moy si vous penses qu'il faille instruire le comte de Broglie que c'est vous qui êtes dans le secret, et, dans ce cas, vous lui remetteres l'argent que vous aves et en prendres un reçu, que vous m'envoieres, et je luy fairay tenir le reste. Je répondray incessamment au reste de vos lettres.

### XXV. — LOUIS XV A TERCIER.
[Autogr. Arch. de l'Emp. K. 157.]

A Versailles, ce 14 janvier 1757.

Je viens de lire la lettre de Constantinople, ce que je n'ay pu faire plus tost. Si la lettre n'est pas partie et que vous jugies qu'il y faille mettre un postcript, vous n'aures qu'à l'y mettre. Cette lettre diffère-t-elle sur celles qu'il a écrites à M. Rouillé[1]. La lettre pour M. d'Havrincourt est partie dans son temps. Vous me parlez aussy de l'abbé de Bernis. Est-ce que vous le voudries mettre dans le secret? Si vous ne voules pas que le comte de Broglie scache que vous êtes dans le secret, trouves moyen de lui faire passer l'argent que vous aves, car il est très pressé et je lui ay déjà fait tenir vingt-quatre mille livres. — Le chevalier Douglas est mieux, ainsy il n'y a plus de crainte de son costé. — Je joins une nouvelle lettre de Durand à déchiffrer.

---

[1] Il est M. de Vergennes, ambassadeur à Constantinople, affilié à la correspondance secrète.

## XXVI. — LOUIS XV AU COMTE DE BROGLIE.
[Autogr. Arch. de l'Emp. K. 157.]

A Versailles, ce 22 janvier 1757.

Je trouve très bon, comte de Broglie, que vous me fassiés toutes les représentations que vous croires devoir me faire et à mes ministres, mais aies toujours en vue l'union intime avec Vienne; c'est mon ouvrage. Je le croy bon et je le veux soutenir. Dans ces circonstances, je crois votre présence très nécessaire à Varsovie; vous êtes aimé et estimé des Polonois, et un nouveau ministre ne serait pas capable de leur faire faire bien des choses qu'il faut qu'ils fassent, sans y abbandonner notre parti, car je le veux soutenir. C'est leur bien et leur liberté. Ainsy je vous conseille d'abandonner l'idée de Vienne [1] et de n'être pas si changeant, surtout après que je vous ay tenu mes promesses et que je vous croy capable de me bien servir encore [2]. MM. de Bellisle et de Bernis ne sont pour rien dans ce que je vous dis icy. Continues à m'envoier les lettres que vous recevres là dessus au (sic) prince de Conty, jusqu'à ce que je vous aie fait scavoir à qui à l'avenir je jugerai à propos que vous vous adressies.

Je n'ay pas doutté de vos sentiments sur ce qui m'est arrivé. Peu de Français ont, je croys, et j'espere, pensé autrement [3].

LOUIS.

## XXVII. — LOUIS XV A TERCIER.
[Autogr. Arch. de l'Emp. K. 157.]

A Versailles, ce 25 janvier 1757.

L'abbé de Bernis étant dans mon conseil, le comte de Broglie peut s'entendre avec lui, ainsy que vous me l'expli-

---

[1] M. de Broglie avait sollicité l'ambassade de Vienne, à laquelle fut nommé M. de Stainville, depuis duc de Choiseul.

[2] M. de Broglie reçut le Saint-Esprit le 2 février.

[3] Allusion à la tentative d'assassinat de Damiens sur la personne du Roi.

ques par votre lettre du 17 de ce mois. Je vous charge donc de remettre au comte de Broglie l'argent que vous avez entre vos mains, dont vous tirerez un reçu, comme j'ay déjà fait de vingt-quatre mille livres que je luy ai fait remettre. Je ne compte pas l'envoier à Vienne, ainsy je compte que, muni du cordon bleu, il retournera en Pologne. Je vous renvoie la lettre de Durand avec une nouvelle qui vient, je croy, de Constantinople. Celle pour...[1] a dû partir aujourd'huy.

Il me faut encore quelques jours de reflexions pour répondre aux extraits des lettres venues par M. le prince de Conty du sieur Douglas et de M. de Voronzov.

### XXVIII. — LOUIS XV A TERCIER.
[Autogr. Arch. de l'Emp. K. 157.]

A Versailles, ce 13 février 1757.

J'approuve fort ce que M. le prince de Conty se propose d'écrire au chevalier Douglas, et désaprouve pareillement se bel acte secret que le chevalier Douglas a eu la bestise de signer[2]. Dans cette circonstance, ce que M. Rouillé propose de lui écrire me paroît bien[3].

[1] Mot illisible.
[2] Voyez l'Étude préliminaire, p. 84 et suiv.
[3] Voici la dépêche à laquelle Louis XV fait allusion et qui est datée de Versailles, le 7 février 1757 : « Je ne puis vous dire, monsieur, quelle a été ma surprise et ma peine en voyant la déclaration dite secretissime que vous avez pris sur vous de signer en même temps que l'acte d'accession. Tout ce que vous alléguez ne peut justifier une démarche que vous avez bien prévu devoir être désagréable à Sa Majesté, et je ne puis vous dissimuler qu'elle est extrêmement mécontente de la facilité avec laquelle vous avez été porté à signer cette déclaration, qui, loin de lever les embarras, en peut faire naître d'assez considérables pour retarder peut-être la réunion que les sentiments personnels de Sa Majesté pour l'Impératrice lui fait désirer. Le Roi, invariable dans ses principes, a ratifié l'acte d'accession; mais Sa Majesté ne peut pas se prêter à ratifier la déclaration secrète que vous avez signée sans ordre et sans pouvoir, et même contrairement à ce que vous saviez de ses intentions. Sa Majesté a désiré vivement l'accession de Sa Majesté l'Impéra-

Ne me parles plus du prince de Conty.

J'approuve que vous ecrivies à mots couverts au chevalier Douglas comme vous le proposes, en retranchant tout ce qui peut regarder M. le prince de Conty et lui envoiant un chiffre; l'autre que j'écrive ne me plaist pas.   L.

### XXIX. — LOUIS XV A TERCIER.
[Autogr. Auch. de l'Emp. K. 157.]

Le 24 février 1757.

Janel vous a dit vray, et c'est plus pour les autres que trice de Russie au traité de Versailles comme un nouveau moyen de contribuer à la réunion; elle l'a désirée de concert avec l'Impératrice-Reine, qui, à prendre la chose dans son véritable point de vue, y est la principale intéressée; mais ce ne pouvoit jamais être aux dépens de l'ancienne amitié qu'elle a pour la Porte Ottomane, encore moins de son honneur, qui, aussi bien que celui de l'Impératrice de Russie, se trouveroit extrêmement compromis si cette déclaration subsistoit.

» Que l'acte reste secret ou non, il n'est pas moins contraire à la droiture et à l'honnêteté publique. Ce n'est point parce qu'il peut devenir public que Sa Majesté ne le ratifie, c'est parce que l'honneur qui préside à toutes ses résolutions ne lui permet pas de le faire.

» Les sentiments de Sa Majesté sont sincères; elle veut de bonne foi tout ce qui peut contribuer à la satisfaction de l'Impératrice de Russie, et cette princesse en reçoit des preuves dans toutes les occasions. Plus les vertus de cette princesse sont éclatantes, plus elle doit sentir le prix de la probité à laquelle le souverain, ainsi que les particuliers, doivent tout sacrifier lorsqu'on leur propose quelques démarches incompatibles avec ce qu'elle exige. La déclaration dont il s'agit étant constamment opposée à la bonne foi et aux usages établis parmi les nations policées, le Roi a une trop haute opinion des sentiments élevés de l'Impératrice de Russie et rend trop de justice à ceux de ses ministres pour n'être pas persuadé que cette princesse ne sera pas blessée du refus que fait Sa Majesté de ratifier cette déclaration, et qu'elle en auroit porté le même jugement que Sa Majesté si vous aviez exposé cette affaire dans son véritable jour. Je vous envoie donc, monsieur, la ratification seulement de l'acte d'accession. C'est à vous à réparer la faute qui a été faite dans cette affaire. Si M. le comte d'Esterhazy * vous a induit à signer, je suis bien persuadé qu'il vous aidera de tout son pouvoir pour faire accepter cette ratification simple... » [Arch. des affaires étrangères. — *Mémoires de d'Éon*, t. I, p. 163.]

* Ambassadeur d'Autriche à Pétersbourg, qui avait déterminé le chevalier de Douglas à signer l'article secret.

pour vous. J'approuve le projet de lettre au chevalier Douglas ; mais si ma lettre à l'Impératrice de Russie réussit, je lui propose déjà ce petit commerce[1]. Je ne scay si M. Rouillié vous l'a communiqué, car je lui ay envoiée ouverte. — Je joins icy une lettre que le comte de Broglie dit être importante.

### XXX. — LOUIS XV A TERCIER.
[Autogr. Arch. de l'Emp. K. 157.]

Le 11 mars 1757.

Je vous renvoie la lettre de Constantinople pour que vous aies à y répondre ; s'il est besoing, on attendra pour cela ce qui viendra par la voie de la mer. — Travailles avec le comte de Broglie à un projet d'instruction pour lui. — M. de Staremberg[2] prétend qu'à Vienne on a des lettres de Durand à M. le prince de Conty. Je tascheray d'en avoir une, mais j'ai bien de la peine à le croire, à moins qu'il n'ait été trahi par quelqu'un de ses gens. Qu'en pensez vous, [vous] qui scavez comme cela se fait et comme cela se trouve ?

### XXXI. — LOUIS XV AU COMTE DE BROGLIE.
[Autogr. Arch. de l'Emp. K. 157.]

A Versailles, ce 11ᵉ mars 1757.

Si j'en avois connu un autre qui eut pû me bien servir en Pologne, je vous l'aurois préféré pour satisfaire votre désir de servir dans nos armées ; mais n'en aiant point trouvé, je conte que vous m'y servires de tout votre mieux. Je dirai à Tercier [de] me faire un projet d'instruction pour vous que vous suivres exactement et de votre mieux. Le Bel à son retour de Paris vous remettra les douze

---

[1] C'est-à-dire une correspondance intime. Voyez l'Étude préliminaire, p. 83 et 84.

[2] Ambassadeur d'Autriche à Paris.

mille livres qu'il vous reste à toucher pour la Pologne, dont je vous permets de donner huit mille livres que vous désires pour M. Monet. J'approuve aussi la gratification de douze cents livres pour que Lenan reste à Paris et qu'il y soit votre correspondant. Je suis bien aise de vous avertir que M. de Staremberg a dit qu'on avoit à Vienne des lettres de Durand à M. le prince de Conty. Je tascherai d'en avoir une pour voir si cela est bien vray, car avec les fausses addresses il est bien difficile, à moins qu'il n'ait été trahi par quelqu'un de ses gens, ou qu'on n'ait trouvé la clef de son chiffre, ce qui me paroît bien difficile.

### XXXII. — LOUIS XV A TERCIER.
[Autogr. Arch. de l'Emp. K. 157.]

Le 23 mars 1757.

Je vous renvoie le mémoire que vous m'avez addressé, avec mes apostilles. — J'approuve que vous écriviés à Durand avec le chiffre que vous me proposes. Je tascheray d'avoir une de ces lettres dont le comte de Staremberg a parlé. J'approuve aussy que vous donnies un chiffre au comte de Broglie.

### XXXIII. — LOUIS XV A TERCIER.
[Autogr. Arch. de l'Emp. K. 157.)

A Versailles, ce 9 avril 1757.

Je n'ay mis en avant l'infant don Louis que parce que je ne voulois pas qu'on songeât à l'infant don Philippe [1]. — Sans doutte qu'il en faudroit prévenir l'Espagne, mais il faudroit que cette idée vînt aux Polonois et que de là l'on la communiquât à l'Espagne; mais je ne puis l'aider de subside. S'ils en veulent pour leur Roy, c'est à eux à le soutenir entièrement. — Il en seroit de même du prince

---

[1] Ces deux infants étaient fils de Philippe V : don Philippe, duc de Parme, était, en outre, gendre de Louis XV.

Xavier[1]. — Mais pour tout cela je pense qu'il faut voir ce que deviendra la négociation secrette entamée à Pétersbourg. — Je pense aussy qu'il faut bien se donner de garde de prévenir le Roi de Pologne : il faudra bien qu'il en passe par ce que l'on voudra. — J'approuve votre idée sur la correspondance à ...[2]. avec le comte de Broglie ; il est plus capable qu'un autre de l'imaginer. — Je vous renvoie les lettres déchiffrées et la dernière que le comte de Broglie vous a remise pour déchiffrer. — Je vous renvoye aussy vos observations sur les points d'instructions projettée pour le comte de Broglie, laquelle j'approuve avec les nottes que j'y ay mises.

### XXXIV. — LOUIS XV AU COMTE DE BROGLIE.
[Autogr. Arch. de l'Emp. K. 157.]

A Versailles, ce 2ᵉ juin 1757.

Je vous dires en confidance qu'il y a déjà des troupes en marche pour l'Alsace, qu'elles seront suivies encore d'autres pour composer un corps d'armée qui poura se porter sur la Franconie, et de là où le besoin l'exigera. Vous voies que j'ai prévenu ce que vous manderies à M. Rouillé. Je ne doutte pas que vous n'exposassiez votre sang avec plaisir pour réparer les fauttes qui ont pu être faittes. Sans doutte que M. d'Omont est tué, car nous n'en avons aucunes nouvelles depuis l'affaire de Reidenberg[3].

### XXXV. — LOUIS XV A TERCIER.
[Autogr. Arch. de l'Emp. K. 157.]

Ce 19 juin 1757.

J'approuve que vous cherchies à approfondir ce que veut M. Allay de plus, et en instruire le comte de Broglie, si cela est nécessaires. — Il n'y aura pas de mal d'envoier

---

[1] Fils d'Auguste III, connu sous le nom de comte de Luzace.
[2] Mot illisible.
[3] Il s'agit du duc d'Aumont : les craintes du Roi n'étaient pas fondées.

le chiffre par le retour du sieur d'Éon, si c'est un homme bien sûr. Je vous renvoie les déchiffrements de Constantinople.

### XXXVI. — LOUIS XV A TERCIER.
[Autogr. Arch. de l'Emp. K. 157.]

Ce 20 juillet 1757.

Puisque M. d'Eon a mission de M. Woronzof[1] pour voir M. le prince de Conty, il faut qu'il le voie, mais qu'il vous rende compte exactement de la réponse du prince de Conty. Comme cela doit devenir publicq un jour, il faut que je le scache par une autre voye que celle-cy. Je garde la copie que vous aves faites jusqu'à la réponse du prince de Conty. Personne ne la voira d'icy là[2]. J'ay approuvé vottre pro-

---

[1] Vice-chancelier de la Czarine.

[2] On trouve de curieux détails sur les motifs du retour de d'Éon dans une lettre adressée par d'Éon, de Londres, le 12 juin 1775, au comte de Broglie : « Vous seul connoissez avec quel zèle, quelle obéissance, quelles peines et dans quelles circonstances délicates j'ai servi publiquement et secrètement le feu Roi depuis 1757 que vous m'avez fait admettre à l'honneur de votre correspondance secrète, jusqu'à présent; mais ce que je ne vous ai pas dit, parce qu'on me l'avoit défendu, c'est que, dès 1756, j'ai été admis à une correspondance secrète entre Louis XV, monseigneur le prince de Conti, le chancelier Woronzow, M. Tercier et M. Douglas, pour faire donner au prince par l'Impératrice Élisabeth le commandement en chef de l'armée russe et la principauté de Courlande. Le projet secret du prince étoit, par ces deux moyens, de se glisser petit à petit sur le trône de Pologne, ou sur celui de Russie en épousant Élisabeth.

» Après mille intrigues, le chevalier Douglas et moi eûmes du succès dans les deux premiers points que nous avions seulement découverts à l'Impératrice et à son ministre de confiance, le comte de Woronzow. En conséquence, l'objet secret de mon retour en France en 1757 étoit de porter au prince l'assurance de la part de l'Impératrice et du comte de Woronzow pour le commandement de l'armée et la principauté de Courlande, si le Roi vouloit. Ce que j'ai exécuté. Mais après bien des rendez-vous et des écritures secrètes avec le Prince, il s'est brouillé avec madame de Pompadour; et quand il m'a fallu retourner en Russie et y porter une réponse catégorique, le Roi n'a rien voulu décider, quoique le Prince m'ait fait tenir cinq jours caché à Strasbourg pour y attendre son dernier courrier... » (*Mémoires*, t. I, p. 195.)

jet de lettres. **Je vous en envoie un autre de Constantinople.**

### XXXVII. — LOUIS XV A TERCIER.
[Autogr. Arch. de l'Emp. K. 157.]

Ce 7 aoust 1757.

M. le prince de Conty travaille à un mémoire : il désire aussy vous voir pour vous mettre au fait; ainsy je trouve bon que vous le voies à votre passage à Paris et vous m'en renderes compte à mon retour à Versailles. — Le sieur d'Eon ne doit rien communiquer à personne de ce qu'il scait du secret : s'il est besoin, il correspondera avec vous.

### XXXVIII. — LOUIS XV A TERCIER.
[Autogr. Arch. de l'Emp. K. 157.]

Ce 24 aoust 1757.

Il ne m'a pas été possible de vous répondre plus tost. Je vous envoie le mémoire de M. le prince de Conty et une lettre pour lui que vous lui remetteres dans une conférence qu'il est nécessaire que vous aies avec lui, pour lui éclaircir tout ce que vous scaves sur ce qui a été mandé en Pologne et faire un projet de réponse. En conséquence, vous aves bien fait de faire différer le départ du sieur d'Eon [1].

### XXXIX. — LOUIS XV A TERCIER.
[Autogr. Arch. de l'Emp. K. 157.]

Je vous envoie la lettre du comte de Broglie que vous m'aves addressée avant hier, affin que vous éclaircissies tout son contenu et m'en rendies compte pour me mettre à portée d'y répondre.

A la Muette, 27 aoust 1757.

[1] Voyez la note 2 de la page 222.

### XL. — LOUIS XV A TERCIER.
[Autogr. Arch. de l'Emp. K. 157.]

A Fontainebleau, ce 15 septembre 1757.

Vous scaves que nous n'avons encore pris aucun engagement formel sur la succession du trosne de Pologne, depuis que M. le prince de Conty a paru se désister absolument, mais que nous sommes bien prest d'en prendre. Si l'Impératrice de Russie appelle véritablement M. le prince de Conty pour commander ses armées, et qu'elle veuille lui donner la Courlande, en attendant mieux, j'en seres très aise, mais, pour le présent, je n'y puis plus prendre d'autre part directe que celle de m'y pas opposer et d'y donner mon consentement quand il n'y aura plus besoin que de cela. — Neufchâtel est un procès dont je ne veux ni ne me soucie de me charger. — J'ai lu le mémoire sur la Courlande et l'extrait de celui de Neufchâtel; je vous les renvoie l'un et l'autre, et garde le compte du comte de Broglie que je n'ai pas encore examiné. — J'approuve que vous donnies un chiffre au sieur d'Eon, s'il n'est pas encore parti. S'il y a quelque chose à adjouter à ce que dessus, pour le prince de Conty, vous me le faires scavoir et quoi.

### XLI. — LOUIS XV A TERCIER.
[Autogr. Arch. de l'Emp. K. 157.]

21 septembre 1757.

Je vous envoie la lettre de M. le prince de Conty. Quant je voires une certitude morale que l'Impératrice de Russie lui destine le commandement de son armée et la Courlande, je donneray toutes les authorizations et permissions qu'on me demandera. Jusques là, j'y répugne beaucoup, craignant de faire une fausse démarche qui nous fairait plus de mal que de bien. — Je vous envoie une lettre de Constantinople.

### XLII. — LOUIS XV A TERCIER.
[Autogr. Arch. de l'Emp. K. 157.]

Je vous renvoie la lettre de M. le prince de Conty, où il n'y a rien à changer, ny à adjouter, à ce qu'il me paroît. Je vous renvoie aussy le compte du comte de Broglie. Mettes moy par écrit ce qu'il faut donner et à quels termes.

Ce 27 septembre 1757.

### XLIII. — LOUIS XV A TERCIER.
[Autogr. Arch. de l'Emp. K. 157.]

Je vous envoie le compte de dépenses comme étant le plus pressé; vous aures dans la semaine prochaine trois ordonnances de vingt-cinq mille livres chacune, et je joins ici neuf mille livres, ce qui faira les quatre-vingt-six mille livres que le comte de Broglie demande qui soient acquittées; le reste viendra après.

Ce 7 octobre 1757.

### XLIV. — LOUIS XV A TERCIER.
[Autogr. Arch. de l'Emp. K. 157.]

Je vous renvoie les trois ordonnances de vingt-cinq mille livres chacune, l'argent est prest au Trésor royal; ne les faites pas toucher toutes trois à la fois et, s'il se peut, par la même personne. Je joins icy six mille livres de plus pour faire la totalité des quatre-vingt-dix mille livres qu'il me semble que vous m'aves demandée.

Ce 11 octobre 1757 [1].

L.

### XLV. — LOUIS XV A TERCIER.
[Autogr. Arch. de l'Emp. K. 157.]

Ce 16 octobre 1757.

Je croy qu'il vaut mieux mettre les pensions sur les

---

[1] Le Livre rouge contient, à la date du 9 octobre, quatre ordonnances de 25,000 livres et une autre de 15,000 livres, avec la mention « par ordre du Roi », sans indication de l'affectation de ces sommes.

affaires secrettes de la Pologne : il y en a cependant déjà une établie sur la cassette [1], qu'il faut y laisser. Je croy que c'est Le Bel qui la paie. Vous pouries seulement lui dire de ma part de l'emporter avec lui sur son nouveau quartier, suposé qu'il n'ait pas donné l'état du sien à M. de Champlost. Je vous renvoie toutes les lettres déchiffrées avec une de M. le prince de Conty. Faut-il que je vous renvoie aussy le reçu du sieur Linan? Faites moy un projet de réponse au comte de Broglie, ainsy que celle à écrire à Constantinople selon les principes que vous connoisses tant de l'abbé de Bernis que des affaires secrettes.

### XLVI. — LOUIS XV A TERCIER.
[Autogr. Arch. de l'Emp. K. 157.]

A la Muette, ce 6 décembre 1757.

Je vous renvoie vos projets de lettre, un peu tard, il est vray. J'approuve entièrement la seconde lettre au comte de Broglie. — J'approuve aussy les deux autres, mais je croy que le temps doit y avoir occasioné quelques changements, et je pense qu'il faut éloigner, plus tost qu'approcher, l'abdication du Roi de Pologne [2]. — J'approuve aussy la lettre au chevalier de Vergennes avec le changement qu'occasionne l'avénement du nouveau Sultan [3]. — Les nouvelles lettres du comte de Broglie méritent une ampliation aux précédentes, faites en un projet. J'aimerais mieux le prince Xavier que le prince électoral, mais pardessus la liberté des Polonois.

---

[1] La cassette du Roi.
[2] Il s'agit de la succession éventuelle au trône de Pologne. Le prince Xavier et le prince électoral étaient tous deux fils du roi actuel de Pologne, électeur de Saxe. On voit par cette lettre qu'il s'agissait de faire abdiquer le roi Auguste III.
[3] Mustapha III, successeur d'Osman III.

### XLVII. — LOUIS XV A TERCIER.
[Autogr. Arch. de l'Emp. K. 157.]

A la Muette, ce 10 janvier 1758.

Je vous renvoie les trois lettres du comte de Broglie. Si on lui envoie son congé, je croy inutile de répondre à ces importantes questions, sinon j'y réfléchiray encore; mais mon intention a toujours été la liberté des Polonois, et seulement celui qui leur seroit le plus agréable. Le prince Charles est plus ouvert, plus parlant, et d'une plus belle figure que le prince Xavier, mais il a raison de craindre que madame la Dauphine n'aime mieux ce dernier, et la raison en est simple. Elle le connoît beaucoup, et presque point l'autre, l'aiant toujours regardé comme un enfant. A l'égard du prince royal, il faut toujours l'éloigner, à moins qu'on ne voie clairement qu'il en faudra passer par là. Tous les autres, je crois bien qu'il faut les laisser de costé. — Je vous renvoie la quittance du sieur Billet, et la lettre à Vergennes, que j'ay approuvée, et que vous poures lui faire passer.

### XLVIII. — LOUIS XV A TERCIER.
[Autogr. Arch. de l'Emp. K. 157.]

Les deux lettres en clair[1] qui sont jointes à celle en chiffre que je vous envoie sont une copie de celle du comte de Broglie du 19 décembre 1757. Si vous aves besoing de ces deux pièces, je vous les envoieray quand je les aures lue.

Ce 15 janvier 1758, au soir.

### XLIX. — LOUIS XV A TERCIER.
[Autogr. Arch. de l'Emp. K. 157.]

A Marly, ce 20 janvier (1758).

Par ce que l'abbé de Bernis nous a dit hier au Conseil,

---

[1] C'est-à-dire des lettres non écrites en chiffres, mais en caractères ordinaires.

il me paroist qu'il a bien parlé à M. de Fontenay[1] sur Durand, et j'espère que ce qui a été écrit en Pologne fera son bon effet.

### L. — LOUIS XV A TERCIER.
[Autogr. Arch. de l'Emp. K. 157.]

A Versailles, ce 20 janvier 1758.

Je vous renvoie la lettre de Constantinople, où il ne me paroist pas qu'il y aie rien de bien intéressant. — Je vous renvoye aussy les deux nottes approuvées, une de votre main, l'autre de celle du comte de Broglie ; et Guimard[2] vous remettra avec cette lettre les vingt-deux mille livres que vous demandes. Je vous tascheres de vous renvoier demain le projet de lettre au sieur Durand, où je joindrai sa lettre du 21 décembre.   L.

### LI. — LOUIS XV A TERCIER.
[Autogr. Arch. de l'Emp. K. 157.]

Ce 22 mars 1758.

Je vous renvoie les deux lettres en chiffre du comte de Broglie et celle de M. de Vergennes, sur laquelle j'approuve ce que vous me proposes. — A l'égard du comte de Broglie, il est icy, et je vais tascher de répondre à plusieurs lettres que j'ay reçues de lui, si j'en ay le temps.

### LII. — LOUIS XV AU COMTE DE BROGLIE.
[Autogr. Arch. de l'Emp. K. 157.]

J'ay lu toutes vos lettres et mémoires ; mais il s'en faut de beaucoup que j'aie le temps d'y répondre aussy viste que vous le désireries. Je ne vois point d'inconvénient

---

[1] M. de Fontenay était ambassadeur de l'Électeur de Saxe à Paris.

[2] Guimard, l'un des valets de chambre favoris du Roi, partageant avec le Bel la confiance de son maître; mais le Bel avait des titres spéciaux à la faveur du Roi.

que M. Jacobousky[1] et vous voies M. le prince de Conty selon votre coutume. Modérés votre vivacité et prenes patience jusqu'à ma réponse. L'abbé de Bernis ne vous a rien dit de plus que ce que nous étions convenus qu'il vous diroit, mais ne vous effraies pas, quoique je pense qu'il soit bien difficile que vous retournies en Pologne tant que Brühl y sera[2].

Ce 25 (mars ou avril 1758), au soir.

### LIII. — LOUIS XV A TERCIER.
[Autogr. Arch. de l'Emp. K. 157.]

Je ne vois point d'inconvénient que le général Monet[3] présente son mémoire à l'abbé[4] : cela marquera toujours son zèle, mais vous en scaves, je croy, asses pour sentir qu'il ne peut réussir qu'en partie. — Je joins icy une lettre que je viens de recevoir à l'instant de Constantinople.

Ce 27 avril (1758).

### LIV. — LOUIS XV AU COMTE DE BROGLIE.
[Autogr. Arch. de l'Emp. K. 157.]!

A Versailles, ce 24 may 1758.

Il ne m'a pas encore été possible de répondre à toutes vos lettres. Madame la Dauphine et l'abbé de Bernis m'ont parlé pour l'inspection pour vous[5]. Je vous scay gré de

---

[1] Sur Jacobowsky, voy. plus haut p. 197. Ce Polonais reçut 300 ducats, valant 3,300 liv. (Livre rouge.)

[2] Premier ministre du Roi de Pologne, avec lequel M. de Broglie avait eu des difficultés.

[3] Sur M. Monnet, voyez plus haut, p. 78, et la Table. Le Livre rouge nous apprend que le général Monnet touchait une pension de 6,000 livres. — Il s'agissait d'un poste diplomatique que le général sollicitait.

[4] L'abbé de Bernis, ministre des affaires étrangères.

[5] Il est question des fonctions d'inspecteur de l'armée que sollicitait le comte de Broglie, qui était dégoûté de la diplomatie et qui désirait rentrer dans la carrière des armes.

toutes les peines que vous vous êtes données pour mon service, et je ferais ce qu'il me sera possible pour vous. Il n'étoit pas possible de vous renvoier en Pologne après tout ce qui s'y est passé entre vous et le comte de Bruhl, surtout le Roi de Pologne ne voulant pas s'en séparer. Les circonstances sont bien délicates, et je vous ferais scavoir mes intentions le plus tost que je pouray. En attendant, vous pouves vous tranquiliser, tant sur vous que sur les vôtres. — Je vous renvoie le mémoire de Durand.

### LV. — LOUIS XV A TERCIER.
[Autogr. Arch. de l'Emp. K. 157.]

Ce 28 may (1758).

Je vous renvoie la lettre de Constantinople et le projet de réponse à faire que j'approuve. Je parleray tantost à Janell en conséquence de ce que vous me proposes.

### LVI. — LOUIS XV A TERCIER.
[Autogr. Arch. de l'Emp. K. 157.]

Je vous envoie une lettre de Constantinople à déchiffrer. — Voilà Monteil qui va partir [1] : le comte de Broglie n'est pas icy. Que croiez vous qu'il faille faire dans cette circonstance sur le secret ?

Ce 10 juillet 1758.

### LVII. — LOUIS XV A TERCIER.
[Autogr. Arch. de l'Emp. K. 157.]

Ce 30 juillet 1758.

J'étois déjà très porté à ne pas mettre M. de Monteil [2]

---

[1] M. de Monteil figure sur le Livre rouge à la date du 22 septembre 1758 comme ayant reçu 1,633 l. 15 s. pour ses dépenses pendant les huit premiers mois de l'année.

[2] M. de Monteil était envoyé en Pologne.

dans le secret, tant que Durand y sera. Continues votre correspondance avec lui. S'il est indispensable qu'il revienne, nous voirons pour lors ce qu'il y aura à faire. Je vous renvoie la lettre de Constantinople. — Mandes à Durand mes ordres [1].

### LVIII. LOUIS XV AU COMTE DE BROGLIE.
[Autogr. Arch. de l'Emp. K. 157.]

A Versailles, ce 30 juillet 1758.

Je mande à Tercier qu'il ne faut pas admettre M. de Monteil pour le présent dans le secret et d'en instruire Durand, pour qu'il se conduise en conséquence. Vous deves bien vous tranquiliser sur votre compte. Paié dessus les pensions ou gratifications les sieurs Linan, Gérault et Sadoul pour cette année, et dites leur que je paires exactement tous les ans ce qui leur a été promis, et je vous donne le reste.  Louis.

### LIX. — LOUIS XV A TERCIER.
[Autogr. Arch. de l'Emp. K. 157.]

A Saint-Hubert, ce 10 aoust 1758.

Je vous renvoie l'ordre pour Durand approuvé, et le mémoire qui le regarde apostillé, l'un et l'autre étant plus pressé; je garde le grand mémoire et je vous le renvoieres avec le temps et mes réflexions. Le comte de Broglie a bien servi, mais il est un peu vif, et, vis à vis du comte de Brul, il n'y avoit plus moien de l'y faire trouver. Voilà uniquement ce qui m'a desterminé à son rapel. — Continues à me bien servir et laisses là l'approbation des beaux esprits, ce qui a achevé de bouleverser

---

[1] M. Durand fut rappelé; en effet, d'après le Livre rouge, il fut remboursé de ses dépenses en Pologne jusqu'au 19 septembre 1758, date de son retour. [5 novembre.]

les têtes. — Je suis content de vous : renfermes vous dans votre besogne.

### LX. — LOUIS XV A TERCIER.
[Autogr. Arch. de l'Emp. K. 157.]

Ce 21 (août) au soir 1758.

Vous pouves rassurer Durand. Je vous renvoie sa lettre[1].

### LXI. — LOUIS XV A TERCIER.
[Autogr. Arch. de l'Emp. K. 157.]

A Versailles, ce 12 septembre 1758.

Je pense qu'il faut s'en raporter au sieur d'Éon pour scavoir s'il remettra votre lettre à M. de Vorosof ou non, et par conséquent lui envoier les deux façons, qu'il vous renvoiera par voie sûre celle dont il ne se sera pas servi. Je vous renvoie la lettre de Constantinople. Je vous répondres incessament sur ce qui regarde la Pologne[2].

---

[1] M. Durand était effrayé du rappel du comte de Broglie et attribuait ce rappel à un changement de système politique.

[2] D'Éon était à Saint-Pétersbourg l'intermédiaire de la correspondance intime entre Tercier, au nom du Roi, et M. de Woronzow, au nom de la Czarine Élisabeth. — Voici à ce sujet de curieux détails extraits d'une lettre du chevalier d'Éon à M. de Vergennes, datée de Londres, 28 mai 1776 : « Lors de la signature de la transaction entre M. de Beaumarchais et moi, le 4 novembre dernier, je lui ai confié un volume in-quarto du livre de l'*Esprit des lois*, pour vous être remis en mains propres, afin que la couverture soit décollée devant vous et que vous puissiez prendre les papiers en chiffres et en clair qui y étoient renfermés. J'ai montré à M. de Beaumarchais le secret de cette couverture, qui consiste en deux cartons. Entre ces deux cartons on met des papiers secrets; puis, quand les bordures de la peau de veau sont repliées et la feuille de papier marbré du livre collée par dessus, en le mettant un jour sous la presse, la couverture prend une telle consistance qu'il seroit impossible, même à un relieur, de deviner le secret. Ce livre est celui même qui m'a été remis par feu M. Tercier lors de mes premiers voyages en Russie, pour y porter à l'Impératrice Élisabeth les lettres secrètes du feu Roi, avec un chiffre, pour que cette princesse et son confident le grand chancelier Woronzow pussent correspondre avec Sa Majesté et M. Tercier à l'insu des ministres et des ambassadeurs. Ce livre contenoit aussi mon chiffre

## LXII. — LOUIS XV A TERCIER.

[Autogr. Arch. de l'Emp. K. 157.]

A Fontainebleau, ce 26 octobre 1758.

Je vous renvoie les dernières lettres du sieur Durand. Je pense qu'il vaut mieux laisser la correspondance secrette au sieur Géraud qu'à M. Jacobosky, mais encore vaudra-t-il mieux se servir de la voie que Janel m'a indiquée, et je vais la lui demander par écrit pour en être plus sûr.

Vous scaves que l'argent est rare en ce temps cy. Je vous donneray pourtant mil louis très incessament : le reste viendra après. Mais, en conservant notre parti en Pologne, mettes leur bien dans la teste que jusqu'à ma mort je ne me sépareray point de l'Impératrice Reine, et que mon fils est dans ces mêmes sentiments.

Je vous renvoie votre projet de réponse à M. de Ver-

avec le Roi et M. Tercier, et un autre avec monseigneur le prince de Conti, M. Tercier et M. Monin. Mais le prince de Conti étant venu à se brouiller avec madame de Pompadour et le feu Roi, j'eus l'ordre de ne plus suivre que lentement la négociation secrète de ce prince. Je reçus un nouveau chiffre pour correspondre uniquement avec le Roi, M. Tercier et M. le comte de Broglie, à Versailles, et à Saint-Pétersbourg uniquement avec l'Impératrice Élisabeth et son chancelier Woronzow, avec l'ordre positif du Roi pour que ni les ministres de Versailles, ni même le marquis de l'Hôpital, qui fut nommé en 1757 ambassadeur en Russie et moi secrétaire d'ambassade, ne pussent soupçonner cette intelligence secrète.

« J'avois de plus l'ordre du Roi pour lui envoyer toutes les dépêches du ministre des affaires étrangères avec les réponses de l'ambassadeur et mon avis particulier sur tout, ce que j'ai exécuté fidèlement tant en Russie qu'en Angleterre. Je me servois de ce même livre à mes différents retours en France, pour rapporter les papiers les plus secrets que l'Impératrice et son chancelier Woronzow me confioient pour Sa Majesté, M. le prince de Conti et M. Tercier.

» Jamais personne autre que les personnes intéressées n'a été informé de toute cette intrigue politique, qui a commencé en 1755 par le prince de Conti et M. Tercier et qui a été exécutée par le chevalier Douglas et moi seulement. M. le comte de Broglie lui-même et M. le baron de Breteuil n'ont attrapé cette affaire que par la queue ; ils n'en connoissoient pas encore la tête. » [Arch. des affaires étrangères. — *Mémoires de d'Éon*, t. I, p. 101.]

gennes, que vous m'avés envoié le 27 septembre, pour y changer ce que la lettre que vous m'avés envoié depuis exigera : du reste, je l'approuve, et vous n'aures qu'à le faire partir, s'il n'y a rien de nouveau qui exige qu'il repasse sous mes yeux. Votre grand mémoire est bien étendu.

Il y a apparence que le prince Charles va être duc de Courlande. Il y a apparence qu'un seul des cadets [1] va entrer dans l'état ecclésiastique : l'électorat de Cologne pourra être son fait. Madame la Dauphine n'aime véritablement que le prince Xavier, et, depuis qu'il est à mon armée, il a acquis l'estime générale de tous les François. Mais il faut attendre le dénouement de tout cecy avant de se determiner. Conserver nos amis en Pologne, et surtout M. Mocranovsky, car le Palatin de Belz me paroist doutteux, et surtout que Durand prenne bien garde aux papiers secrets. Avant la fin de l'année sûrement, nous verrons plus clair pour prendre un parti sûr.

### LXIII. — LOUIS XV A TERCIER.
[Autogr. Arch. de l'Emp. K. 157.]

A Choisy, ce 10 novembre 1758.

Je vous renvoie la copie de la lettre du grand général de Pologne. Ce que M. Jacobowsky propose pour la correspondance des lettres poura servir dans quelques occasions, ainsy que le chiffre que vous poures lui donner lors de son départ, qui me paroît estre différé jusqu'à l'arrivée de M. le duc de Choiseul. Je vous renvoie aussy le postscriptum approuvé pour M. de Vergennes, que vous metteres en chiffre, pour que je puisse remettre le tout dimanche à Janel; la voie dont il propose de se servir par couvert est par Gênes et Naples. Pour celle de Pologne, il dit qu'il n'avoit rien de sûr tant que la Saxe ne sera

---

[1] Il s'agit ici des fils d'Auguste III.

pas évacuée et que Bremen sera au Roi d'Angleterre. Je vous renvoie les nouvelles dépesches que vous m'avés envoié ; j'avois changé un mot, mais il n'est pas de conséquence : ainsy je donnerai le paquet à Janel.

Ce 11 novembre, à Versailles.

### LXIV. — LOUIS XV A TERCIER.
[Autogr. Arch. de l'Emp. K. 157.]

J'approuve que vous vous servies de Baron, notaire, puisque vous en êtes sûr.

Ce 19 novembre 1758.

### LXV. — LOUIS XV A TERCIER.
[Autogr. Arch. de l'Emp. K. 157.]

A Versailles, ce 2 décembre 1758.

Je vous renvoie la lettre de Constantinople, et l'espèce de manifeste de M. Mocranousky. Le changement de votre ministre me fait garder la lettre pour Durand, étant bien aise de voir tout ce qu'il me dira de Vienne auparavant [1]. — Je vous envoires deux ordonnances de vingt mille livres, dès que M. Boulogne me les aura remise, et vous aures le reste en argent à la fin de l'année.

### LXVI. — LOUIS XV A TERCIER.
[Autogr. Arch. de l'Emp. K. 157.]

Ce 7 décembre 1758.

Je vous renvoie les lettres de Ruben : il est fort au fait de la cour de Berlin, et, s'il étoit besoing, je pense qu'il pouroit y mieux servir qu'aucun autre ; mais nous ne sommes pas dans ce cas là, et je n'aime guère les menées sourdes. Si Sa Majesté Prussienne tombe dans le précipice, tant pis pour lui. Je ne me départiray jamais de l'alliance de l'Impératrice.

[1] Allusion à la retraite de l'abbé de Bernis, remplacé au ministère des affaires étrangères par le duc de Choiseul, ambassadeur à Vienne.

### LXVII. — LOUIS XV A TERCIER.
[Autogr. Arch. de l'Emp. K. 157.]

A Versailles, ce 20 décembre 1758.

Je vous envoie deux ordonnances de vint mil livres chacune, paiable au trésor royal en deux semaines[1]. Vous les faires acquitter bien secrettement, comme les précédentes que je croy vous avoir déjà envoiée. Vous me manderes ce qu'il faut de surplus pour achever les paiements, tant en Pologne qu'à Paris.

### LXVIII. — LOUIS XV A TERCIER.
[Autogr. Arch. de l'Emp. K. 157.]

25 janvier 1759.

Je vous renvoie le projet que vous me demandes. J'y ay mises quelques apostilles, y aiant quelques changements à faire. Faites en un projet nouveau. Envoies le moy pour l'approuver et le faire partir. — Je parleres dimanche à M. Boulogne[2] : sûrement les ordonnances seronts acquitées dans la semaine prochaine[3].

### LXIX. — LOUIS XV A TERCIER.
[Autogr. Arch. de l'Emp. K. 157.]

A Versailles, ce 23 février 1759.

Je renvoie les lettres pour MM. de Vergennes et Durand approuvés, avec un ordre pour vous et un pour le comte de Broglie. Je vous renvoieres le plus tost possible celles pour MM. d'Havrincourt et d'Eon.     Louis.

Je rouvre ma lettre pour vous renvoier celle à M. d'Havrincourt : je trouve qu'elle lui donneroit trop lieu de

---

[1] Ces deux ordonnances figurent au Livre rouge à la date du 17 décembre, sans affectation spéciale, avec la seule mention : *Par ordre du Roi.*

[2] Contrôleur général.

[3] Il s'agit ici des deux ordonnances en date du 17 décembre 1758, annoncées dans la lettre précédente. On voit que le trésor mettait peu de célérité à payer même les bons du Roi.

croire que je ne suis pas content de M. de Choiseuil[1]. Ainsy renvoies moy un autre projet corrigé. J'ay approuvé celle pour le sieur d'Eon[2].

### LXX. — LOUIS XV AU COMTE DE BROGLIE.
[Autogr. Arch. de l'Emp. K. 157.]

A Versailles, ce 3e mars 1759.

Depuis l'aprobation que Tercier a donné à l'ouvrage de l'Esprit, l'on a cherché un prétexte pour le renvoier des affaires étrangères. Le cardinal de Bernis dans ce temps là en fut sur le point, mais se contenta de lui laver la teste; la Reine n'a pas voulu garder Helvetius dans sa maison, et M. de Choiseuil a pris ce prétexte là pour renvoier Tercier[3]; moi je ne connois n'y ne veux connoître que mon secrétaire d'État, ainsy je les laisse entièrement le maître de leurs commis. Voies avec lui ce qu'il veut demander et comment continuer les affaires secrettes de la Pologne. J'ay été fasché pour luy de l'afaire où il s'est engagé, et d'autant plus que sûrement il n'avoit leu ce livre de l'Esprit que très superficiellement. Je ne croy point comme vous que M. le duc de Choiseuil ait connoissance du secret; à l'égard de votre mariage, je n'assure les droits par une pension que dans le cas où le bien ne le peut pas, et le vôtre le peut, mais si vous venies à être tué à mon service j'aurois autant de soins de vos enfans que j'ay eu de vous autres.

Je profitte de cette occasion pour vous envoier une lettre à déchiffrer.

[1] Alors ministre des affaires étrangères.
[2] D'Éon était toujours en Russie.
[3] Tercier était censeur royal. Il avait été chargé d'examiner le fameux livre De l'Esprit, d'Helvétius; il avait donné son approbation à la légère. On avait pris de là prétexte pour le destituer de ses fonctions de premier commis des affaires étrangères. Quant à Helvétius, il fut forcé de se démettre de la charge qu'il avait dans la maison de la Reine.

### LXXI. — LOUIS XV A TERCIER.
[Autogr. Arch. de l'Emp. K. 157.]

M. le duc de Choiseuil m'a proposé pour vous six mille livres, dont une partie reversible sur votre femme et vos enfans; je veux bien y en ajouter trois mille livres sur les fonds extraordinaires de Pologne, ce qui, avec les six mille livres des Postes, vous faira quinze mille livres. Vu le temps, il m'est impossible d'aller plus loing; comme vous êtes boiteux et que votre santé est desrangée, mon intention est que vous ne retournies plus au cabinet[1]; je verres avec Jannel si l'on pouroit vous donner le brevet que vous désires, mais sans aucune fonction et seulement *ad honores*. Du reste j'approuve l'arrangement pour que vous continuies la correspondance secrette. Je vous renvoie la lettre de Constantinople et la lettre à Durand approuvée ainsy que le proscriptum.

A Versailles, ce 11 mars 1759.

### LXXII. — LOUIS XV A TERCIER.
[Autogr. Arch. de l'Emp. K. 157.]

Je vous charge, Tercier, de continuer l'expédition de mes ordres secrets à mes ministres en Pologne, pour la négotiation dont vous avez connaissance, ainsy que des autres parties qui peuvent y avoir raport; vous communiqueres le tout au comte de Broglie et vous vous concerteres avec lui sur les projets de réponse à leur faire. Je vous ordonne d'observer le plus grand secret dans toute cette affaire. LOUIS.

Fait à Versailles, ce 22° mars 1759.

### LXXIII. — LOUIS XV AU COMTE DE BROGLIE.
[Autogr. Arch. de l'Emp. K. 157.]

Monsieur le comte de Broglie, mon intention étant de

---

[1] Il s'agit ici du cabinet noir de la poste.

continuer en Pologne la négotiation secrette que vous y aves suivie pendant votre ambassade avec zèle et succès, je veux que vous en aies la principale direction. En conséquence, j'ordonne au sieur Tercier, que j'ay chargé de l'expédition de mes ordres secrets à mes différents ministres qui peuvent concourir à cette affaire, de vous communiquer exactement tout ce qu'il recevra de relatif à cette négotiation et de se concerter avec vous sur les projets de réponse à y faire, pour, après que je les aurai approuvés, en faire l'expédition. Votre attachement à ma personne m'assure que vous feres un usage utile des connoissances que vous aves acquises dans cette partie, et que vous continueres à observer le plus exact secret comme vous aves fait par le passé. Louis.

Fait à Versailles, ce 23 mars 1759.

### LXXIV. — LOUIS XV A TERCIER.
[Autogr. Arch. de l'Emp. K. 157.]

[Le 29 mars 1759.]

Je croy vous avoir renvoié les minuttes que vous me demandes, car je ne les ai point trouvées. — Je vous renvoie les quittances que vous m'aves envoiée. — J'ay envoié la lettre chifrée et cacheptée à Jannel.

### LXXV. — LOUIS XV A TERCIER.
[Autogr. Arch. de l'Emp. K. 157.]

Ce 10 may [1759].

Je vous envoie ma réponse au comte de Broglie et une lettre de Constantinople à déchiffrer. Je ne suis pas encore prest sur le reste de ce que vous m'aves envoié.

### LXXVI. — LOUIS XV A TERCIER.
[Autogr. Arch. de l'Emp. K. 157.]

Le 17 juin 1759.

Je vous renvoie ce que vous désires. Faites de nouveaux

projets de réponse en conséquence des choses actuelles, et envoies les moy à mon retour.

### LXXVII. — LOUIS XV A TERCIER.
[Autogr. Arch. de l'Emp. K. 157.]

Ce 11 juillet 1759.

J'approuve le parti que le comte de Broglie propose pour calmer les inquiétudes des Turcs.

A l'égard [1] de madame de l'Etang, il faut laisser tout tomber en ne lui répondant pas. Il me paroist que c'est une bonne intrigante.

Il n'y a encore rien de pressé sur ce qui regarde le secret à confier ou non à M. de Paulmi [2], mais, s'il prend le sieur Henin pour secrétaire de confiance, cela poura peut-être suffire [3].

M. de l'Hôpital est bien cher à Pétersbourg. Il seroit à désirer qu'il en fût déjà revenu ; mais l'embarras seroit son successeur [4].

[1] L'original porte *à l'étang*, c'est un lapsus évident.
[2] M. de Paulmy venait d'être nommé ambassadeur de France en Pologne.
[3] Sur Hennin, voyez la Table. Dès 1755, il touchait un traitement de douze cents livres par trimestre. Livre rouge, 31 octobre 1755.
[4] Sur les dépenses de M. de l'Hôpital à Saint-Pétersbourg, voici des extraits du Livre rouge qui peuvent donner quelque idée de leur étendue. Le 15 décembre 1756 il toucha 40,000 l. ; le 19 novembre 1757, 150,000 l. ; le 6 mai 1758, 52,000 l. ; le 23 mai, 23,441 l. A la même date, quatre gentilshommes à sa suite reçurent 24,960 l. ; le 22 septembre, l'ambassadeur reçut 42,222 l. Et dans ces chiffres ne figurent que les dépenses extraordinaires. — Quelques années après, dans une lettre à d'Éon, M. de l'Hôpital relève noblement cette accusation de prodigalité dont il était l'objet. Confiné dans son manoir de Châteauneuf, il écrivait à son confident : « Je serois le plus heureux des hommes si j'étois sans dettes. On me reproche d'avoir trop dépensé dans mon ambassade, mais l'argent est le grain que j'ai semé pour arriver à la confiance, et c'est ainsi que nous avons mené sur l'Oder cent mille Russes qui ont gagné quatre batailles. Cependant on m'a reproché presque durement que j'avois jeté l'argent par les fenêtres ; mais on ne peut m'accuser de l'avoir ramassé pour m'enrichir... »

Vous faites bien de prendre toutes les mesures possibles pour que le secret ne soit divulgué.

### LXXVIII. — LOUIS XV A TERCIER.
[Autogr. Arch. de l'Emp. K. 157.]

Ce 15 juillet 1759.

Il ne m'est pas aisé de scavoir si la dépesche à M. Durand a étée portée par un courier, puisque ce postcript est de la main de M. le duc de Choiseuil; il n'étoit sûrement pas chiffré, mais Durand le scet et doit vous le mander, sinon faites le lui remarquer et promptement.

### LXXIX. — LOUIS XV A TERCIER.
[Autogr. Arch. de l'Emp. K. 157.]

Ce 9 aoust 1759.

Je suis bien sûr que Janelle ne dira rien, mais tous ces commis des postes, s'il leur recommandoit particulièrement les lettres du comte de Broglie, pouroient en être surpris; ainsy, je pense qu'il faut continuer à courir les risques ordinaires. Vous pouves mettre les dessus de lettres tant que vous voudres. J'approuve que vous mettiez tout en chiffre et de mestre au fait le sieur Hénin, si vous en êtes sûr, et point encore M. de Paulmi.

### LXXX. — LOUIS XV A TERCIER.
[Autogr. Arch. de l'Emp. K. 157.]

A Choisy, ce 14 aoust 1759.

Vous poures envoier le mémoire[1] que je vous renvoie, tel qu'il est et que vous me le proposes.

### LXXXI. — LOUIS XV A TERCIER.
[Autogr. Arch. de l'Emp. K. 157.]

A Choisy, ce 30 aoust 1759.

M. d'Éon me paroît s'être fort trompé sur la Russie;

---
[1] C'est le mémoire sur la Courlande à consulter à Strasbourg. (Tercier.)

nous voirons ce qu'il dira, quand il aura appris les batailles du 23 et du 12, et puis que les Russes auront passé l'Oder.

Vous manderes apparamant à M. Durand la méprise qu'il a faite.

Je suis bien persuadé de votre zèle sur toutes les affaires dont on vous chargera. Je vous envoie un gros paquet qui, par l'adresse et la forme du papier, vient, je crois, de Suède.

### LXXXII. — LOUIS XV A TERCIER.
[Autogr. Arch. de l'Emp. K. 157.]

Le 4 octobre 1759.

M. le duc de Choiseuil a mandé à M. de l'Hôpital de scavoir si M. de Breteuil seroit agréable à la Czarine, soit en sous ordre avec lui, soit seul, étant très-mécontent du dit M. de l'Hôpital, lequel, quand on lui mande d'éclaircir un fait, s'en ouvre d'abord avec M. de Voronzof, même le regardant. Ainsy, il faut bien se donner de garde de lui confier le secret des Anglais venu par la Suède, car il iroit lui dire d'abord tout cruement et sans aucuns préparatifs. Je vous renvoie la lectre pour le comte de Broglie approuvée; cependant je ne scay s'il n'y faut pas faire quelques changements, vu ce que dessus. Je pense aussy qu'il faut attendre le moment du départ de M. de Paulmi pour mettre au fait le sieur Hénin.

### LXXXIII. — LOUIS XV A TERCIER.
[Autogr. Arch. de l'Emp. K. 157.]

Ce 7 octobre 1759.

Si le comte de Broglie est au fait de la correspondance de M. de Woronzof, il n'y a pas d'inconvénient à lui envoier la copie de vostre lettre [1].

---

[1] M. de Woronzow, le chancelier, avait reçu du Roi en cadeau cinquante mille roubles. (Livre rouge, 17 septembre 1758.)

### LXXXIV. — LOUIS XV A TERCIER.
[Autogr. Arch. de l'Emp. K. 157.]

A Versailles, ce 14 octobre 1759.

Je vous renvoie les lettres de Russie, de Constantinople et du comte de Broglie. L'argent, comme vous scaves, est bien rare, et il n'est pas possible de tirer d'ordonnance sur le trésor royal. Ses fonds iront cependant, mais beaucoup plus doucement. Je vous en envoie un petit commencement, et Guimard vous remettra, d'icy à la fin de l'année, 30,000 livres en or. Ce commencement est en deux parties, l'un de 7,200 livres, et l'autre de 1,250, en total 8,430 livres paiable ce mois cy. L.

### LXXXV. — LOUIS XV A TERCIER.
[Autogr. Arch. de l'Emp. K. 157.]

Ce 21 octobre 1759.

Je vous envoie encore 100 billets des actions des fermes à 25 livres pièce, au total 2,500 livres, et Guimard vous remectera en même temps 6,000 livres en or.

### LXXXVI. — LOUIS XV A TERCIER.
[Autogr. Arch. de l'Emp. K. 157.]

Ce 26 octobre 1759.

Vous n'aves qu'à redemander au sieur Baron[1] les 65 coupons de remboursement et me les renvoier.

### LXXXVII. — LOUIS XV A TERCIER.
[Autogr. Arch. de l'Emp. K. 157.]

Le 1er novembre 1759.

Comme il y a apparance qu'on n'aura pas paié les derniers billets, redemandes les pour me les renvoier de même que les autres.

---

[1] C'est le notaire dont il a été question plus haut, 19 novembre 1758.

### LXXXVIII. — LOUIS XV A TERCIER.
[Autogr. Arch. de l'Emp. K. 157.]

Ce 3 novembre 1759.

Je croy que je me suis trompé, et que ce qui est échu au premier octobre aura été passé. Ainsy, s'il est encore temps, ne redemandes pas les billets, ou bien renvoies les après vous être assurés qu'on les paiera.

### LXXXIX. — LOUIS XV A TERCIER.
[Autogr. Arch. de l'Emp. K. 157.]

Ce 16 novembre 1759.

Je me connois fort mal en projets de finances; mais je croy que celui que vous m'aves addressé poura être bon quand le crédit sera revenu. Vous faites bien de le remettre à M. le duc de Choiseuil par la voie que vous croires la plus convenable.

### XC. — LOUIS XV A TERCIER.
[Autogr. Arch. de l'Emp. K. 157.]

A Versailles, ce 25 janvier 1760.

Je vous renvoie les paquets que vous m'aves envoiés de Stockolm et de Constantinople. — Vous m'envoieres un projet pour mectre au fait le sieur Hennin. Le plus tard sera toujours le mieux. — J'ay pris une note du sieur de Lamey [1]. — C'est apparement le sieur Schogonoff qui m'a été présenté il y a quinze jours, vous lui aves très-bien répondu. Tasches d'éluder de même sur la réponse qu'il vous demande jusqu'à ce que vous aiées des nouvelles du comte de Broglie, si cela est possible; sinon, travailles à un projet et envoiées le moy. — Je vous renvoie la lettre du comte de Broglie.

---

[1] M. de Lameth, beau-frère du comte de Broglie, fut envoyé en Pologne.

### XCI. — LOUIS XV A TERCIER.
[Autogr. Arch. de l'Emp. K. 157.]

A Marly, ce 6 février (1760).

Je vous renvoie la lettre de Stockolm et j'en joins une autre à déchiffrer. Je vous renvoieres, le plus tost qu'il me sera possible, ce qui regarde la Pologne et la Russie.

### XCII. — LOUIS XV A TERCIER.
[Autogr. Arch. de l'Emp. K. 157.]

A Marly, ce 7 février 1760.

Je vous renvoie les lettres et mémoires que vous m'aves envoiés, le 4 de ce mois. J'approuve la réponse que vous proposes de faire verbal au sieur Schogonoff. — Vous voieres aussy comment j'ay approuvé le projet de lettre à M. de Voronzoff. Je croy qu'on y peut laisser le dernier article. — A l'égard de la lettre du comte de Broglie, il auroit pu n'y pas mettre la disgression qu'il y a mise. Je la garde en conséquence, pour y pouvoir répondre si je le croy nécessaires. Le reste, je trouve qu'il y pense bien.

### XCIII. — LOUIS XV A TERCIER.
[Autogr. Arch. de l'Emp. K. 157.]

A Versailles, ce 22 février 1760.

Il n'y a certainement rien à craindre de la découverte des lettres de madame la Dauphine et du comte de Luzace[1]; je lui en ay parlé et elle m'a assuré qu'il n'y avoit que le comte de Brul qui pût en être scandalisé, mais que cela ne lui apprendra rien qu'il ne scache.

J'approuve qu'on continue l'affaire secrette. J'ay beaucoup réfleschi sur le secret à confier au baron de Breteuil et j'y réfléchires encore, cependant envoies moy un projet

---

[1] Le comte de Luzace n'était autre que le prince Xavier de Saxe, frère de madame la Dauphine.

des deux ordres que le comte de Broglie propose; mais au moins je ne lui dirois qu'au dernier moment de son départ qui doit être prochain, et je lui tournerois de façon que c'est pour madame la Dauphine qu'on travaille principalement et le secret pour la surprendre agréablement.

Le jeune homme n'est, je pense, que pour faire plaisir au duc de Gontaux et pour un premier essay [1].

### XCIV. — LOUIS XV AU COMTE DE BROGLIE.
[Autogr. Arch. de l'Emp. K. 157.]

Le comte de Broglie remettera l'ordre cy joint au baron de Breteuil et recevra de lui la communication des instructions, soit verbales, soit par écrit, qui lui auronts été remise par le duc de Choiseuil, pour, après les avoir examinées de concert avec le sieur Tercier, en dresser de particulières et secrettes relativement à ce qu'ils connaissent de mes intentions tant sur la Russie que sur la Pologne, et me les envoier affin que je puisse les examiner, les approuver ou les corriger avant qu'elles soient remises au baron de Breteuil.   LOUIS.

A Versailles, ce 24 février 1760.

### XCV. — LOUIS XV AU COMTE DE BROGLIE.
[Autogr. Arch. de l'Emp. K. 157.]

Ce 26 février 1760.

Je vous envoie les deux ordres que vous m'aves demandé. Comme je ne scay si vous êtes encore icy, j'envoie cette lettre à Tercier qui vous la faira remettre plus sûrement et plus secrettement.

---

[1] J'ignore de quel jeune homme il s'agit ici et qu'on voulait placer pour plaire à M. de Gontault.

## XCVI. — LOUIS XV AU BARON DE BRETEUIL [1].

[Flassan, *Hist. de la diplomatie française*, d'après les papiers de M. de Breteuil [2], t. VI, p. 289.]

26 février 1760.

Monsieur le baron de Breteuil, sur les comptes avantageux qui m'ont été rendus de vous, je me suis déterminé à vous nommer mon ministre plénipotentiaire en Russie et à vous admettre à une correspondance secrète avec moi, que je n'ai jamais voulu qui passât par mes ministres des affaires étrangères. Le comte de Broglie qui vous remettra cette lettre et le sieur Tercier en ont seuls la direction, et vous ajouterez foi à ce qu'ils vous diront de ma part. Vous leur remettrez les instructions que vous avez déjà reçues et que vous recevrez avant votre départ du duc de Choiseul, et vous leur communiquerez tout ce que vous aurez appris de lui-même verbalement sur les commissions dont vous êtes chargé, afin que, d'après ces connaissances, ils dressent des instructions particulières et secrètes de ce qu'ils savent de ma volonté sur les affaires de Russie et de Pologne. Dès que j'aurai examiné ces instructions, ils vous les feront passer le plutôt possible.

En attendant, je vous ordonne de différer votre départ, sous des prétextes que vous trouverez aisément, jusqu'à ce que vous les ayez reçues; et je vous recommande le secret sous les plus grandes peines envers qui que ce soit au monde, excepté le comte de Broglie et le sieur Tercier, et je compte sur votre fidélité et sur votre obéissance.

Louis.

[1] Cet ordre a été probablement rédigé par M. de Broglie et Tercier, mais corrigé, approuvé et transcrit par Louis XV.
[2] J'ignore ce que sont devenus les papiers de M. de Breteuil.

### XCVII. — LE BARON DE BRETEUIL AU ROI.
[Flassan, *Hist. de la diplomatie*, t. VI, p. 190.]

1er mars 1760.

J'ai instruit, suivant les ordres de Votre Majesté, M. le comte de Broglie et M. Tercier des différents points sur lesquels ont roulé les instructions verbales que j'ai reçues de M. le duc de Choiseul, en attendant que je puisse leur remettre celles par écrit, que je dois recevoir. Votre Majesté m'a en même temps fait la grâce de me prescrire d'entretenir avec elle une correspondance secrète relative aux vues dont elle jugera à propos de me faire part. Je supplie Votre Majesté d'être aussi assurée de mon exactitude que de la vérité de mes relations.

### XCVIII. — LOUIS XV AU COMTE DE BROGLIE.
[Autogr. Arch. de l'Emp. K. 157.]

A Versailles, ce 4 mars 1760.

Je vous renvoie l'état approuvé que vous m'avez envoié. — Ne comptes pas que l'argent vienne cette année, comme les précédentes. J'en ay déjà remis une partie à Tercier et je lui fairay passer le reste successivement mais à longs termes.

### XCIX. — LOUIS XV AU CHEVALIER D'ÉON [1].
[Flassan, *Hist. de la diplomatie*, t. VI, p. 190.]

Sieur d'Éon, des raisons particulières, jointes à la confiance que j'ai dans le zèle pour mon service et dans les talents du baron de Breteuil, mon ministre plénipotentiaire auprès de l'Impératrice de Russie, m'ont engagé à lui donner connaissance des correspondances directes que j'ai eues jusqu'à présent en Russie, inconnues à mon ministre des affaires étrangères et à mon ambassadeur. Il est

---

[1] Lettre rédigée par Tercier et M. de Broglie.

instruit aussi que vous avez été admis à ce secret, soit pour me faciliter la correspondance, soit pour me faire passer en droiture les particularités que vous jugerez devoir être mises sous mes yeux. Votre exactitude à vous acquitter de ce devoir, autant que votre situation et la distance des lieux ont pu vous le permettre, m'assure que vous me donnerez de nouvelles preuves de votre zèle pendant le séjour du baron de Breteuil à la cour de Pétersbourg. Je lui ai fait savoir que mon intention est que vous restiez auprès de lui en qualité de secrétaire pour travailler sous ses ordres seulement à cette correspondance secrète. Vous aurez trois mille livres d'appointements du ministre des affaires étrangères ; je vous ferai tenir tous les ans, à commencer de cette année, deux cents ducats que j'ajouterai à vos appointements ordinaires pour vous marquer ma satisfaction des services que vous m'avez rendus et que je compte que vous continuerez à me rendre.

Vous donnerez au baron de Breteuil toutes les notions que vous avez acquises sur le caractère de l'Impératrice de Russie, de ses ministres et de ceux qui sont employés dans les affaires, avec le plus d'exactitude que vous le pourrez, observant d'éviter également la partialité et la prévention. Vous y ajouterez vos réflexions sur la conduite que l'on a tenue depuis le commencement de la guerre jusqu'à présent, sur ce que vous croirez qu'on aurait pu faire pour le succès des vues de la cause commune et sur ce qui peut l'avoir retardé. Vous rassemblerez le tout dans un mémoire que vous lui remettrez et dont vous m'enverrez une copie chiffrée par la première occasion sûre ; enfin vous lui remetterez tout ce que vous jugerez, soit par le passé, soit pour l'avenir, être utile au bien de mon service. Vous attendrez cependant qu'il vous fasse part de ses instructions secrètes, afin d'en prendre copie et de lui dire en conséquence ce que vous penserez sur les moyens les plus convenables de les suivre avec succès. Elles doivent faire votre règle dans tout ce que vous direz tant sur ce qui a été fait que sur ce qu'on doit faire.

Cette marque de confiance que je donne au baron de Breteuil est une preuve de la persuasion où je suis qu'il exécutera mes ordres avec autant de zèle que de capacité. Malgré la sincérité de ses intentions dont je ne doute nullement, il peut cependant arriver qu'il se trompe sur le choix des moyens de remplir l'objet de mes instructions secrètes, vous lui exposerez avec déférence votre sentiment.

*De la main du Roi :*

Approuvé, le 7 de mars 1760.

### C. — LOUIS XV A TERCIER.
[Autogr. Arch. de l'Emp. K. 157.]

Ce 9 mars 1760, au matin.

Je vous renvoie vos cahiers, car vous êtes pressé de les ravoir, et il me faudrait plusieurs jours pour les lire, et encore avec beaucoup de peine [1].

### CI. — EXTRAIT DES INSTRUCTIONS REMISES PAR M. DE CHOISEUL A M. DE BRETEUIL [2].
[Flassan, *Hist. de la diplomatie*, t. VI, p. 216.]

16 mars 1760.

Le Roi lui ordonne plus particulièrement encore de s'appliquer à connaître, avec autant de précision qu'il sera possible, quelles sont les affections et les vues du grand-duc et de la grande-duchesse, et de travailler, mais sans

---

[1] Ces cahiers sont probablement les mémoires que Tercier rédigeait par ordre de M. de Choiseul pour le Dauphin et qu'il communiquait au Roi. — Voyez à ce sujet une lettre du 26 mai 1760, n° CX.

[2] Cet extrait est indispensable pour comprendre plusieurs lettres qui passeront sous les yeux du lecteur.

marquer ni affectation ni trop d'empressement, à se concilier leur bonté et leur confiance. Le marquis de l'Hôpital, par des motifs que la droiture de ses intentions justifie, n'a point cultivé cette jeune cour, et il a surtout indisposé contre lui la grande-duchesse, à l'occasion de la part qu'il a eue au rappel du comte Poniatowski, pour qui cette princesse paraissait avoir un goût décidé et une inclination très-vive. Le baron de Breteuil, à qui sans doute elle ne manquera pas de faire porter indirectement quelques plaintes à cet égard, profitera de cette occasion et de celles qui se présenteront par rapport au même objet, pour insinuer avec dextérité qu'il connaît assez le sentiment du Roi pour le grand-duc et la grande-duchesse, pour assurer que Sa Majesté serait aise de contribuer à leur satisfaction, et que s'il leur était agréable de revoir à Pétersbourg le comte Poniatowski, non-seulement Sa Majesté n'y ferait aucune opposition, mais serait même disposée à concourir au succès des mesures qu'on croirait devoir prendre pour engager le Roi de Pologne à le charger de nouveau de ses affaires en Russie. Le baron de Breteuil a trop d'usage du monde pour ne pas s'expliquer sur cette matière avec la plus grande circonspection, de façon à ménager scrupuleusement la délicatesse et l'amour-propre de la grande-duchesse.

### CII. — LOUIS XV A TERCIER.
[Autogr. Arch. de l'Emp. K. 157.]

A Versailles, ce 30 mars 1760, au soir.

Je vous renvoie les lettres de Constantinople et de Stokolm : ces dernières je n'ay fait que les parcourir. — A l'égard des instructions, j'iray le plus viste qu'il me sera possible et vous les renvoieres aussy tost. Renvoies-moy un projet d'ordre pour le sieur Henin, car j'ai jetté au feu celui que vous m'avies envoié, le croiant devenu inutil par le temps qu'il y avoit que je l'avois, et l'admission au secret du baron de Breteuil.

### CIII. — LOUIS XV A TERCIER.
[Autogr. Arch. de l'Emp. K. 157.]

A Choisy, ce 3 avril 1760.

Vous voires les changements que j'ay faits à votre deuxième projet de réponse; ils étoient nécessaires. Je vous renvoie des lettres de Constantinople et de Stockolm.

(*Ce qui suit est de l'écriture de Tercier, corrigé et approuvé par le Roi*).

Note de ce que le sieur Billet se propose de dire :

J'ay réfléchi sur cette réponse, j'y entrevois que, quoique la personne principale soit liée par des motifs qui l'empêchent de faire usage de l'ouverture qu'on luy a indiquée, elle [*rédaction de Tercier*] conserve néanmoins dans son cœur le fond de son ancienne amitié pour [*rédaction de Louis XV*] (a néanmoins dans son cœur le désir de voir finir les troubles qui subsistent avec celuy) à qui on donne cette réponse. Il est à présumer que s'il est dans les mêmes sentiments et qu'il s'occupe des moiens déterminés, je douterois fort qu'il en imaginât qui, conformément à la réponse, pussent tout concilier. — *Approuvé*[1].

### CIV. — LOUIS XV AU COMTE DE BROGLIE.
[Autogr. Arch. de l'Emp. K. 157.]

A Versailles, ce 5 avril 1760.

Il est très vray que M. de Choiseuil a lu au dernier Conseil les instructions pour M. de Paulmi ; elles promettent protection aux Polonois pour la liberté du choix de leur

---

[1] Ce Billet était un agent de la correspondance secrète. Il est probable qu'il s'agit d'ouvertures faites par le Roi d'Angleterre.

Roy, et peu d'argent, et en cela je ne puis le désaprouver, car le temps ne le permet absolument pas. Si la diette se tient, come cela est fort doutteux, l'on voira pour lors ce qu'il y aura à faire, mais vous sçavez que tant de personne onts intérest de la rompre, que je pense qu'avec peu d'argent l'on fera beaucoup. Il y a déjà du temps qu'il me parle du rapel de M. Durand, ce ne sera point par congé, mais tout à fait. L'on poura l'emploier ailleurs, mais sûrement, il ne partira pas que M. de Paulmi ne soit arrivé et qu'il n'ait eu le temps de l'instruire, ainsi que M. Hénin. Si j'avois contredit le retour de Durand, cela auroit donné du soubçon à M. de Choiseuil, et mis sur les voies de découvrir ce qu'il ne sçait certainement pas.

### CV. — LOUIS XV A TERCIER.
[Autogr. Arch. de l'Emp. K. 157.]

A Choisy, ce 16 avril 1760.

Vous pouves envoier la lettre dont vous m'envoies le projet, et que je vous renvoie, au comte Branisky. Je trouve le projet de lettre au baron de Breteuil trop long et avec trop de réflexions, faites m'en un autre plus court. Je vous renvoie les autres pièces approuvés, aux petits changements prests que j'y ai faits. Je trouve aussi les réflexions du comte de Broglie sur les instructions données à M. de Paulmy très justes [1].

### CVI. — LOUIS XV A TERCIER.
[Autogr. Arch. de l'Emp. K. 157.]

A Versailles, ce 23 avril (1760.)

Nous n'avions nulle certitude du mariage de la princesse de Zerbes, et il n'y a étée rien trouvée dans aucun

---

[1] C'est-à-dire que le comte de Broglie critiquait les instructions données à M. de Paulmy par M. de Choiseul.

papier de cela ¹. Je me souviens pourtant que dans le tant de l'arrest ² de M. de Fraignes on le disoit.

### CVII. — LOUIS XV A TERCIER.
[Autogr. Arch. de l'Emp. K. 157.]

A Versailles, ce 24 avril 1760.

Je vous renvoie vos lettres et les réponses approuvées. Il a été décidé dans le Conseil qu'on ne donneroit rien par écrit aux ministres de la Porte ³.

### CVIII. — LOUIS XV A TERCIER.
[Autogr. Arch. de l'Emp. K. 157.]

Ce 1ᵉʳ may 1760.

Je vous renvoie deux lettres que j'ay reçue avant hier à Bellevue; s'il y en a une de Constantinople, elle doit vous apprendre la fin tragique du sieur Linchon. Cet homme n'avoit il pas été employé par Castera ⁴, et il n'auroit pas eu connoissance des affaires secrettes de Pologne?

### CIX. — LOUIS XV A TERCIER.
[Autogr. Arch. de l'Emp. K. 157.]

10 may 1760.

Je vous renvoie la lettre de Stokolm. S'il est parlé dans les négotiations avec l'Espagne des démarches que la Reine d'Espagne avait faites en 1733 pour la couronne de Pologne en faveur de l'infant don Philippe, vous ne pouves

---

¹ La princesse de Zerbo, ou plutôt Zerbst, mère de Catherine II, alors femme du Czarewitch, plus tard Impératrice de Russie. Elle avait épousé en 1727 Chrétien-Auguste d'Anhalt Zerbst. Elle était princesse de Holstein, fille de Chrétien-Auguste, évêque de Lubeck. Elle mourut à Paris en 1760.

² Le marquis de Fraigne, employé dans la diplomatie.

³ Au sujet des garanties écrites que la Porte demandait.

⁴ Castera figure au Livre rouge, en date du 9 novembre 1750, comme ayant reçu une somme de 212 liv. 15 s., pour dépenses extraordinaires à Varsovie pendant le quartier de juillet 1750.

pas vous dispenser d'en parler den l'ouvrage que vous faites, mais sans réflexions qui aie lieu à la circonstance présente en Pologne. Si le duc de Choiseul vous en fait la remarque, vous lui en dires votre pensée. S'il vouloit absolument que vous le retranchassies de votre mémoire, vous le faires, puisque vous pensies qa'il n'y avoit pas grand inconvénient de ne pas l'y mettre [1].

CX. — LE COMTE DE WORONZOF, AU NOM DE L'IMPÉRATRICE ÉLISABETH, A TERCIER POUR COMMUNIQUER A LOUIS XV.

[Flassan, *Hist. de la diplomatie*, t. VI, p. 227.]

26 mai 1760.

Sa Majesté Impériale ayant appris avec une surprise et un déplaisir extrême la nouvelle dont on vient de lui faire part, d'après laquelle M. Durand [1], ministre du Roi à Varsovie, aurait insinué au comte de Brulh que Sa Majesté Très-Chrétienne n'aurait plus pour désagréable si Sa Majesté Polonaise voulait faire revenir ici M. le Stolnick de Lithuanie, comte Poniatowski, en qualité de son ministre. J'ai un ordre précis de l'Impératrice de faire parvenir à la connaissance du Roi, et d'insister en même temps de sa part auprès de Sa Majesté, que, quoiqu'elle ait de la peine à s'imaginer comment et par quel motif le susdit sieur Durand a été porté à cette démarche, Sa Majesté Impériale désirait néanmoins éclaircir sûrement ce point qui lui fait tant de peine, se promet de l'amitié du Roi que

---

[1] Pour comprendre cette lettre, il faut savoir que Tercier était chargé par M. de Choiseul de rédiger des mémoires avec les pièces du dépôt des affaires étrangères pour l'instruction du Dauphin. — Voir *Histoire de l'Académie des inscriptions et belles-lettres*, t. XXXV, p. 249 et 250.

[2] Durand ayant été autorisé par le duc de Choiseul à faire savoir à la Cour de Pologne que la Cour de France ne s'opposerait pas au retour de Poniatowski à Pétersbourg, l'Impératrice Élisabeth, mécontente, fit écrire cette lettre par le comte Woronzoff à Tercier.

par une suite de cette confiance qu'il a en elle, Sa Majesté voudra bien lui faire connaître sincèrement ce qui en est, et qu'elle fera enjoindre à ce ministre de faire incessamment ce qui conviendra pour réparer cette démarche, que, selon toutes les apparences, il aura faite sans y avoir été autorisée. J'attendrai avec impatience, monsieur, ce que Sa Majesté vous ordonnera de m'écrire à ce sujet pour en informer l'Impératrice.

### CXI. — LOUIS XV A TERCIER.
[Autogr. Arch. de l'Emp. K. 157.]

A Versailles, ce 23 juillet 1760.

M. le duc de Choiseul n'a eu en vue dans ce qu'il a mandé à Durand sur M. Poniatousky qu'une véritable indifférence, partant du principe que, si on l'avoit laissé, l'amour n'auroit pas duré, vu le caractère de la princesse, et que s'il y retournoit, il ne en seroit encore de même, mais il n'a point du tout eu en vue de l'y faire retourner, et il ne pressera pas pour cela même, au contraire, surtout sçachant l'effet que cela fairoit à la Czarine [1].

### CXII. — LOUIS XV A TERCIER.
[Autogr. Arch. de l'Emp. K. 157.]

Ce 29 juillet 1760.

J'ay lu un peu tard votre mémoire sur l'Angleterre. Je trouve bon que vous écrivies pour en vérifier les faits et suivre cette nouvelle secte dont j'avois déjà entendu parler pour l'Allemagne, M. de Sinzendorf étant de ce païs là [2].

---

[1] Voyez l'extrait des instructions de M. de Choiseul auxquelles le Roi fait allusion, n° CI, 16 mars 1760.

[2] Voyez sur M. Sinzendorf et sur les faits auxquels cette lettre fait allusion, l'Étude préliminaire, p. 105 et 106. — Il pourrait être fait allusion dans cette lettre à la secte des Méthodistes.

CXIII. — LOUIS XV A M. DE BRETEUIL [1].

[Flassan, *Hist. de la diplomatie*, t. VI, p. 229.]

16 août 1760.

Monsieur de Breteuil, la copie ci-jointe de ce que l'Impératrice de Russie m'a fait parvenir par le canal de M. Woronzow vous fera connoître combien cette princesse est peinée de la déclaration que M. le duc de Choiseul a donné ordre au sieur Durand de faire au sujet du comte Poniatowski. On étoit, il est vrai, persuadé que le séjour de ce ministre à Pétersbourg étoit contraire aux intérêts de l'alliance par ses liaisons avec l'Angleterre, les préventions favorables qu'il inspiroit à la grande-duchesse, les intrigues que cette princesse pouvoit entretenir par son moyen avec le comte de Brühl, et la jalousie du grand-duc, ainsi que les tracasseries qui devoient en résulter.

Vos instructions secrètes ont prévu tout ce qu'on pouvoit craindre de son retour à Pétersbourg, et vous avez eu ordre de l'empêcher, autant qu'il dépendoit de vous, sans choquer ouvertement la grande duchesse. Le duc de Choiseul, ignorant mes instructions secrètes, s'est conduit sur un autre principe : il a pensé que la facilité que l'on apporteroit au retour du comte Poniatowski ralentiroit l'amour de la grande-duchesse, irrité jusqu'à présent par les obstacles, et que, perdant insensiblement le goût qu'elle a pour ce ministre, elle pourroit même passer à des sentiments opposés : qu'en évitant de lui donner un motif si puissant d'être contraire aux vues communes, on ne courroit pas les risques de ses liaisons avec le comte Poniatowski, que le dépit ou la jalousie pourroient aussi ramener aux vrais principes. Le duc de Choiseul a cru de plus qu'il ne convenoit pas que mes ministres à Varsovie parussent entrer dans des intrigues si familières au

[1] Cette lettre est de Tercier, revue et approuvée par Louis XV.

comte de Brühl. En conséquence, il a ordonné au sieur Durand de déclarer que je ne m'opposerois point au retour du comte Poniatowski. Peut-être le comte de Bruhl a-t-il fait valoir cette déclaration auprès du Roi son maître pour l'engager à cette nomination. L'Impératrice de Russie s'en plaint, et demande que j'ordonne au sieur Durand de se rétracter. Il n'est pas possible de dire à cette princesse quelle a été la manière de penser du duc de Choiseul en donnant cet ordre : il convient cependant de la satisfaire. Vous direz donc à M. de Woronzow que l'intention de mon ministre n'a jamais été de contribuer à quelque chose qui pût être désagréable à l'Impératrice; qu'il a toujours supposé que si le Roi de Pologne honoroit une seconde fois le comte Poniatowski du caractère de son ministre à la cour de cette princesse, ce ne seroit qu'avec la certitude qu'elle y consentiroit ; qu'il n'étoit pas à présumer que les personnes qui désiroient le retour du comte Poniatowski le sollicitassent à l'insu et sans la mutuelle approbation de l'Impératrice ; que, dans cette supposition si vraisemblable, il ne convenoit pas que je parusse gêner le Roi de Pologne sur une chose déjà concertée entre les deux cours; qu'ainsi la déclaration du sieur Durand n'est censée avoir lieu que dans le cas d'un consentement réciproque ; que cette condition manquant de la part de l'Impératrice, loin que mes ministres parlent en faveur du comte Poniatowski, ils auront ordre de se conformer à ce que cette princesse fera exposer à ce sujet. D'après cet exposé, M. de Woronzow doit sentir que c'est à l'Impératrice elle-même à faire connoître ses intentions. On ne peut douter que le Roi de Pologne, aussitôt qu'il en sera instruit, n'abandonne, malgré les sollicitations qu'on pourra lui faire, toute idée de renvoyer le comte Poniatowski à Pétersbourg. On ne sera pas surpris alors de voir mes ministres parler, s'il est nécessaire, contre ce retour, et ce qu'ils diront sera regardé comme l'effet de l'union qui doit régner entre de fidèles alliés; mais on seroit étonné si les ministres de l'Impératrice ne se plaignant point, le sieur Durand alloit faire une rétractation qui paraîtroit déplacée, personne ne la demandant, puisque l'Impératrice n'y paroîtroit pas. Cette démarche donneroit lieu à des conjectures suivies de tracasseries qu'il faut éviter. Je ne doute pas que l'Impératrice, lorsque M. de Woronzow lui fera rapport de ce que vous lui aurez dit, ne soit satisfaite, et qu'elle n'insiste plus sur cette rétractation. C'est à sa cour que l'on veut envoyer un ministre qui ne lui seroit pas agréable, et c'est à elle de le faire connoître. Vous ne pouvez trop appuyer sur ce principe auprès de M. de Woronzow, afin qu'il inspire à cette princesse la fermeté qu'elle doit avoir dans cette occasion. La connoissance que vous avez de mes motifs secrets doit vous engager à vous servir auprès de ce ministre de toutes les raisons que vous pourrez employer pour lui donner aussi le courage nécessaire.

Quant à la grande-duchesse, quelle que puisse être sa vivacité sur cet article, vous pourrez lui faire entendre, si elle vous en donne l'occasion, qu'il n'est pas possible de la favoriser dans une affaire à laquelle l'Impératrice est si opposée. Vous tirerez même avantage de la déclaration du sieur Durand pour faire observer à cette princesse, cependant avec beaucoup de ménagements, que le retour du comte Poniatowski n'auroit point trouvé d'obstacle de ma part, mais qu'on ne peut aujourd'hui prendre parti en sa faveur; que ce seroit même exposer cette princesse à des désagréments qu'elle doit tâcher d'éviter. La manière dont cette princesse recevra ce que vous lui direz vous fera connoître ses intentions, et vous en profiterez pour régler votre conduite en conséquence, soit en la ramenant à des principes plus convenables à ce qu'elle se doit à elle-même, soit en se précautionnant contre ce que sa passion pourroit lui conseiller.

### CXIV. — TERCIER, AU NOM DU ROI, A M. DE WORONZOF, POUR COMMUNIQUER A L'IMPÉRATRICE DE RUSSIE.
[Flassan, *Hist. de la diplomatie*, t. VI, p. 228.]

(16 août 1760.)

M. de Breteuil a dû communiquer à Votre Excellence la confiance dont Sa Majesté l'a honoré, en l'instruisant de la correspondance établie entre elle et l'Impératrice de Russie par le canal de Votre Excellence. Ce ministre ne peut, monseigneur, commencer à exécuter les ordres secrets de Sa Majesté d'une manière plus conforme à leur objet qu'en exposant à Votre Excellence les intentions du Roi sur ce qu'elle me marque par rapport à M. Poniatowski. M. de Breteuil, informé avant son départ du désir que Sa Majesté aura toujours de concourir à ce qui peut être agréable à cette princesse, vous dira, monseigneur, ce qui a donné lieu à la déclaration de M. Durand, et le peu d'effet qu'elle doit avoir, depuis que Sa Majesté sait précisément que le retour de M. Poniatowski à Pétersbourg déplairoit à l'Impératrice. Sa Majesté, en conséquence, m'a ordonné de faire passer ses ordres à M. de Breteuil. Elle ne doute pas que l'Impératrice ne soit satisfaite lorsque Votre Excellence lui fera le rapport de ce que ce ministre lui aura dit.

### CXV. — LE BARON DE BRETEUIL A LOUIS XV.
[Flassan, *Hist. de la diplomatie*, t. VI, p. 372.]

Saint-Pétersbourg, le 27 septembre 1760.

Sire,

J'ai l'honneur de vous envoyer ci-joint les dernières

lettres de M. le duc de Choiseul et mes réponses : je ne doute pas que l'intention de Votre Majesté ne soit que je suive à la lettre le plan que son ministre continue à me communiquer, pour tâcher d'entamer des négociations de paix et de donner à cette cour le plus que nous pourrons l'endosse d'y contraindre la cour de Vienne, quoique le système de M. le duc de Choiseul soit à peu près le même que celui qu'il avoit communiqué à M. de l'Hôpital l'année dernière, et que je trouve dans mes instructions secrètes que Votre Majesté n'a point désapprouvé que son ambassadeur ne l'ait pas suivi alors, par les inconvénients qui auroient pu résulter de l'influence et de la prépondérance que le ton de médiatrice auroit données à la Russie à la suite de deux batailles gagnées. Il me paroît, Sire, que ce danger n'est plus le même, aujourd'hui que la Russie a fait la plus pitoyable de toutes les campagnes, et que, d'ailleurs, il s'agit moins de sa médiation que, pour ainsi dire, de son abandon de la cour de Vienne, à laquelle je voudrois lui faire dire que son épuisement ne lui permet plus de soutenir la guerre, et qu'abandonnant pour parvenir à une paix plus prompte ses prétentions sur la Prusse, elle lui conseille d'en faire autant de ses vues sur la Silésie. Alors nous interviendrions pour appuyer ses bons avis et entraîner l'opiniâtreté de la cour de Vienne, qui sûrement ne fera la cession de ses projets qu'à la dernière extrémité, et sans doute avec d'autant plus de raison qu'elle ne doit pas se flatter de retrouver sitôt les mêmes moyens réunis de contenter son ambition.

### CXVI. — LOUIS XV A TERCIER.
[Autogr. Arch. de l'Emp. K. 157.]

A Choisy, ce 6 octobre 1760.

J'ay reçu, depuis que je suis icy, plusieurs paquets que je vous envoieres tous ensemble à mon arrivée à Versailles, ainsi que le vôtre, que je vous renvoie aussy. A l'égard de Durand, je croy qu'il poura voir le prince de Conty à son retour de Lille-Adam, et s'il lui parle, de lui répondre sur tout du passé et du présent très superficiellement. — Je vous renvoie aussi votre projet de lettre pour M. de Breteuil.

### CXVII. — LOUIS XV A TERCIER.
[Autogr. Arch. de l'Emp. K. 157.]

Ce 11 octobre 1760.

Je suis fasché que M. Schovaloff aie été mis dans le secret, puisqu'il ne nous aime pas [1] : voilà bien du monde qui y est; je souhaite qu'il ne transpire pas.

### CXVIII. — LOUIS XV A TERCIER.
[Autogr. Arch. de l'Emp. K. 157.]

Ce 10 décembre 1760.

Comme il n'est pas aisé d'envoyer de l'argent à Paris, la première fois que vous viendres icy, Guimard vous en remettra de ma part, et avec vous poures paier la pension du sieur Billet.

### CXIX. — LOUIS XV A TERCIER.
[Autogr. Arch. de l'Emp. K. 157.]

A Versailles, ce 3 janvier 1761.

Je vous renvoie la quittance du sieur Billet. A l'égard de la proposition que vous faites de faire venir le comte de Broglie passer quelque temps icy, je l'approuve, si le maréchal son frère peut s'en défaire pour ce temps. En-

---

[1] Il y avait à la cour de Russie deux Schouvaloff, Alexandre et Ivan. Ivan fut le dernier favori de l'Impératrice Élisabeth. C'est sans doute lui qui, à cause du poste de confiance qu'il occupait, fut admis dans la correspondance secrète.

voies lui la copie de ce que je vous mande là en chiffre, qui lui servira d'ordre et à vous de décharge [1]. Louis.

Mandes lui de prendre quelque prétexte, en demandant la permission au maréchal de Bellisle. Dans le moment je reçois votre paquet d'hier.

### CXX. — LOUIS XV A TERCIER.
[Autogr. Arch. de l'Emp. K. 157.]

Ce 8 janvier 1761.

Je garde la lettre de M. de Breteuil où il y a encore une lacune jusqu'à ce qu'elle soit arrivée. Je vous renvoie celle qui me paroît complette, et le projet de lettre que j'ay remis à Jannel dimanche dernier, ainsy que la lettre de Varsovie.

### CXXI. — LOUIS XV A TERCIER.
[Autogr. Arch. de l'Emp. K. 157.]

Ce 25 janvier 1761.

Je commence à croire que ce qui manque de la dépesche de M. de Breteuil a été égaré; ce qui me fait prendre le parti de vous renvoier la dépesche telle qu'elle est. Il est aisé de comprendre que le comte de Broglie ne puisse pas venir dans ce moment cy, et voilà une gelée qui vraysemblablement lui donnera encore de l'ouvrage par les mouvemens que le prince Ferdinand poura faire [2]. Je vous renvoie aussy la lectre de M. de Paulmy, et j'y en joins une arrivée il y a deux jours.

### CXXII. — LOUIS XV A TERCIER.
[Autogr. Arch. de l'Emp. K. 157.]

Ce 5 février (1761).

Je ne me souviens pas d'avoir parlé plus d'une fois à

---

[1] Le comte de Broglie était alors à l'armée.
[2] Le prince Ferdinand de Brunswick était un des meilleurs généraux que les armées françaises eussent alors à combattre.

M. de Choiseuil sur Durand, que de lui demander quand il le renvoieroit et si ce seroit en Pologne ou ailleurs? S'il m'en reparle, je lui répondres qu'il faira bien de l'y renvoier.

### CXXIII. — LOUIS XV A TERCIER.
[Autogr. Arch. de l'Emp. K. 157.]

A Versailles, ce 23 mars 1761.

Je vous renvoie toutes les dépesches que vous m'aves addressées en différentes fois. — Je trouve le projet de ce qu'a dû dire M. Mocranousky à M. de Choiseuil très-convenable dans les circonstances présentes. — Je vous renvoie aussy le projet de votre réponse à M. de Woronzoff, approuvé. Je garde vos extraits, je vous les renvoieres au premier jour.

### CXXIV. — LOUIS XV A TERCIER.
[Autogr. Arch. de l'Emp. K. 157.]

Ce 25 avril (1761), à 5 heures.

Je viens de recevoir votre paquet. Je vous renvoie le billet du sieur Billet, et j'approuve ce que vous me proposes sur M. le prince de Conty. Je joins icy une lettre timbrée de Strasbourg; je vous renvoie aussy les lettres de Stokolm.

### CXXV. — LOUIS XV AU COMTE DE BROGLIE.
[Autogr. Arch. de l'Emp. K. 157.]

A Versailles, ce 3 may 1761.

Il seroit difficile que je ne fût pas content de la conduitte du maréchal et du comte de Broglie, dans ce qui s'est passé dernièrement en Hesse, qu'ils continuent de même *en se garant des mauvais conseils et entours,* et ils pouront estre sûrs de toute ma protection et satisfaction. — Je permets au comte de Broglie de s'entretenir avec le prince de Conty, en prenant garde que M. de Fontenay n'en soit pas instruit. L.

### CXXVI. — LOUIS XV A TERCIER.
[Autogr. Arch. de l'Emp. K. 157.]

A Choisy, ce 20 may 1761.

Vous aures incessament les 1,000 louis que vous désires ; à l'égard de l'année courante, je ne puis vous rien promettre, je croy qu'il faut attendre l'année du congrès [1]. — Je croy qu'il est temps de renvoier M. Mocranousky, et de mander au sieur Hénin ce que le comte de Broglie propose.

### CXXVII. — LOUIS XV AU COMTE DE BROGLIE.
[Autogr. Arch. de l'Emp. K. 157.]

A Marly, ce 31 mai 1761.

Je croy qu'il est nécessaires que M. Mocranousky retourne au plus tost dans son païs, sa présence nous y étant plus utile qu'icy. Je vous charge de le lui dire, et que j'ay porté sa gratification à deux mil quatre cent ducats, et que connoissant son zèle pour ma personne, pour les intérêts de la France et ceux de sa république, il doit compter dans tout temps sur ma protection. — Je trouve très-bon que M. Monet éloigne son séjour de Versailles, aux conditions qu'il ne sortira pas du royaume. Je ne scache point que nous aions présentement besoing du sieur d'Éon, ainsy vous poures le prendre pour aide de camp, et d'autant mieux que nous sçaurons où le prendre si cela étoit nécessaire [2].

[1] Le congrès qui devait se réunir pour la paix définitive, laquelle ne fut conclue qu'en 1763.
[2] En vertu de cette permission, M. de Broglie prit pour aide de camp M. d'Éon, qui reçut une commission de capitaine de dragons.

### CXXVIII. — LOUIS XV AU COMTE DE BROGLIE.
[Copie. Arch. de l'Emp. K. 157.]

A Marly, ce 6 juin 1761.

J'ay chargé M. de Montalt, monsieur, de cette lettre que je vous prie de remettre à M. votre frère. J'espère que chaque année vous donnera à tous les deux de nouveaux droits sur mes sentiments.     Louis.

### CXXIX. — LOUIS XV A TERCIER.
[Autogr. Arch. de l'Emp. K. 157.]

A Bellevue, ce 11 juin 1761.

La conversation entre M. Mocranousky et le prince de Conty me paroît s'être bien passée, en voilà assez de dit. Je n'ay rien de nouveau à faire dire ny à l'un ny à l'autre. Je vous renvoie le projet de lettre du comte de Broglie, que j'ay approuvé, avec quelques changements à y faire.

A Marly, ce 12 juin.

*P. S.* — Je vous renvoie aussy les comptes approuvés et arrestés.

### CXXX. — LOUIS XV A TERCIER.
[Autogr. Arch. de l'Emp. K. 157.]

A Marly, ce 23 juin 1761.

Vous faires bien de me renvoier les volumineuses dépesches de Pétersbourg. Vous faires bien aussy de donner un chiffre à Durand, pour me rendre compte de ce qu'il croira devoir venir à ma connoissance particulière dans le lieu où le duc de Choiseuil l'envoie.

### CXXXI. — LE COMTE DE BROGLIE AU DUC DE CHOISEUL.
(LETTRE CONFIDENTIELLE [1].)
[Minute. Arch. de l'Emp. Papiers de Broglie.]

Au camp de Dostinghausen, le 16 juillet 1761.

J'ay reçu, monsieur le duc, un moment avant notre mar-

---
[1] J'ai cru donner ici cette lettre et la suivante à cause de leur grande impor-

che, la lettre dont vous m'avez honoré du 10 de ce mois; elle contenoit des arrangements pour les armées qui me paroissoient à certains égards très-bons. Nous aurions bien voulu, mon père et moy, en rendre encore l'exécution plus facile par quelque succès décisif; nous y avons fait l'un et l'autre tout de notre mieux, et les troupes y ont encore mieux fait; l'ensemble a manqué, et vous aures pu voir par mes précédentes lettres que je ne le craignois que trop. En effet, je regarde comme impossible qu'il se trouve dans une machine aussy compliquée que celle cy, à moins que ce ne soit celuy en qui réside l'authorité qui ne la dirige. Quant à l'affaire actuelle, elle s'est passée à l'honneur des troupes, je n'en ay jamais vu une plus chaude. Nous avions tout gagné hier au soir, il est douloureux d'avoir été obligé de rendre aujourd'huy. Vous sentires facilement quelle différence il y auroit d'avoir pu mener cette affaire cy comme celle de Saxenhausen l'année dernière; le prince Ferdinand seroit bien renvoyé à la rive droite de la Lippe, et nous n'aurions pas perdu 2,000 hommes.

Je souhaite, monsieur le duc, que cet événement ne vous cause aucun dérangement pour la politique, car le bruit que peut faire cette affaire influera dans les cabinets; mais soyez certain qu'il n'y a pas un mot de changé à tout ce que mon frère vous a mandé. Je n'ay pas encore revu M. le maréchal de Soubise, ne craignes pas que cecy altère la bonne harmonie entre les généraux; cela n'empêchera pas même de dire en honnêtes gens notre avis, quoique nous deussions bien en estre corrigés, mais notre conduite sera toujours invariable. Je m'attends bien que vous me dires qu'il est malheureux qu'une armée de 140,000 hommes ne com-

tance : en outre, elles sont sans aucun doute la reproduction, *mutatis mutandis*, de dépêches envoyées au Roi par le comte.

batte qu'avec 30,000 au plus ; je répondray à cela que ce n'est pas à celuy qui obéit, ou du moins qui ne peut ordonner, à répondre de ces événements, et je répondray avec vérité qu'il n'y a au monde que nous qui nous livrions avec cette franchise, ou, pour mieux expliquer, avec ce zèle et cette bonne volonté.

Dans le moment que j'écris, monsieur le duc, la force ne me suffit pas, je tombe de sommeil ; malgré cela, j'espère que je n'oublieray rien de ce qui concerne le service, et que tout sera arrangé comme si je n'étois pas depuis trois fois 24 heures à cheval, sans boire ny manger.

Adieu, monsieur le duc, receves les assurances de mon tendre et respectueux attachement.

### CXXXII. — LE COMTE DE BROGLIE AU DUC DE CHOISEUL.
#### (LETTRE CONFIDENTIELLE.)
[Minute. Arch. de l'Emp. Papiers de Broglie.]

Au camp de Paderborn, le 28 juillet 1761.

J'ay à répondre, monsieur le duc, à la lettre dont vous m'aves honoré par le retour d'un des couriers de mon frère, party le 22 : j'y ay vu la même chose que ce que vous luy mandies, c'est-à-dire que le Roy a pensé que mon frère avoit attaqué trop tôt et M. de Soubise trop tard. La besogne du premier vous fera voir qu'il n'a cherché qu'à déposter les ennemis du village de Villingshausen qu'en conséquence de ce dont on était convenu avec M. de Soubise, qui n'a attaqué ny trop tôt ny trop tard, car il n'a pas attaqué du tout, ne devant pas donner ce nom à des mousquetades de troupes légères et à quelques mauvaises volées de canon. En cela il n'y a rien à luy dire, car on n'étoit pas convenu du moment précis de l'attaque, et on l'étoit seulement qu'il devoit venir camper le 15 sur les défilés de Scheindinger et Neu et Kortmehl avec la plus grande partie de l'armée; que M. Dumesnil devoit menacer de près le flanc droit pour le contenir; que M. de Voyer devoit se porter entre Ham et le derrière de l'armée : rien de tout cela n'a été exécuté. C'est à vous de juger maintenant si mon frère a tort, et je crois que vous conviendres qu'il est fâcheux de se mettre en quatre pour tascher, malgré touts les obstacles, d'exécuter la volonté du Roy, et d'en retirer le malheur d'estre blasmé de son maître, et d'estre d'ailleurs surchargé de tracasseries.

J'ignore quel étoit le lien du concert de M. le prince Eugène et de Malboroug, mais je parierois qu'aucun de ces deux généraux n'y mettoit plus du sien que mon frère. Vous aves pu remarquer comme il a volé au secours de M. de Soubise. S'il ne l'eût pas fait, on eût dit, et on le disoit déjà, qu'il vouloit le faire battre. Il est venu; ce n'est que pour estre crucifié de difficultés et finir par risquer sa vie, ce qui est peu de chose, mais sa réputation, et surtout l'opinion de son maître.

Oseroi-je vous prier d'examiner ce que c'est que le rôle d'un homme qui ne peut rien ordonner, et à qui on ne veut pas ordonner : nous sommes peut-être les deux seuls hommes de France qui risquions dans cette position et dans touttes les autres circonstances que vous connoisses, de donner des avis. Nous étions encore bien tentés de donner celuy de recommencer une attaque, mais avec qui? Toute l'exécution dépendoit de gens qui n'en veulent pas entendre parler. Au reste, monsieur le duc, il ne s'agit plus de cela aujourdhuy. Nous sommes séparés, et certainement c'est ce qui pouvoit arriver de mieux; mais si l'armée de Soubise s'en va dans le pays de Munster, la conservation de la Hesse devenant à notre charge, nous ne serons pas en état de parer à tout et d'attaquer en même temps le prince Ferdinand; d'où il s'ensuivra une perte de campagne seure. Vous verres ce que mon frère propose à M. de Soubise. C'est le seul moyen de faire quelque chose; je souhaite qu'il s'y rende, mais je doute que ses entours le luy permettent. J'ay cru que le meilleur moyen de l'y déterminer étoit de citer l'article de votre lettre où vous me mandes qu'il consentoit à donner 40,000 hommes; j'espère que vous ne le désapprouveres pas et que vous ne craignes pas d'estre cité sur des choses de ce genre : je ne l'aurois cependant pas fait si cela ne m'avoit paru nécessaire.

Comme les lettres de mon frère et les copies qui y sont jointes ne vous laissent rien ignorer, il seroit inutile que je vous le répétasse. Je finiray donc en vous remerciant de la confiance que vous me témoignes, à laquelle je répondray toujours avec la plus grande franchise. Vous pouves également compter sur celle de mon frère. Il est bien plutôt délicat que méfiant, et j'ay déjà eu l'honneur de vous dire qu'il ne tenoit certainement qu'à vous, monsieur le duc, d'estre totalement maître de son esprit et de son cœur. Montres luy de l'amitié : personne n'y est plus sensible, et les marques de la vôtre le flatteront infiniement. Quant à moy, les assurances que vous voules bien m'en donner excitent toutte ma reconnoissance : elle égale, monsieur le duc, l'inviolable et respectueux attachement que je vous ay voué depuis longtemps.

### CXXXIII. — LOUIS XV A TERCIER.
[Autogr. Arch. de l'Emp. K. 157.]

Ce 16 aoust 1761.

Je vous renvoie la minutte de la lettre du sieur Billet : ce Billet est donc protestant? et le déchiffrement de la lettre de M. d'Havrincourt, avec une lettre de Constantinople. — J'en joins encore une à M. Calzane.

### CXXXIV. — LOUIS XV A TERCIER.
[Autogr. Arch. de l'Emp. K. 157.]

Ce 9 septembre 1761.

Je vous envoie les 50 louis que vous me demandes. Il m'est impossible de fournir des fonds cette année, et il ne faut pas se laisser mettre dans le cas des protestations des lettres de change.

### CXXXV. — LOUIS XV A TERCIER.
[Autogr. Arch. de l'Emp. K. 157.]

21 octobre 1761.

Je vous renvoie les deux lettres que vous m'aves adressée du comte de Broglie, et je garde les copies, qui m'en paroissent juste ; mais vous aves datté la lettre du comte de Broglie du camp d'Eimbeck le 18 octobre, ce qui n'est pas possible, n'étant aujourd'huy que le 21 [1].

### CXXXVI. — LOUIS XV A TERCIER.
[Autogr. Arch. de l'Emp. K. 157.]

Ce 3 janvier 1762.

Je vous envoie deux mil ecus dont vous paieres la pension du sieur Billet et garderes le reste pour des cas pressants.

### CXXXVII. — LOUIS XV AU BARON DE BRETEUIL [2].
[Flassan, *Hist. de la diplomatie*, t. VI, p. 328.]

9 février 1762.

Monsieur de Breteuil, la mort de l'Impératrice de Russie m'a fait une véritable peine par les sentiments de l'amitié qui m'unissoit à elle. Cette union, fondée autant sur des principes que sur des intérêts communs dans la circon-

---
[1] Cette observation prouve l'attention minutieuse de Louis XV.
[2] Lettre rédigée par Tercier, mais revue et approuvée par le Roi.

stance actuelle, me devenoit de plus en plus chère et me donnoit lieu d'espérer, par nos efforts réunis, à la paix qui fait l'objet de tous nos soins.

Il est inutile d'entrer aujourd'hui dans ce qu'il auroit peut-être été convenable de faire pour engager cette princesse à changer, selon le dessein qu'on lui supposoit, les dispositions qu'elle avoit faites pour sa succession. La tranquillité avec laquelle le nouvel Empereur est monté sur le trône ne nous laisse plus que le soin de nous occuper à le maintenir dans les mêmes principes que l'Impératrice défunte a suivis, et à veiller sur toutes ses démarches, pour n'être pas surpris s'il en adopte d'autres, malgré ce qu'il doit à la mémoire de cette princesse; mais son goût pour la guerre et l'admiration qu'il a toujours marquée pour le Roi de Prusse pouvant faire craindre du changement dans les opérations des armées russes, vous devez être extrêmement attentif à cet objet, ainsi qu'à découvrir ce que ce prince peut penser par rapport à la paix de l'Allemagne.

Je sens que dans ces premiers moments il n'a pu encore se déclarer et qu'on n'a pu rien pénétrer; mais lorsqu'il aura donné ses soins les plus pressants à l'intérieur de son empire, il s'occupera des affaires extérieures. La connoissance que vous avez de tout ce qui peut intéresser mon service me dispense d'entrer aujourd'hui dans des détails, me proposant d'ailleurs de vous envoyer de plus amples instructions sur ce qui fait l'objet de celles qui vous ont été remises particulièrement.

Il est heureux que ce prince ait conservé le chancelier Woronzow en place. Vous direz à ce ministre que je ne doute pas qu'il ne continue à me donner sous ce nouveau règne les mêmes preuves d'attachement qu'il m'a données sous le précédent, et qu'il doit être sûr que non-seulement je lui en saurai le même gré, mais que même dans toutes les occasions il pourra compter sur les bons offices que mes ministres en Russie et ailleurs pourroient lui rendre.

Quoique l'Impératrice ne paroisse pas avoir du crédit, vous devez cependant, autant que vous pourrez, tout concilier avec ce qui est dû à l'Empereur et tâcher de mériter la continuation de la confiance qu'elle vous a marquée n'étant que grande-duchesse.

Je ne sais si les Czatoriski, connoissant les raisons que le grand-duc avoit d'éloigner Poniatowski, oseront proposer au Roi de Pologne de le renvoyer à Pétersbourg pour complimenter l'Empereur, et si l'Impératrice le reverroit avec le même plaisir qu'autrefois. Vous pourriez vous entendre sur cet article avec mon ambassadeur en Pologne, qui feroit sentir au comte de Brühl que ce qui a pu blesser le grand-duc, qui pendant la vie de l'Impératrice n'avoit aucune autorité, ne pourroit plus ne pas lui être aussi sensible aujourdhui qu'il est empereur, et que ce seroit le blesser que de lui envoyer quelqu'un qui a pu l'offenser sur un point aussi délicat ; mais ce seroit une chose à traiter avec toute l'adresse possible pour ne point déplaire à l'Impératrice, si vivement peinée lors du départ de Poniatowski.

Quoique les Czatoriski aient fait vers moi quelques avances, je ne crois cependant pas qu'on doive y compter dans ce moment-ci, où ils pourront renouer leur ancienne liaison avec la Russie et l'Angleterre. Ainsi, le meilleur seroit toujours d'éloigner de Pétersbourg un agent aussi dangereux que Poniatowski. C'est à quoi vous devez, ainsi que M. de Paulmy, employer tout votre art, par rapport à l'Empereur, à l'Impératrice, à la maison des Czatoriski et au comte de Brühl en particulier. Vous devez observer aussi soigneusement si tous n'intriguent pas à Pétersbourg.

*Au bas, de la main du Roi :*
Approuvé.

### CXXXVIII. — LOUIS XV A TERCIER.
[Autogr. Arch. de l'Emp. K. 157.]

A Versailles, ce 27 mars 1762.

Je vous envoieray le plus tost qu'il me sera possible l'argent que vous désires ; ce ne sera pourtant pas avant le mois d'avril ny en un seul paiement.

### CXXXIX. — LOUIS XV A TERCIER.
[Autogr. Arch. de l'Emp. K. 157.]

Ce 4 may 1762.

Janell propose de s'addresser à M. Orneca, banquier à Amsterdam, qui faira passer le paquet à Hambourg à son correspondant, lequel l'envoie à Pétersbourg ; voilà ce qu'il pense pour détourner la curiosité sur le paquet, puisqu'il paroistra venir d'un banquier d'Hollande. — Vous n'aures qu'à mander au sieur Hennin de rester jusqu'à l'arrivée de Durand, que M. de Choiseuil compte donc y renvoier, à ce que vous croies. — Cy joints sont des coupons dont vous pouves faire recevoir le paiement sur le champ successivement. Je vous en envoieres encore d'autres.

### CXL. — LOUIS XV A TERCIER.
[Autogr. Arch. de l'Emp. K. 157.]

Ce 1er juin 1762.

Je vous renvoi la lettre de M. le comte de Broglie.

M. de Choiseul m'a dit qu'il me proposeroit le sieur d'Eon pour envoier à Pétersbourg, lorsque le retour de M. de Breteuil seroit certain ; mais, dans l'interval, M. de Breteuil laissera sûrement un secrétaire, et j'ignore si ce sera le sien ou le sieur Michel. M. de Choiseuil m'a dit aussy que jusqu'à présent il n'y avoit que M. de Turpin qui se proposa pour la Prusse lors de la paix, mais celui là ce n'est qu'en conversation.

### CXLI. — LOUIS XV A TERCIER.
[Autogr. Arch. de l'Emp. K. 157.]

Versailles, 19 juin 1762.

J'approuve entièrement la façon de penser du comte de Broglie par raport à la Russie et à l'envoi du sieur d'Eon ; il connoist notre pénurie sur les dépenses d'argent, il faut lui recommander d'en être bien avare. — L'on peut demander le mémoire raisonné à M. d'Avrincourt. A l'égard de M. de Breteuil, il passera par icy en allant en Suède, et on lui dira tout ce qu'il y a à dire vu les circonstances présentes et à venir d'icy là. A l'égard de la Pologne, je n'ay rien à en dire de nouveau. — Je vous envoie encore deux paquets de coupons d'époques paiables en juillet.

### CXLII. — LOUIS XV A TERCIER.
[Autogr. Arch. de l'Emp. K. 157.]

A Saint-Hubert, ce 7 juillet (1762).

Il faut être bien circonspect en promesse d'argent ; cependant l'on peut en promettre, comme vous le proposes, pour de grandes choses, et seulement après qu'elles auronts eu lieu pleinement.

Je vous renvoie le projet de lettre pour le sieur Henin que j'ay approuvé.

Songes toujours à la disette d'argent où nous sommes, et qu'une confédération fairoit peut-être plus de mal que de bien à la liberté de la Pologne, même dans les circonstances présantes. — Vous n'aves qu'a garder les coupons jusqu'à leur échéance l'année prochaine. Je verres ce que je pourres faire d'ailleurs.

### CXLIII. — LOUIS XV A TERCIER.
[Autogr. Arch. de l'Emp. K. 157.]

A Saint-Hubert, ce 15 juillet (1762).

Le comte de Choiseuil m'avoit déjà parlé de Durand pour lui confier le dépost[1]. Je voiray, sans lui rien faire soubçonner, qui il destine à Varsovie ou en Saxe, quand le Roi de Pologne ira. Le baron de Breteuil doit être parti du 15 du mois passé ; quand nous le sçaurons à Vienne il sera temps, je croy, de lui écrire, mais cela ne peut tarder.

### CXLIV. — LOUIS XV A TERCIER.
[Autogr. Arch. de l'Emp. K. 157.]

A Saint-Hubert, ce 25 juillet 1762.

Vous faires bien de faire un projet de lettre à M. de Vergennes. Je doutte cependant qu'on y puisse faire concourir aucunes des parties nécessaires. Je ne puis me prester à l'arrangement des addresses pour le comte de Broglie, voies à faire un arrangement. Je vous renvoie sa lettre et celle pour le baron de Breteuil.

### CXLV. — LOUIS XV A TERCIER.
[Autogr. Arch. de l'Emp. K. 157.]

Ce 28 juillet 1762.

Par un courier du marquis de Paulmi, arrivé hier au soir, nous avons apris que le Roi de Pologne venoit de recevoir la nouvelle de Konigsberg que le Czar Pierre III, aiant abjuré publiquement la religion grecque, pour retourner à l'hérésie luthérienne, avoit été détrosné et en-

---

[1] Le dépôt des affaires étrangères.

fermé, et que sa femme avoit acceptée les rênes du gouvernement. Nous ne sçavons si c'est en son nom ou en celui de son fils Paul. M. de Breteuil, qui se trouvoit le 17 à Varsovie, s'offre dans ces circonstances pour retourner à Pétersbourg, et M. de Choiseuil accepte avec plaisir sa proposition, si cette grande nouvelle se confirme, ce qui ne peut manquer d'arriver d'icy à quelques jours. Il a encore adjouté qu'elle a annullé les derniers traités de son mari et envoié l'ordre aux troupes russes de rentrer aussy tost dans leur païs. Voilà au moins le départ du sieur d'Éon différé, et vraysemblablement aussy toutes les affaires de Pologne. Je vous renvoie la lettre du comte de Broglie et une, je crois, de M. d'Havrincourt.

### CXLVI. — LOUIS XV A TERCIER.
[Autogr. Arch. de l'Emp. K. 157.]

A Choisy, ce 6 aoust 1762.

Je trouve bon que le sieur Hennin[1] se présente pour la résidence en Pologne. Vous poures faire un projet de lettre au baron de Breteuil.

### CXLVII. — LOUIS XV A TERCIER.
[Autogr. Arch. de l'Emp. K. 157.]

A Versailles, ce 24 aoust 1762.

Vous poures profiter de votre arrangement avec le comte de Broglie pour votre correspondance. — Vous differres l'envoi de celle au baron de Breteuil pour la réformer. — Je trouve bon qu'on prouve à M. d'Havrincourt et à M. de Choiseuil qu'il devroit envoier le premier en Suède. — Travailles aussy à un projet tel que le comte de Broglie le propose ; quand il sera fait, j'examineray s'il y aura quelque

[1] M. Hennin fit peu de temps après un voyage diplomatique en Pologne. « Pour tenir lieu à M. Hennin de la course qu'il a faite de Varsovie à Versailles, 2,000 liv. » (Livre rouge, 26 septembre 1762.)

chose à y changer. — A l'égard des fonds, je vous fais passer par cet envoi cy 6,000 livres, et je fairay ce qu'il me sera possible pour vous faire passer le reste d'icy à la fin de l'année [1].

### CXLVIII. — LOUIS XV A TERCIER.
[Autogr. Arch. de l'Emp. K. 157.]

A Versailles, ce 31 aoust 1762.

Je vous renvoie la lettre du comte de Broglie. Vous pourres mettre le sieur Duprat[2] sur l'état pour douze cent livres, et le mander au baron de Breteuil, et donner au sieur d'Éon la gratification de 3,000 livres. Il sçait ce qu'il doit mander qui peut intéresser les affaires de Pologne, et je m'en raporte à lui, ou sur autres choses, s'ils le croient nécessaires.

Je sçavois il y a du temps par M. le chancellier l'affaire des jésuites d'Artois[3], mais je l'avois entièrement oubliée, me souciant asses peu par quelle manière je sortires de ce monde, puisque tost ou tard il en faut sortir. Je ne fairay pourtant rien qui me puisse faire partir tost, parce que tout homme doit tâcher de vivre jusqu'à l'âge le plus reculé. L'on m'a reparlé depuis vostre lettre de cette affaire, elle est entre les mains de la justice qui la jugera aparement selon l'équité.

### CXLIX. — LOUIS XV A TERCIER.
[Autogr. Arch. de l'Emp. K. 157.]

Ce 10 septembre 1762.

J'aurois pu changer quelque chose dans le projet de lettre au baron de Breteuil, mais, comme elle n'est

---

[1] Le 22 août le Roi avait touché, sans spécification d'objet, 170,000 liv.

[2] C'est l'abbé de Prat, si célèbre par sa thèse en Sorbonne, et qui était alors réfugié en Prusse. Nous le verrons reparaître

[3] Je ne sais ce qu'est cette affaire des jésuites d'Artois. Il paraît pourtant que le Roi avait couru un danger de mort.

qu'instructive et point décisive, j'approuve que vous l'envoies ainsy que celle du comte de Broglie, en ôtant ce qui est raié. — Je vous envoie vint actions des fermes, faites les vendre, et le produit sera pour la Pologne; ainsy l'offre du comte de Broglie ne sera pas nécessaire, parce que vous aures le reste avant la fin de l'année. Vous m'envoieres l'état de ce que vous les aures vendus.

CL. — LOUIS XV A M. DE BRETEUIL [1].
[Flassan, *Hist. de la diplomatie*, t. VI, p. 340.]

10 septembre 1762.

Monsieur de Breteuil, j'ai reçu la lettre que vous m'avez écrite de Vienne le 7 août dernier, n° 25. Si vous ne pensiez pas vous trouver si tôt dans cette ville, je ne devois pas non plus m'y attendre. Mon ministre des affaires étrangères vous a mandé ce que j'ai jugé de votre départ de Pétersbourg dans un moment si intéressant, dont vous étiez instruit, ainsi que de votre précipitation à vous éloigner de plus en plus de la Russie. Si vous partiez malgré ce que vous saviez d'une révolution prochaine dont vous aviez appris l'issue à Varsovie, il étoit naturel d'y attendre sous quelque prétexte les ordres que vous demandiez et que je vous y aurois fait adresser, au lieu de vous mettre dans le cas de différer à les exécuter en vous rapprochant de la France. Quoi qu'il en soit, l'aveu que vous faites à mon ministre de votre tort dans cette occasion me fait juger que vous redoublerez de zèle pour mon service, et pour réparer tout ce que votre conduite a pu y porter de préjudice.

La conduite, les procédés et les opérations de Pierre III, ainsi que le silence et la patience affectée de l'Impératrice, annonçoient également que ce prince ne resteroit pas long-

[1] Cette lettre a été rédigée par Tercier.

temps sur le trône, mais on ne prévoyoit pas que l'événement dût être si prochain. Le changement de gouvernement en Russie change aussi la conduite de toutes les puissances étrangères avec cet empire. Deux objets doivent aujourd'hui exciter votre vigilance : ce sera, 1° l'intérieur de la Russie, et 2° les principes que la nouvelle Impératrice se formera par rapport aux puissances alliées ou ennemies de l'Impératrice Élisabeth.

La dissimulation de l'Impératrice régnante et son courage au moment de l'exécution de son projet indiquent une princesse capable de concevoir et d'exécuter de grandes choses.

Il n'est pas douteux que la mémoire de Pierre III a peu de partisans : ainsi l'on ne doit point prévoir des troubles fomentés par le désir de la vengeance ; mais l'Impératrice, étrangère par sa naissance, qui ne tient en aucune manière à la Russie et nièce du Roi de Suède, a besoin d'une force inaltérable pour se conserver sur un trône qu'elle ne doit ni à l'amour de ses sujets, ni à leur respect pour la mémoire de son père, comme on le vit lors de la révolution qui y plaça l'Impératrice défunte. Quelque attention qu'elle apporte, il y aura des mécontents. Si cette princesse a l'âme haute, elle a le cœur sensible. Elle aura un favori, une confidente : le choix qu'elle fera nous importe peu. Il ne s'agit que de connoître ceux qui auront la principale part à sa confiance et de chercher à se les concilier.

La princesse Dascow[1] doit certainement être bien avant dans ses bonnes grâces ; mais peut-on répondre qu'une entreprise secondée par une princesse si jeune n'ait eu d'autre motif que le bien de l'État ou l'attachement à sa

---

[1] Catherine Romanofna, née comtesse Woronzof, veuve à dix-huit ans, contribua à la révolution qui coûta la vie à Pierre III.

souveraine? La passion du Czar pour mademoiselle de Woronzow a pu exciter sa jalousie. Si cette raison n'existe plus par la mort de ce prince, la princesse Dascow, romanesque et encouragée par le succès, peut ne se pas trouver assez récompensée[1], et croire qu'on ne lui marque pas assez de confiance, enfin, pour quelque motif que ce soit, ne fusse que pour le désir d'intriguer, chercher à remuer de nouveau. L'Impératrice, si elle en découvre quelque chose, peut l'en punir, ce qui changeroit encore la face de cette cour. On doit s'attendre à voir bien des factions : elles sont encore plus certaines si cette princesse a un favori.

En choisissant un Russe, le crédit qu'il aura excitera sans doute la haine des autres ; si elle choisit un Allemand, tous les Russes en seront peinés, surtout s'il profite de sa faveur pour distribuer les grâces à ceux de sa nation. Enfin, si M. Poniatowski retourne à Pétersbourg, l'éclat que ce voyage fera ne peut manquer de préjudicier à la gloire de l'Impératrice, et par conséquent d'affaiblir son gouvernement, en aliénant d'elle le cœur de ses sujets. Votre principal soin dans ces premiers moments doit être d'examiner avec attention la conduite de cette princesse, de voir quels seront ceux qu'elle honorera de ses bontés particulières, de chercher à vous assurer de leur amitié pour tourner les résolutions de la cour de Russie d'une manière favorable pour l'avenir. Vous me marquerez exactement ce que vous découvrirez sur ces objets, et les moyens que vous croirez propres à vous concilier ses favoris, afin que, sur vos relations, je vous donne mes ordres.

Je suis persuadé de l'empressement que non-seulement les courtisans, mais même les étrangers et tous les minis-

---

[1] C'est ce qui arriva. Elle fut obligée de quitter la Russie, et passa plusieurs années à voyager.

tres qui résident auprès de cette princesse, auront à lui marquer leurs respects, et même à chercher à se faire remarquer d'une manière particulière, pour attacher la Russie plus intimement aux intérêts de leur maître. C'est ce respect dû aux têtes couronnées qui doit faire la base de votre conduite et de vos discours avec l'Impératrice, que vous assurerez dans toutes les occasions de mes dispositions favorables pour tout ce qui peut l'intéresser. Tout autre principe seroit peu convenable à ma dignité et à ma manière de penser, et je n'y fonderai jamais ma politique; mais, comme le cœur d'une princesse telle que l'Impératrice entre toujours pour beaucoup dans ses résolutions, soit qu'il s'accorde avec ses intérêts, soit qu'il s'y trouve opposé, je suis persuadé que vous me rendrez à cet égard le compte le plus exact et le plus fidèle.

La conduite du Czar défunt et son attachement à nos ennemis, lequel étoit aussi outré que destitué de vues et de prudence, pouvoit n'avoir rien de dangereux pour mes intérêts. Peut-être même n'y étoit-il pas contraire, puisqu'il faisoit cesser l'union entre les deux cours impériales. Cette union, nécessaire contre l'ennemi commun, avoit été interrompue depuis six mois. Aujourd'hui il est à craindre que la cour de Vienne ne cherche à reprendre son ancien crédit à Saint-Pétersbourg et à renouveler l'ancien système. Le comte de Merci aura sans doute profité des premiers moments du nouveau règne et de votre absence pour ranimer cette union; l'Impératrice-Reine lui en aura fourni les moyens, tant en lettres qu'en présents, et je ne doute pas que ce ministre n'ait gagné bien du terrain avant votre arrivée. Vous devez donc vous attendre à ne plus trouver dans l'ambassadeur de Vienne auprès de l'Impératrice Catherine celui que vous avez laissé auprès de Pierre III. Cette différence exige beaucoup de circonspection dans votre conduite avec cet ambassadeur, de qui il convient que vous vous défiiez, en conservant cependant le même extérieur avec lui, d'autant plus qu'il est capable et bien dirigé.

Vous ne devez pas négliger non plus d'observer la conduite que la cour de Pétersbourg va tenir avec celles de Londres et de Berlin. Il est vraisemblable que les liaisons de l'Angleterre avec la Russie vont reprendre une nouvelle force. Si l'intimité de M. Keith avec le feu Empereur a pu rendre ce ministre désagréable à l'Impératrice, le Roi d'Angleterre y a pourvu en lui donnant le comte de Buckingham pour successeur. Le Roi de Prusse, quoique la Russie lui ait rendu toutes ses conquêtes, ne paroît devoir désirer que l'inaction de cette puissance ; peut-être même que ce prince, en consultant ses vrais intérêts, peut, sans se concerter avec nous, tendre au même but.

Vous savez déjà, et je le répéterai ici bien clairement, que *l'objet de ma politique avec la Russie est de l'éloigner autant qu'il sera possible des affaires de l'Europe.* Sans rien faire personnellement qui puisse donner lieu à se plaindre de vous, l'objet de votre attention doit être de donner de la consistance à tous les partis qui se formeront immanquablement dans cette cour. C'est par la dissension qui y régnera qu'elle sera moins en état de se livrer aux vues que d'autres cours pourroient lui suggérer. Vous devez chercher à gagner l'amitié et la confiance des personnes puissantes dans cette cour et de celles qui peuvent le devenir.

Le crédit du moment sera utile pour donner une tournure favorable à toutes les affaires de Pologne et pour changer le ton de la cour de Pétersbourg avec cette république. Le crédit futur doit porter sur les moyens d'empêcher la Russie de prendre part à une guerre contre moi, contre mes alliés et principalement contre mes vues dans le cas d'une élection en Pologne. Tout ce qui pourra contribuer à remplir cet objet sera toujours avantageux. C'est à vous à indiquer les moyens d'y parvenir, afin qu'on puisse vous autoriser à les employer.

La révolution a sans doute ranimé le comte de Brühl, qui, toujours fondé principalement sur la Russie, va se donner de nouveaux mouvements pour former des intrigues à cette cour. Le sieur Pruss, son confident, sait tous les détours de ce labyrinthe; il trouvera bien des facilités si l'ancien chancelier Bestucheff rentre dans les affaires. Vous ne pouvez veiller de trop près à leurs démarches, ainsi qu'à celles du comte Poniatowski, que l'on dit avoir reçu un exprès de cette princesse pour l'engager à retourner à sa cour. Si ce qu'il vous a dit est vrai, qu'il sera toujours bon Polonais préférablement à tout, il ne se trouvera jamais en opposition avec mes vues, puisque je ne désire que le bien de sa patrie; mais il est à craindre que dans les autres affaires sa prévention pour l'Angleterre ne lui inspire des sentiments différents. De plus, malgré les assurances que l'Impératrice vous a données qu'il ne la gouverneroit jamais, il sera difficile qu'il n'ait au moins un grand crédit.

Ce sera à vous à l'observer et à voir quel parti vous pouvez en tirer. *Vous savez que la Pologne est le principal objet de la correspondance secrète,* et que, par conséquent, tout ce qui concerne ce pays doit l'être de même de votre attention. Il est nécessaire que vous entreteniez une correspondance avec MM. d'Havrincourt, de Paulmy et de Vergennes. Vous ne devez leur laisser rien ignorer de ce qui regarde la Pologne, et vous apprendrez par eux, mieux et plus tôt, ce qu'il conviendra que vous fassiez à

Pétersbourg, que par les ordres de mon ministre, qui, vu l'éloignement, ne peuvent être que tardifs.

Je laisse à votre prudence et à la connoissance que vous avez de mes intérêts et de mes intentions à régler vos démarches, lorsque vous ne croirez pas avoir le temps de demander directement des ordres. Il ne doit pas être question de ma part de former des liaisons avec la Russie; il suffira d'entretenir celles qui sont de bienséance et de détourner adroitement les engagements qu'on pourroit prendre contre mes vues. Je ne crois pas que le chancelier Woronzow craigne aujourd'hui autant qu'il le craignoit sous le règne précédent de brûler toute ma correspondance secrète avec la feue Impératrice; ainsi, vous devez insister auprès de lui, en mon nom, pour qu'il vous remette toutes les pièces, ou qu'il les brûle en votre présence[1] et pour qu'il n'en reste aucune trace.

*Au bas, de la main du Roi :*

Approuvé.

### CLI. — LOUIS XV A TERCIER.
[Autogr. Arch. de l'Emp. K. 157.]

Ce 17 septembre 1762.

Je n'ay jamais cru que vous eussies pensé à mettre le président dans la confidance. Qu'est-ce que M. Drouet[2] ?

### CLII. — LOUIS XV A TERCIER.
[Autogr. Arch. de l'Emp. K. 157.]

A Fontainebleau, ce 6 octobre 1762.

D'Heguiste est un homme à projets : ce qu'il demande ne peut avoir lieu, le courier devant arriver ce soir. — Envoies le chiffre, et que Durand s'en serve avec toutes

---

[1] C'est à ce dernier parti qu'on s'arrêta.
[2] Sur Drouet, voyez la Table des matières à ce nom.

les précautions possibles. Je vous renvoie la lettre du comte de Broglie, et j'y en joins deux autres à déchiffrer. Le prince Xavier est le chéri de cœur de madame la Dauphine, et jamais elle ne changera pour aucuns de ses autres frères.

### CLIII. — LOUIS XV A TERCIER.
[Autogr. Arch. de l'Emp. K. 157.]

A Fontainebleau, ce 13 octobre 1762.

Je n'ay point encore pu lire le mémoire de M. d'Avrincourt; mais, s'il est tel que vous me le marques, il peut le communiquer au ministre. — Quand je croieray qu'il sera temps de vous faire connoistre à M. d'Avrincourt, je vous envoieray l'ordre que vous désires. En attendant, sy, après son arrivée, il a quelques lettres ou mémoires à me faire passer, il n'aura qu'à les addresser à Le Bel. — — Je sonderay tout doucement madame la Dauphine, et je vous le faires sçavoir après. — Je n'ay point ouï parler du changement dont vous me parles : mon fils m'a souvent demandé un secrétaire, ce que je ne luy ay point encore accordé ; mais, la dernière fois qu'il m'en a parlé, cela ne vous regardoit pas [1].

### CLIV. — LOUIS XV A TERCIER.
[Autogr. Arch. de l'Emp. K. 157.]

A Fontainebleau, ce 26 octobre 1762.

Je ne crois pas qu'il faille que vous soies encore découvert à M. d'Avrincourt pour être mon correspondant secret. — Il n'est pas possible qu'il n'y ait souvent de la contradiction avec M. de Vergennes ; les dépesches sont si longtemps à venir que, pendant ce temps, les événe-

---

[1] Tercier demandait une place soit dans la maison de la Dauphine, soit auprès du Dauphin. Il était protégé par le roi Stanislas.

ments sont changés, témoing ceux qui viennent d'arriver en Russie. — Je vous renvoie le projet de lettre au sieur Hennin, mais je n'entends rien à la grande ou à la petite collonne. — La diete de Pologne n'a duré que deux jours, et elle a étée rompue à l'occasion du fils du comte de Brül, que l'on n'a pas voulu reconnoître comme naturel polonois [1].

### CLV. — LOUIS XV A TERCIER.
[Autogr. Arch. de l'Emp. K. 157.]

Ce 27 octobre (1762).

Je suis fasché de la mort de Baron : l'on disoit que c'étoit un parfaitement honneste homme, et étoit fils d'un homme de feu M. le comte de Toulouse, que je connoissois beaucoup. Envoies-moi l'état de ce qui manque de fonds pour cette année, pour tascher de les remplacer; mais, si la somme est forte, cela me sera beaucoup plus difficile.

### CLVI. — LOUIS XV A TERCIER.
[Autogr. Arch. de l'Emp. K. 157.]

A Versailles, ce 27 janvier 1763.

M. de Praslin ne m'a point encore parlé du sieur d'Éon [2]; je penserois plustost comme vous que comme le comte de Broglie : c'est ce que j'examineray avant qu'on m'en parle. — Comme vous connoisses M. d'Havrincourt,

---

[1] M. de Brühl était protestant; sa femme, de la maison Kollowrath, de Bohême, catholique. Contrairement à l'usage en vigueur dans les mariages mixtes, tous les enfants de M. de Brühl furent élevés dans la religion catholique. Il fit naturaliser Polonais son fils aîné; par cette formalité, qu'on appelle l'indigénat, ce fils devenait capable d'exercer les plus grandes charges de Pologne. (*Mémoires du duc de Luynes*, t. XI, p. 442.)

[2] D'Éon fut envoyé en Angleterre comme secrétaire du duc de Nivernais, ambassadeur du Roi.

vous faires fort bien de le voir, et puis j'examineray encore si je lèveray la deffense que je vous ay faites. — Je ne croy pas que M. de Praslin se soucie de laisser M. de Paulmy en Pologne; mais je crois que c'est qu'il ne scait qu'en faire après. Je lui en parleray au premier travail.

### CLVII. — LOUIS XV A TERCIER.
[Autogr. Arch. de l'Emp. K. 157.]

Ce 4 février 1763.

Faut-il donner le mémoire que vous m'aves addressé à Janell (il connoît votre écriture), ou faut-il en faire une simple notte pour lui? L'argent que je vous envoieres pour la Pologne, l'aimes-vous mieux en or, ou l'argent vous seroit-il égal?

### CLVIII. — LOUIS XV A TERCIER.
[Autogr. Arch. de l'Emp. K. 157.]

Le sieur Tercier pourra s'ouvrir au général Monet sur mes vues secrettes regardant la Pologne, sans lui communiquer ce qui s'est passé anciennement, et lui indiquant le sieur Henin, à qui seul j'ay donné la correspondance de mon secret. LOUIS.

A Versailles, ce 19 février 1763.

### CLIX. — LOUIS XV A TERCIER.
[Autogr. Arch. de l'Emp. K. 157.]

Ce 26 février 1763.

Vous pouves envoier la lettre du comte de Broglie à Durand. Ce dernier témoigne un peu trop que la paix que nous venons de faire n'est pas bonne ny glorieuse; personne ne le sent mieux que moy[1]. Mais, dans les cir-

---

[1] Sur cette paix, voyez l'Étude préliminaire, p. 111 et 112.

constances malheureuses, elle ne pouvoit être meilleures, et je vous réponds bien que si nous avions continué la guerre, nous en aurions fait encore une pire l'année prochaine. Tant que je vivray, je ne me départiray jamais de l'alliance de l'Impératrice, et ne me lieray jamais intimement avec ce Roy de Prusse cy.

Raccommodons nous avec ce que nous avons, pour nous préparer à ne pas être engloutis par nos vrays ennemis. Pour cela, il ne faut pas recommencer une guerre. Il est fascheux que le throsne de Pologne vienne à vacquer dans ce moment cy; heureusement le Roy est mieux depuis l'opération qui lui a été faite le 6, et coopérons de nostre mieux à la nouvelle élection; mais je ne faire aucune guerre pour ce throsne qu'avec le peu d'argent qui nous reste [1].

Je vous renvoie l'expédition de l'acte que vous m'aves envoié : vous n'aves qu'à paier le sieur de Lenan.

### CLX. — LOUIS XV A TERCIER.
[Autogr. Arch. de l'Emp. K. 157.]

A Versailles, ce 4 mars 1763.

Je vous envoie 6,000 livres d'argent comptant, 44 dividendes d'actions des six premiers mois 1762, valant 840 livres, et 3 autres coupons valant 52 livres 2 sols. — Je joins aussy une lettre que j'ay reçue hier au soir. Je ne scay de quelle datte elle est; mais, par les nouvelles qui ont été lues au Conseil, du 16, de Varsovie, le Roy de Pologne continuoit à aller beaucoup mieux. L'argent et les effets que je vous envoie sonts pour commencer l'année 1762 : je continueres de temps en temps de même jusqu'à la fin de l'année.

[1] Le sens est : je ne ferai aucune guerre, attendu le peu d'argent qui nous reste.

### CLXI. — LOUIS XV A TERCIER.
[Autogr. Arch. de l'Emp. K. 157.]

A Versailles, ce 17 mars 1763.

Ce que je désire premièrement pour l'élection prochaine en Pologne, c'est la liberté des Polonois dans leur choix, ensuite un des frères de Madame la Dauphine, Xavier préféré aux autres, l'aisné exclus de lui-même, sans que nous y paroissions. S'ils prennent le prince de Conty, je ne m'y opposeres pas. D'autres princes de notre maison ne conviennent pas. Je trouve la lettre de Durand au comte de Broglie très-juste, et j'approuve l'idée de ce dernier sur l'envoi de cet homme en Angleterre, pourvu qu'il agisse dans ce qu'il se propose avec les plus grandes précautions et le plus grand secret. M. d'Havrincourt a-t-il laissés ces chiffres à son secrétaire [1]. Si vous voules avoir relation avec lui, c'est au préalable nécessaires, et de lui en envoier s'il n'en a pas. Je vous envoie les 45 coupon d'actions que j'avois égaré, ce qui faira en tout 900 livres pour les six premiers mois 1762.

### CLXII. — LOUIS XV A TERCIER.
[Autogr. Arch. de l'Emp. K. 157.]

Ce 22 mars 1763.

Je vous envoie une liste des addresses que Janell m'a remis : vous me manderes si elles sonts encore bonnes, ou s'il y en a quelques-unes qui ne sonts plus bonnes à rien [2]?

### CLXIII. — LOUIS XV A TERCIER.
[Autogr. Arch. de l'Emp. K. 157.]

Ce 25 mars (1763), à Versailles.

Boranis et Coromin viennent sous l'addresse de Le Bel,

---

[1] M. d'Havrincourt avait quitté l'ambassade de Suède pour celle de Hollande.

[2] C'est-à-dire la liste des adresses des intermédiaires, auxquels les paquets de la correspondance secrète étaient envoyés.

ainsy Janell n'en a point de connoissance ; nous voirons encore quelques temps avant que de réformer les autres. Il est arrivé un homme de Saint-Pétersbourg avec des dépesches importantes. Je ne sçay s'il vous a fait remettre des paquets, ou s'ils viendront par la poste de Strasbourg, ou point du tout. Vous n'aves qu'à rembourser le sieur Drouet des 1,270 livres 17 sols d'avances en ports de lettres. Par les dernières lettres de Varsovie, du 7, le Roi de Pologne étoit beaucoup mieux et s'étoit fait porter en chaize au conseil.

### CLXIV. — LOUIS XV AU COMTE DE BROGLIE.
[Autogr. Arch. de l'Emp. K. 157.]

Monsieur le comte de Broglie, mon intention est de faire prendre sur les côtes d'Angleterre et dans l'intérieur de ce royaume des connaissances locales qui puissent faciliter l'exécution des projets que les circonstances pouroient engager à former un jour bien éloigné, j'espère. J'approuve l'idée que vous aves communiquée au sieur Tercier de charger dès ce moment un officier capable et intelligent de faire toutes les reconnoissances relatives à cet objet, lequel vous en rendra compte. En conséquence je vous envoie l'ordre cy joint pour authoriser le sieur de la Rosière à ce travail. Je vous ordonne le plus grand secret, et j'attends tout du zèle que je vous connois pour mon service et pour ma personne. Il n'y a que les sieurs Durand, Tercier et d'Éon que j'admets dans le secret, leur concours y étant nécessaire. LOUIS.

A Versailles, ce 7 avril 1763.

### CLXV. — LOUIS XV A TERCIER.
[Autogr. Arch. de l'Emp. K. 157.]

Ce 19 avril 1763.

Je vous envoie 31 coupons paiable dans ce mois cy,

valant 744 livres, et un billet de loterie qui a gagné 500 livres. La première fois, je vous envoieres d'autres coupons.

### CLXVI. — LOUIS XV AU COMTE DE BROGLIE.
[Autogr. Arch. de l'Emp. K. 157.]

Le comte de Broglie faira paier au sieur de la Rozière, en conséquence de ce dont je l'ay chargé en Angleterre, la somme de mil livres de France par mois, à commencer du mois de may prochain en quelque lieu qu'il se trouve, et ce tant qu'il sera emploié par mes ordres, pour lui tenir lieu d'appointements, frais de voiages et autres, dont je fairay rembourser le comte de Broglie.  LOUIS.

A Versailles, ce 28 avril 1763.

### CLXVII. — LOUIS XV A TERCIER.
[Autogr. Arch. de l'Emp. K. 157.]

A Marly, ce 8 may 1763.

Je vous envoie la lettre pour M. de Breteuil, approuvée. La religion fairoit, je croy, un grand obstacle pour que l'Impératrice de Russie pût épouser un Roy de Pologne.

Un Roy ne se sert point du mot haïr avec ces sujets, mais quand il a un sujet d'en exiler un, il ne les fait pas souvent revenir. Le comte de Broglie n'est pas dans ce cas[1], mais il n'étoit pas possible de le séparer de son frère[2]. Il peut voir Tercier, je pense, avec des précautions, mais je ne lui conseille pas de voir Durand pendant son séjour à Paris. Je lui ay permis d'y veiller à ces affaires, par conséquent il peut voir les personnes qui lui seronts nécessaires pour cela, ainsi que le maréchal pendant le temps que je lui ay marqué qu'il pouvait rester à Paris.

[1] Sur l'exil de M. de Broglie, voy. l'Étude préliminaire.
[2] Le maréchal de Broglie, frère du comte.

### CLXVIII. — LOUIS XV A TERCIER.
[Autogr. Arch. de l'Emp. K. 157.]

A Saint-Hubert, ce 19 may 1763.

J'ay bien réfleschi sur les papiers que vous m'aves envoié regardant la Pologne. Je ne veux aucuns sacrifice de la part de M. le prince de Conty, ny ne veux plus qu'on lui reparle de rien. S'il est élu, j'en seray charmé; le comte de Broglie le sera aussy, car il me paroist l'aimer beaucoup. Je ne pense pas qu'on puisse mettre M. de Beausset dans le secret. Mais de l'argent d'augmentation n'y comptes pour rien, non plus que de faire remuer un seul soldat pour cette élection. Je ne demande que l'accomplissement du vœu général de la nation polonoise et sa liberté, mais la Russie est bien proche. Je ne croiray que quand je l'auray vu M. Poniatousky, mais bien si c'est un Piast le prince Adam Czartorinsky.

### CLXIX. — LOUIS XV A TERCIER.
[Autogr. Arch. de l'Emp. K. 157.]

Ce 28 may 1763.

Vous n'aves qu'à travailler à un projet d'instruction pour le sieur Hénin, selon le stile de la lettre du comte de Broglie, du 23, que je vous renvoie.

### CLXX. — LOUIS XV A TERCIER.
[Autogr. Arch. de l'Emp. K. 157.]

Ce 3 juin 1763.

Je vous renvoie l'ordre pour le sieur d'Éon comme le plus pressé, puisqu'il faut qu'il parte après demain.

### CLXXI — LOUIS XV AU CHEVALIER D'ÉON.
[Dépôt des affaires étrangères. — *Mémoires de d'Éon*, t. I, p. 262.]

Le sieur d'Éon recevra mes ordres par le canal du comte de Broglie ou de M. Tercier sur des reconnoissances à faire en Angleterre, soit sur les côtes, soit dans l'intérieur du pays, et se conformera à tout ce qui lui sera prescrit à cet égard, comme si je le lui marquois directement. Mon intention est qu'il garde le plus profond secret sur cette affaire et qu'il n'en donne connoissance à personne qui vive, pas même à mes ministres, nulle part.

Il recevra un chiffre particulier pour entretenir la correspondance relative à cet objet et sous des adresses qui lui seront indiquées par le comte de Broglie ou le sieur Tercier, et il leur procurera par ce chiffre toutes les connoissances qu'il pourra se procurer sur les vues que l'Angleterre suivra, tant par rapport à la Russie et à la Pologne, que dans le Nord et dans toute l'Allemagne, qu'il croira intéresser mon service pour lequel je connois son zèle et son attachement [1].

Versailles, ce 3 juin 1763.

### CLXXII. — TERCIER AU CHEVALIER D'ÉON.
[Gaillardet, *Mémoires de d'Éon*, t. I.]

10 juin 1763.

Le Roi m'a appelé ce matin auprès de lui, je l'ai trouvé fort pâle et fort agité. Il m'a dit d'une voix altérée qu'il craignait que le secret de notre correspondance n'eût été violé. Il m'a raconté qu'ayant soupé il y a quelques jours en tête-à-tête avec madame de Pompadour, il fut pris de sommeil à la suite d'un léger excès, dont il ne croit pas la marquise tout à fait innocente. Celle-ci aurait profité de ce sommeil pour lui enlever la clef d'un meuble particulier que Sa Majesté tient fermé pour tout le monde, et aurait

---

[1] Le 5 juin, le comte de Broglie écrivit à d'Éon de surveiller les vues du futur ambassadeur, M. de Guerchy, de prendre un logement séparé, et de s'y retirer avec son cousin d'Éon de Mouloise et M. de la Rozière, et de veiller à ce que la correspondance secrète ne tombât en aucune main étrangère, surtout en celles de l'ambassadeur. (Gaillardet, *Mémoires de d'Éon*, t. I, p. 291.)

pris connoissance de vos relations avec M. le comte de Broglie. Sa Majesté le soupçonne d'après certains indices de désordre remarqués par elle dans ses papiers. En conséquence elle me charge de vous recommander la plus grande prudence et la plus grande discrétion vis-à-vis de son ambassadeur qui va partir pour Londres, et qu'elle a lieu de croire tout dévoué à M. le duc de Praslin et à madame de Pompadour. Aussi Sa Majesté a-t-elle positivement déclaré qu'elle ne se seroit jamais déterminée à l'envoyer en Angleterre si elle ne comptoit entièrement sur vous.

### CLXXIII. — LOUIS XV A TERCIER.
[Autogr. Arch. de l'Emp. K. 157.]

Ce 18 juin 1763.

Je vous envoie pour 1,500 livres de coupons qui, je croy, sont échus présentement. Je vous en envoieres au premier jour pour 10,058 livres, qui seronts acquitable en juillet.

### CLXXIV. — LOUIS XV A M. DURAND.
[Copie. Arch. de l'Emp. K. 157.[1]]

26 juin 1763.

Monsieur Durand, le comte de Broglie m'ayant rendu compte de l'idée que vous lui aves fait naître sur les moyens les plus propres à employer pour s'opposer à l'ambition et à l'arrogance de la nation angloise, j'ay approuvé les plans qu'il m'a proposé à cet égard, et je lui ai ordonné d'y travailler. Je lui ai prescrit de n'en communiquer qu'avec vous et avec le sieur d'Éon et Tercier. Mais comme je suis instruit des connoissances que vous aves sur cet objet et de l'utilité dont vous pouvies y être,

[1] Cette copie a été faite, suivant une note du comte de Broglie, sur l'original qui était resté entre les mains de M. Durand.

j'ay voulu vous mander directement que vous travaillies de concert avec le comte de Broglie et le sieur Tercier à tout ce qui pourra y avoir rapport, et que vous leur communiquies tout ce qui s'y pourroit trouver de relatif dans le dépost des affaires étrangères dont vous êtes chargé, et sauf que ce que vous pourez découvrir sur les affaires politiques dont ils ont la direction. Vous observeres toujours le secret le plus exact vis à vis qui que ce soit autres que ceux nommés cy dessus. LOUIS.

Fait à Saint-Hubert, le 5 juin.

### CLXXV. — LOUIS XV A TERCIER.
[Autogr. Arch. de l'Emp. K. 157.]

A Compiègne, ce 3 juillet (1763).

J'avois déjà approuvé les instructions du sieur de La Rozières ; celles-cy sont donc en double. Je vous renvoie la lettre addressée à M. d'Havrincourt et la lettre du sieur Hennin, avec le projet de réponse approuvé. Je remetteres ou envoieres à Janell à la première occasion les addresses anciennes et renouvellées aujourdhuy ; il me paroît que rien ne presse encore. L.

### CLXXVI. — LOUIS XV AU BARON DE BRETEUIL.
[Flassan, *Hist. de la diplomatie*, t. VI, p. 366.]

Monsieur le baron de Breteuil, j'ai chargé le comte de Broglie, ainsi que le sieur Tercier, de recueillir de vous tous les détails relatifs à votre mission à la cour de Russie, et mon intention est que vous leur remettiez un mémoire détaillé sur la situation de cet empire, à commencer depuis votre arrivée jusqu'au jour de votre départ, ce que vous en pensez, et la forme que vous croirez la plus convenable à y tenir pour le bien de mon service et des négociations de mon ministre à Pétersbourg. Je veux aussi que vous leur communiquiez tout ce que vous apprendrez par le duc de Praslin à ce sujet et sur celui des instructions du marquis de Bausset. Ce que ci dessus rempli, vous vous occuperez de la Suède, et vous en userez sur tout ce qui y aura rapport de la même manière que je viens de vous le prescrire pour les affaires de Russie, afin que je puisse vous donner des instructions particulières avant votre départ pour Stockholm. Il ne me reste plus qu'à vous renouveler l'observation du secret le plus absolu envers qui que ce soit, autre que le comte de Broglie et le sieur Tercier. LOUIS.

A Compiègne, ce 13 de juillet 1763.

### CLXXVII. — LOUIS XV A TERCIER.
[Autogr. Arch. de l'Emp. K. 157.]

A Compiègne, ce 13 juillet 1763.

Je vous envoie les deux ordres que vous m'aves demandés de la part du comte de Broglie. S'il est nécessaire, on poura mettre le sieur Rossignol sur l'état des dépenses secrettes.

### CLXXVIII. — LOUIS XV A TERCIER.
[Autogr. Arch. de l'Emp. K. 157.]

A Compiègne, ce 27 juillet 1763.

Je vous renvoie tous les papiers approuvés que vous m'aves addressé et la lettre de M. d'Havrincourt. — Dans les recherches et voyages que le sieur de Rozières faira en Angleterre, il pouroit être arresté : dans ce cas, je ne voudrois pas qu'on trouva sur lui rien de ma main : ainsy je voudrois qu'il laisse tout cela chez le sieur d'Éon, lequel étant accrédité publiquement, ne peut être arresté de la même manière. — Je n'ay rien à répondre à la lettre du comte de Broglie du 25 de ce mois.

### CLXXIX. — LOUIS XV A TERCIER.

[Autogr. Arch. de l'Emp. K. 157.]

Ce 19 aoust 1763.

Je n'ay point retrouvé la lettre dont vous me parles, et je croy vous l'avoir renvoiée.

### CLXXX. — LOUIS XV A TERCIER.

[Autogr. Arch. de l'Emp. K. 157.]

A Versailles, ce 18 septembre 1763.

Je vous renvoie vos projets de lettre approuvés et beaucoup d'autres papiers que j'avois depuis du temps. — L'Espagne n'aura pas, je crois, d'ambassadeur à la Porte. — Vous n'aves qu'à paier au sieur Duprat les 120 ducats.

### CLXXXI. — LOUIS XV AU CHEVALIER D'ÉON.

[Autogr. Dépôt des affaires étrangères. — *Mémoires de d'Éon*, t. I, p. 304.]

Versailles, le 4 octobre 1763.

Vous m'avez servi aussi utilement sous les habits de femme que sous ceux que vous portez actuellement : reprenez les de suite et retirez vous dans la cité. Je vous préviens que le Roi a signé aujourd'hui, *mais seulement avec la griffe,* et non de sa main, l'ordre de vous faire rentrer en France, mais je vous ordonne de rester en Angleterre avec tous vos papiers, jusqu'à ce que je vous fasse parvenir mes instructions ultérieures. Vous n'êtes pas en sûreté dans votre hôtel, et vous trouveriez ici de puissants ennemis[1]. LOUIS.

---

[1] Remarquez que cette lettre de rappel n'était signée, ainsi que le remarquait Louis XV, qu'avec *la griffe :* d'Éon profita de cette circonstance pour refuser d'exécuter cet ordre, sous prétexte qu'ayant été nommé par une lettre signée de la main du Roi, il ne pouvait être rappelé que par une lettre munie d'une signature semblable.

## CLXXXII. — LOUIS XV A TERCIER.
[Autogr. Arch. de l'Emp. K. 157.]

A Fontainebleau, ce 11 octobre 1763.

Vous n'aves qu'à autoriser M. d'Avrincourt pour confier le chiffre du secret à son nouveau secrétaire, des Rivaux. — Vous n'aves aussy qu'à envoier au comte de Broglie l'instruction sur laquelle vous deves travailler pour la secrette. Cy joint l'ordre que le comte de Broglie désire.

D'Éon a écrit plusieurs lettres fort singulières[1]; c'est apparement son caractère de ministre plénipotentiaires qui lui a tourné la teste. En conséquence, M. de Praslin m'a proposé de le faire venir icy pour juger de ce qui en est. Prenes garde à tout ce qu'il a du secret, et, s'il est fol, qu'il ne découvre quelque chose.

## CLXXXIII. — LOUIS XV A TERCIER.
[Autogr. Arch. de l'Emp. K. 157.]

Ce 12 octobre 1763.

Vous voires par ma letre d'hier que je sçavois le rapel du sieur d'Éon. A son arrivée à Paris, vous le voires, et je vous authorise à prendre avec lui toutes les précautions pour que le secret soit gardé. — Il n'y a [qu'] à remettre le sieur Durand pour quatre mil livres sur les fonds de la Pologne.

---

[1] Ces lettres fort singulières sont consignées dans le recueil de lettres, mémoires et négociations, publié à Londres par d'Éon. Il y a entre autres deux lettres, en date du 25 septembre, adressées l'une à M. de Praslin, l'autre à M. de Guerchy. Cette dernière faisant allusion à la lésinerie de M. de Guerchy, qui refusait de payer les dépenses faites par d'Éon pendant qu'il était ministre plénipotentiaire, se termine ainsi : « Quant aux gratifications, il faudra bien malgré vous, Monsieur le comte, en distribuer à ceux qui viendront vous donner les violons et les aubades à votre porte; sans quoi ils feront un sabbat abominable et finiront par la danse des cocus. Je suis heureusement à marier, mais ce sera votre affaire quand vous serez à Londres. »

CLXXXIV. — LOUIS XV A TERCIER.

[Autogr. Arch. de l'Emp. K. 157.]

A Fontainebleau, ce 16 octobre 1763.

Il n'est pas possible qu'on puisse faire revenir dans ce moment cy le comte de Broglie ; si son oncle étoit fort mal ou mort[1], à la bonne heures, parce que, pour lors, ce seroit un prétexte autre que celui de la mort du Roi de Pologne. Du reste, vous faires pour le mieux et pouves envoier des couriers, si cela est absolument nécessaires. Le nouvel Électeur de Saxe, en me faisant part de la mort de son père, se recommande à moy pour le throsne vaccant, sur lequel il se présente, dit-il, comme candidat, et M. de Paulmi ajoute que ces frères lui onts donné parolle qu'ils ne concourroient pas avec lui. L'Électrice se défie pourtant de la bonne foy du prince Charles. N'étant pas Xavier, madame la Dauphine désire un de ses frères sans autre préférence.


CLXXXV. — LOUIS XV A TERCIER.

[Autogr. Arch. de l'Emp. K. 157.]

Ce 21 octobre 1763.

Je ne vois pas d'inconvénient que le comte de Broglie envoie sa lettre à M. de Choiseul ; mais je ne scay si précisément ce moment cy ne l'engagera pas au moins à différer ce qu'il auroit fait pour lui dans un autre moment. — Vous pouves envoyer la lettre au sieur d'Éon, si vous êtes bien sûr qu'il ne soit pas déjà parti. — Je joins ces deux paquets, que j'ay reçu hier au soir.

---

[1] Sur l'abbé de Broglie, oncle du maréchal et du comte, voyez l'Étude préliminaire. L'abbé de Broglie ne mourut que quelques années après.

### CLXXXVI. — LOUIS XV A TERCIER.

[Autogr. Arch. de l'Emp. K. 157.]

Ce 28 octobre 1763.

Le projet de lettre du sieur Hénin à M. de Praslin me paroît devenu inutil depuis la mort du Roi de Pologne, ou du moins mérite d'être changé, et c'est ce que vous poures lui mander en lui renvoiant son projet.

L'Électeur a destitué le comte de Brul de tous ces emplois, voiant qu'il ne mouroit pas, comme il l'avoit d'abord cru ; je joins icy une lettre qui vous l'apprend peut-être.

### CLXXXVII. — LOUIS XV A TERCIER.

[Autogr. Arch. de l'Emp. K. 157.]

A Fontainebleau, ce 2 novembre 1763.

Le ministre de Russie est chargé de dire à M. de Praslin de la part de sa maîtresse, et cela avant qu'elle sçût la mort du Roi de Pologne, que les troupes qui onts entrés en Pologne n'étoient que pour racourcir leur chemin, et qu'elle ne désiroit dans la future élection que l'entière liberté des Polonois et le maintien de leurs loix et priviléges.

### CLXXXVIII. — LOUIS XV A TERCIER.

[Autogr. Arch. de l'Emp. K. 157.]

A Fontainebleau, ce 3 novembre 1763.

Guimard doit vous avoir mandé la catastrophe de votre paquet du 5 aoust, où étoit contenu une lettre du comte de Broglie, avec un projet d'une pour le sieur d'Éon, dont vous m'avies reparlé, et que je n'avois pu retourner, ny par conséquent vous renvoier. Je vous l'envoie présentement, quoique devenue inutile, je pense, par le retour du sieur d'Éon. Certainement le paquet n'a été vu de personne et étoit dans tout son entier.

## CLXXXIX. — LOUIS XV A TERCIER.

[Autogr. Arch. de l'Emp. K. 157.]

Ce 4 novembre 1763.

Je prends le parti d'écrire à Guerchy [1] et je lui ordonne le secret pour tout le monde sans rien excepter. Je lui mande de garder tous ces papiers chez lui cacheptés jusqu'à ce qu'il revienne à Paris pour le petit voiage qu'il se propose d'y faire tous les ans.

## CXC. — LOUIS XV AU COMTE DE GUERCHY [2].

[Dépôt des affaires étrangères, *Mém. de d'Éon*, t. 1, p. 358.]

Fontainebleau, le 4 novembre 1763.

Monsieur le comte, M. le duc de Praslin vous transmet aujourd'hui une demande d'extradition adressée par nous aux ministres de notre frère S. M. le Roi de la Grande-Bretagne relativement à la personne du sieur d'Éon de Beaumont. Si, comme nous le pensons, Sa Majesté Britannique fait droit à cette demande, ce nous sera une chose particulièrement agréable que vous conserviez par devers vous les papiers que vous pourrez trouver chez le

---

[1] De Guerchy. — Voici comment M. de Praslin jugeait M. de Guerchy dans une lettre au duc de Nivernais, datée de Versailles, le 8 janvier 1763. « Je suis toujours fort occupé de Guerchy; je ne sais cependant si nous lui rendrons un bon office en le faisant ambassadeur à Londres : je crains ses dépêches comme le feu, et vous savez combien les dépêches déparent un homme et sa besogne quand elles ne sont pas bien faites. On juge souvent moins un ministre sur la manière dont il fait les affaires que sur le compte qu'il en rend. Je crois que notre cher ami fera bien : je ne crois pas en avoir de meilleur à employer, mais il ne sait pas du tout écrire, nous ne saurions nous abuser là-dessus. D'un autre côté, je ne voudrois pas qu'il se ruinât, mon pauvre Guercy. Vous faites monter la dépense à deux cent mille livres; cela ne m'effraye pas. Je puis lui donner cent cinquante mille livres d'appointements et cinquante mille livres de gratification; mais je ne saurois lui donner, à ce pauvre cher ami, plus de deux cent mille livres de première mise; c'est le traitement le plus fort. »

[2] L'authenticité de cette lettre est attestée par la précédente.

sieur d'Éon, sans les communiquer à personne. Nous désirons qu'ils soient tenus secrets pour tout le monde sans aucune exception, et que lesdits papiers, préalablement et soigneusement cachetés, demeurent entre vos mains jusqu'à votre prochain voyage annuel que vous les remettrez à notre personne directement.

Il nous est revenu que le sieur Monin, votre secrétaire avoit quelque connoissance du lieu où ces papiers pouvoient avoir été déposés par le chevalier d'Éon. S'il est vrai que le sieur Monin possède quelques notions à cet égard, nous vous prions de nous le faire savoir après lui avoir communiqué cette lettre de notre main; le faisant vous nous agréerez spécialement.

### CXCI. — LOUIS XV AU CHEVALIER D'ÉON.
[Dépôt des affaires étrangères. — *Mém. de d'Éon*, t. I, p. 359.]

Fontainebleau, le 4 novembre 1763[1].

Je vous préviens qu'une demande d'extradition concer-

---

[1] Voici comment d'Éon raconte lui-même la manière dont Monin avait été conduit à le trahir : « A l'époque des négociations relatives aux prétentions du prince de Conti au trône de Pologne et à la main de l'Impératrice Élisabeth, une correspondance occulte avait été organisée entre le Roi, le Prince, M. Tercier, le comte Woronzow, le chevalier Douglas et moi. Le sieur Monin, secrétaire des commandements du prince de Conti, se trouva non-seulement dans le secret, mais encore il étoit l'agent le plus actif auprès du chevalier Douglas, de moi et de M. Tercier, qui avoit en lui une confiance entière. M. Tercier, le plus honnête des hommes et qui croyoit que tout le monde lui ressembloit, n'avoit rien de caché pour l'ami Monin. Il lui montroit toutes les relations des ambassadeurs et ministres, soit en Pologne, soit en Russie, ce qu'il fit nombre de fois en ma présence. Malheureusement l'ami Monin avoit jadis été le précepteur du comte de Guerchy, qui en avoit reçu sa belle éducation; le comte de Guerchy avoit fait présent par reconnoissance au prince de Conti de cet autre conseiller Bonneau. Monin, par un autre retour de reconnoissance, dès qu'il vit son ancien élève ambassadeur et qu'il sut les recherches que faisoit madame de Pompadour, crut devoir apprendre au comte de Guerchy ce qu'il savoit sur mon compte. Il lui déclara que j'étois depuis longtemps en correspondance secrète avec le Roi et qu'il

nant votre personne et signée de ma griffe a été adressée cejourd'hui à Guerchy pour être transmise par lui aux ministres de Sa Majesté Britannique, ladite demande accompagnée d'exempts pour prêter main-forte à son exécution. Si vous ne pouvez vous sauver, sauvez du moins vos papiers et défiez-vous du sieur Monin, secrétaire de Guerchy et votre ami. Il vous trahit. LOUIS.

### CXCII. — LOUIS XV A TERCIER.
[Autogr. Arch. de l'Emp. K. 157.]

A Fontainebleau, ce 11 novembre 1763.

Si Guerchy manquoit au secret, ce seroit à moy présentement qu'il manqueroit *et il seroit perdu*. S'il est honnête homme il ne le faira pas; si s'est un fripon, il faudroit le faire pendre. Je vois bien que vous et le comte de Broglie êtes inquiet. Rassures vous, moy je suis plus froid. Si j'envoiois un second ordre présentement à Guerchy, il ne scauroit pour quoi et croiroit peut-être que je n'ay pas asses de confiance en lui. Hors, l'aiant mis si aisément dans mon secret, il le gardera. S'il douttoit de toute ma confiance, peut-être au contraire cela l'engageroit-il à le divulguer, non pas en entier (je ne le peus croire), mais en partie, qui pouroit faire ce que vous craignes. Madame de Guerchy n'est pas tout à fait dans le cas de son mary, mais par ma lettre au mari, j'espère qu'il ne le dira pas à sa femme. L'affaire du sieur d'Éon n'est pas au clair, attendons son arrivée. J'ay confié à Guerchy, par votre conseil, mon secret. Attendons ce qu'il en aura fait, mais croions qu'il m'aura obéi.

me soupçonnoit fort d'être un anneau de la chaîne mystérieuse qui unissoit la maison de Broglie au souverain. Le comte de Guerchy ne perdit pas de temps et reporta la supposition toute chaude à son ami de trente ans, le duc de Praslin, qui la communiqua de même à madame de Pompadour... » Gaillardet, *Mémoires*, t. I, p. 286.

### CXCIII. — LOUIS XV A TERCIER.
[Autogr. Arch. de l'Emp. K. 157.]

A Versailles, ce 18 novembre 1763.

Je n'ay point de nouvelles directes de M. de Guerchy. Mais je scay par M. de Praslin que d'Éon est sorti de ches lui, qu'il est enfermé dans une maison avec quatre personnes dont M. de Praslin scay que la Rozières en est un, et un parent à lui. Peut-être Monin est-il le quatrième, et que M. de Praslin ne scay ce que c'est que tout cela et qu'il n'en est pas content. J'aurois mieux aimé que tout cela se fût passé avec moins d'éclat et que d'Éon fût déjà revenue. Le temps nous éclaircira du reste.

L'Électeur de Saxe a reçu en réponse à celle qu'il avoit écrit à l'Impératrice de Russie pour lui notifier la mort de son père, et ces désirs, qu'elle lui conseilloit de s'en désister parce qu'il ne seroit jamais élu unanimement, qui est tout ce qu'elle désiroit, ainsy que la liberté des Polonois dans leur élection, mais elle lui fait entendre que pour peu qu'il y ait de la scicion, elle y entrera pour mettre l'unanimité du costé qu'elle voudra. Avez-vous consulté le comte de Broglie sur le sieur Monet, et si on peut et doit le mettre dans le secret.

Vous savez que je ne veux pas recommencer la guerre pour la Pologne, d'après les autres connoissances que vous aves de ma façon de penser et de ce qui est cy-dessus. C'est à vous à arranger avec Durand ce que vous croires devoir me proposer.

### CXCIV. — LOUIS XV A TERCIER.
[Autogr. Arch. de l'Emp. K. 157.]

Le sieur Tercier poura s'ouvrir au général Monet sur mes vues secrettes regardant la Pologne, sans lui communiquer ce qui s'est passé anciennement, et luy indiquant le sieur Henin à qui seul j'ay donné la correspondance de mon secret. LOUIS.

A Versailles, ce 19 novembre 1763 [1].

### CXCV. — LOUIS XV A TERCIER.
[Autogr. Arch. de l'Emp. K. 157.]

A Versailles, ce 20 novembre 1763.

Je vous envoie les deux ordres que vous desires, et j'approuve ce que vous vous proposes de dire au général Monet. — Je vous renvoie la lettre de Monin. Je scavois déjà tout ce qu'elle contenoit. Il faut attendre la réponse de M. de Guerchy et plaindre l'humanité.

### CXCVI. — LOUIS XV A TERCIER.
[Autogr. Arch. de l'Emp. K. 157.]

Ce 2 décembre 1763.

C'est par oubli de ma part si je n'ay pas parlé du secret dans l'ordre que j'ay donné; cela poura se réparer dans les instructions du sieur Monet. — Je réfléchires encore s'il est absolument nécessaire de mettre M. de Zucmantel [2] dans le secret, mais je trouve qu'il y en a déjà beaucoup trop. — Je joins icy six mille livres. Dans quinzaine, je vous en envoieray autant. Les moments sont mauvais. Je ne peus vous en assurer davantage pour le présent. L.

### CXCVII. — LOUIS XV A TERCIER.
[Autogr. Arch. de l'Emp. K. 157.]

A Fontainebleau, ce 5 décembre 1763.

M. de Praslin m'a conté l'autre jour toute l'affaire de la

---

[1] Ce billet fut écrit à propos d'une missive que reçut Monnet de Pologne. Livre rouge, 21 novembre 1763 : Au général Monnet pour aller en Pologne, 12,000 liv. » — 4 décembre de la même année : « Au général Monnet, 8,000 liv. »

[2] Le sieur Zuckmantel, à Manheim, depuis le 20 janvier jusqu'au 1er septembre : 3643 liv. 7 s. (Livre rouge, 19 novembre 1757.)

du Four, et n'y trouvant rien, il compte faire mettre Hugonet dehors dans peu de temps d'icy.

### CXCVIII. — M. DE GUERCHY A LOUIS XV.

[Autogr. Dépôt des affaires étrangères. — *Mém. de d'Éon*, t. I, p. 364.]

Londres, le 6 décembre 1763.

Sire,

J'attendois toujours pour répondre à la lettre dont il a plu à Votre Majesté de m'honorer, datée de Fontainebleau, 4 novembre, que j'eusse pu exécuter ses ordres, mais quelques moyens différents que j'aie employés pour y parvenir, cela m'a été absolument impraticable. Votre Majesté aura vu par ma dépêche les obstacles qui s'opposent à ce que je me rende maître des papiers de d'Éon, qui refuse constamment de me les remettre, malgré l'ordre qu'il en a reçu de M. de Praslin de la part de Votre Majesté.

C'est un des points de sa folie, qui cependant n'existe pas sur tous les autres généralement. Elle aura été également informée que la cour de Londres m'a refusé mainforte à ce sujet, en me répondant que c'était contre les lois du pays. Le Roi d'Angleterre et ses ministres ont cependant la plus grande envie d'être débarrassés de ce personnage-là. Il n'a pas dépendu de moi non plus de m'en saisir par moi-même ainsi que de sa personne par force ou par adresse, parce qu'il ne loge pas dans ma maison et qu'il n'y est pas venu depuis qu'il pousse les choses au point où il les a poussées jusqu'à ce moment.

J'ai communiqué à Monin les ordres de Votre Majesté, ainsi qu'elle me l'a prescrit; il m'a dit qu'il avoit tout lieu de croire, d'après les différentes questions qu'il a faites à d'Éon sur cet objet, qu'il n'avoit apporté à Londres aucun des papiers qui regardent personnellement Votre Majesté, et qu'il croit plus vraisemblable qu'il les avoit laissés à Paris.

Je joins ici une note de Monin qu'il a désiré faire passer à Votre Majesté, où sans doute il lui donne les éclaircissements qu'il a pu se procurer à cet égard. Je ne parlerai ni écrirai à personne quelconque, Sire, des ordres que j'ai reçus de Votre Majesté, ainsi qu'elle me l'ordonne. J'ai cru devoir lui faire remettre ma lettre par M. Le Bel.

Je suis bien peiné, Sire, de n'avoir pu en cette occasion donner à Votre Majesté, comme je l'aurois désiré, des preuves du zèle ardent que j'aurai toute ma vie.

### CXCIX. — NOTE DE M. MONIN AU ROI.
[Jointe à la lettre précédente.]

En conséquence des ordres de Sa Majesté signifiés à Monin, il a redoublé ses soins pour parvenir aux moyens d'avoir les papiers dont elle désire personnellement le recouvrement. Les lueurs d'espérance qu'il a quelquefois conçues, et que sembloit autoriser un air de confiance et d'épanchement de cœur de la part de M. d'Éon, se sont évanouies, et les moyens de toute espèce employés par M. l'ambassadeur sont restés infructueux. Monin s'est retranché à tâcher de pénétrer en quels lieux ces papiers pouvoient être ou déposés ou recélés. M. d'Éon lui a fait l'aveu qu'il en avoit mis en dépôt en différents endroits sans les lui indiquer, mais ce que Monin sait avec certitude, c'est qu'avant que M. de Guerchy se disposât à partir pour l'Angleterre, M. d'Éon a déposé une caisse de papiers chez M. Tercier, où lui Monin l'a vue, et que dès qu'il a su la décision du rappel de M. d'Éon, il a cru devoir, en sujet fidèle et zélé, conseiller à M. Tercier de demander à Sa Majesté ses ordres sur les dispositions et secrets de cette cause. Je ne doute pas que M. Tercier, qui a jugé l'avis convenable et important, n'ait agi en conséquence. Cette partie du secret de Sa Majesté doit par là être dans ses mains.

### CC. — LOUIS XV A TERCIER.
[Autogr. Arch. de l'Emp. K. 157.]

Ce 12 décembre 1763.

J'ay enfin reçu une lettre de M. de Guerchy avec le billet de Monin qui y étoit joint que je vous envoie [1], ainsy que la lettre du général Monet. Prenez garde au sieur de la Rozière, ou pour mieux dire à ces papiers, car l'on scait qu'il est icy, et si l'on faisoit une visite chés lui l'on pouroit tout découvrir.

### CCI. — LOUIS XV A TERCIER.
[Autogr. Arch. de l'Emp. K. 157.]

A Versailles, ce 17 décembre 1763.

Il ne m'est pas possible de vous répondre encore sur ce qui regarde le sieur d'Éon, les réflexions en sont trop grandes. — A l'égard de M. de Zukmantel, je vous dirai que sa mission peut être très-courte, et que je ne pense pas qu'on doive le mettre dans le secret tant qu'il ne sera qu'à Dresde. — Je joins icy les 6,000 livres que je vous avois annoncé.

### CCII. — LOUIS XV A TERCIER.
[Autogr. Arch. de l'Emp. K. 157.]

Ce 22 décembre 1763, au soir.

Dans le moment, je viens d'apprendre, par un courier du prince Xavier à Martange [2], la mort de l'Électeur son frère. — Je vous renvoie les pièces ci-jointes.

[1] Ce sont les deux pièces précédentes.
[2] M. de Martanges était un Français qui avait été au service de la Saxe : il était bienvenu de la Dauphine.

### CCIII. — TERCIER A D'ÉON.
[*Mém. de d'Éon*, t. II, p. 9.]

Versailles, le 27 décembre 1763.

Vos ennemis sont devenus tout-puissants ; bien loin de diminuer, leur empire a augmenté sur l'esprit de Sa Majesté, qu'ils dominent entièrement. Vous n'ignorez pas que madame de Pompadour est la source de tous vos maux. Vous et M. le comte de Broglie êtes perdus, si vous ne vous servez de tout le courage et de toute la prudence que le ciel vous a donnés pour ne laisser ni compromettre ni prendre votre personne, ni enlever vos papiers. Vous et M. le comte de Broglie n'avez qu'à compter, mais en secret, sur le Roi, qui ne peut vous abandonner, mais dont la politique, malgré tout l'attachement qu'il vous porte, vous sacrifieroit entièrement peut-être à sa maîtresse et à ses ministres.

Comptez sur mon dévouement inaltérable. TERCIER.

### CCIV. — LOUIS XV A TERCIER.
[Autogr. Arch. de l'Emp. K. 157.]

A Versailles, ce 30 décembre 1763.

Je doute que la lettre du comte de Broglie au duc de Choiseul fasse l'effet qu'il en attend, et encore moins sur M. de Praslin ; cependant, il peut l'envoier, s'il la croit nécessaires. Ce dernier avoit envoié une lettre de cachet contre-signée de lui pour lui ordonner de revenir. M. d'Éon l'a mise dans sa poche pour toute réponse. Il n'est pas fol, je le pense bien, mais orgueilleux et fort extraordinaires. Je croy donc qu'il faut laisser écouler asses de temps, le soutenir de quelque argent, et qu'il reste là où il est en sûreté, et surtout qu'il ne se fasse pas de nouvelles affaires.

J'avois mis quelques apostilles au mémoire que vous

m'aves addressé avec la lettre du comte de Broglie ; mais, après un mûr examen, j'en suis revenu à ce que je vous ay dit cy-dessus, et vous renvoie le tout tel qu'il est. Je ne croy point Monin[1] capable de trahir mon secret, non plus que d'Éon de se faire Anglois, car il n'y gagneroit rien du costé du ministère, et dans le parti de l'opposition que feroit-il ? Faites donc pour deux cents ducats à d'Éon. J'approuve que le comte de Broglie mette son nouveau secrétaire de Nort dans le secret. — Je ne me soucie point de voir le nouveau mémoire imprimé[2]. — Je joins icy encore 6,000 livres dont vous faires l'usage convenu.

### CCV. — LOUIS XV A TERCIER.
[Autogr. Arch. de l'Emp. K. 157.]

A Versailles, ce 27 janvier 1764.

Faites moy des projets de lettre et d'ordre pour l'affaires des sieurs d'Éon et de la Rozière, sauf à moy à les corriger et changer, selon que je croirai devoir le faire.

### CCVI. — LOUIS XV A TERCIER.
[Autogr. Arch. de l'Emp. K. 157.]

Ce 3 février 1764.

La démarche de la comtesse de Broglie[3] fairoit de l'éclat et gâteroit plustost les affaires de son mari qu'elle ne les raccommoderoit ; il faut prendre patience, n'en plus reparler, c'est le vray moien d'arriver plus tôt à son retour.

Je ne donne les évêchés ny au nom, ny à la faveur,

---

[1] Secrétaire de M. de Guerchy.

[2] C'est le gros in-quarto publié par d'Éon sous le titre de *Mémoires*, etc.

[3] Madame de Broglie, née de Luxembourg, faisait alors des démarches auprès de M. de Choiseul pour faire révoquer l'exil de son mari ; elle réussit, car au commencement du mois de mars suivant M. de Broglie avait permission de revenir à Paris. Voyez plus bas la lettre de d'Éon en date du 23 mars.

mais à ceux qui je croy faironts plus le bien de la Religion et la paix du royaume. Il s'en faut bien que je sois infaillible.

### CCVII. — LOUIS XV A TERCIER.
[Autogr. Arch. de l'Emp. K. 157.]

A Versailles, ce 12 février 1764.

Nos dernières lettres de Vienne annoncent clairement que cette cour ne donnera ny troupe ny argent au prince Xavier, mais lui promet tous ces bons offices, et l'exhorte à se présenter pour candidat [1]. Avec cette certitude, tout l'argent que nous donnerions seroit perdu, et nous n'en avons pas à perdre. L'Espagne pensera de même, je pense. Madame la Dauphine scait tout cela, mais nous ne scavons pas encore le parti que les princes de Saxe prendronts. En conséquence de là, je croy qu'il faut que vous retardies la lettre projettée au sieur Hennin [2].

Les nouvelles des Turcs sont aussi fort mauvaises, et ils paroissent vouloir exclure tout étranger et ne désirer qu'un Piast, ce qui me paroît devoir faire tomber le mémoire envoyé par le sieur Billet [3].

Je vous envoie encore cent louis pour ce qui vous manque présentement.

### CCVIII. — LOUIS XV A TERCIER.
[Autogr. Arch. de l'Emp. K. 157.]

Ce 29 février 1764.

Je trouve bon que l'on propose à M. de Praslin d'envoier le sieur de Nord en Angleterre, ainsi que le comte de Broglie et vous me le proposes. Je joins ici deux paquets que j'ay reçus avant-hier.

---

[1] Au trône de Pologne.

[2] M. Hennin était alors en Pologne.

[3] Il était en effet question de ne donner la couronne, après la mort d'Auguste III, qu'à un Polonais. Ce projet était mis en avant par tous ceux qui ne voulaient pas des enfants de l'Électeur de Saxe.

## CCIX. — LOUIS XV A TERCIER.
[Autogr. Arch. de l'Emp. K. 157.]

A Versailles, ce 22 mars 1764.

L'Espagne se refuse à tout secours, Vienne aussy ; par conséquent, nous ne pouvons rien donner au prince de Saxe que, comme eux, des recommandations ; avec ces réponses, le prince Xavier ne se présentera peut-être pas, quoiqu'on le lui conseille toujours, mais sûrement ne sera pas élu. Je doute pareillement que le prince Charles[1] puisse l'être, encore plus les autres princes de Saxe. De cecy, je croy qu'il faudra changer une partie des instructions pour le sieur Henin, et des lettres que je vous renvoie, avant que de les envoier. Si j'ay tant différé, c'est parce que j'avois d'autres choses à penser. Aucun prince étranger ne réussira cette fois cy, ainsi il faut se jetter sur les Piastes[2].

Le départ de M. de Beausset n'est que différé, et celui du sieur Rossignol point changé[3].

Pour une autre expédition l'affaire du sieur d'Éon.

## CCX. — LE CHEVALIER D'ÉON A TERCIER.
[Dépôt des affaires étrangères. — *Mém. de d'Éon*, t. II, p. 28.]

Londres, le 23 mars 1764.

POUR LE PROCUREUR[4].

Monsieur, quoique le rappel de M. le maréchal et de M. le comte de Broglie doive être aussi utile et aussi né-

---

[1] Le prince Charles de Saxe, duc de Courlande et fils d'Auguste III.

[2] M. de Beausset fut envoyé en Russie ainsi que M. Rossignol, l'un comme ambassadeur, l'autre comme consul.

[3] Ce fut en vertu de cette résolution que, par ordre du Roi, le 17 mars 1764, l'ambassadeur de France auprès de la république de Pologne remit au Primat une déclaration, où, sans donner l'exclusion à un étranger, la France inclinait à ce qu'on élût pour roi un Polonais. L'ambassadeur ajouta : « La Pologne compte des grands hommes parmi les rois Piastes. » Le comte de Mercy, envoyé autrichien, fit une déclaration dans le même sens.

[4] C'est-à-dire pour Tercier. Voyez l'Étude préliminaire, p. 115.

cessaire au service du Roi que favorable à la justice, à la décision de mon affaire, je ne puis pourtant vous dissimuler, Monsieur, tout mon étonnement sur votre silence absolu, ainsi que sur celui de M. le comte de Broglie dans la position cruelle où m'a plongé la méchanceté, pour ne vous dire plus, du comte de Guerchy, et son inimitié particulière contre la maison de Broglie, qui est la véritable origine de mes malheurs.

Votre silence et ma position sont tels que je renvoie M. Nardin[1] à Paris, auprès de son ami la Rozière ; il lui rapportera de vive voix tout ce qui s'est passé ici depuis son départ, et celui-ci vous remettra cette lettre pour vous prier instamment de me faire une réponse catégorique sur l'espérance ou la non-espérance que je dois avoir, afin qu'en conséquence je prenne mon parti. Il est bien triste, après m'être sacrifié d'aussi bonne grâce que je l'ai fait pour l'utilité et la dignité du service du Roi, d'en venir à de pareilles explications, ou plutôt à de telles extrémités. Vous sentez toute la force de ce que je veux dire. Je n'abandonnerai jamais le Roi ni ma patrie le premier ; mais si par malheur le Roi et ma patrie jugent à propos de me sacrifier en m'abandonnant, je serai bien forcé malgré moi d'abandonner le dernier, et, en le faisant, je me disculperai aux yeux de toute l'Europe, et rien ne me sera plus facile, comme vous devez le sentir. Ce sacrifice sera bien dur pour moi, j'en conviens, mais il coûtera aussi bien cher à la France, et cette idée seule m'arrache des larmes.

Voilà cependant les extrémités et les fatales résolutions que peuvent engendrer l'ingratitude et l'intrigue qui soutiennent un ambassadeur aussi indigne de ce titre que le comte de Guerchy.

[1] M. de Nardin, parent de d'Éon.

Je ne vous le dissimulerai pas, Monsieur, les ennemis de la France, croyant pouvoir profiter du cruel de ma position, m'ont fait faire des offres pour passer à leur service. Les avantages qu'ils peuvent m'offrir ne me touchent pas, et l'honneur seul me déterminera en cette occasion ; j'ai répondu comme je le devois, et j'ai dit que je ne pouvois prendre aucun engagement, me regardant toujours comme attaché au service du Roi, et mon Roi m'abandonne. Et pourtant, dans l'origine de toute cette affaire, je n'ai agi qu'en conformité de son grand projet secret et de ses ordres par écrit, que l'on ne m'arrachera qu'avec la vie.

Vous devez savoir qu'à peine le comte de Guerchy m'eut-il remplacé ici, on l'a entamé sur la seconde démolition de la lunette et des ouvrages de Dunkerque [1], et que cette seconde démolition, que j'avais éloignée et rejetée pendant cinq mois avec succès, a eu lieu à la honte et au grand détriment de la France. Je suis, en vérité, confus pour ma patrie.

Les chefs de l'opposition m'ont offert tout l'argent que je voudrois, pourvu que je dépose chez eux mes papiers et dépêches bien fermés et cachetés, avec promesse de me les rendre dans le même état en rapportant l'argent. Je vous ouvre mon cœur, et vous sentez combien un pareil expédient répugne à mon caractère. Et pourtant, si l'on m'abandonne, comment voulez-vous que je fasse ? A l'égard des papiers de l'*Avocat* et de son *substitut* [2], je les garde plus précieusement que jamais ; je les ai tous, et ceux de la Rozière. Il n'y a que le chiffre des instructions que j'ai brûlé devant lui, et le tout est si bien caché dans mon cabinet, que, par une mine que j'ai faite moi-même, et

---

[1] Conformément au traité de Fontainebleau.
[2] L'*avocat*, c'est-à-dire le Roi ; le *substitut*, M. de Broglie.

plusieurs mèches qui répondent à différents endroits cachés de mon appartement, je puis en un instant faire sauter à plus de cinquante pieds de haut le petit cabinet, les enleveurs de papiers, les papiers et moi. Mais, si je suis abandonné totalement, et si, d'ici au 22 avril, jour de Pâques, je ne reçois pas la promesse signée du Roi ou de M. le comte de Broglie que tout le mal que m'a fait M. de Guerchy va être réparé, alors, Monsieur, je vous le déclare bien formellement et bien authentiquement, toute espérance est perdue pour moi, et, en me forçant de me laver totalement dans l'esprit du Roi d'Angleterre, de son ministère et de la Chambre des pairs et des communes, *il faut vous déterminer à une guerre des plus prochaines, dont je ne serai certainement que l'auteur innocent, et cette guerre sera inévitable* [1]. Le Roi d'Angleterre y sera contraint par la nature des circonstances, par le cri de la nation et du parti de l'opposition, qui augmente au lieu de s'affaiblir.

Voilà, Monsieur, ma confession faite, et tous les maux qu'auront préparés M. de Guerchy et sa séquelle. Voilà votre grand projet si glorieux pour le Roi et si avantageux pour la France, qui tournera contre vous. Votre réponse, Monsieur, bien authentique, et signée par l'*Avocat*, ou au moins par son *substitut,* m'apprendront si, à Pâques prochain, au plus tard, je dois rester bon Français, ou devenir malgré moi bon Anglais.

J'ai l'honneur... D'ÉON.

### CCXI. — LOUIS XV A TERCIER.
[Autogr. Arch. de l'Emp. K. 157.]

A Choisy, ce 25 mars 1764.

Je vous renvoie la lettre du comte de Broglie, à laquelle étoit jointe celle écrite au sieur de Rozière. Je ne dis

---

[1] Voyez la lettre suivante du Roi à Tercier, en date du 25 mars.

rien sur le compte du sieur d'Éon. Je doutte que nous eussions la guerre quand il diroit tout ; mais il faut arêter ce scandale. J'approuve l'envoi du sieur de Nord ; arranges tout ce qu'il faudra en conséquence.

A l'égard des frais avancés par le sieur Drouet, vous les mettres sur votre compte et les rembourserés à mezure que je vous fairay passer des fonds.

### CCXII. — LE CHEVALIER D'ÉON A TERCIER.

[Dépôt des affaires étrangères. — *Mém. de d'Éon*, t. II, p. 32.]

Londres, le 27 mars 1764.

Monsieur,

J'espère que M. Nardin, que j'ai dépêché le 23 au matin, pour rejoindre son ami La Rozière, et pour vous faire remettre par son canal une lettre de moi très-urgente, est actuellement bien près de vous, et en état de dire à la Rozière ce qui s'est passé ici depuis quatre mois. Le comte de Guerchy ayant jugé à propos de faire imprimer une apologie mensongère de sa conduite, ou plutôt un libelle contre moi rempli de méchanceté et de calomnie ; après avoir bien attendu et patienté, j'ai été forcé d'y répondre par mémoires et lettres sans réplique. J'ai donc publié mon mémoire, et je l'ai fait gros à dessein, et par là il couvre parfaitement bien le projet de notre grande affaire secrète.

Notre pauvre ambassadeur, ne sachant où donner de la tête, n'écoute plus que sa vengeance aveugle. Il a couru chez son ami le duc de Bedford, homme encore plus violent que lui : il a couru chez tous les autres ministres,

---

[1] Une note de Tercier mise sur le registre du dépôt des affaires étrangères où cette lettre est transcrite, est ainsi conçue : « Cette lettre étoit adressée au R. P. Loris, rue du Regard, et m'a été envoyée par Sa Majesté le 5 avril 1764. » Le P. Loris était une adresse supposée.

pour faire prendre le livre, mais tout cela n'a pu réussir qu'à y avoir mis bon ordre. A présent, il remue avec le duc de Bedford ciel et terre pour tâcher de me faire arrêter par force ou subtilité, pour me renvoyer en France. J'ai été averti hier au soir par un ami du duc de Bedford que le comte de Guerchy avait employé le vert et le sec pour rendre furieux le duc contre moi. Cette même personne m'a aussi averti hier matin que, dans le conseil de Saint-James, les ministres avoient dû délibérer entre eux pour aviser aux moyens de m'arrêter et de me livrer à la France; mais il n'a pu m'apprendre la décision. Voilà, Monsieur, l'intéressant, et il est de la dernière conséquence que Sa Majesté ait la bonté d'ordonner au comte de Guerchy de me laisser tranquille. Je vous préviens bien sérieusement que le premier qui viendra chez moi ou qui m'attaquera dans la rue sera tué sur-le-champ, n'importe qui, et je n'envisage pas les suites.

Je vous préviens encore que quelques chefs de parti de l'opposition envoient tous les jours chez moi pour voir s'il ne m'est rien arrivé ; et, à la première entreprise qui serait faite contre moi, l'hôtel de l'ambassadeur et tout ce qui sera dedans sera mis en pièces par ce qu'on appelle ici les *hob,* les matelots et autres canailles de la Cité, qui sont aux ordres de l'opposition. Vous sentez tous les malheurs qui sont sur le point d'arriver. Le comte de Guerchy ignore tout cela ; il n'est pas assez éclairé pour le prévoir, et, quand il le prévoiroit, il ne l'écriroit pas et le déguiseroit au Roi. Vous savez que je ne vous ai jamais trompé : je ne voudrois pas le faire dans un cas si important et si pressant, et je ne dois pas vous dissimuler que si j'étois une fois pris, après vous avoir averti si bien et depuis si longtemps, sans que le Roi ait apporté un remède salutaire, alors je ne me regarderois plus tenu au secret, et je serois à cette extrémité forcé de justifier ma conduite, autre malheur encore plus grand que le feu mis par le peuple à l'hôtel de France [1].

Je suis... D'Éon.

### CCXIII. — LOUIS XV A TERCIER.
[Autogr. Arch. de l'Emp. K. 157.]

A Versailles, ce 9 avril, à six heures du soir [1764].

Je vous envoie les trois ordres que vous désires et la lettre pour M. de Guerchi; mais je voudrois scavoir quelles instructions vous donnes, ou le comte de Broglie, ou le sieur de Nort, et selon ce que m'a dit hier M. le duc de Praslin, ce n'est pas ce nom-là qu'il m'a dit envoier en Angleterre. Il est vray que c'est un qui lui ressemble [1] ?

### CCXIV. — LOUIS XV A M. DE NORT.
[Autogr. Arch. de l'Emp. K. 157.]

Le sieur de Nort partira pour l'Angleterre aussy tost qu'il le lui sera ordonné de ma part par le comte de Broglie, et il se conformera exactement aux instructions qu'il lui donnera en mon nom et pour mon service, affin de régler sa conduitte, tant vis-à-vis du sieur d'Éon, que vis-à-vis le comte de Guerchy, mon ambassadeur. Il exécutera également tout ce qui lui sera dit ou écrit sur cet objet par le sieur Tercier, et gardera le plus profond silence sur cette mission, généralement avec tout le monde, sans nulle exception que les cy-dessus nommés.    Louis.

Fait à Versailles, ce 9 avril 1764.

[1] Dans le gros volume in-quarto publié par d'Éon en 1764, il n'est question que des querelles privées du chevalier avec M. de Guerchy; aussi sa conduite était-elle inexplicable pour ceux qui ne connaissaient pas le secret.
[2] Sur M. de Nord, voyez la Table des matières, à ce nom.

### CCXV. — LOUIS XV A TERCIER.
[Autogr. Arch. de l'Emp. K. 157.]

Ce 10 avril 1764, au soir.

L'ancienne instruction pour le sieur de Nort n'est plus bonne dans le moment présent et demande à être refondue. Je ne me souviens plus trop de ce que j'ay mandé à Guerchy ; mais cela est analogue à ce que vous m'aves mandé, et surtout qu'il n'use de voie de rigeur qu'après toutes celles de douceur, car l'homme envoié en Angleterre par M. de Praslin lui a demandé s'il falloit l'avoir mort ou vif, et le ministre lui a défendu sur toutes choses de l'avoir aultrement que vif [1].

### CCXVI. — LOUIS XV A TERCIER.
[Autogr. Arch. de l'Emp. K. 157.]

Ce 11, au matin.

J'approuve la lettre du comte de Broglie pour d'Éon. M. de Praslin voudroit bien voir arriver d'Éon en France, et qu'il y fût bien enfermé. Ces lettres particulières, avoués-le, le mériteroient bien ; mais le point essentiel est de l'adoucir et de ravoir mes papiers [2]. A l'avenir, soyons plus circonspects sur les choix de confiance : il est pourtant le seul jusqu'à présent qui ait branlé et menacé de trahison au premier cheff. Dans les tribunaux, que croies-vous qu'on lui fît ?

### CCXVII. — LOUIS XV A TERCIER.
[Autogr. Arch. de l'Emp. K. 157.]

A Versailles, ce 17 avril 1764.

Il ne m'est pas encore possible de vous renvoier vos

---

[1] Mais le ministre donna à son agent les pouvoirs nécessaires pour enlever le chevalier.

[2] Relatifs à la mission de d'Éon concernant un projet de descente en Angleterre.

dernières dépesches. Ce sera le plustost que ma position me le permettra [1].

### CCXVIII. — LE CHEVALIER D'ÉON A LOUIS XV.
[Dépôt des affaires étrangères. — *Mém. de d'Éon*, t. II, p. 36.]

Londres, le 20 avril 1764.

Sire,

Je suis innocent et j'ai été condamné par vos ministres; mais dès que Votre Majesté le souhaite, je mets à ses pieds ma vie et le souvenir de tous les outrages que M. de Guerchy m'a faits. Soyez persuadé, Sire, que je mourrai votre fidèle sujet, et que je puis mieux que jamais servir Votre Majesté pour son grand projet secret, qu'il ne faut jamais perdre de vue, Sire, si vous voulez que votre règne soit l'époque de la grandeur de la France, de l'abaissement et peut-être de la destruction totale de l'Angleterre, qui est la seule puissance véritablement toujours ennemie et toujours redoutable à votre royaume.

Je suis, Sire, de Votre Majesté le fidèle sujet à la vie et à la mort.   D'ÉON.

### CCXIX. — LE CHEVALIER D'ÉON AU COMTE DE BROGLIE.
[Dépôt des affaires étrangères. — *Mém. de d'Éon*, t. II, p. 35.]

Londres, le 20 avril 1764.

Monsieur,

Mon ami de Nort, que j'attendois avec bien de l'impatience, est arrivé, avec Nardin, lundi au soir, et il a dû vous écrire mardi dernier s'il m'a trouvé dans un état de folie ou de fièvre, ainsi que l'ambassadeur s'amuse encore à l'avancer à tout le monde. Il a dû vous marquer aussi que sur les simples copies des ordres du Roi, et la simple inspection de votre lettre, avant même que j'aie pu lire les

---

[1] Le Roi était en effet alors fort empêché : le 15 avril madame de Pompadour était morte.

bienfaits inattendus dont le Roi a eu la bonté de me combler, il m'a trouvé tout disposé à exécuter non-seulement ses volontés, mais même à obéir au moindre de ses désirs.

Lorsque M. de Nort a annoncé mardi dernier à M. de Guerchy, dès sa première entrevue, qu'il étoit très-content de moi, qu'il me trouvoit tout à fait raisonnable et de sang-froid dans tous mes raisonnements, le susdit ambassadeur a fait semblant de tomber en syncope et de crier au miracle.

J'ai l'honneur... D'ÉON.

### CCXX. — LOUIS XV A TERCIER.
[Autogr. Arch. de l'Emp. K. 157.]

A Versailles, ce 1er may 1764.

Je ne suis pas surpris que le sieur de Nort aie adopté les principes que le comte de Broglie juge, en voyant la conduite du sieur d'Éon, (qui est fol, est capable de tout) ; mais il faut tascher de le tirer de là et nos papiers. J'approuve tout ce que vous me mandes et le comte de Broglie, hormis que je ne veux pas qu'on mande de suspendre les procédures juridiques commencées [1]. Je vous envoie les projets de lettres pour qu'on les corrigent en conséquence de ce que je vous mande. M. le duc de Choiseul est sûrement instruit des mêmes choses que le duc de Praslin.

### CCXXI. — LOUIS XV A TERCIER.
[Autogr. Arch. de l'Emp. K. 157.]

Ce 22 may 1764.

Il est arrivé hier un courier de Varsovie, du 7 ou du 8, tout y est en combustion. Le grand général [2] s'est retiré avec son parti ; tout est confédéré ; M. de Paulmi demande

---

[1] Il s'agit du procès intenté à la requête de M. de Guerchy et du corps diplomatique à d'Éon par le soliciter général en publication de libelle.

[2] Comte Branicky.

à revenir et je le lui ay accordé[1]. Il y aura vraysemblablement deux élections; il y a eu beaucoup de coups de sabres donnés, mais peu ou point de blessés. Voilà tout ce que j'ay pu retenir. Dans ces circonstances, je ne croy pas que nous devions presser le prince Xavier de se mettre sur les rangs. Peut-être l'a-t-il fait, car il a envoié de l'argent?

### CCXXII. — LOUIS XV A TERCIER.
[Autogr. Arch. de l'Emp. K. 157.]

A Saint-Hubert, ce 25 may 1764.

Je trouve la lettre fort bien, mais Guerchy n'aura pas de peine à deviner d'où elle vient, car les masques y sont à visage presque découvert. Je vous permets de l'envoier ou de ne la pas envoier[2].

### CCXXIII. — LOUIS XV A TERCIER.
[Autogr. Arch. de l'Emp. K. 157.]

Ce 27 may 1764.

Je vous envoie des effets qui sont échus, et que vous deves toucher. J'y joints deux billets de loterie qui ont gagné 500 livres[3]. C'est un commencement. Je vous en fairay filer; extrémités d'argent de temps en temps.

### CCXXIV. — LOUIS XV A TERCIER.
[Autogr. Arch. de l'Emp. K. 157.]

Ce 31 may 1764.

J'approuve qu'on passe sur l'État ce que M. le comte de

---

[1] On peut voir un extrait des dépêches reçues par le gouvernement français, au sujet des événements de la diète de Pologne, dans la *Gazette de France* du 9 mai. Le général Mokranowski, nonce de Cracovie, manqua d'être massacré. Le parti des Czartorisky l'ayant emporté, le comte Branicky quitta Cracovie avec l'armée de la république.

[2] Cette lettre était destinée à calmer M. de Guerchy en lui donnant à entendre que d'Éon était un agent secret du Roi.

[3] Ce sont des billets de la loterie royale de l'École militaire. Sur cette loterie, voyez Boutaric, *Institutions militaires de la France*, p. 435.

Broglie propose pour le sieur Rossignol et le sieur des Rivaux[1]. — Vous vous êtes trompé de 300 livres; les deux billets de lotterie ne fonts que cette somme à eux deux.

### CCXXV. — LOUIS XV A TERCIER.
[Autogr. Arch. de l'Emp. K. 157.]

Ce 4 juin 1764.

Je vous renvoie vos lettres apostillées, mais Guerchy devant partir d'abord après le jour de la naissance du Roi d'Angleterre, qui était hier[2], je pense qu'il est inutile de lui écrire. Voies cependant ce qui sera pour le mieux. Cela fairoit changer aussy quelque chose dans la lettre au sieur de Nort.

### CCXXVI. — LOUIS XV A TERCIER.
[Autogr. Arch. de l'Emp. K. 157.]

Ce 13 juin 1764.

Je trouve bon que le sieur Drouet quitte le comte de Broglie et qu'il prenne à sa place le sieur de Bois-Martin, puisqu'il en répond. De plusieurs années d'icy, je ne donne pas de pension sur ma cassette[3].

### CCXXVII. — LOUIS XV A TERCIER.
[Autogr. Arch. de l'Emp. K. 157.]

En récompense du zèle et de la fidélité avec laquelle le sieur Drouet[4] a servi pendant plusieurs années dans des affaires très-secreltes, et à la condittion qu'il continuera à

---

[1] M. des Rivaux était attaché à l'ambassade de France en Hollande. Voyez la Table à ce nom.

[2] Ce fut le jour même, c'est-à-dire le 4 juin, que l'on célébra à Londres l'anniversaire de la naissance du roi d'Angleterre.

[3] M. Dubois-Martin fut chargé après la mort de Tercier de la manutention des fonds destinés à la correspondance secrète.

[4] Sur Drouet, voyez l'état des pensions secrètes conservées par Louis XVI.

la garder très-scrupuleusement, je veux bien lui conserver la moitié de ces apointements.   Louis.

A Compiègne, ce 30 juin 1764.

### CCXXVIII. — LOUIS XV A TERCIER.
[Autogr. Arch. de l'Emp. K. 157.]

Je n'ay point écrit la réponse faitte au comte de Broglie, mais elle l'a étée devant moy après le compte rendu de sa lettre et de son mémoire, et ma réponse verbale adjoutée est conforme à ce que j'ay dit.

Je recevray toujours les dames qui voudronts me parler, mais je croy que la démarche de la comtesse de Broglie est inutile dans ce moment cy, et qu'elle ne fairait que faire du bruit.

Ce 7 juillet 1764.

### CCXXIX. — LOUIS XV A TERCIER.
[Autogr. Arch. de l'Emp. K. 157.]

Je voiray à vous faire tenir de l'argent à Paris.

Qu'on recommande bien au sieur de la Rozière de prendre bien garde dans les reconnoissances qu'il faira de nos costes qu'on ne le découvre, car il est bien connu dans ce païs-cy, et M. de Choiseuil sçait que c'est lui qui a levé la carte de Hesse par ordre du comte de Broglie.

A Compiègne, ce 14 juillet 1764.

### CCXXX. — LOUIS XV A TERCIER.
[Autogr. Arch. de l'Emp. K. 157.]

Ce 18 juillet 1764.

Vous deves avoir reçu 30,000 livres, qui est la première somme que vous avez demandée. Il me semble que vous m'aves envoié aucun projet, tant pour la Suède que pour Constantinople.

### CCXXXI. — LOUIS XV A TERCIER.
[Autogr. Arch. de l'Emp. K. 157.]

Ce 21 juillet 1764.

Le paquet de M. de Vergennes, que Guimard vous envoie avec celui-cy, vous apprendra sans doutte qu'il n'y a rien à faire du costé des Turcs, et que sans doutte ils ont été gagnés par argent ou par d'autres promesses[1].

### CCXXXII. — LOUIS XV A TERCIER.
[Autogr. Arch. de l'Emp. K. 157.]

A Compiègne, ce 4 aoust 1764.

Je scavois que la Rochette[2] étoit mandé par M. de Choiseuil. Si j'en apprends d'avantage je vous le fairay scavoir. M. de Guerchy avoit déjà connoissance du nouvel ouvrage du sieur d'Éon quand il a travaillé avec moy pour le régiment où il est allé[3]. Je l'ai questionné aussy sur le sieur de Nort, dont il est très-content, et aussy sur le sieur Goy. — Êtes-vous bien sûr du sieur Jakubosky?

### CCXXXIII. — LOUIS XV A TERCIER.
[Autogr. Arch. de l'Emp. K. 157.]

Ce 8 aoust 1764.

De Nort doit revenir. — Envoies moy l'état des papiers que d'Éon peut avoir avec lui.

### CCXXXIV. — LOUIS XV A TERCIER.
[Autogr. Arch. de l'Emp. K. 157.]

Je ne puis vous faire rien toucher avant le mois de septembre. Arranges vous sur cela.

Ce 11 aoust 1764.

---

[1] On vouloit les pousser à la guerre contre la Russie, mais ils restèrent pacifiques.

[2] Je ne sais au juste quel était ce la Rochette ; peut-être est-il question du célèbre arboriculteur Moreau de la Rochette.

[3] M. de Guerchy était colonel lieutenant du régiment du Roi, infanterie, et en outre lieutenant général. Il était revenu d'Angleterre, à titre de congé, et avait été reçu par le Roi à Compiègne le 24 juillet.

## CCXXXV. — LOUIS XV A TERCIER.
[Autogr. Arch. de l'Emp. K. 157.]

A Versailles, ce 25 aoust 1764.

Je trouve le mémoire du sieur Monet très-juste et bon ; je suis content de son zèle, il faudra voir dans la suite, après l'élection, ce qu'on poura faire pour la satisfaction et le bonheur de la république de Pologne.

## CCXXXVI. — LOUIS XV AU COMTE DE BROGLIE.
[Autogr. Arch. de l'Emp. K. 157.]

La scituation actuelle de la Pologne me faisant désirer d'être instruit précisément de tout ce qui s'y est passé depuis l'interrègne, vous dires de ma part au général Monet qu'il vous communique les instructions et les lettres qu'il a reçues du duc de Praslin, ainsy que ces réponses, de même que ses lettres au comte Poniatosky, et les réponses qu'il en reçoit, pour que du tout vous en composies un extrait exact que vous m'envoieres.

A Choisy, ce 29 aoust 1764.

## CCXXXVII. — LOUIS XV A TERCIER.
[Autogr. Arch. de l'Emp. K. 157.]

Ce 30 aoust, au soir, 1764.

Je trouve bon que vous voies M. de Voronzof : mais bien secrettement [1].

## CCXXXVIII. — LOUIS XV A TERCIER.
[Autogr. Arch. de l'Emp. K. 157.]

A Choisy, ce 30 aoust 1764.

M. le duc d'Orléans a promis formellement sa fille à M. le prince de Condé [2]. Si l'Impératrice en avoit voulu

---

[1] Non le chancelier, mais son frère.

[2] Ce mariage eut en effet lieu en 1770, époque où Louis-Joseph de Bourbon épousa Louise-Marie-Thérèse-Bathilde d'Orléans. Louis-Joseph est le prince de Condé de l'émigration, père du duc d'Enghien. On sait assez que cette union ne fut pas heureuse.

pour le Roi des Romains, j'aurois rompu par mon authorité le mariage du prince de Condé ; mais, pour M. Poniatosky, je ne le fairay certainement pas. Ce dernier a un frère à qui il doit donner le chapeau. J'avois trouvé bon que le feu Roi de Pologne donne sa nomination à l'abbé de Broglie ; celui-cy n'est pas tenu à cette promesse, et ne la confirmera certainement pas. Du reste, je doutte fort que l'archevêque de Cambray l'obtienne [1].

[1] Nous donnons ici une lettre de M. de Broglie à madame du Deffand[*], d'abord parce qu'elle éclaircit cette lettre de Louis XV, en outre parce qu'elle fait connaître les sentiments de M. de Broglie sur l'état où se trouvait alors la France.

« Ruffec, 14 octobre 1764.

» Un voyage de plus de quinze jours que j'ai fait, Madame, à Rochefort, la Rochelle et l'île de Ré, m'a empêché de répondre plus tôt à la lettre charmante dont vous m'avez honoré, du 27 septembre. Je ne mérite rien, à aucun égard, de tout ce que vous m'y dites d'obligeant ; mais je n'en suis pas moins sensible à toutes ces marques de bonté.

» Vous n'êtes pas, Madame, dans le cas des correspondances qui ont besoin de nouvelles pour être rendues agréables. Malgré cela, vous voulez bien compatir à la curiosité provinciale, et votre lettre m'a plus appris de détails de société, qui par là deviennent intéressants, que je n'en avais su depuis mon départ. Il me paroît que tout est dans l'ordre ordinaire, et que les événements qui amusent les spectateurs et font trembler les acteurs sont extrêmement rares. On n'en peut pas dire autant de ce qui regarde les États. L'Impératrice de Russie continue à donner à l'Europe des spectacles qu'on n'auroit pas dû attendre d'une princesse née dans des climats plus policés que la Sibérie : elle extermine la race des vrais souverains de son empire. Elle en donne un par la force à un royaume voisin, et elle ne regarde pas qu'une couronne puisse être mieux placée que sur la tête de celui qui a eu le bonheur de lui plaire. Si elle se croit obligée de traiter de même tous ceux qui ont eu ou auront le même avantage, il n'y en aura pas assez en Europe pour remplir cet objet. Mais ce qui me charme, c'est la patience avec laquelle tout le monde voit cette conduite, sans songer que cet événement et les suites immanquables qu'il aura vont donner une nouvelle forme à tout le Nord.

» Mais de quoi m'avisé-je de politiquer? C'est un reste de goût du métier. J'espère d'ailleurs que vous me pardonnerez de songer encore à la Pologne,

[*] *Correspondance de madame du Deffand*, édit. de M. de Lescure, t. I, p. 319.

## CCXXXIX. — LOUIS XV A M. DE BRETEUIL [1].

[Flassan, *Hist. de la diplomatie*, t. VI, p. 325.]

[Août 1764.]

Monsieur de Breteuil, j'ai reçu votre lettre n° 5 du mois dernier, à laquelle étoit jointe la copie de votre correspondance avec mon ministre des affaires étrangères. Trois choses contenues dans cette expédition méritent une grande attention.

1° Les soins que la Russie se donne pour faire entrer la Suède dans ses vues sur les affaires de Pologne ;

parce qu'il y a un certain chapeau que j'ai de la peine à perdre de vue. Je ne sais si vous aurez appris que le Roi a bien voulu permettre à mon frère de solliciter la confirmation de cette grâce, et qu'en conséquence il a envoyé son petit ambassadeur à Varsovie. Nous ignorons le succès de cette importante négociation : nous avons la justice pour nous, mais c'est un faible avocat dans tout pays.

» Je ne vous dirai rien de mon voyage sur les côtes ; je n'y ai rien vu que d'affligeant pour une âme françoise et patriotique, ce détail ne pourroit que vous ennuyer ; mais ce sera avec plaisir que je vous ferai le tableau de l'île de Ré, qui a l'air d'être un pays d'une autre domination. Pendant que la France se dépeuple presque partout, et que les campagnes y deviennent incultes et désertes, ce petit pays augmente à vue d'œil d'habitants ; il n'y a pas grand comme la main de terrain qui n'y soit cultivé : tout le monde y est riche et content, il n'y a ni taille ni commis, et, pour comble de bonheur, elle est gouvernée par le plus aimable et le plus respectable des hommes ; il y est adoré ; il est le juge, le père, en vérité le souverain de l'île : il est obéi sans examen sur tout ce qu'il ordonne ; enfin c'est un pays de délices, et où j'ai passé, ainsi que madame de Broglie, une journée avec la plus grande satisfaction. Le chevalier d'Aulan nous a reçus cent fois mieux que nous ne le méritions, si ce n'est par l'empressement que nous avions de l'aller voir. Nous avons beaucoup parlé de vous, pour que rien ne manquât à notre commune satisfaction. L'abbé porteur de cette lettre, et qui a été de notre voyage, vous fera un plus long détail, et il me promet de ne pas oublier de vous présenter les assurances de la reconnoissance de madame de Broglie, et celles de mon tendre et respectueux attachement. »

[1] Dépêche rédigée par le comte de Broglie. M. de Breteuil était ambassadeur de France à Stockholm, mais de ce poste il surveillait les États du Nord, surtout la Russie.

2° La manière dont le Stolnick[1] s'explique dans la lettre qu'il vous a écrite ;

3° La fermentation qui subsiste toujours en Russie.

Sur le premier article, je ne puis qu'approuver la réserve dans laquelle se tient le ministre suédois, en répondant au comte d'Ostermann[2]. Ce n'est point à une nation libre qu'on doit proposer de contribuer à l'asservissement d'une autre qui jouit du même avantage. Ces propositions doivent être encore moins favorablement écoutées quand elles viennent de la part d'une puissance qui a déjà fait connoître combien la liberté de la Suède la gêne ; et les ministres suédois sont trop éclairés pour ne pas voir jusqu'où tendent les vues de l'Impératrice de Russie : ainsi je ne doute pas qu'ils ne rejettent toutes les propositions qu'on pourra leur faire à cet égard. Je m'en rapporte à votre zèle et à la connoissance que vous avez de mes intentions pour leur faire sentir le danger que la Pologne court, et combien toutes les puissances voisines doivent s'y intéresser. Si j'ai rappelé de Varsovie mon ambassadeur, c'est qu'il n'étoit plus possible qu'il y restât témoin d'une assemblée aussi irrégulière et aussi illégitime que celle à laquelle le parti russe donne le nom de diète. Je ne continue pas moins à m'intéresser à ce qui regarde cette république ; ainsi la retraite de mon ambassadeur n'est point un abandon des affaires de Pologne : c'est, au contraire, une marque que je désapprouve publiquement tout ce qui s'y est fait. Le Stolnick a parfaitement justifié ce qu'il vous faisoit entendre sur les projets de changer la forme du gouvernement, et les résolutions de la prétendue diète l'ont assez prouvé. Ce doit être un nouveau motif pour toutes les puissances de

---

[1] Le comte Poniatowski.

[2] Ambassadeur de Russie en Suède.

s'intéresser au sort des patriotes qui défendent leur liberté et leur constitution, qui ne peut être changée que par le concours unanime de la nation, et non par la seule volonté d'une puissance voisine, qui, dans ce moment-ci, n'a en vue que d'opprimer la république de Pologne, afin d'étendre son despotisme dans le Nord.

Les circonstances présentes ne me permettent pas de faire encore partir le ministre que j'ai nommé pour résider à Pétersbourg [1]. Il seroit à désirer que la fermentation qui y règne produisît l'avantage d'arrêter les projets de l'Impératrice; mais le temps est bien court, puisque nous touchons au mois où doit commencer la diète d'élection. Si cependant le parti russe entreprend de la faire contre les lois, et parce qu'il verra une partie des citoyens sans armes pour défendre leur liberté, cette élection, si elle a lieu, ne pourra jamais être qu'illégitime.

### CCXL. — LOUIS XV A TERCIER.
[Autogr. Arch. de l'Emp. K. 157.]

A Fontainebleau, ce 12 octobre 1764.

Hénin a ordre de venir icy, et il doit être parti : ainsy il est inutile de lui écrire la lettre dont je vous renvoie le projet que vous m'avès envoié.

### CCXLI. — LOUIS XV A TERCIER.
[Autogr. Arch. de l'Emp. K. 157.]

A Fontainebleau, ce 24 octobre 1764.

Le terme du 5 novembre est bien court. Voies si on peut le différer. Envoies quelqu'un icy vers la fin du mois pour pouvoir lui remettre un à-compte. — Si l'on peut ne rien laisser au sieur d'Éon, ce sera toujours le mieux.

---

[1] M. de Beausset.

## CCXLII. — D'ÉON AU COMTE DE BROGLIE.

[En écriture sympathique. — *Mémoires*, t. II, p. 53.]

Londres, le 2 novembre 1764, au soir.

Enfin, Monsieur, voilà donc le complot horrible découvert ; je puis à présent dire à M. de Guerchy ce que le prince de Conti disoit au maréchal de Luxembourg avant la bataille de Steinkerque : « Sangaride, ce jour-là est un grand jour pour vous, mon cousin. Si vous vous tirez de là, je vous tiens habile homme. » Personne n'est plus intéressé que vous et M. le maréchal à prendre tous les moyens pour vous défendre contre les ennemis de votre maison. Le Roi ne peut à présent s'empêcher de voir la vérité ; elle est mise au grand jour. J'agis de mon côté. J'ai instruit le duc d'York et ses frères de la vérité et des noirceurs du complot contre vous, le maréchal de Broglie et moi. Ceux-ci instruisent le Roi, la Reine et la princesse de Galles. Déjà M. de Guerchy, qui a été revu de très-mauvais œil à son retour, est dans la dernière confusion, malgré son audace, et je sais que le Roi d'Angleterre est disposé à rendre justice à M. le maréchal et à moi. Agissez de votre côté, Monsieur le comte, agissez et ne m'abandonnez pas, ainsi que vous paroissez le faire [1]. Je me défendrai jusqu'à la dernière goutte de mon sang, et, par mon courage, je servirai votre maison malgré vous,

---

[1] M. de Broglie répondit à d'Éon qu'il ne mettrait désormais devant les yeux du Roi rien de ce qui pourrait dans ses lettres concerner le comte de Guerchy, et qu'il ferait des extraits de ses lettres pour soustraire au Roi ce qui avait rapport à ce sujet. « Je ne comprenois rien, dit d'Éon, à ce système de neutralité, quand je remarquai que les dépêches dans lesquelles on m'annonçoit qu'on ne vouloit rien apprendre à Sa Majesté de mes démêlés avec M. de Guerchy ne me parvenoient jamais sans être approuvées de la main du Roi. Celui-ci savoit donc au moins qu'on lui cachoit ces articles de ma correspondance. » Les pièces que nous publions prouvent que Louis XV était au courant de tout.

car vous m'abandonnez, vous ne m'envoyez point d'argent, tandis que je me bats pour vous. Ne m'abandonnez pas, Monsieur le comte, et ne me réduisez pas au désespoir. Envoyez-moi une somme suffisante pour soutenir votre guerre et la mienne, si vous ne voulez pas être écrasé sous le poids de l'injustice. J'ai dépensé plus de douze cents livres sterling pour ma guerre, et vous ne m'envoyez rien : cela est abominable, je ne l'aurois jamais cru, Monsieur le comte, permettez-moi de vous le dire.

### CCXLIII. — LOUIS XV A TERCIER.
[Autogr. Arch. de l'Emp. K. 157.]

A Versailles, ce 1er décembre 1764.

Le Bel vous envoie de ma part par le porteur de ce paquet cy 6,000 livres pour complelter les 12,000 livres que vous demandes pour envoier en Angleterre. Mon fils ne m'a encore parlé de rien de ce que le maréchal de Broglie lui a envoié, et moy je vous renvoie les copies numérotés 3 et les autres pièces n° 5, sans les avoir lues, ne voulant pas perdre du temps à cela. J'approuve que vous instruisies le sieur de Nort de tout, mais comment proposer à M. de Praslin d'envoier le comte de Broglie en Angleterre ? J'approuve fort aussy le mémoire du sieur Durand, qui vous servira pour écrire la lettre. Je vous renvoie toutes les autres pièces que j'ay lues.

### CCXLIV. — LOUIS XV A TERCIER.
[Autogr. Arch. de l'Emp. K. 157.]

Ce 3 janvier 1765.

Le comte de Broglie peut faire ses dispositions, selon ce que vous me mandes de sa part. Je garde depuis deux jours la lettre cy jointe, dans l'espérance de pouvoir vous renvoier les autres papiers, mais ces mêmes jours m'onts fait retarder jusqu'à celui cy.

### CCXLV. — LOUIS XV A TERCIER.
[Autogr. Arch. de l'Emp. K. 157.]

A Marly, ce 9 janvier 1765.

Je suis après à examiner le projet de réponse à M. de Guerchy ; mais la dernière lettre du sieur de Nort est le comble de la folie, et mériteroit d'être pillé comme le muphti[1].

### CCXLVI. — LOUIS XV A TERCIER.
[Autogr. Arch. de l'Emp. K. 157.]

Ce 10 janvier 1765, au soir.

Je vous envoie une lettre de M. de Guerchy que j'ay reçue ce matin, avec la copie qui y étoit jointe de ce bel écrit du sieur d'Éon. J'en joins aussy une que je reçois dans l'instant.

### CCXLVII. — LOUIS XV A TERCIER.
[Autogr. Arch. de l'Emp. K. 157.]

A Versailles, ce 14 janvier 1765.

Le sieur Hugonet[2] a été arresté à Calais, et l'on a trouvé sur lui une lettre du sieur Drouet au sieur d'Éon, ce qui a detterminé le conseil à faire arresté le sieur Drouet. J'ay prévenu de tout M. de Sartines[3], pour me remettre directement les papiers qui regarderoient M. de Broglie, Durand ou vous. Vous voies que voila à peu prest tout découvert. La lettre n'est pas signée, mais l'écriture connue a tout

---

[1] C'est-à-dire que la conduite de d'Éon révélée par la dernière lettre de M. de Nort est le comble de la folie, et que le chevalier mériterait d'être pilé comme le muphti.

[2] Hugonet, attaché dans une position subalterne à la correspondance secrète, mais non initié au secret.

[3] Lieutenant de police, depuis ministre de la marine.

découvert. Vous devez scavoir son contenu, mais le *substitut*, les *avocats*, etc., tout y est tout du long. Comment est-ce que cet homme s'est chargé de quelque chose d'aussy important en clair de la main dudit Drouet ?

### CCXLVIII. — LOUIS XV A TERCIER.
[Autogr. Arch. de l'Emp. K. 157.]

A deux heures, ce 14 janvier (1765).

Vous ne pouviés pas encore avoir reçu ma lettre quand le comte de Broglie m'a écrit. Je m'y raporte entièrement, mais vous poures dire au comte de Broglie que, quand mes ministres envoient de pareils ordres, ce n'est pas à mon insçu, et qu'il faut y souscrire.

### CCXLIX. — LOUIS XV A TERCIER.
[Autogr. Arch. de l'Emp. K. 157.]

A Marly, ce 16 janvier 1765.

La lettre que j'ay vue, trouvée sur le sieur Huguonet, est sans addresse n'y signature, mais elle a été reconnue pour être de l'écriture du sieur Drouet, et par son contenu devoir être pour le sieur d'Éon de... [*sic*][1], cousin de l'autre, et qui a actuellement la petite vérole. Je n'ay pu prendre copie de cette lettre, n'y me ressouvenir de tout son contenue, je scay seulement qu'il nomme Durand, et qu'il parle du *substitut*[2], des *avocats*, de l'argent que d'Éon doit avoir touché, qu'il le traitte en ami et comme dans une grande correspondance avec lui. M. de Praslin doit faire une visitte ce soir des papiers, mais j'espère que M. de Sartine aura mis à l'écart ceux que je lui ay le plus recommandé. Je vous en instruires quand j'en scauray d'avantage. Huguonet n'est pas encore arrivé, je croy, à

---

[1] D'Éon de Mouloise.
[2] C'est-à-dire M. de Broglie.

Paris, mais il est à craindre qu'il n'ait parlé en chemin. Il n'est pas possible que vous puissies aller à la Bastille examiner les papiers avec M. le lieutenant de police, ce seroit tout découvrir. Je me suis ouvert et confié à lui; il me paroît que cela lui a plu, mais il faut attendre de sa sagesse et de cette marque de confiance qu'il faira bien; si le contraires arrive, nous verrons ce qu'il y aura à faire, et écrire à M. de Guerchy.

Tranquillisés-vous.   L.

### CCL. — LOUIS XV A TERCIER.
[Autogr. Arch. de l'Emp. K. 157.]

A Marly, ce 17 janvier 1765.

J'ay peur que notre affaire ne s'embrouille un peu. J'ay mandé à M. de Sartines, qui est au fait de tout, de vous envoier chercher (je n'ay pas voulu le faire scavoir plus tost), et de vous ouvrir à lui, mais de vous voir secrettement. Vous êtes nomé dans les papiers du sieur Drouet, mais point M. de Broglie. Il n'est pas possible que vous assisties aux confrontations et recollements; mais come vous dires tout à M. de Sartines, que vous vous arranges ensemble, et qu'il m'en rendra compte, je ne m'étends pas d'avantage en ce moment.

Est-ce sur le secret en général ou sur l'affaire d'Angleterre que porte le papier que d'Éon a sur lui et qu'il ne veut pas rendre? Le sieur de Nort ne doit rien craindre; il n'est nommé nulle part, à ce qu'il me semble, ainsy vous poures le rassurer.

Ce 18 au matin.

J'allois faire partir cette lettre hier au soir, quand j'ay reçu la vôtre. Sur le premier interrogatoire, M. de Praslin nous a dit qu'il ce moquoit d'eux, mais il a demandé en particulier M. de Sartines et il lui a dit asses pour vous tranquiliser de ce costé là, mais Hugonet va arriver, et il y a à craindre qu'il ne soit pas si sûr de lui. Je croy bien que Drouet s'est un peu embrouillé, mais il se remettera, (je sens un peu que je m'embrouille un peu). M. de Sartines sera instruit sans doute de l'état des affaires de madame Drouet, et il y apportera tous les remèdes qui lui seronts possibles; son avanture est malheureuse, son écriture en est seule la cause.

### CCLI. — LOUIS XV A M. DUBOIS MARTIN.
[Autogr. Arch. de l'Emp. K. 157.]

A Versailles, ce 21 janvier 1765.

Il n'est pas surprenant qu'un homme dans la position de M. de Sartines seroit embarrassé; mais il ne peut manquer à ce que j'ay exigé de lui, sans se perdre pour jamais. Il m'a déjà envoié une liasse de papiers où M. le comte de Broglie m'a paru désigné en plusieurs endroits, n'aiant pu que les parcourir. M. de Praslin est icy pour jusqu'à demain au soir, ainsy il ne poura aler à la Bastille que mercredi, au plus tost; mais il pouroit bien n'y aller que vendredi, ce qui m'a fait différer de vous répondre pour réfléchir encore, et diférer encore en ce moment de vous envoier l'ordre que vous désires, parce qu'il ne sera pas possible, je pense, que T[ercier] aille à la Bastille sans que quelqu'un ne le scache, et par conséquent ne le dise au ministre. Je joins une lettre que j'ay reçue hier.

### CCLII. — LOUIS XV A TERCIER.
[Autogr. Arch. de l'Emp. K. 157.]

Ce 24 janvier 1765.

J'ay authorisé M. de Jumillac[1] à vous faire voir les prisonniers, et M. de Sartines à vous y laisser entrer. J'ap-

---

[1] M. de Jumillac, gouverneur de la Bastille.

prouve le premier point du projet de lettre à écrire au sieur de Nord, mais point le second, car jamais on ne dettermineraM. de Praslin à donner 150,000 livres[1]. J'approuve aussy le troisième point et ce qui suit. Je vous renvoie le tout.

### CCLIII. — LOUIS XV A TERCIER.
[Autogr. Arch. de l'Emp. K. 157.]

Ce 4 février 1765.

Je vous envoie cent louis, avec quoi vous [paieres] le compte du sieur Pavant[2]. — Sur le votre, j'ay mis quelques apostilles d'approbation, et vous m'en envoieres un autre de surplus pour scavoir ce que j'auray à paier cette année, et que vous fairay passer successivement.

### CCLIV. — LOUIS XV A TERCIER.
[Autogr. Arch. de l'Emp. K. 157.]

Ce 6 février, à Marly, 1765.

M. de Praslin a raporté[3] dimanche l'afaire du sieur Drouet; il persiste toujours à croire qu'il n'a pas dit tout à fait la vérité, et cela est un peu vray. Il subira encore un interrogatoire, et puis il sera mis hors de prison, à la fin de cette semaine.

---

[1] Cette dépense était relative au payement des sommes qui avaient occasionné la querelle entre d'Éon et M. de Guerchy.

[2] Ce Pavant avançait des fonds, ainsi que le constate le billet suivant.

10 décembre 1765.

Monsieur Tercier voudra bien se ressouvenir qu'il avoit promis de remettre à la fin du mois passé et au commencement de celuy-ci les deniers nécessaires pour remplir M. Pavant des avances où il se trouve. Il est prié de considérer que l'avance s'augmente de jour en jour et qu'elle devient trop forte pour que M. Pavant puisse continuer de cette façon.

*De la main du Roi :*

Ce 15 décembre 1764.

Le Bel remettra encore ces jours-cy à Tercier 8,000 livres; je joins icy un billet qui a gagné 200 livres dans l'autre semaine. Guimard remettra à l'home de Tercier encore 6,000 livres au moins.

[3] C'est-à-dire a fait le rapport au conseil d'État sur l'affaire Drouet.

Huguonet y restera un peu plus, mais j'espère que voilà cette affaire là finie. Tout c'est très-bien passé au Conseil, et l'on ne s'y est douté de rien. Je n'ay pas cru devoir ordonner sur-le-champ l'élargissement de Drouet, affin de dettourner tout soubçon.

### CCLV. — LOUIS XV A TERCIER.
[Autogr. Arch. de l'Emp. K. 157.]

Ce 19 février 1765.

Les orateurs, le maréchal, les députés des évêques et du peuple sonts du parti contraires. Il y a apparance que la pluralité y sera aussy dans la noblesse pour le comité secret, c'est ce que nous devons scavoir samedi [1].

### CCLVI. — LOUIS XV A TERCIER.
[Autogr. Arch. de l'Emp. K. 157.]

Ce 22 mars 1765, au matin.

Depuis 15 jours les affaires se sont sy accumulées, qu'il ne m'a pas été possible d'avoir asses de temps de suite pour examiner et répondre à tout ce que j'ay à faire. Je compte fort sur la semaine prochaine, en attendant cherches les moiens de faire passer quelqu'argent au sieur de Nord, en lui prescrivant de rester [2] encore si cela ne lui est pas absolument impossible.

### CCLVII. — LOUIS XV AU COMTE DE BROGLIE.
[Autogr. Arch. de l'Emp. K. 157.]

Ce 10 avril 1765.

Je n'ay point entendu parler du sieur Tercier, ainsy je

---

[1] Ce sont des nouvelles de Suède et de la diète réunie à Stockholm. Le colonel Rudbeck fut élu orateur de la noblesse et maréchal de la diète. Le 24 janvier le Roi fit un discours où il dépeignait sous les plus sombres couleurs l'état intérieur du royaume, état qui l'avait engagé à convoquer la diète avant le temps voulu. On proposa à la diète de nommer un comité secret chargé en fait du gouvernement.

[2] De rester à Londres.

juge qu'il est mieux[1]. Je croy qu'il seroit bon que vous le prévinssies sur le secrétaire que vous voules lui donner, avant que j'envoie l'ordre qui sera prest à mon retour de Choisy, quand j'auray reçu vottre réponse.

J'ay envoié 6,000 livres la semaine passée à Tercier, et le Bel en envoiera encore 9,000 la semaine prochaine. Que faut-il donner à ce secrétaire?

### CCLVIII. — LOUIS XV AU COMTE DE BROGLIE.
[Autogr. Arch. de l'Emp. K. 157.]

Ce 14 avril (1765).

A la première occasion, je vous envoieray l'ordre que vous demandes. Informes vous encore du sieur Chrétien, pour ne pas tomber dans pareille inconvénient que vous series tombé avec le sieur Mazode. — Vous pouves vous présenter pour les voiages après ceux de ce mois-cy.

### CCLIX. — LOUIS XV AU COMTE DE BROGLIE.
[Autogr. Arch. de l'Emp. K. 157.]

Étant informé que l'état de la santé du sieur Tercier exige qu'il soit aidé dans le travail dont je l'ay chargé, et voulant par là lui donner une nouvelle preuve de mes bontés, j'ordonne au comte de Broglie de lui donner pour secrétaire le sieur Chrétien[2], qu'il m'a proposé pour cette place, auquel le sieur Tercier poura donner connoissance des affaires qui lui sont confiées, les lui faire copier, chiffrer et déchiffrer. J'ordonne au sieur Chrétien de garder et conserver le plus grand secret sur tout ce qui viendra à sa connoissance, et de se conformer à cet égard comme sur tout autre chose à ce qui lui sera prescrit par le comte de Broglie ou par le sieur Tercier, et je lui fixe

---

[1] Tercier avait eu une attaque d'apoplexie, dont il se remit.
[2] Sur Chrétien, voyez ce nom à la Table des matières.

pour ces appointements et pour son logement la somme de quinze cents livres, qui commenceronts au premier du mois.   Louis.

Fait à Versailles, le 20 avril 1765.

### CCLX. — LOUIS XV AU COMTE DE BROGLIE.
[Autogr. Arch. de l'Emp. K. 157.]

A Versailles, ce 24 avril 1765, au soir.

Je me suis trompé. Je vous renvoie le nouvel ordre pour le sieur Chrétien, ainsy que les projets de lettres apostillées. Ce n'est pas la première fois que cet inconvénient est arrivé, parce que la lettre addressée à Le Bel est ouverte par son camarade, qui est auprès de moy, quand je ne suis pas icy, lequel me remet celle qui m'est addressée. Je vais prendre des précautions pour que cela n'arrive plus.

### CCLXI. — LOUIS XV AU COMTE DE BROGLIE.
[Autogr. Arch. de l'Emp. K. 157.]

A Marly, ce 21 may 1765.

Il faut, je pense, que les papiers du sieur Douglas[1] soient rendus à MM. de Soubise et Choiseuil, et à vous, chacun ceux qui les regardent. S'il y en a au prince de Conty, ils doivent lui être rendus aussy ; et, s'il n'en vouloit pas, il faut absolument qu'on vous les remette. — Il faut rassurer le sieur de Nord et lui faire passer le premier argent que je vous envoires, en y en joignant aussy pour le sieur d'Éon.

### CCLXII. — LOUIS XV A TERCIER.
[Autogr. Arch. de l'Emp. K. 157.]

A Saint-Hubert, ce 25 may 1765.

Je joins à cette lettre 6,000 livres en or, dont vous faires passer la moitié au sieur de Nort et l'autre aux

[1] M. Douglas venait de mourir.

autres destinations. Au premier jour, je vous en enverrai encore autant.

### CCLXIII. — LOUIS XV A TERCIER.
[Autogr. Arch. de l'Emp. K. 157.]

Ce 28 mai 1765.

Par les dernières lettres d'Angleterre, il paroît que le ministère ne changera ; c'est ce qui devoit être décidé le soir du 23, après le départ de la poste, M. Pitt n'aiant voulu accepter aucune place que celle de conseil du Roy [1].

### CCLXIV. — LOUIS XV A TERCIER.
[Autogr. Arch. de l'Emp. K. 157.]

A Versailles, ce 15 juin 1765.

C'est par oubli si je ne vous ay pas donné l'ordre dont M. de Sartines vous a parlé : vous n'aves donc qu'à l'exécuter. Je vous envoie 6,000 francs, qui seronts les derniers d'icy au voiage de Compiègne.

### CCLXV. — LOUIS XV A TERCIER.
[Autogr. Arch. de l'Emp. K. 157.]

A Choisy, ce 30 juin 1765.

Je vous renvoie le projet d'instruction pour le sieur Rossignol approuvé. Ce n'est point Orloff qu'on veut mettre en Courlande, mais le prince Adam Czartorinsky [2]. Je vous envoie aussy l'ordre particulier pour le sieur Rossignol. Nous sommes assurés de la lettre du primat, en aiant vu la copie ; mais l'affaire de la Saxe et des seigneurs polonois trouve encore une grande résistance.

[1] Il y avait eu du tumulte à Londres ; le 25, le Parlement fut prorogé.
[2] Il s'agissait de donner un remplaçant au titre de duc de Courlande vacant par la retraite de Biren. Parmi les candidats figuraient Orloff, favori de Catherine II, et le prince Adam Czartorisky, staroste général de Podolie. Le fils de Biren lui succéda.

Nous ne sommes pas pressés de la commencer ; aussy il faut espérer que tout pourra s'acomoder.

### CCLXVI. — ORDRE DE LOUIS XV A ROSSIGNOL [1].
[Autogr. Arch. de l'Emp. K. 157.]

Le sieur Rossignol, cy conformément à l'instruction secrette qu'il aura reçue de ma part, me rendra un compte exact et le plus fréquemment qu'il lui sera possible, de tout ce qu'il scaura se passer en Russie, des ordres qu'il recevra de mes ministres, de ces réponses, et ce qu'il pourra découvrir, ceux envoiés au marquis de Beausset [2] et de ces réponses, le tout avec ménagement pour ce ministre, pour qu'il ne lui devienne pas suspect. Il observera le plus grand secret sur cette correspondance avec quelques personnes que ce puissent être, même avec mes ministres, et notamment avec le marquis de Beausset, à qui il aura la plus grande attention de n'en rien laisser pénétrer. Il recevra mes ordres directement par la voie du comte de Broglie ou du sieur Tercier, et il regardera comme de moy tout ce qui lui sera addressé par eux avec des chiffres qu'il recevra en même temps que l'instruction. Je compte sur sa fidélité et son exactitude. LOUIS.

A Versailles, ce 21 juin 1765.

### CCLXVII. — LOUIS XV A TERCIER.
[Autogr. Arch. de l'Emp. K. 157.]

A Versailles, ce 29 juin 1765.

Je vous envoie l'ordre pour Durand et vous renvoie le mémoire de M. d'Havrincourt sur la Suède. Guimard vous portera à son passage à Paris 6,000 livres en or, et la

---

[1] Consul à Saint-Pétersbourg.
[2] M. de Beausset, ministre plénipotentiaire du Roi auprès de la Czarine, était déjà rendu à son poste. Il avait remis ses lettres de créance le 26 mai.

même somme à son retour de Compiègne. Mandes au comte de Broglie que je rembourseres de même par vos mains ce qui sera dépensé en Angleterre, et renvoies lui la lettre de Durand à lui, que je vous renvoie aussy, sur laquelle je n'ay rien du tout à dire qu'à louer le zèle de l'un et de l'autre.

### CCLXVIII. — LOUIS XV A TERCIER.
[Autogr. Arch. de l'Emp. K. 157.]

30 juin (1765), à Versailles.

Le Bel doit vous faire remettre demain 12,000 livres à son passage à Paris.

Ne m'addresses plus de paquets qu'à Compiègne.

### CCLXIX. — LOUIS XV A TERCIER.
[Autogr. Arch. de l'Emp. K. 157.]

Ce 27 juillet 1765.

Je vous renvoie vos projets de lettre non apostillées, puisqu'il les faut changer. Il est inutil d'écrire à M. d'Havrincourt, car il a un congé et va arriver très incessament. Le comte de Broglie sera de retour sûrement avant la reconnoissance du Roi de Pologne.

J'ai mis l'approbation en relisant la lettre. Vous l'envoieres ou ne l'envoieres pas, comme vous le jugeres plus à propos.

### CCLXX. — LOUIS XV A TERCIER.
[Autogr. Arch. de l'Emp. K. 157.]

A Compiègne, ce 10 aoust 1765.

Je suis très fasché de la nouvelle avanture qui vient d'arriver; heureusement, vous ne m'y paroisses pas compromis. Tasches qu'on ne puisse pas avoir de longtemps de l'écriture du sieur Chrétien. A la poste, on se plaint depuis longtemps des contre-seings, dont on fait des fraudes, et voilà ce qu'on veut découvrir. J'examineray les moiens de faire passer sûrement les lettres, et je vous le manderay. Il y a deux jours que M. de Guerchy est icy, mais je ne scay si le sieur de Nort y est, je n'y ai vu que Monin ; je vais m'en informer par Le Bel ou Guimard.

### CCLXXI. — LOUIS XV A TERCIER.
[Autogr. Arch. de l'Emp. K. 157.]

29 aoust 1765.

Je vous renvoie le projet de réponse au baron de Breteuil sur ce qu'il vous mande pour le faire changer, vous me le renvoieres après que vous aures examiné toutes les lettres [1].

### CCLXXII. — LOUIS XV A TERCIER.
[Autogr. Arch. de l'Emp. K. 157.]

A Versailles, ce 7 septembre 1765.

L'arrangement des paquets avec Janell me paroist difficile : je vous envoie 6,000 livres.

### CCLXXIII. — LOUIS XV A TERCIER.
[Autogr. Arch. de l'Emp. K. 157.]

A Versailles, ce 19 septembre 1765.

Je vous envoie 6,000 livres, dont vous pouves faire l'usage nécessaires pour le sieur de Nort et autres choses pressées. Le Bel vous fera remettre, dans les premiers jours d'octobre, à son passage en allant à Fontainebleau, 9,000 livres. Le sieur de Nort peut et doit se tranquiliser. Je vous renvoie le projet de lettre au sieur d'Éon, que j'approuve, mais que je ne vous renvoie pas approuvé, affin que vous y fassies les changements nécessaires, vu le retour du sieur de Nort, lequel rend inutile celle pour

---

[1] Le baron de Breteuil avait perdu le mois précédent sa femme, morte de la petite vérole à Stockholm.

lui. Je joins aussy l'état de ce que j'ay retrouvé sur mon livre vous avoir envoyé cette année. Je répondres à l'argent à mon retour de Choisy, ainsy que sur l'accord pour l'envoy des lettres ; mais mandes ce que vous croies nécessaires pour ces lettres.

### CCLXXIV. — ÉTAT DES SOMMES PAYÉES PAR LE ROI EN 1765 POUR LA CORRESPONDANCE SECRÈTE [1].

[Autogr. Arch. de l'Emp. K. 157.]

| | |
|---|---|
| Le 7 janvier. | 4,800 liv. |
| Le 4 février. | 2,400 |
| Le 12 mars. | 6,000 |
| Le 3 avril. | 6,000 |
| Le 25 may. | 6,000 |
| Le 31 idem. | 6,000 |
| Le 26 juin. | 6,000 |
| Le 7 septembre. | 6,000 |
| | 43,200 |

Et de plus ce que Le Bel vous a fait remettre, dont je n'ay pas l'état présent.

### CCLXXV. — LOUIS XV A TERCIER.
[Autogr. Arch. de l'Emp. K. 157.]

J'examineray encore ce que vous me proposes sur les correspondances : celles au dehors et en chiffre me paroissent assurées par le moien des addresses ; celles du dedans et en clair pourroient donner de la curiosité : ce n'est pas que j'accuse Janell de cela, mai j'aime les secretes.

A Choisy, ce 22 septembre 1765.

[1] C'est l'état annoncé dans la pièce précédente.

### CCLXXVI. — LOUIS XV A TERCIER.

[Autogr. Arch. de l'Emp. K. 157.]

A une heure, ce 27 septembre 1765.

Lefèvre[1] doit-il aller en Angleterre, et n'est-ce pas lui que vous m'aves mandé qui fairoit un grand tour pour y aller? Il faira bien, et peut-être même fairoit-il mieux de ne pas aller droit par la route d'Hollande.

### CCLXXVII. — LOUIS XV A TERCIER.

[Autogr. Arch. de l'Emp. K. 157.]

A Versailles, ce 28 septembre (1765).

C'est à Calais, s'il y passe, que M. de Crouy[2] a ordre d'arrester Lefèvre, et point à Paris; je vous ay parlé de Lille[3], parce que, comme c'est une routte, on peut y avoir envoié le même ordre, quoique je ne le croie pas. C'est tout ce que j'ay le temps de vous mander en ce moment, que je pars pour Choisy. Vous pouves, s'il est besoing, en parler à M. de Sartines. Je vous envoie encore 6,000 livres, et Le Bel en faira remettre 9,000 livres incessamment.

### CCLXXVIII. — LOUIS XV A TERCIER.

[Autogr. Arch. de l'Emp. K. 157.]

A Fontainebleau, 13 octobre 1765.

J'aimerois mieux que vous m'envoiassies les lettres : je les ferois contre-signer, tantôt par l'un, tantôt par l'autre.

---

[1] Lefèvre était un agent subalterne qu'on avait chargé de porter des dépêches secrètes en Angleterre relativement à l'affaire de d'Éon. On craignait avec raison qu'il ne fût arrêté par ordre de M. de Praslin, qui avait les yeux ouverts et qui était sur ses gardes depuis l'arrestation d'Hugonnet.

[2] M. de Crouy était gouverneur de Calais.

[3] Le Roi n'a pas nommé Lille dans le billet précédent, mais il l'a indiqué en parlant de la route de Hollande. En effet Lille était sur cette route.

### CCLXXIX. — LOUIS XV A TERCIER.
[Autogr. Arch. de l'Emp. K. 157.]

A Fontainebleau, ce 24 novembre 1765.

Vous ne serez pas surpris, vu l'état de mon fils[1], que je n'aie répondu à aucune de vos lettres, depuis que je suis icy. Je vais les reprendre par ordre. S'il est nécessaire que le sieur de Nort aille à Londres, je le lui permets.

Ce 30.

Il ne m'a pas été possible d'aller plus vitte depuis le 24. M. de Praslin doit travailler avec moy demain, ainsy ce ne sera qu'après que je répondrai sur le sieur Lefèvre. Le Bel vous faira tenir dans les premiers jours de décembre 9,000 livres. Vous n'aurez qu'à en donner 3,000 au sieur Henin, et le mettre sur l'état pour 1,500 livres, à commencer du 1ᵉʳ janvier 1767, et l'assurer de la continuité de mes bontés.

### CCLXXX. — LOUIS XV A TERCIER.
[Autogr. Arch. de l'Emp. K. 157.]

A Fontainebleau, ce 11 décembre 1765, au soir.

Vous avez très-bien répondu au sieur Spinecke. L'Impératrice[2] a déjà reconnu le Roy de Pologne, et, dès que l'homme qui doit venir sera arrivé, nous le reconnoîtrons aussy, ainsy que le Roy d'Espagne.

### CCLXXXI. — LOUIS XV A TERCIER.
[Autogr. Arch. de l'Emp. K. 157.]

Ce 1ᵉʳ mars 1766.

Je ne puis pas donner les 14,000 livres tout à la fois :

---

[1] Le Dauphin était alité de la maladie dont il mourut le 20 décembre suivant.

[2] L'impératrice Marie-Thérèse.

je les faires filer. Je vais prendre des arrangements pour cela, ainsi que pour la Pologne.

### CCLXXXII. — LOUIS XV A TERCIER.
[Autogr. Arch. de l'Emp. K. 157.]

A Versailles, ce 21 mars 1766.

Le sieur de Nort allant avec le sieur de Saint-Victor, je pense qu'il n'est pas nécessaires que je fasse rien dire au dernier, y aiant déjà asses de monde dans le secret. Cy joint un ordre pour le sieur de Nort.

### CCLXXXIII. — LOUIS XV A TERCIER.
[Autogr. Arch. de l'Emp. K. 157.]

Ce 24 mars 1766.

C'est par oubli si je n'ay pas parlé ou répondu sur la gratification de 2,200 livres du sieur de Nort : je l'approuve.

A l'égard du sieur de Saint-Victor, je sens les raisons d'avoir deux personnes dans un païs s'y éloigné, mais je ne suis pas encore detterminé, et je veux scavoir si le comte de Broglie peut en répondre comme de lui-même.

### CCLXXXIV. — LOUIS XV A TERCIER.
[Autogr. Arch. de l'Emp. K. 157.]

Ce 30 mars 1766.

Vous n'aves qu'à faire rendre la lettre au prince de Conty et envoier sa réponse, s'il en fait une. Je joins icy les deux ordres que le comte de Broglie désire [1].

### CCLXXXV. — ORDRE DE LOUIS XV RELATIVEMENT A D'ÉON.
[Mém. de d'Éon, t. II, p. 74.]

En récompense des services que le sieur d'Éon m'a rendus, tant en Russie que dans mes armées et d'autres

---
[1] Voyez l'ordre suivant, relatif à d'Éon.

commissions que je lui ai données, je veux bien lui assurer un traitement annuel de douze mille livres, que je lui ferai payer exactement tous les six mois, dans quelque pays qu'il soit, hormis en temps de guerre chez mes ennemis, et ce jusqu'à ce que je juge à propos de lui donner quelque poste dont les appointements soient plus considérables que le présent traitement.   Louis.

A Versailles, ce 1er avril 1766.

Je soussigné ministre plénipotentiaire du Roi en cette cour certifie sur mon honneur que la promesse ci-dessus est véritablement écrite et signée de la propre main du Roi mon maître, et qu'il m'a donné l'ordre de la remettre à M. d'Éon[1].   Durand.

Londres, le 11 juillet 1766.

### CCLXXXVI. — LOUIS XV A TERCIER.
[Autogr. Arch. de l'Emp. K. 157.]

15 avril 1766.

Je vous renvoie les projets de lettres apostillées. Le comte de Broglie a bien fait de donner de l'argent pour Huguonet. Quand je scauray ce qu'il a donné, je vous manderay ce qu'on poura continuer à lui donner.

### CCLXXXVII. — LOUIS XV A TERCIER.
[Autogr. Arch. de l'Emp. K. 157.]

14 mai 1766.

Le comte de Broglie peut travailler à un projet pour Durand, s'il va en Angleterre. M. de Choiseuil ne m'en a pas encore parlé.

### CCLXXXVIII. — LOUIS XV A TERCIER.
[Autogr. Arch. de l'Emp. K. 157.]

A Versailles, ce 31 may 1766.

Je vous renvoie les instructions du sieur Durand ap-

---

[1] Cet ordre est aussi relaté dans la *Vie privée de Louis XV*, t. IV, p. 109.

prouvées, ainsy que les ordres où j'ay fait les changements nécessaires. Dans la semaine prochaine Le Bel vous faira remettre 12,000 livres.

### CCLXXXIX. — LOUIS XV A TERCIER.
[Autogr. Arch. de l'Emp. K. 157.]

Ce 12 octobre 1766.

Je vous envoie encore 6,000 livres, ce qui fait 12,000 livres de ce mois cy. Dans le prochain, je pouray vous en faire remettre encore pour completter l'année 1765.

### CCXC. — LOUIS XV A TERCIER.
[Autogr. Arch. de l'Emp. K. 157.]

Ce 18 octobre (1766), au matin.

Je vous renvoie encore 6,000 livres pour la lettre de change qui presse, mais arranges vous pour les autres, car je ne vous envoires plus rien avant le mois de décembre.

### CCXCI. — LOUIS XV A TERCIER.
[Autogr. Arch. de l'Emp. K. 157.]

Ce 10 novembre 1766.

M. de Choiseuil ne scait pas positivement le jour que Durand doit arriver. C'est Guerchy qui avoit demandé à le garder une quinzaine de jours [1]; ils sont passés, ainsy il n'est pas possible de lui écrire la lettre que le comte de Broglie propose. Vous voires à son retour avec lui ce qu'il conviendra de faire au lieu et place de cette lettre.

### CCXCII. — LOUIS XV A TERCIER.
[Autogr. Arch. de l'Emp. K. 157.]

Ce 16 novembre 1766.

Il faut toujours espérer qu'Huguonet ne découvrira

---

[1] On trouve au Livre rouge : quartier d'octobre, au sieur Durand, pour dépenses secrètes, 9,562 livres. C'est pour sa mission en Angleterre.

rien; nous voirons à faire finir son affaire le plus tost possible.

### CCXCIII. — LOUIS XV A TERCIER.
[Autogr. Arch. de l'Emp. K. 157.]

Ce 8 décembre 1766.

Je vous envoie 6,000 livres, c'est le dernier envoi que vous aures de cette année. Je croy que cela complétera l'année 1763 ou 1764.

### CCXCIV. — LOUIS XV AU COMTE DE BROGLIE.
[Autogr. Arch. de l'Emp. K. 157.]

A Versailles, ce 24 janvier 1767.

Guimard est malade, ainsy c'est Le Bel qui m'a remis vottre lettre. Je sçavois déjà la mort subite du sieur Tercier[1], vous me manderes dimanche à vottre arrivée, à qui j'addresseray les paquets qui m'arriveront. Madame Tercier doit se tranquiliser, car je fairay tout ce qui me sera possible de faire pour elle et sa famille.

### CCXCV. — LOUIS XV AU COMTE DE BROGLIE.
[Autogr. Arch. de l'Emp. K. 157.]

Le comte de Broglie dira de ma part à madame Tercier que la satisfaction que j'ay des services et de la fidélité de feu son mary m'engage à donner à son fils deux mille livres de gratification annuelle pour servir à son éducation, lequel ni personne n'en doit avoir de connoissance. J'exige donc d'elle qu'elle en garde un profond secret, ainsy que sur tout ce dont elle a pu avoir connoissance des relations que le sieur Tercier, par mes ordres, entretenoit avec moi. Mon intention est que le comte de Broglie prenne chez lui le sieur Sevin[2] pour porter des paquets de la correspon-

---

[1] Tercier mourut à Paris le 21 janvier, à l'âge de soixante-trois ans.

[2] Sevin servit fidèlement, et quand la correspondance secrète eut pris fin, le comte de Broglie, par ordre de Louis XVI, lui continua son traitement.

dance secrète, et qu'il lui donne soixante livres par mois qu'il portera sur les dépenses secrètes dont il a connoissance. Le comte de Broglie ira chez M. de Sartine et lui remettra la lettre ci-jointe : après quoi il se concertera avec lui sur les moyens à prendre de prévenir et de parer aux éclats que les soupçons contre le sieur Tercier pouroient occasionner, et il me rendra compte exactement de tout ce qui se passera à cet égard, par la voie de Le Bel ou de Guimard, lesquels suivront la même route du feu sieur Tercier, tant pour recevoir que pour faire lever les paquets. LOUIS.

A Versailles, ce 26 janvier 1767.

### CCXCVI. — LOUIS XV AU COMTE DE BROGLIE.
[Autogr. Arch. de l'Emp. K. 157.]

Ce 26 janvier 1767.

Je vous renvoie vos lettres, comme vous l'avés désiré, et les ordres que vous m'avé demandé ; j'y joins aussy une lettre que j'ay reçue hier, ainsy qu'un gros paquet, je croy de M. de Breteuil ; mais comme il est fort gros, je le garde pour un autre fois et je l'enverrai au sieur de Crélanches. Guimard ou Le Bel, c'est la même chose. Arrangés vous avec ce dernier pour que les paquets vous parvienne comme au feu sieur Tercier. Je crains seulement que votre maison ne soit bien publique pour un si important secret, et où il y a de gros paquets, souvent avec de l'argent. Je pourrai donner six mille livres par an à celui que vous me proposeray, et dont vous serez bien sûr pour remplacer le sieur Tercier, et je tacheray qu'il ne soit pas obligé à faire d'avances.

M. le duc de Choiseuil m'a dit hier au soir qu'on lui avoit dit que Tercier pouvoit avoir de mes lettres ; je lui ay répondu que je ne le croiois pas, mais que comme aiant été commis, apparament qu'il y enverroit quelqu'un, et il me dit que ce seroit Durand. Je suis donc tranquile, puisque vous m'assures devoir l'être, et de plus Durand m'est bien sûr.

### CCXCVII. — LOUIS XV AU COMTE DE BROGLIE.
[Autogr. Arch. de l'Emp. K. 157.]

Versailles, 6 février 1767.

Dès que vous seres convenu avec Le Bel de quelqu'arrangement, je vous fairé passer 6,000 livres d'argent. J'envoie ce paquet cy ches M. Tercier, à l'addresse du sieur Chrétien. J'approuve que vous brulies tous les papiers inutils, et que vous ne gardies que ceux indispensables.

M. le duc de Choiseul est fin et a beaucoup d'esprit, il peut en scavoir beaucoup trop, mais tout ce qu'il a dit est pour en estre encore plus sûr. Moy je pense qu'il faut rester comme nous sommes, et ne lui en pas dire d'avantage. Soutenes lui que ce sont des soubçons de sa part, retranches le mot de chimère, mais que vous êtes bien éloigné de rien faire contre lui personnellement. Cela a pu ne pas avoir toujours été peut-être ; enfin il faut que vous soies bien avec lui. Vous aves bien fait de tranquiliser vos gens. Si vous êtes sûr du général Monet, mandes-lui de venir à Paris, mais est-il nécessaire de le mettre dans le secret de l'Angleterre et de la correspondance du sieur de Saint-Victor ? J'approuve que vous ajouties 1,000 livres à leurs traitemens, tant qu'ils me servironts bien, fidèlement et secrettement.

### CCXCVIII. — LOUIS XV AU COMTE DE BROGLIE.
[Autogr. Arch. de l'Emp. K. 157.]

12 février 1767.

Vous scaves que d'Éon est fol et peut être dangereux, mais avec les fols il n'y a rien de bon à faire que de les enfermer, et surement en Angleterre il est reconnu pour tel, et les Anglois ne peuvent s'en servir que pour les amuser et se gausser de M. de Guerchy. Je ne veux plus revoir ces papiers, ainsi vous n'avés qu'à les garder. J'ignore quels ordres M. de Fuentes a eu ou attend à son égard[1]. Avec cela il faut observer exactement tout ce que je lui ay fait promettre, mais rien de plus. Je hay les fols mortellement.

Vous faires bien de faire part à tous ceux qui sonts en correspondance des affaires secrettes (mais sans qu'ils en sachent plus qu'ils n'en savoient) de la mort du sieur Tercier. M. d'Havrincourt est sur ma liste, mais il falloit que mes promesses passassent avant tout, et en faisant des heureux nous sommes obligés d'en affliger d'autres, mais leur tour viendra, j'espère, y en aiant encore de bien vieux. Durand peut se tirer d'affaires comme vous le proposes, et que j'approuve. Je n'ai besoin de ces extraits que pour me rappeler les dépesches lues au conseil, ainsi je les garde, et je vous renvoie tout le reste que vous désires.

### CCXCIX. — LOUIS XV AU COMTE DE BROGLIE.

[Autogr. Arch. de l'Emp. K. 157.]

A Versailles, ce 16 février 1767.

Je vous envoie 6,000 livres en or qui seront bientost suivis d'autant pour l'Angleterre, et puis il en viendra bientôt encore pour le reste de ce que nous devons. — Je n'ay point trouvé dans vottre paquet la lettre du sieur Hennin. Je vous renvoieres aussy bientost les six projets de lettres. Ces messieurs ne scavoient donc pas que vous éties dans mon secret?

---

[1] M. de Fuentes était ambassadeur d'Espagne à Londres.

## CCC. — LOUIS XV AU COMTE DE BROGLIE.

[Autogr. Arch. de l'Emp. K. 157.]

A Versailles, ce 19 février 1767.

Je vous envoie des lettres pour ces messieurs, approuvées, hors celle pour M. d'Havrincourt, car j'appris avant hier qu'il avoit la petite vérole, et hier au soir j'ay appris sa mort par un courier du sieur des Rivaux, son secrétaire; les scellés ont été mis tant par lui que par l'ambassadeur d'Espagne [1]. Comme je crois qu'il a été dans le secret, j'espère qu'il aura mis à part les papiers secrets. — Je vous envoie aussy les six mille livres que je vous avois promis à chaque envoi. Je garde une notte, ainsy vous pouves être tranquile sur cela. — M. Hénin seroit aussy bien, je crois, à faire des mémoires qu'à Genève.

## CCCI. — LOUIS XV AU COMTE DE BROGLIE.

[Autogr. Arch. de l'Emp. K. 157.]

Ce 20 février 1767.

Si M. de Vergennes scavoit qu'il correspondoit avec Tercier, vous n'aves qu'à lui envoier votre lettre, sinon supprimés là. Le chevalier d'Havrincourt est parti sur-le-champ qu'il a sçu la mort de son frère, pour ramener ses enfants et veiller à ses effets. Je ne scay s'il a été chargé d'autre chose, je m'en éclairciray et je vous le faires scavoir. Que votre lettre au sieur des Rivaux ne tombe pas entre ses mains, quoique ce soit un très honneste homme [2].

---

[1] Louis de Cardevac, marquis d'Havrincourt, lieutenant général des armées du Roi, conseiller d'État d'épée, ambassadeur de France auprès des États-Généraux, mourut le 15 février à la Haye.

[2] Le 27 février 1767, le Roi écrivait au comte de Broglie pour lui annoncer l'envoi de six mille livres en or pour la Pologne. (Autogr. Arch. de l'Emp. K. 157.)

### CCCII. — LOUIS XV AU COMTE DE BROGLIE.

[Autogr. Arch. de l'Emp. K. 157.]

Ce 13 mars 1767.

Le sieur Rossignol reste consul à Pétersbourg; le secrétaire de M. de Beausset doit suivre la cour à Moskou; l'on dit que c'est un abbé. Au retour à Pétersbourg je ne scay encore lequel des deux y restera chargé des affaires.

J'approuve ce que vous vous proposes d'écrire au sieur des Rivaux, dont je vous renvoie la lettre : pourquoi ces deux années manquent-elles?

Mandes moy à peu près ce qu'il vous faudroit d'argent; comme je vous ay fait passer 1,000 louis tout de suite, je ne puis vous en envoier avant le mois prochain.

### CCCIII. — LOUIS XV AU COMTE DE BROGLIE.

[Autogr. Arch. de l'Emp. K. 157.]

A Versailles, ce 24 mars 1767.

Je vous envoie encore 6,000 livres pour acquitter la dernière lettre de change et le surplus du reste. Je vous envoieres encore 6,000 livres après le premier avril.

### CCCIV. — LOUIS XV AU COMTE DE BROGLIE.

[Autogr. Arch. de l'Emp. K. 157.]

A Bellevue, ce 2 avril 1767.

Je vous envoie les nouveaux 6,000 livres que vous avois promis pour le commencement de ce mois, ainsy que l'ordre que vous demandes pour le général Monet. J'approuve ce que vous me proposes pour ce que le sieur Durand devra faire à l'égard du sieur d'Éon, à son arrivée en Angleterre.

### CCCV. — LOUIS XV AU COMTE DE BROGLIE.
[Autogr. Arch. de l'Emp. K. 157.]

A Versailles, ce 3 avril 1767.

Le Bel est brouillé avec Janell, parce que ce dernier a cru qu'il vouloit me proposer un successeur, et l'home n'aime pas cela ; ce qui produit dans l'humanité de vilaine chose. Je réponds de le Bel, il répond des autres ; je ne scay si quelqu'un a trahi. Au demeurant, les grands aime à tout scavoir ; un ministre comme M. de Choiseuil est plus à portée qu'un autre. Les grands se ventent aussy plus que d'autres. Moy je vais mon chemin, sans me servir des petites intrigues et tracasseries.

### CCCVI. — LOUIS XV AU COMTE DE BROGLIE.
[Autogr. Arch. de l'Emp. K. 157.]

Ce 16 avril 1767.

L'idée de M. Durand peut être bonne : il peut se mettre sur les rangs ; mais je ne compte pas remplir cette place avant le mariage de mon petit-fils[1]. Beaujeon est un très-honneste homme, et que je connois beaucoup, ainsy que sa femme, mais il faut encore que j'examine avant que je vous réponde sur son article ; en attendant je vous envoie encore 6,000 livres[2].

### CCCVII. — LOUIS XV AU COMTE DE BROGLIE.
[Autogr. Arch. de l'Emp. K. 157.]

Ce 22 avril 1767.

Vous pouves faire toucher à madame Tercier ce qui étoit dû à son mary, quand vous aures reçu de l'argent et

---

[1] Il s'agit sans doute ici de quelque place de secrétaire du Dauphin, depuis Louis XVI.

[2] Beaujon, banquier de la cour, fondateur d'une maison gratuite d'éducation convertie depuis en un hôpital qui porte son nom.

que je ne vous en auray pas marqué une autre destination. A l'égard de ce que feu son mary avoit sur les postes, il n'est pas possible de lui rien accorder sur autre partie de... (*sic*)[1]. A combien monteroient les dépenses dont vous proposes de faire passer les fonds par le sieur Beaujon?

### CCCVIII. — LOUIS XV AU COMTE DE BROGLIE.
[Autogr. Arch. de l'Emp. K. 157.]

A Versailles, ce 1<sup>er</sup> may 1767.

Je vais me mettre en état de vous faire passer, le plus tost qu'il me sera possible, ce qui est dû des années 1765 et 1766 ; à l'égard de 1767 je ne le puis compléter qu'en 1768. Arranges-vous sur cela, et d'icy là je m'arrangeray pour vous faire paier exactement par quartier, parce que si je fais passer cela par Beaujon, il faut pourvoir à son remboursement.

Le Bel doit vous faire tenir 6,000 livres ces jours-cy. Je suis peu curieux de voir tous les rabâchages du sieur d'Éon. M. de Choiseuil ne m'a pas encore rendu compte de l'examen que vous avez fait avec lui.

### CCCIX. — LOUIS XV AU COMTE DE BROGLIE.
[Autogr. Arch. de l'Emp. K. 157.]

A Compiègne, ce 23 aoust 1767.

La maison de Madame la Dauphine occasionnera peu de changements, ainsy je vous conseille de ne parler à M. de Saint-Florentin que de celle du comte de Provence[2].

---

[1] Madame Tercier était fille d'un célèbre avocat nommé Baize.
[2] M. de Saint-Florentin, depuis duc de la Vrillière, était ministre de la maison du Roi. J'ignore quelle place demandait M. de Broglie.

### CCCX. — LOUIS XV AU COMTE DE BROGLIE.
[Autogr. Arch. de l'Emp. K. 157.]

A Versailles, ce 20 septembre 1767.

Je fais passer au général Monnet, ou au sieur Dubois Martin, 6,000 livres, qui est tout ce que je puis envoier pour le présent. Je n'ay jamais vu de dame d'honneur auprès des filles de France qui ne fussent titrées[1]. Je m'informeray des détails des autres charges, et je vous le manderay.

### CCCXI. — LOUIS XV AU COMTE DE BROGLIE.
[Autogr. Arch. de l'Emp. K. 157.]

Ce 4 janvier 1768.

Je crois qu'il est inutile que vous voies le sieur Billet. Recherches si vous trouveres dans les papiers de Tercier pourquoi on lui a donné ces 4,000 livres; peut-être Monin s'en souviendra-t-il, et je les lui faires toucher.

### CCCXII. — LOUIS XV AU COMTE DE BROGLIE.
[Autogr. Arch. de l'Emp. K. 157.]

Ce 8 janvier 1768.

Je vous renvoie la carte sur l'Angleterre. J'ay trouvé dans mes papiers un ancien compte de Tercier, que je vous envoie aussy. S'il vous est inutil, vous n'aures qu'à le jetter au feu. L'on a lu hier au Conseil une lettre volumineuse de M. de Vergennes, par laquelle il paroist qu'il n'y a rien à espérer de ce costé-là[2]; elle est du 7 décembre. Avec le temps vous en aures sûrement une copie. J'en joins une aussy, qui est, je croy, de Pologne.

---

[1] Il est question d'un poste à la cour pour madame de Broglie. On appelait femmes titrées les duchesses, ou les marquises ayant le tabouret.

[2] Il s'agissait de faire déclarer par les Turcs la guerre à la Russie. M. de Vergennes y réussit. Voir plus bas le n° CCCXXI.

### CCCXIII. — LOUIS XV AU COMTE DE BROGLIE.
[Autogr. Arch. de l'Emp. K. 157.]

Ce 29 janvier 1768.

Le courier de Vienne n'aiant rien aporté de la nouvelle de Varsovie, et depuis le temps s'étant écoulé, il y a toute apparence qu'elle est fausse. Je ne me souviens pas de ce que j'ay fait répondre à M. Jakobousky, mais je vous le manderes ou vous le faires dire.

Si absolument l'on peut se passer de mettre le chevalier de Saint-Priest dans le secret, c'est mon avis[1]. — J'ay fait paier le sieur Billet par Janelle, et je continueray de même tous les ans.

### CCCXIV. — LOUIS XV AU COMTE DE BROGLIE.
[Autogr. Arch. de l'Emp. K. 157.]

Ce 12 mars 1768.

J'agrée la proposition que vous me faites de la reconnoissance de l'Irlande. J'ay retrouvé des cartes et des papiers que je vous faires passer successivement, mais rien encore qui ait raport à M. le prince de Conty.

### CCCXV. — LOUIS XV AU COMTE DE BROGLIE.
[Autogr. Arch. de l'Emp. K. 157.]

A Versailles, ce 6 may 1768.

Il ne m'a pas été possible de vous répondre plus tost à vottre lettre du 2. Je lires le mémoire sur l'Angleterre, mais je vous permets d'en donner une copie au baron de Breteuil, en cas qu'il ne soit pas parti hier. Vous lui dires de ne voir que bien secrètement le sieur d'Éon, dont je vous renvoie approuvé vottre projet de lettre.

---

[1] M. de Saint-Priest venait d'être nommé ambassadeur à Constantinople en remplacement de M. de Vergennes.

## CCCXVI. — LOUIS XV AU COMTE DE BROGLIE.

[Autogr. Arch. de l'Emp. K. 157.]

A Choisy, ce 8 may 1768.

J'approuve ce que vous me proposes d'écrire à M. de Vergennes. M. de Choiseuil ne connoît pas le sieur des Rivaux; quand il sera icy il jugera de ce que l'on en peut faire. — Je vous renvoie les lettres que vous me demandes. — A l'égard du chevalier de Saint-Priest, quand je vous auray addressé l'ordre pour lui, vous lui expliqueres le reste.

## CCCXVII. — LOUIS XV A M. DE SAINT-PRIEST.

[Copie d'après l'original. Arch. de l'Emp. K. 157.]

Monsieur le chevalier de Saint-Priest, sur le compte qui m'a été rendu de vous, et sur ce que j'ay vu de votre correspondance en Portugal, je me suis déterminé à vous nommer mon ambassadeur à la Porte. De plus je vous admets à une correspondance secrète que j'ai, depuis que le comte de Broglie a été mon ambassadeur en Pologne, et qui passe par lui depuis son retour. Ce sera donc lui qui vous remettra cette lettre, et vous ajouteres foy à tout ce qu'il vous dira de ma part. Les sieurs Durand et Monet sont aussi admis au secret, et vous aures la même confiance en eux. Vous remettres donc au comte de Broglie copie des instructions que vous recevres ou que vous aves reçu de mon ministre des affaires étrangères avant votre départ, ainsi que de tout ce qu'il vous dira verbalement, afin que d'après ces connoissances ils dressent des instructions particulières et secrètes de ce qu'ils savent de ma volonté sur les affaires de Pologne et de Russie, que je vous ferai remettre après que je les aurai examinées et aprouvées. Je vous ordonne le plus inviolable secret et sous les plus grandes peines envers qui que ce soit au monde, excepté les trois personnes ci-dessus nommées, et je compte sur votre fidélité et sur votre obéissance.   Louis.

A Versailles, ce 13 may 1768.

### CCCXVIII. — LOUIS XV AU COMTE DE BROGLIE.
[Autogr. Arch. de l'Emp. K. 157.]

Ce 24 may 1768.

La lettre que vous me renvoies étoit déjà approuvée de moy. Durand ne peut que bien faire à Varsovie, mais nous sommes bien loing de ce païs pour pouvoir surpasser et même égaliser ce qu'a joué le prince Repnin, tant que nous ne serons pas aidé de Vienne et de la Porte[1].

### CCCXIX. — LOUIS XV AU COMTE DE BROGLIE.
[Autogr. Arch. de l'Emp. K. 157.]

A Versailles, ce 12 juin 1768.

Je veux bien laisser les 30 ducats au sieur Gérault, ainsy que vous me le proposes; à l'égard du sieur Jakubousky, il faut attendre de lui des services plus marqués. Je vous envoie encore 6,000 livres pour les deux gratifications dont vous me parles, et je vous en faires passer incessament encore autant pour satisfaire le sieur Rossignol.

C'est le rapel prochain du sieur de Vergennes qui a fait écrire à M. de Choiseuil tel qu'il a fait; il faudra voir les instructions qu'il donnera au chevalier de Saint-Priest.

### CCCXX. — LOUIS XV AU COMTE DE BROGLIE.
[Autogr. Arch. de l'Emp. K. 157.]

A Marly, ce 28 juin [1758].

Il faut espérer que la dépesche au sieur Gérault ne tom-

[1] Le prince Repnin occupait alors à main armée une partie de la Pologne avec le titre d'ambassadeur russe.

bera dans les mains de personne. — Vous pouves rassurer le sieur des Rivaux. — J'avois demandé à M. de Choiseul ce qu'il comptoit en faire après son retour : il m'a répondu qu'après qu'il l'auroit connu, il verroit ce qu'il me proposeroit pour lui. — Vous pouves donner mil livres de gratification au général Monet. — Je n'ay pas douté de la part que vous prenes à tout ce qui m'arrive d'heureux ou de malheureux, et je me trouve dans ce dernier cas[1]. — Je vous renvoieres incessament les instructions du chevalier de Saint-Priest.

### CCCXXI. — MÉMOIRE SECRET DE M. DE VERGENNES AU ROI SUR LA POLITIQUE DE LA FRANCE EN TURQUIE[2].

[Ségur, *Politique des cabinets de l'Europe*, d'après l'original trouvé dans le cabinet de Louis XVI[3].]

[Juin 1768.]

La politique des Turcs étant fort affoiblie par les disgrâces qui signalèrent la fin du règne de Mahomet IV[4], l'incapacité de ses successeurs les plus immédiats[5], les pertes que l'Empire essuya dans les guerres qui précédèrent la paix de Carlowitz et de Passarowitz, enfin les révoltes qui firent tomber successivement du trône des

---

[1] Allusion à la mort de la Reine, décédée le 23 juin.

[2] Ce mémoire fut rédigé pour la correspondance secrète au moment où M. de Vergennes quitta Constantinople, où il fut remplacé par M. de Saint-Priest. (Voyez la pièce suivante.) M. de Vergennes avait reçu ordre d'exciter les Turcs à déclarer la guerre à la Russie, et M. de Choiseul le rappela, sous prétexte qu'il n'avait pas rempli ses ordres.

[3] Tome III, p. 105 et suiv. — M. de Vergennes eut son audience de congé du Sultan le 17 décembre 1768. C'est vers le mois de juin qu'il faut placer la rédaction du curieux mémoire que nous publions.

[4] La levée du siége de Vienne, en 1683, et des malheurs subséquents et rapides opérèrent sa déposition.

[5] Sultan Ahmet et sultan Soliman, frères de Mahomet IV, princes faibles et incapables.

princes dignes de l'occuper[1], ne la rendirent que plus languissante. Loin de se relever de sa léthargie, elle reçut, sous le règne de sultan Mahmouth, un déchet plus notable, dont les traces profondes s'effacent difficilement.

Ce prince, doué de qualités suffisantes pour faire un règne glorieux dans un État réglé et soumis, appelé à l'empire par l'effervescence d'une sédition populaire, dirigea tous les efforts de son génie à prévenir les attentats de son peuple, qu'il redoutoit d'autant plus qu'il lui étoit redevable de son élévation. Toutes ses vues se concentrèrent dans l'intérêt de sa sûreté personnelle ; l'emploi des moyens les plus violents ne lui coûta rien pour l'affermir. L'âge augmentant sa défiance, et le malheur qu'il eut d'être privé de postérité aigrissant ses inquiétudes, il versa des torrents de sang pour assurer la tranquillité intérieure de Constantinople, qui fit, dans les dernières périodes de sa vie, l'objet capital, peut-être même l'unique, de sa prévoyance et de ses soins. Ce n'est pas exagérer de dire que ce prince avoit en quelque manière circonscrit les bornes de son empire dans l'enceinte de sa capitale.

C'est sous le règne de sultan Mahmouth que la Russie[2], au mépris du traité de Pruth alors en vigueur, osa écarter à main armée, du trône de la Pologne, un prince que les vœux unanimes de la nation y avoient rappelé. La Porte Ottomane fit, dans cette occasion, quelques déclarations fortes et menaçantes : elles furent même accompagnées de quelques démonstrations ; mais comme celles-ci ne furent suivies d'aucun effet plus réel, elles ne servirent qu'à constater la faiblesse du gouvernement ottoman.

[1] Sultan Mustapha II, père des sultans Mahmouth et Osman, déposé en 1703.

Sultan Ahmet, son frère et son successeur, déposé en 1730. Il est père de Mustapha III, actuellement régnant.

[2] Sultan Mahmouth monta sur le trône en 1730. Il mourut en 1754.

La Russie, enhardie par le succès de sa témérité, ne tarda pas à porter des coups plus directs aux Turcs. L'invasion de la Crimée et le siége d'Azof furent le prélude de la guerre qu'elle leur déclara, et dans laquelle elle entraîna la maison d'Autriche. On ne récapitulera pas ici les événements d'une guerre qu'il n'avoit pas tenu à sultan Mahmouth d'éviter. Comme il n'y étoit entré que malgré lui, il ne profita des succès assez distingués qu'il y eut que pour en sortir promptement. Il dut à la médiation de la France une paix assez honorable, quant à l'acquisition qu'il fit de Belgrade (année 1739), mais fatale, par rapport à la révocation de tous les traités antérieurs qui existoient entre la Porte et la Russie.

La guerre qui s'alluma en Allemagne peu après la signature des traités de Belgrade, ne rendit la politique du sultan Mahmouth ni plus élevée, ni plus ambitieuse. Son parti étoit pris : il vouloit conserver la paix au dehors, pour être plus assuré de celle du dedans ; il vit donc passivement les puissances prétendantes à la succession de la maison d'Autriche en disputer les dépouilles. Si, réveillé par différentes insinuations, il se détermina à offrir sa médiation, le refus qui en fut fait n'intéressa pas assez sa gloire pour provoquer son ressentiment. Ce fut même à la suite de cette crise que, ne voulant point laisser lieu à des défiances à la cour de Vienne, il consentit de convertir avec la nouvelle maison d'Autriche (1747), dans une paix perpétuelle, la trêve de trente ans qu'il avoit stipulée avec l'ancienne.

La paix rétablie en Allemagne, la Russie, dont l'ambition ne repose jamais, commença alors ses établissements de l'un et de l'autre côté du Borysthène, et notamment celui qui est connu sous le nom de *Nouvelle-Servie*. Quoique ces établissements, considérés relativement à leur emplacement, ne fussent pas formellement contraires à la lettre du dernier traité de paix, cependant ils ne devoient pas paroître moins offensifs aux Ottomans. Les vastes déserts qui servent de frontières dans cette partie aux deux empires, font une barrière suffisante pour leur sûreté respective. La Russie ne pouvoit donc espérer d'y élever des forts, ni d'y former des lieux de dépôt, sans annoncer le dessein, non-seulement de resserrer les Tartares dans leurs communications, mais encore de se mettre en mesure d'attaquer avec avantage le territoire ottoman, et de s'ouvrir la route à se procurer un établissement solide sur la mer Noire.

Tout alarmante que fût cette vue, il se passa bien du temps avant que le divan se laissât convaincre de l'intérêt qu'il avoit à y mettre des obstacles. Enfin, réveillé par les cris des Tartares, comme par les représentations de ses amis, il exigea de la Russie qu'elle discontinueroit ses travaux : celle-ci le promit (en 1754); mais, suivant les notions que l'on a été à portée d'avoir, elle ne les a jamais suspendus entièrement, elle s'est seulement contentée de les pousser avec moins de vigueur.

Un mal non moins réel et plus durable encore, que sultan Mahmouth a fait à son empire, est qu'il a banni cette simplicité de mœurs et l'esprit de frugalité qui distinguoient anciennement sa nation. Ce prince, né avec le goût de la volupté, de la magnificence et du luxe, ne distingua essentiellement que ceux qui savoient servir ses passions favorites. Bientôt chacun se fit une étude particulière d'y réussir ; c'étoit la voie la plus sûre pour s'ouvrir l'accès aux honneurs, aux emplois et aux grâces. Le goût du prince gagnant de proche en proche, chacun s'épuisa à l'envi pour gratifier celui du monarque, et pour satisfaire le sien propre. Les richesses que chacun épargnoit auparavant pour servir l'État dans ses besoins, furent consommées en superfluités; le luxe enfantant de nouveaux besoins, l'avidité s'accrut; tout moyen parut légitime pour les satisfaire; les Turcs, jadis économes, peut-être même avares, mais riches, s'épuisèrent en prodigalités; appauvris, ils sont devenus extorsionnaires et tyrans.

Sultan Osman, qui succéda [1] à sultan Mahmouth son frère, n'étoit pas capable de réparer les brèches que l'administration précédente avoit faites à la constitution de l'État et à l'esprit national. Parvenu au trône à l'âge de cinquante-trois ans, il était encore dans les brassières de l'enfance. En sortant de sa retraite, il voyoit pour la première fois des êtres différents de ceux qui avoient été commis à sa garde; tout étoit nouveau pour lui et l'amusoit. Son règne, qui, heureusement fut très-court, ne fut, à le bien prendre, qu'un tissu de légèretés, d'inconséquences et d'absurdités. Dans l'espace de moins de trois ans qu'il occupa le trône, on vit plus de ministres installés et destitués, qu'on n'en voit communément dans le cours du plus long règne. Ceux-ci, plus occupés de résister au choc des cabales que de soigner les intérêts de l'Empire, laissoient flotter les rênes du gouvernement au gré du hasard.

Sultan Mustapha, actuellement régnant, qui succéda, en 1757, à sultan Osman, n'arriva pas au trône aussi dépourvu de connoissances et de lumières que son prédécesseur. Il avoit été témoin des disgrâces de sultan Ahmet son père, dans un âge où la raison est assez formée pour se faire des idées vraies: il avoit reçu des instructions de ce prince, qui étoit vraiment digne d'un meilleur sort; et quoique par l'ordre de la naissance il dût se considérer

---

[1] Osman parvint au trône en décembre 1754, et mourut en 1757.

comme très-éloigné du trône, son caractère mélancolique, qui le portoit à la vie spéculative, lui avoit donné la facilité de fortifier ses connoissances par l'étude et par la réflexion. Il ne lui manquoit que la connoissance des hommes et l'expérience des affaires, deux choses que le temps seul peut donner, et dont la première est très-difficile à acquérir pour un souverain mahométan, qu'on n'approche, en quelque manière, que pour l'adorer.

Ce prince eut le bonheur de rencontrer, à son avénement à l'Empire, un grand vizir sage et instruit, et, ce qui fait son éloge, il l'a gardé jusqu'à ce que la mort l'en ait privé, quoique l'ascendant que ce ministre avoit pris sur lui, et qu'il prétendoit conserver, lui fût parfois sensible et à charge.

Aidé d'un coopérateur aussi intelligent, sultan Mustapha débuta par des réformes très-sages et très-utiles. Il a retranché beaucoup de dépenses superflues, et a diminué celles qui étoient susceptibles de l'être. Il a rappelé l'ordre dans les finances ; il les a même augmentées considérablement, en extirpant des abus qui fouloient le trésor public, sans que le sujet en reçût aucun soulagement. Des règlements qui tendent à limiter la cupidité, excitent le mécontentement et le murmure de ceux qui sont autorisés à la favoriser. L'administration de ce prince a éprouvé beaucoup de critique et de censure ; on l'a taxé personnellement de lésine et d'avarice sordide ; les apparences sembloient désigner, en effet, que ce reproche n'étoit pas tout à fait injuste : mais le Sultan, qui ne pouvoit ignorer les bruits qu'on semoit, n'en a tenu aucun compte. Selon lui, l'argent devoit être réservé pour la guerre ; et, si jamais elle devenoit nécessaire, on connoîtroit s'il étoit avare. L'événement actuel justifie, en effet, que ce prince, en s'exprimant ainsi, ne disoit que ce qu'il pensoit.

Si sultan Mustapha a pu par lui-même faire des réformes utiles, il n'a pu atteindre à toutes celles qu'il se proposoit. Ne connoissant d'autres amusements et d'autres plaisirs que de veiller à la conduite de ses affaires, il n'a rien négligé pour rappeler, par le précepte et par l'exemple, cette ancienne frugalité qui faisoit la force de son empire. Il s'est occupé d'éteindre cette soif de l'or qu'un luxe désordonné a allumée, et qui a corrompu tous les ordres de l'État, enfin, de donner à son administration cette vigueur mâle, qui peut seule lui assurer au dehors le degré de considération et d'influence auquel la puissance ottomane est en droit de prétendre.

De puissants obstacles s'y sont constamment opposés, et triompheroient vraisemblablement encore de l'inclination que ce prince a souvent montrée pour la guerre, si des circonstances qu'on ne pouvoit guère prévoir n'avoient forcé la révolution qui vient de s'opérer dans le système ottoman. Ceci demande explication : mais, comme cette matière se trouve étroitement liée avec les négociations dont le chevalier de Vergennes a été chargé à Constantinople, il se réserve de la traiter suivant l'ordre des temps et des choses.

Le Roi voyant dans les empiétements successifs que la Russie se permettoit sur la Suède et sur la Pologne, dont elle usurpoit l'indépendance et les droits, ce que l'Europe avoit à craindre de l'ambition de cette puissance orgueilleuse, Sa Majesté jugea devoir lui opposer une digue qui pût la resserrer et la contenir[1]. Les Turcs sont les seuls qui, par leur situation, peuvent la former avec succès. Engagés, par des intérêts plus directs que ceux de la France, à prévenir que cette puissance, déjà trop vaste, n'acquière de nouvelles forces par l'assujettissement des

---

[1] Correspondance secrète de S. M. avec M. des Alleurs. (*Vergennes*.)

nations qui l'avoisinent à l'occident, Sa Majesté jugea devoir leur communiquer sa prévoyance et ses vues; elle ne leur proposoit rien qui pût leur être à charge, et par conséquent les effrayer; il ne s'agissoit que d'établir un concert éventuel pour les cas ultérieurs qui pourroient se présenter relativement à la Pologne.

Ce fut dans les dernières années du règne de sultan Mahmouth que le feu comte des Alleurs fut chargé de faire cette ouverture au ministère ottoman. On ne peut donner assez d'éloges à la sagesse avec laquelle cet ambassadeur conduisit cette négociation; mais il avoit les circonstances contre lui. Le système du Grand Seigneur étoit fixé; il vouloit son repos, et ne vouloit pas s'affecter des objets d'une prévoyance éloignée. L'incurie dominante triompha de la sagacité du négociateur: son zèle et son habileté ne purent obtenir, après bien des mouvements, que des espérances vagues et des expectatives illimitées, lesquelles, à le bien prendre, étoient des réponses absolument déclinatoires.

Cet ambassadeur étant mort, il plut au Roi de jeter les yeux sur le chevalier de Vergennes, pour lui confier la gestion de ses affaires à Constantinople. Sa Majesté lui fit confirmer les instructions qui avoient été données à son prédécesseur; elle le chargea de mettre dans l'exécution de ses ordres la plus grande activité. La circonstance étoit pressante. La France se voyoit à la veille d'une guerre maritime avec l'Angleterre; on s'attendoit bien que celle-ci voudroit l'étendre sur le continent, et pour cet effet, qu'elle chercheroit à attirer les Russes en Allemagne, soit pour tenir le Roi de Prusse en échec, soit pour l'attaquer, si, fidèle à ses engagements avec la France, il attaquoit lui-même l'électorat de Hanovre. Le grand objet alors étoit donc d'engager les Turcs, par le motif de la conservation de l'intégrité des droits du territoire de la Pologne, à interdire aux Russes le passage par ce royaume. Jamais la circonstance ne pourroit être moins heureuse. Sultan Osman régnoit : la foiblesse et les vices de son gouvernement étoient si à découvert, que son propre ministère ne les dissimuloit pas. En vain le chevalier de Vergennes agit-il par des offices directs et par des pratiques secrètes, en vain employa-t-il la ressource du raisonnement, et, ce qui est quelquefois plus efficace, celle des présents et des promesses, il ne put rien avancer; la léthargie étoit incurable. D'ailleurs les révolutions ministérielles, qui se succédoient coup sur coup, le remettoient sans cesse au point d'où il étoit parti. Quoique son zèle et sa constance ne se démentissent point, ses progrès n'en furent ni plus réels ni plus satisfaisants.

C'est dans cet état des choses qu'une révolution des moins attendues changea la face des affaires et des connexions dans la chrétienté. Le Roi d'Angleterre, comme il avoit été prévu, voulant pourvoir à la sûreté de ses États d'Allemagne, resserra, par un traité d'alliance et de subsides, les liens qui l'unissoient déjà à la Russie. Cette puissance, lui garantissant ses possessions allemandes, s'obligeoit à lui fournir un corps nombreux de troupes pour sa défense.

Le Roi de Prusse, intimidé par cette nouvelle convention, appréhendant de voir la Prusse inondée par un essaim de troupes russes (et vraisemblablement aussi que la cour de Vienne ne choisît cette conjoncture pour revendiquer la Silésie), se replia sur l'Angleterre, et convint avec Sa Majesté Britannique d'un traité d'alliance et de garantie mutuelle.

Cette double défection de l'Angleterre et de la Prusse manquant chacune de leur côté à leurs alliés respectifs, produisit un changement aussi subit que total dans le système de l'Europe ; la France et la cour de Vienne, dont l'état habituel étoit de s'observer avec défiance, s'unirent aussitôt ; un traité de neutralité, d'amitié et d'alliance, scella le lien de leur union ; la cour de Pétersbourg, étroitement attachée pour lors à celle de Vienne, ne crut pas devoir s'en séparer ; les engagements qu'elle venoit de prendre avec l'Angleterre cessèrent de lui paroître utiles ; elle accéda à la liaison que la France et la maison d'Autriche venoient de former entre elles.

Cet événement n'avoit rien que de très-naturel pour des yeux instruits et éclairés[1] : mais les Turcs ne le sont pas. Accoutumés depuis plus de deux siècles à considérer l'amitié de la France principalement en raison de son opposition constante, et qu'ils supposoient invincible, aux intérêts de la maison d'Autriche, ils n'apprirent qu'avec la plus grande surprise que deux cours qu'ils réputoient inconciliables venoient de s'unir par les liens les plus étroits de l'amitié et de l'alliance. Mais leur surprise ne tarda pas à dégénérer dans un sentiment plus chagrin et plus aigre, lorsque le traité leur ayant été communiqué, ils observèrent que la France n'avoit pas jugé devoir les excepter des cas où elle seroit obligée d'administrer des secours à son nouvel allié.

[1] On voit par ce passage et ce qui le précède, combien M. de Vergennes, instruit des véritables causes du changement du système de la France, étoit loin de désapprouver l'alliance défensive de 1756. L'omission de l'article qu'il désiroit pour rassurer les Turcs fut réparée par la garantie qu'on exigea de l'Empereur, et par les déclarations subséquentes que firent, à différentes reprises, nos ambassadeurs à la Porte. Malgré les nœuds qui lioient la France et l'Autriche, le cabinet de Versailles n'a pas cessé de donner au Grand Seigneur des secours en ingénieurs, en officiers d'artillerie. Si ces secours ont été insuffisants, il faut en accuser, non le traité de 1756, mais l'opiniâtre fanatisme des Turcs, qui ont toujours refusé l'admission des vaisseaux françois dans la mer Noire, et l'incorporation des soldats françois avec leurs troupes. (*Note de M. de Ségur.*)

Ce fut très-inutilement qu'on leur opposa les raisons les plus solides pour leur faire comprendre que la France n'avoit pu faire autrement que ce qu'elle avoit fait; il n'y avoit pas lieu de craindre qu'elle se séparât de cette amitié, et qu'elle pût jamais se prêter à des mesures offensives et hostiles contre l'Empire ottoman. L'impression étoit faite; il n'y avoit que le rétablissement de l'exception omise qui pût l'effacer. Celle-ci étoit apparemment impossible, puisqu'elle n'a pas été suppléée et qu'elle ne l'est pas encore [1].

Toute défavorable que fût cette impression, l'effet en auroit été peu sensible, si le règne de sultan Osman avoit été plus long, ou si la guerre qui s'alluma en Allemagne, peu après la conclusion de l'alliance de Versailles, avoit été moins traversée par des événements fâcheux. En Turquie, comme en beaucoup d'autres endroits, les succès influent sur l'opinion et sur la considération.

Sultan Mustapha, en montant sur le trône, adopta les préventions que les liaisons de la cour de France avec la cour de Vienne avoient répandues. Son vizir ne négligea rien pour les aigrir. Ce premier ministre ne pardonnoit pas à la cour de Vienne la surprise qu'elle avoit faite à l'Empire ottoman, lorsque, sous prétexte de contribuer par sa médiation à rétablir la paix entre la Porte et la Russie, elle avoit retiré furtivement son ambassadeur, envahi le territoire ottoman, et s'étoit emparée de Nissa (1737). Sa rancune à cet égard étoit si forte, qu'elle s'étendoit à tout ce qui avoit des liaisons avec cette même

---

[1] La guerre des Turcs contre la Russie suspend leur prévention. La conduite du vicomte de Vergennes a contribué à l'affoiblir; les sûretés qu'il s'est mis sur la voie de faire procurer à la Porte, de la part de la cour de Vienne, sont un service réel dont on a paru tenir compte. Toutefois, il seroit de la plus haute importance, pour l'avenir, de faire rétablir cette exception. (*Note de M. de Vergennes.*)

cour. C'est du moins le seul prétexte plausible auquel on croit pouvoir rapporter l'aliénation qu'il montra constamment, pendant tout son long ministère, pour les intérêts de la France. Il ne tint pas à lui de la faire partager à son maître. Dans l'intention de décrier cette puissance, il falloit qu'il la lui eût dépeinte sous des couleurs bien sombres, puisque le Sultan, se défiant apparemment des exagérations de son ministre, jugea à propos de s'adresser au sieur de Vergennes par le moyen d'une personne tierce, pour savoir quelles étoient la nature et l'essence des engagements de la France avec la maison d'Autriche, et s'il étoit possible que la première pût jamais être entraînée par l'autre dans une rupture ouverte avec son empire. Les éclaircissements préliminaires que le sieur de Vergennes donna à Sa Hautesse, et ceux plus affirmatifs qu'il eut ordre ensuite de communiquer à la Porte, parurent satisfaire ce prince, et ils auroient vraisemblablement détruit toutes les préventions, si l'ambassadeur avoit pu condescendre à la demande de la Porte, qui en exigeoit la déclaration par écrit.

Quoique les circonstances dont on a l'honneur de rendre compte rendissent la position du sieur de Vergennes délicate et critique, cependant il ne perdit de vue dans aucun temps les objets qui étoient confiés à son zèle. Il ne pouvoit plus, comme dans les commencements de sa résidence, diriger l'attention des Turcs vers les projets des cours de Vienne et de Pétersbourg. Il devoit, au contraire, prévenir qu'il n'arrivât rien qui barrât les efforts qu'elles faisoient pour le soutien d'une cause qui étoit devenue commune à la France : mais en soignant cette partie de sa mission, il n'abandonna pas le fil des affaires de la Pologne, et il n'en arriva, dans ces entrefaites, aucune entre la République et la Porte dont il n'eût la direction, ou dans laquelle il ne s'assurât une influence principale. (*Correspondance secrète de Sa Majesté avec le sieur de Vergennes.*)

Il ne fut pas possible d'empêcher que la Porte, éblouie par les succès étonnants que le Roi de Prusse obtenoit sur les efforts combinés des deux Impératrices, ne le considérât comme un ami intéressant, et ne se l'attachât par un traité d'amitié et de commerce. Ce n'étoit pas tout ce que ce prince recherchoit; il vouloit être l'allié des Turcs et les intéresser à sa défense. Dans les derniers temps de la guerre les conjonctures étoient séduisantes; la Hongrie étoit dégarnie de troupes; la maison d'Autriche paroissoit épuisée; la Russie l'abandonnoit; d'auxiliaire, elle étoit ennemie; les étendards suisses flottoient dans le camp prussien; le grand vizir, Raguil-Méhémet-Pacha, étoit avide de gloire; il voyoit l'occasion d'en acquérir à bon marché; il ne vouloit pas la laisser échapper : le coup étoit prêt à partir, lorsque la mine fut éventée; elle resta sans effet. Il étoit de l'intérêt de la France que les Turcs n'embarrassassent pas le rétablissement de la tranquillité publique par une diversion dont les suites auroient pu être funestes à la maison d'Autriche; ils ne le firent point [1].

L'Europe commençoit à peine à goûter les prémices de la paix, lorsque la mort d'Auguste III, Roi de Pologne, ouvrit une nouvelle scène dont le dénoûment peut être encore aussi éloigné qu'il paroît incertain. La Russie, alliée du Roi de Prusse, crut, à l'aide de cette coopération, pouvoir

[1] Cet événement, qui n'a pour ainsi dire pas été remarqué, n'est pas le moins intéressant de l'ambassade du sieur de Vergennes. Un Mémoire dans lequel, à la faveur des ordres secrets de Sa Majesté, il exposa les suites funestes pour la Pologne du parti que la Porte étoit sur le point de prendre, ramena le Grand Seigneur, et avec lui les chefs de la loi et plusieurs membres du divan, à des combinaisons plus équitables que celles que le grand vizir avoit fait adopter. (*Note de M. de Vergennes.*)

disposer du trône de ce royaume ; la lassitude de toutes les grandes puissances de l'Europe lui faisoit une sûreté qu'elles ne formeroient pas des obstacles insurmontables à son dessein ; elle n'avoit à en craindre que de la part des Turcs ; elle sut, avec le secours de ses artifices ordinaires, les faire accéder à ses vues. Ceux-ci, indifférents pour la maison de Saxe, qui s'étoit peu souciée de rechercher et de cultiver leur amitié, donnèrent dans le piége que la Russie leur tendit en les invitant à se déclarer pour un roi Piast. Ils crurent qu'un pareil choix qui honoreroit la nation polonoise, sans déroger à sa liberté, feroit tout à la fois la convenance de la Pologne et celle de ses voisins ; mais ils ne comprirent pas assez tôt que le but de la Czarine étoit bien moins de laisser un choix libre aux Polonois, que de le fixer sur celui d'entre eux qu'elle s'étoit proposé d'élever.

Lorsque ensuite ils connurent distinctement où tendoient les manéges et les mesures de cette princesse, ils tentèrent de s'y opposer ; ils donnèrent pour cet effet l'exclusion à Stanislas-Auguste ; mais ils s'y prirent si maladroitement, que cette démarche ne servit qu'à accélérer l'élection de celui qu'ils vouloient éloigner du trône.

La Porte, peu sensible à ce que sa gloire et sa dignité exigeoient d'elle, ne se ressentit pas, comme elle devoit, du peu d'égards que la Russie lui avoit témoignés dans cette occasion. Fascinée de nouveau par des assurances captieuses et par les promesses frauduleuses que cette puissance lui fit, et dont le détail n'a jamais été bien connu, elle consentit à ce qu'elle continuât, avec un nombre de troupes limité, l'ouvrage de la prétendue réformation qu'elle s'étoit permis d'établir en Pologne. La Porte, se bornant à différer la reconnoissance de l'élection au trône du candidat qu'elle en avoit exclu, vit sans inquiétude et sans jalousie la Russie détruire la mesure que les Polonois avoient commencé à prendre pour l'amélioration de leur gouvernement, et replonger la république dans le chaos de l'anarchie et de la confusion. On pourroit même dire, sans craindre de trop s'avancer, que les ministres du divan applaudissoient aux motifs de prévoyance qui dirigeoient la conduite de la cour de Pétersbourg. Aussi prévenus qu'ils le sont que les puissances chrétiennes ne peuvent pas leur vouloir plus de bien qu'ils ne leur en veulent eux-mêmes, ils appréhenderoient, si la Pologne pouvoit regagner de la force et de la consistance, que ses efforts et ses vues ne portassent contre l'Empire ottoman : comme si la République pouvoit méconnoître que le seul, le véritable ennemi contre lequel elle doit se prémunir et s'armer, est la puissance qui en veut à sa liberté et à son indépendance souveraine !

La Porte, indifférente et passive sur l'usurpation que la Russie faisoit des droits constitutionnels de la Pologne, le fut moins sur l'invasion qu'on craignoit de son territoire. Réveillée par les conseils et les exhortations de la France, elle comprit que la Russie, sous la couleur d'une démarcation de limites avec la Pologne, visoit à un démembrement de territoire, lequel, par son étendue et par son emplacement, seroit incommode et nuisible aux intérêts de l'Empire ottoman. La Porte s'en expliqua de manière à faire sentir qu'elle ne souffriroit pas paisiblement un accaparement quelconque. La négociation entamée sur le fait des limites, quoique assez avancée, se ralentit tout à coup : on ignore si elle a été reprise depuis ; mais elle ne paroît pas avoir fait aucun progrès considérable.

Tel étoit l'état des choses à la fin de la diète ordinaire de l'année 1766. La Russie avoit lieu de s'applaudir de la docilité qu'elle y avoit rencontrée ; tout s'étoit passé au gré de sa volonté ; l'article seul des dissidents et des Grecs désunis dans le rétablissement de leurs prétendus anciens droits avoit éprouvé de la résistance. Cette proposition irrita l'orgueil de la Russie ; elle croyoit avoir droit à l'obéissance passive des Polonois ; elle résolut de les y contraindre : assurée que les dissidents, dont tout l'espoir reposoit dans sa protection, ne se refuseroient à aucune de ses vues, elle songea à les réunir dans un corps de confédération qu'elle feroit mouvoir à son gré. Cette trame fut ourdie dans le plus grand secret : cependant celui-ci fut pénétré ; la Porte en fut informée à l'avance : on lui fit connoître le désordre extrême qu'un projet aussi révoltant ne pouvoit manquer de produire ; qu'une guerre civile et religieuse en seroit la suite ; que l'embrasement formé, les frontières ottomanes pourroient n'être pas épargnées ; qu'on étoit à temps de le prévenir, mais que, pour y obvier, il n'y en avoit point à perdre, et qu'il falloit presser la cour de Pétersbourg de rappeler, sans plus de délai, les troupes qu'elle avoit en Pologne. La Porte voyoit le mal, et elle en craignoit les suites ; mais, concentrée dans le goût du repos, elle répugnoit au remède qu'on lui indiquoit, parce que, ne pouvant être assurée que la Russie se prêteroit à retirer ses troupes sur la réquisition qu'elle en feroit, elle ne vouloit pas se compromettre et former l'engagement qu'elle étoit déterminée d'éviter. La Porte, incertaine du parti qu'elle avoit à prendre, et n'en prenant aucun, la Russie eut les mains libres pour entreprendre tout ce qu'elle voulut ; les dissidents se confédérèrent et reçurent de cette puissance l'assurance d'une protection victorieuse.

Le zèle religieux que la Russie affichoit pour leur cause, quoique réalisé par les effets, n'étoit cependant qu'un voile dont son ambition se couvroit pour atteindre à un but et plus flatteur et plus intéressant. La réunion des dissidents, sous l'étendard de sa protection, lui assuroit un parti nombreux; mais elle vouloit dominer sur le corps entier de la République. Des garanties non avouées ou faussement interprétées avoient jusque-là servi de fondement à son régime et à son despotisme. Ce titre étoit trop caduc, il ne pouvoit même se soutenir; elle s'occupa de s'en procurer un plus réel et plus durable.

Le mécontentement de la nation polonoise contre son Roi étoit général; la Russie connut le parti qu'elle pouvoit en tirer : elle affecta de le partager; elle annonça que son intention étoit de faire redresser tous les griefs quelconques; et gagnant par cet artifice la confiance des mécontents, elle les conduisit par degrés à former la dernière confédération générale, laquelle, par l'enchaînement des événements, est devenue la cause essentielle de leur ruine et de l'asservissement de leur patrie.

L'objet de ce Mémoire n'étant pas de tracer l'histoire des troubles et des malheurs de la Pologne, on se borne à crayonner les traits les plus saillants, ceux qui ont le rapport le plus immédiat avec les affaires que le sieur de Vergennes a été chargé de soigner. Ainsi on passe rapidement sur les moyens illégaux que la Russie mit en œuvre pour faire requérir sa garantie, et sur les violences de toute espèce et sur les actes de tyrannie dont elle ne rougit pas de se souiller pour en obtenir la concession.

Le tableau en a été mis régulièrement et fidèlement sous les yeux de la Porte. S'il n'a pas fait toute l'impression à laquelle il auroit été naturel de s'attendre, ce n'est pas qu'on ait jamais négligé de le rendre frappant et énergique; mais l'aveuglement étoit volontaire, il falloit des ressorts plus puissants que ceux du raisonnement pour en triompher.

Il n'est pas tout à fait surprenant que les Turcs, distinguant mal les rapports politiques des rapports religieux, n'aient pas saisi l'intérêt qu'il leur compétoit de prendre à la question des dissidents. Dans leurs principes, un latin ou un grec, un catholique ou un protestant, sont des êtres également séparés d'eux, et ils ne concevoient pas qu'une différence sur quelques articles de croyance dût priver des citoyens libres des droits de leur naissance et de la société. Pour tout dire, la cause des dissidents leur paroissoit plus juste que celle de leurs adversaires. Mais ce qui a dû paroître inconcevable est le flegme en quelque sorte stupide avec lequel les Turcs ont vu la Russie rechercher, poursuivre et faire décerner une garantie dont l'objet réel étoit de mettre le Roi de Pologne dans la dépendance la plus absolue, et, sans la soumettre tout à fait à la condition d'une province russe, la lier cependant si étroitement, qu'elle ne pût avoir de mouvement et d'action que par l'impulsion de la puissance garante.

Les lumières n'ont pas manqué aux Turcs pour s'éclairer sur les conséquences d'un accaparement aussi monstrueux. Que n'a-t-on pas fait pour leur faire sentir que la Russie, manutentrice des libertés et des droits de la Pologne qu'elle ravissoit, chargée d'assurer la tranquillité intérieure d'un État où l'union et la concorde sont impossibles et qu'elle se garderoit bien d'y rétablir, se créoit des prétextes intarissables pour s'y perpétuer armée, pour en usurper l'empire souverain ; et qu'elle ne pouvoit avoir d'autre but que de s'y mettre en situation et en mesure, après s'être assurée de sa nouvelle conquête, de fondre sur l'Empire ottoman, et de lui porter les coups les plus sensibles et les plus funestes ! Ces réflexions, quoique vraies, effleuroient à peine l'attention des ministres du divan : à les entendre, peu importoit que la Russie se fît décerner un droit qu'elle exerçoit de fait depuis plus d'un demi-siècle, sans qu'il en fût résulté aucun inconvénient bien notable; après tout, il suffiroit que la Russie ne se mît pas en devoir de conquérir physiquement la Pologne; la Porte sauroit toujours bien restreindre son influence, lorsqu'il lui conviendroit de l'entreprendre.

Ces sophismes et bien d'autres, que la pusillanimité, peut-être même la corruption, enfantoit, ne sont jamais demeurés sans réponse; ils ont été soigneusement éclaircis et réfutés. Mais quelque convaincantes que fussent les répliques, ce ne fut pas sans peine que la Porte, pressée par nos vives remontrances, et jugeant par la tournure que prenoient les affaires dans la diète extraordinaire, assemblée en 1767, que tout y succédoit au gré de la Russie, se détermina à requérir cette puissance de borner à ce dernier acte de sa tyrannie ses entreprises et ses usurpations, et pour cet effet, de retirer d'abord, après la clôture de la diète, toutes les troupes qu'elle tenoit en Pologne.

Il y a lieu de croire que la Porte, en faisant cette demande, déféroit plus à une impulsion étrangère qu'à un sentiment profondément senti de son intérêt, puisque, après en avoir obtenu la promesse, elle n'a fait que de foibles efforts pour en procurer l'accomplissement. Loin que la confédération de Bar, qui éclata dans ces entrefaites, rendit les offices et les démarches du divan plus actifs pour presser l'évacuation demandée, elle lui parut au contraire un motif suffisant pour autoriser la Russie à différer l'exécution de ses promesses, à se maintenir armée en Pologne, et à y continuer ses rigueurs et ses violences. Ni l'arrogance des Russes qui osoient faire flotter audacieusement leurs étendards sur les bords du Niester, ni l'intégrité des frontières ottomanes violée et outragée en plus d'une occasion, n'avoient pu échauffer la tiédeur de la Porte et provoquer son ressentiment. Si parfois elle en laissoit apercevoir quelque légère nuance, l'ombre d'une satisfaction l'apaisoit et la calmoit aussitôt ; elle voyoit avec douleur les flots d'un sang qu'elle jugeoit innocent, couler à sa vue ; son humanité en étoit révoltée ; elle auroit pu empêcher ce tissu d'horreurs ; elle ne vouloit qu'en détourner la vue. C'étoit inutilement que les motifs les plus sacrés réclamoient à l'envi son appui et sa protection pour une cause qui, à le bien prendre, étoit celle de l'Empire ottoman ; ses administrateurs ne prétendoient que se dispenser d'y prendre part et éloigner d'eux l'objet qui, en excitant leurs inquiétudes, leur reprochoit leur mollesse et leur incurie. Ils demandèrent à la Russie qu'elle éloignât ses troupes du Niester, et désormais qu'elles ne pussent s'avancer qu'à une certaine distance de leurs frontières. Cette demande n'avoit rien qui gênât la Russie : la confédération de Bar étoit dispersée ; les chefs et les membres étoient réfugiés en Moldavie ; les troupes mêmes qui avoient été employées en Podolie devenoient nécessaires pour réduire la confédération de Cracovie ; la Porte n'exigeant de la Russie que ce qu'il étoit de son intérêt de prévenir, celle-ci sortoit au meilleur marché d'un pas glissant et critique. Il est assez apparent qu'elle en auroit été quitte pour cette légère condescendance, si l'orgueil, qui semble faire le caractère dominant de tous les individus russes, n'avoit pas produit un incident dans lequel un instant a changé la face du système ottoman. C'est de l'affaire de Balta, dans la Petite-Tartarie, qu'il est question. Les détails en sont connus. Les Russes ont tenté de s'en disculper et de la rejeter sur les paysans révoltés de l'Ukraine ; mais il est avéré qu'elle a été l'ouvrage des Cosaques-Zaporowiens. Cette justification, tout insuffisante qu'elle fût, auroit pu trouver cependant des défenseurs et du crédit, si elle avoit pu prévenir l'effroi qui s'empara des esprits. La peur fit, dans cette occasion, ce que la dignité, la justice et la convenance n'avoient pu opérer.

Les ministres ottomans, considérant l'invasion de Batta comme une agression préméditée, et croyant déjà voir les Russes dans le centre de la Moldavie, sentirent à quoi les exposoient leur coupable négligence et l'endurcissement volontaire avec lequel ils s'étoient constamment refusés à toutes les exhortations amicales et à toutes les remontrances les plus solides qui leur avoient été faites. Leur frayeur ne connoissant point d'arrêt, on vit éclore avec la rapidité la plus surprenante une foule immense de dispositions et de préparatifs militaires, qui caractérisent bien éminemment les ressources innombrables de l'Empire ottoman, et ce qu'il seroit en état de faire s'il étoit administré par des personnes habiles et vertueuses. Les ministres ottomans ne bornèrent pas leur vigilance à pourvoir à la sûreté de celles de leurs frontières qu'ils supposoient menacées; mais voulant savoir précisément à quoi s'en tenir avec la Russie, le résident de cette puissance fut appelé chez le reïs-effendi, lequel, à la suite de différentes explications, lui déclara expressément que la paix ne subsisteroit qu'autant que la cour de Pétersbourg retireroit, sans plus de délai, toutes les troupes généralement quelconques qu'elle avoit introduites en Pologne.

Cette sommation fut faite d'un ton et d'un style qui n'annonçoient pas que la Porte fût disposée à s'en relâcher; et les préparatifs militaires qu'elle n'a pas discontinués depuis indiquoient assez qu'elle vouloit être satisfaite. Toutefois la Russie n'en a tenu compte. Elle ne vouloit faire sortir ses troupes de la Pologne qu'autant que toutes les affaires pour lesquelles elle les y avoit fait entrer seroient terminées et arrangées, ce qui revient à dire, autant que la République seroit entièrement asservie. Une offre aussi captieuse, qui ne fixoit ni terme ni borne aux entreprises et aux usurpations de la Russie, ne pouvant être interprétée autrement que comme un refus formel d'acquiescer à la demande de la Porte, celle-ci s'est enfin déterminée au seul parti qui lui restoit à prendre, et qui pouvoit sauver sa gloire comme ses intérêts. Le résident de Russie, mandé chez le grand vizir, ayant ratifié verbalement le contenu de la réponse qu'il avoit donnée précédemment par écrit, et détruit jusqu'à la moindre espérance de quelque modification satisfaisante, il fut arrêté et conduit, par ordre du Grand Seigneur, au château des Sept-Tours, où il est détenu et gardé en prisonnier d'État avec toutes les personnes employées dans son ministère.

Cette démarche a été le prélude de la déclaration de guerre que Sa Hautesse a résolu de faire aux Russes ; et, peu de jours après la détention du sieur Obrescoff, elle a été notifiée à tous les ordres de l'État dans un grand divan, convoqué à cet effet au sérail. Depuis, on redouble de vigueur et d'activité, soit pour pourvoir à la sûreté des frontières pendant l'hiver, soit pour se mettre en état d'ouvrir la campagne prochaine avec éclat et avec succès. Ceux-ci ne paroîtroient pas équivoques, si l'abondance et la force des moyens suffisoient pour les déterminer. Les Turcs ont immensément de tout ce qui est nécessaire pour la guerre, et pour la faire longtemps : hommes, argent, artillerie, munitions, subsistances, tout cela abonde ; mais ils manquent essentiellement de chefs et d'officiers qui aient les connoissances et l'expérience militaires. Cependant, si la constance ne les abandonne pas, il est vraisemblable qu'en essuyant même des défaites, ils réussiront à réduire l'orgueil de la Russie, laquelle, déjà fort épuisée[1], soit par les dépenses de la dernière guerre en Prusse et en Silésie, soit par celles dans lesquelles ses intrigues en Pologne l'ont constituée, ne doit pas être dans une situation assez prospère pour fournir longtemps aux frais d'une guerre aussi onéreuse que celle où elle se trouve engagée contre l'Empire ottoman.

Tel est en abrégé l'exposé ingénu de la négociation principale, et même la seule qui a dû fixer l'attention et les soins du sieur de Vergennes, et l'état véritable dans lequel il laisse les affaires, en se démettant de cette ambassade. Il est bien éloigné de s'attribuer la moindre part du mérite de l'heureuse révolution qui vient d'éclore ; elle est l'ouvrage des circonstances, et la gloire en est due à la divine Providence[2], qui seule a le droit de les produire. C'est elle qui suscite le vengeur qui va enfin opposer une digue aux cruautés et aux atrocités dont la Russie s'est souillée. Puisse cette même Providence donner à ce vengeur son glaive et son armure pour humilier cette puissance orgueilleuse, et la renfermer dans les bornes de la modération et de la justice! Celle que le sieur de Vergennes ose implorer de la clémence de Sa Majesté et de son conseil, et qu'il se flatte de mériter, est de la persuader que, dans aucun temps, son zèle n'a été refroidi par les obstacles. Il

---

[1] M. de Vergennes étoit peut-être celui de tous nos diplomates qui connoissoit le mieux tous les rapports qui existoient entre les diverses puissances de l'Europe. C'étoit un politique aussi sage qu'éclairé; ses vues étoient droites, ses intentions pacifiques : personne ne fut plus fécond que lui en moyens conciliatoires; mais comme il n'étoit pas militaire, il ne voyoit pas l'impossibilité où se trouvoient les Turcs de résister aux Russes. La bravoure et le nombre des troupes ottomanes fascinoient ses yeux. Il espéroit que le courage des janissaires humilieroit l'orgueil moscovite, et deux fois l'événement a démenti ses prédictions. (*Note de M. de Ségur*.)

[2] Il est assez singulier de voir ici l'ambassadeur du fils aîné de l'Église se féliciter de la guerre que la Providence fait déclarer aux chrétiens par les musulmans. (*Idem.*)

connoissoit la difficulté de l'entreprise, lorsque M. le duc de Choiseul le chargea de la tenter; sa réponse particulière à ce ministre, du 26 mai 1756, en est la preuve. Mais tout insurmontable qu'elle parût alors, quelque peu d'espérance qu'il y eût de l'aplanir, le sieur de Vergennes n'en a pas travaillé moins assidûment pour faire germer, éclore et fortifier les dispositions qui ont enfin éclaté. La carrière étoit ouverte à son émulation : il l'a suivie avec ardeur et constance, sans s'en laisser détourner par les dégoûts qu'il n'y a que trop souvent rencontrés. Arrivé au terme qui intéressoit la prévoyance de Sa Majesté et celle de son conseil, il est consolant pour le sieur de Vergennes de devoir transmettre le soin des affaires à un successeur dont les talents, les lumières et le bon emploi qu'il en sait faire ont déjà décidé la réputation. Il reste à souhaiter que le bonheur couronnant son habileté, il réussisse à s'assurer, dans la direction des opérations de la guerre et de celles de la paix, une influence assez directe pour la rendre utile aux vues ultérieures de notre auguste monarque. Cette acquisition est d'autant plus nécessaire à rechercher, que les Turcs paroissant vouloir établir le théâtre de la guerre en Pologne, il est à craindre, en premier lieu, que le remède qu'ils vont porter aux Polonais ne soit tout aussi cruel que le mal dont ils entreprennent de les guérir. L'indiscipline des armées ottomanes et les ravages qu'elles font, même dans leur propre pays, sont connus. Que n'en auront, d'une part, à souffrir les provinces polonaises où elles pénétreront! En second lieu, les Turcs n'entreprenant cette guerre qu'à contre-cœur, et parce qu'il n'a pas été dans leur choix de s'en dispenser, il pourra bien arriver, surtout si leurs armes ne sont pas heureuses, qu'ils saisiront, pour en sortir, les premières ouvertures qu'on leur présentera; sans trop se mettre en peine de faire réintégrer les Polonois dans leurs droits et leurs libertés, et de leur en assurer la paisible jouissance. Qui sait même si le démembrement de la Pologne ne pourroit pas faire le sceau de la réconciliation entre les deux parties belligérantes? On doit s'attendre d'ailleurs que l'Angleterre, toujours zélée pour les intérêts de la Russie, ne négligera rien pour préparer les voies à un accommodement, et pour se donner le mérite et la gloire de l'avoir procuré.

Tout incertaines que puissent paroître les vues qu'on prend la liberté de proposer, elles semblent cependant devoir intéresser la prévoyance et l'attention du négociateur, et faire l'objet principal de ses soins.

Il doit paroître étrange que la Porte, si intéressée à maintenir la Pologne dans son état de liberté et d'indépendance, et à prévenir qu'aucune puissance ne puisse y usurper une influence aussi prédominante, pour disposer des volontés et des ressources de la République, ait été si lente à s'éclairer sur un intérêt aussi précieux, et à le soigner. Mais, indépendamment de la foiblesse, et peut-être de la corruption qu'on peut, à juste titre, reprocher à quelques-uns des ministres du divan qui dans cette période de temps ont tenu les rênes du gouvernement, on doit encore considérer que les combinaisons des Turcs sont très-éloignées de celles des puissances chrétiennes. Le système d'équilibre qui tient l'Europe dans une vigilance et peut-être dans une agitation continuelle, qui fait qu'on ne peut tirer un coup de fusil dans une de ses extrémités, sans qu'il retentisse aussitôt à l'autre; ce système est étranger aux Turcs, lesquels, concentrés en eux-mêmes et dans la vaste étendue de leur empire, croient avoir dans leur puissance des motifs suffisants pour être indifférents à tout ce que nous désignons par intérêts relatifs, persuadés qu'ils auront toujours dans leurs ressources propres et intérieures les moyens nécessaires pour faire échouer les projets de ceux qui voudroient les attaquer dans leurs intérêts directs. Cette façon de penser et de sentir est consacrée par leur loi religieuse, qui, en leur interdisant une participation trop directe dans les affaires des chrétiens, leur fait un précepte de ne pouvoir faire la guerre à une puissance avec laquelle ils sont en paix, lorsqu'elle ne contrevient pas directement et formellement aux traités. Plus d'une fois on a envisagé comme des défaites vaines et frivoles les obstacles que les Turcs empruntent de leur loi, parce que, prévenu que le Grand Seigneur est un souverain despotique, dont la volonté arbitraire tient lieu de la loi, on se persuade volontiers qu'il n'a qu'à vouloir la guerre pour la faire. Ce despotisme absolu du Grand Seigneur est une erreur ancienne, que la constitution ottomane n'avoue point. Le pouvoir de ce prince est grand sans doute : il donne et il ôte les emplois à son gré ; il dispose des fortunes particulières ; les trésors que son sérail renferme sont à lui ; les arsenaux, les magasins, tout est à ses ordres ; ses peuples le révèrent comme l'ombre de la Divinité sur la terre, et lui obéissent à ce titre. En tout où la loi n'est pas expresse, sa volonté y supplée ; mais cette volonté n'est pas si indépendante qu'elle ne doive avoir l'aveu des ordres de l'État, entre lesquels celui de l'uléma est le plus nécessaire, parce que, gardien et interprète de la loi, c'est lui qui légitime ou qui réprouve les résolutions et les entreprises.

Il peut paroître étonnant que les empereurs ottomans aient laissé prendre un aussi grand ascendant à un corps qui limite et resserre leur autorité : mais l'étonnement cesse, lorsqu'on considère que l'empire devant sa naissance, son accroissement et sa conservation à la religion, celle-ci a dû et doit encore faire le pivot principal sur lequel porte la machine du gouvernement. Ce n'est pas cependant que le Grand Seigneur, s'il le vouloit absolument, ne pût faire la guerre sans le consentement de l'uléma, pourvu qu'il fût assuré du concours des milices qu'on désigne sous le nom d'*odjack*. Maître des trésors et des magasins, rien ne feroit obstacle à ce que sa volonté eût son effet; mais si la guerre étoit malheureuse, le ressort de l'enthousiasme et du fanatisme dont l'uléma seul dispose lui manquant, la couronne du martyre promise et assurée à tous ceux qui perdent la vie dans une guerre déclarée sainte n'étant plus la récompense de ceux qui succomberoient dans celle-là, l'ardeur que ce prince auroit su inspirer à sa milice et à son peuple se convertiroit bien vite en indignation et en fureur; et, dans ce cas, nul doute que la perte de son trône ne fût le fruit de la témérité de son entreprise.

Si le gouvernement en général trouve dans la loi mahométane des raisons et des prétextes pour se déterminer difficilement à la guerre, ceux qui sont préposés à l'administration trouvent dans leur situation et dans leur convenance des motifs bien puissants pour la craindre et pour l'éviter. La constitution ottomane, semblable à une marâtre, ne peut former des citoyens zélés et patriotiques. Plus un ministre se rend recommandable par des services éclatants et illustres, plus il se trouve en butte aux traits de l'envie et aux coups de la disgrâce. Le bien qu'il fait ne lui est pas ordinairement compté : et, le plus souvent, on le rend responsable du mal qu'il ne peut empêcher.

Si un grand vizir est heureux à la tête des armées, la crainte que l'affection des ministres ne le rende trop puissant et trop ambitieux fait un grief : sa propre réputation tourne contre lui, et la perte de sa place en est la conséquence. Est-il malheureux dans ses entreprises, essuie-t-il des revers, il lui en coûte ordinairement la tête. Que la disgrâce le prévienne, ou qu'une mort naturelle le dérobe au choc des cabales, aux soupçons de son maître, le souvenir de son mérite et de ses services s'ensevelit avec lui; ses richesses deviennent la dépouille du prince; sa famille est replongée dans la médiocrité dont il l'avoit tirée, et le mérite trop éclatant du père est volontiers un motif suffisant pour fermer l'accès des honneurs et de la fortune aux enfants, parce qu'il est dans l'ordre de la politique ottomane de ne pas souffrir qu'il s'élève des familles riches et puissantes, lesquelles, se perpétuant, pourroient donner de l'ombrage et de l'inquiétude. Les gens de loi sont les seuls qui, par leur état, sont affranchis de cette tyrannie. Leur fortune et leur vie ne sont point à la disposition du prince, qui ne peut les punir que par l'exil, à moins cependant que leurs excès ou leurs crimes n'engagent leur ordre à les dégrader et à les expulser, auquel cas ils tombent dans la main du prince. Ces exemples sont très-rares, quoique rien ne sembleroit devoir être plus commun; mais chacun est dans le cas d'user d'indulgence envers son confrère, parce qu'il en est peu qui n'en aient besoin pour eux-mêmes. Il est inconcevable jusqu'à quel point l'impunité a porté la corruption et la rapacité dans cet ordre.

Ce qui a été dit plus haut, relativement à la situation d'un grand vizir, peut s'adapter à celle de tous les ministres inférieurs, et de tout ce qui tient généralement aux emplois civils et politiques. Ceux-ci n'étant pour ainsi dire que de passage dans les emplois, songent bien moins à procurer l'avantage de l'empire que le leur propre; leur principale vue est de s'enrichir; soit pour satisfaire leur cupidité et leur luxe, soit pour acquérir des amis puissants qui aident à leur avancement. En paix, les produits de leurs offices sont grands, et les dépenses médiocres; c'est le contraire en temps de guerre. D'ailleurs, la richesse de tout ce qui est connu sous le nom de *régial*, et qui comprend tout ce qui n'est point uléma ou odjack, consiste dans des bénéfices militaires qui exigent une prestation de services et de secours dans le cas de guerre. Les douceurs d'une longue paix ont tellement amolli les féudataires, que ceux-ci, dérogeant à l'esprit de l'institution primitive de ces fiefs, ont prodigué à des dépenses agréables ou frivoles un argent qu'ils devoient réserver pour le temps où l'emploi en deviendroit nécessaire. Leur revenu ne suffisant point à leur luxe, ils se sont constitués dans des dettes, et se trouvent fort embarrassés maintenant que, dénués d'argent et de crédit, ils manquent de ressources pour se mettre eux-mêmes en équipages, pour se présenter en campagne avec le nombre de gens requis par la condition de leurs fiefs, et par là se trouvent exposés à en être dépouillés. Aussi le nombre est-il grand de ceux qui sont mécontents de la guerre qui vient de s'allumer; et à l'exception des milices, qui la considèrent comme une route d'avancement, et de la populace, qui espère y trouver les moyens de s'arracher à la misère et à l'indigence, il est peu de gens d'un autre état qui ne voient avec déplaisir la nécessité dans laquelle l'empire s'est trouvé de recourir à ce moyen extrême. Le trait étant lancé, et ne pouvant vraisemblablement plus retourner que teint du sang de l'ennemi, il peut être aussi inutile que difficile de savoir au vrai ce que les ministres actuels pensent relativement à la guerre qu'ils vont faire : mais comme un compte rendu ne peut être censé complet s'il n'y est fait mention de ceux qui ont le principal maniement des affaires, le sieur de Vergennes ne croit pas pouvoir se dispenser de ce devoir d'obéissance et d'exactitude, quelque délicate que soit la tâche de donner une idée juste des personnes avec lesquelles on ne peut contracter aucune liaison et aucune habitude personnelle.

Nids-changi [1] Mehemet-Emin-Pacha, qui remplit la place de grand vizir, est, sans contredit, un homme de beaucoup de génie, et il n'en falloit pas un médiocre pour s'élever aussi rapidement qu'il l'a fait au poste éminent où il vient de parvenir. Fils d'un marchand circassien, il en a suivi l'état dans sa première jeunesse ; et il paroissoit s'y destiner entièrement, lorsque des circonstances heureuses lui ouvrirent l'entrée dans le bureau du mecktoupgi-effendi [2], qui est le secrétaire intime du grand vizir, et l'engagèrent à quitter le négoce pour les affaires. Sa sagacité naturelle le distinguant bientôt, de commis qu'il étoit du mecktoupgi, il fut fait mecktoupgi lui-même, et, dans cette qualité, ministre de la Porte. Il remplissoit cet emploi lorsque la mort d'Auguste III fit vaquer le trône de Pologne. Le reis-effendi alors en place, accablé par l'âge et par les infirmités, ne pouvoit suffire aux affaires : le mecktoupgi fut chargé de l'aider, et il sut se rendre si utile dans cette coopération, que la mort ayant enlevé le reis-effendi [1], il fut pourvu de cette charge, qu'il ne garda que peu de mois, attendu que le Grand Seigneur, qui avoit connu son mérite, voulut se l'attacher plus immédiatement : pour cet effet, il le créa, en 1764, pacha à trois queues, et lui conféra le titre de nids-changi. Depuis, ce prince, qui n'a cessé de le consulter, l'a honoré de son

[1] Le nids-changi est comme le garde du sceau. Sa fonction est de faire mettre en tête des ordres impériaux le parafe ou chiffre du Grand-Seigneur, qu'on nomme en turc *toura*.

[2] Le mecktoupgi, dans cette qualité, est le ministre du divan.

[3] Le reis-effendi est le grand chancelier de l'empire et le ministre des affaires étrangères.

alliance en le fiançant à la sultane sa fille aînée ; et il est vraisemblable qu'il auroit moins tardé à l'élever à la place de grand vizir, si son âge peu avancé n'y avoit fait obstacle. On ne lui donne pas plus de quarante-six ans. Dans le court espace que ce pacha a été employé dans le ministère politique, c'est lui qui fut l'auteur de l'exclusion donnée à Stanislas-Auguste, et de certaines conditions qu'on exigea de la Russie, dont la connoissance n'a jamais été rendue publique. Si l'on ne peut refuser à ce vizir de grands talents et d'heureuses qualités, une connoissance pratique des affaires de la Porte, une élocution noble et facile, on ne doit pas dissimuler aussi qu'il a de grands défauts et bien dangereux pour une personne qui est à la tête d'une grande administration. Souverainement prévenu de lui-même et de la supériorité de son mérite, la moindre contradiction, l'ombre de la résistance le choque et l'irrite ; et, dans son impétuosité, il ne met point de bornes à son ressentiment. Le sieur de Vergennes n'a jamais eu à s'en plaindre : il n'a eu, au contraire, qu'à se louer de ses bons procédés, tandis qu'il étoit dans le ministère et depuis qu'il en étoit sorti. Ce premier ministre paroît encore dans les mêmes dispositions à son égard : mais l'amitié des Turcs n'est pas toujours un gage de leur efficacité.

Umar-Effendi, qui remplit la place de kyaya-bey [1], est aussi froid et tranquille que le grand vizir est vif et impétueux. Il a l'esprit souple, délié, et singulièrement soupçonneux et rusé. Depuis près de quatre ans qu'il est dans le ministère, il a acquis l'expérience des affaires. Dans le principe, il étoit un des partisans les plus zélés des principes pacifiques ; mais lorsqu'il s'est aperçu que le Grand Seigneur, irrité des outrages qu'il avoit reçus des Russes, songeoit sérieusement à s'en ressentir, il n'a pas balancé

---

[1] Le kyaya-bey est le lieutenant du grand vizir.

à renoncer à sa première opinion et à se rendre le plus ardent coopérateur des vues de guerre. C'est ainsi qu'il a réussi à échapper à l'orage qui a renversé l'ancien ministère, et à se soutenir et à se conserver dans son poste, où il s'est procuré une influence d'autant plus principale, qu'il a eu le secret de faire tomber la charge de reis-effendi sur un sujet, lequel, manquant de la capacité nécessaire pour la remplir, a un besoin continuel du kyaya-bey pour couvrir son incapacité et son insuffisance.

Les trois ministres dont on vient de tracer une esquisse sont les seuls sur lesquels repose toute l'administration des affaires politiques, qu'ils ne peuvent cependant déterminer et finir sans les avoir consultées avec le mufti et avec les chefs de la loi. Celui qui a présidé au changement de scène qui vient d'éclater, mais qui n'en a pas été l'auteur, n'existe plus. Vieillard plus qu'octogénaire, il suivoit bien moins son propre mouvement qu'il ne le prenoit du corps auquel il présidoit, et celui-ci le recevoit de Peri-Zadé-Osman-Mollah, le plus ancien des cadileskers, et, dans cette qualité, le chef de l'uléma; c'est celui qui a été en dernier lieu déclaré mufti. Ce nouveau pontife, qui sort d'une des plus anciennes familles de son corps, qui compte plusieurs muftis parmi ses aïeux, jouit du plus grand crédit dans l'uléma et de la plus haute réputation dans le public. Son éloquence, à laquelle rien ne résiste, le rend l'arbitre des conseils, et son génie hardi et élevé ne s'effraye point de la grandeur des entreprises. Rien ne lui paroît disproportionné à la puissance ottomane. Il ne fut jamais bien disposé pour les Russes. Ses principes à cet égard, qui étoient connus, rendoient les ministres de la Porte très-attentifs à l'écarter et à limiter son influence. L'affaire de Batta lui a fait perdre la place qui lui convenoit, et l'on peut le regarder, à juste titre, comme l'auteur de la révolution du système ottoman, et des vigoureuses résolutions qui en sont la conséquence.

*Signé* DE VERGENNES.

### CCCXXII. — LE COMTE DE BROGLIE A LOUIS XV.
[Autogr. Arch. de l'Emp. K. 157.]

11 juillet 1768.

Sire,

J'ay l'honneur d'addresser cy joint à Vostre Majesté l'expédition des instructions pour M. le chevalier de Saint-Priest, qu'elle a daigné approuver. Cet ambassadeur a reçu une lettre de M. le chevalier de Vergennes, qui luy marque que tous ses secrétaires veulent repasser en France avec luy, ce qui oblige, Sire, à en donner un à son successeur pour la correspondance secrette. J'aurois esté assez embarrassé pour faire ce choix dans le peu de temps qui reste avant le départ de M. de Saint-Priest, si par hasard un des meilleurs secrétaires que mon frère eut à l'armée, ne fust venu heureusement me demander de le placer; c'est un garçon très-sage et dont je crois pouvoir répondre pour la sagesse et la discrétion. Ainsy, si Votre Majesté l'approuve, je l'attacheray au nouvel ambassadeur, et je la suplie de permettre qu'il luy soit fixé quinze cents livres d'appointements sur la caisse secrette. Si elle daigne approuver cet arrangement, j'auray l'honneur de lui addresser un projet d'ordre pour estre remis à ce nouveau secrétaire à son arrivée à Constantinople.

Je joins aussy icy, Sire, la réponse que j'ay receue ce matin de M. le duc de Choiseuil à la lettre dont j'ay eu l'honneur d'addresser il y a quelques jours la copie à Vostre Majesté; elle m'a paru exiger une réplique de ma part, que je prends encore la liberté de mettre sous ses yeux, et j'ose me flatter qu'elle daignera y reconnoître la passion

extrême que j'auray toujours de lui obéir et de luy plaire.
Je suis, etc.  Le comte DE BROGLIE.

(*De la main du Roi.*)

Puisque vous répondes de ce secrétaire, j'approuve son choix.

### CCCXXIII. — INSTRUCTIONS SECRÈTES DE LOUIS XV A M. DE BRETEUIL, AMBASSADEUR EN HOLLANDE [1].

[Flassan, *Hist. de la diplomatie*, t. VII, p. 14.]

Ce 24 juillet 1768.

Le baron de Breteuil ayant été honoré de la confiance particulière de Sa Majesté pendant le séjour qu'il a fait en qualité de son ministre et de son ambassadeur dans les cours de Pétersbourg et de Stockholm, il est déjà instruit de la manière dont il doit diriger la correspondance qu'il lui est permis d'entretenir avec elle en se servant des nouveaux chiffres et des adresses qui lui seront remis par le comte de Broglie avant son départ. Il sait aussi la fidélité avec laquelle il doit garder le secret que le Roi a bien voulu lui confier et l'attention qu'il doit apporter à le conserver et à prévenir les événements qui pourraient le déceler. Il sera donc suffisant de lui faire connoître par la présente instruction les objets sur lesquels Sa Majesté désire qu'il fixe principalement son attention.

Il seroit inutile d'entrer avec le baron de Breteuil dans les détails purement relatifs à la Hollande. Il recevra sur cet objet des instructions directes par le ministre des affaires étrangères; le Roi se réserve seulement d'y ajouter ce qu'il jugera convenable lorsqu'elles lui auront été adressées par le comte de Broglie, à qui le baron de Bre-

---

[1] Rédigées par M. de Broglie.

teuil les communiquera dès qu'elles lui auront été remises et en donnera copie, ainsi que de tout ce qu'il pourra recevoir par le canal du duc de Choiseul qui seroit relatif à sa mission.

Le séjour que le baron de Breteuil a fait en Suède et en Russie, ainsi que ses différents voyages en Pologne et en Danemark, lui ont donné une connoissance plus parfaite qu'à aucun des ministres du Roi de la situation politique de toutes les puissances du Nord. Il doit être également instruit du plus ou moins d'influence que nous avons conservé dans chacune de ces cours, des causes qui y ont produit et produisent peut-être encore la décadence de notre crédit, des moyens qu'il y auroit de le relever, des obstacles qui peuvent s'y opposer et de l'intérêt que nous aurions d'y parvenir.

Sa Majesté désire qu'il se serve de ses lumières et de l'expérience qu'il a acquise pour pouvoir spéculer de la Haye sur ces différents objets, et elle lui permet d'entretenir pour cet effet une exacte correspondance avec ses ministres employés dans toutes les cours pour se tenir éclairé sur ce qui s'y passe, et particulièrement en Suède et en Russie. De toutes ces relations réunies le baron de Breteuil doit faire un ensemble, et, sans se contenter d'exposer tous les faits dont on l'aura informé, il y joindra des raisonnements et des réflexions particulières propres à faire connoître à Sa Majesté le jugement qu'il en porte. Elle lui permet même d'y ajouter ce qu'il croiroit à propos de prescrire à ses ministres dans les cours dont il sera question pour qu'après l'avoir examiné, elle puisse donner ses ordres en conséquence.

Sa Majesté lui recommande une singulière attention sur tout ce qui se passera en Russie, et surtout en Suède : son intention est qu'il lie une correspondance très-suivie avec le comte de Modène dès qu'il sera arrivé à Stockholm, et qu'il lui fasse passer par la voie secrète la copie des lettres qu'il écrira à ce ministre ou qu'il en recevra, afin de continuer à être instruite de tout ce qui se passe en Suède avec autant d'exactitude qu'il est possible de l'être, dès qu'elle n'a pas jugé, par des raisons particulières, devoir honorer le successeur du baron de Breteuil de la même confiance qu'elle avoit bien voulu lui accorder.

La position où cet ambassadeur va être en Hollande le met fort à portée d'avoir connoissance de ce qui se passe en Angleterre, et la parenté ainsi que l'amitié qui le lient au comte du Châtelet lui en fournissent un nouveau moyen. Le baron de Breteuil a pu connoître, par les ordres qu'il a reçus du Roi à son départ pour Londres, avec quelle attention et quel intérêt Sa Majesté s'occupe de tout ce qui a rapport à l'Angleterre; elle ne veut négliger aucun moyen d'en être instruite. C'étoit principalement pour remplir cet objet qu'elle avoit ordonné au sieur des Rivaux de lui envoyer copie de sa correspondance avec le sieur Durand, et sans le retour prochain de son chargé d'affaires, il auroit reçu l'ordre d'en user de même avec le comte du Châtelet[1].

Le baron de Breteuil prendra, dès son séjour ici, les moyens de former avec cet ambassadeur la correspondance la plus intime, et il aura attention d'en faire passer exactement la copie à Sa Majesté, en observant, s'il arrivoit des événements dont il lui parût intéressant qu'elle fût promptement instruite, d'en faire parvenir le rapport à Sa Majesté avec le plus de célérité possible.

Le détail des objets qui peuvent principalement attirer l'attention du Roi en Angleterre seroit ici superflu. Sa Majesté a donné trop de preuves du goût qu'elle a pour

[1] M. du Châtelet, alors ambassadeur à Londres.

contribuer au bonheur non-seulement des peuples qui ont celui d'être ses sujets, mais de toute l'Europe, en perpétuant la paix autant que cela dépendra d'elle, pour qu'on ne puisse douter que ce ne soit principalement à la conserver que toutes ses vues tendent. Les Anglois ont prouvé que les leurs étoient dirigés par d'autres motifs, et on peut sans injustice les accuser de n'être pas également attachés à la tranquillité générale et de n'écouter que la voix d'une ambition immodérée.

Il est très-important de pénétrer les mesures que cette ambition pourroit leur faire prendre, et il n'est pas sans exemple que des ministres résidant dans des cours voisines aient été plus à portée de découvrir de pareils préparatifs que ceux mêmes qui sont sur les lieux. La dextérité du baron de Breteuil peut lui faire espérer de saisir une circonstance aussi heureuse surtout dans un pays qui a tant d'intérêt à connoître les projets de ses voisins et auquel ses voisins mêmes peuvent s'adresser pour lui inspirer des dispositions analogues aux leurs. Sa Majesté se repose entièrement sur le zèle avec lequel il s'occupera de l'exécution de ses ordres, et les preuves qu'elle a de la prudence et de la sagesse de sa conduite, tant en Russie qu'en Suède, lui sont un sûr garant qu'il justifiera, partout où elle jugera à propos de l'employer, le degré de confiance qu'elle daigne lui accorder.

Il sera joint à cette instruction un ordre du Roi pour recevoir du sieur des Rivaux tous les papiers, chiffres et autres pièces généralement quelconques que le marquis d'Havrincourt ou ce chargé d'affaires pouvoient avoir entre leurs mains, et qui sont relatifs à la correspondance secrète avec Sa Majesté. Le baron de Breteuil en donnera son reçu au sieur des Rivaux au bas de l'inventaire qui en a été dressé et qu'il vérifiera, et il les conservera jusqu'à ce qu'il reçoive l'ordre de les rapporter ou de les faire passer à Sa Majesté. LOUIS.

Fait à Versailles, le 24 de juillet 1768.

### CCCXXIV. — LOUIS XV A M. DE BRETEUIL[1].
[Flassan, *Hist. de la diplomatie*, t VII, p. 3.]

Versailles, le 24 juillet 1768.

Le baron de Breteuil recevra du sieur des Rivaux à la Haye tous les chiffres, papiers, ordres et pièces généralement quelconques, que le marquis d'Havrincourt ou ledit sieur des Rivaux ont eus entre leurs mains et qui ont le moindre rapport à la correspondance secrète que feu cet ambassadeur ou le chargé d'affaires ont entretenue par mes ordres avec moi pendant leur séjour en Suède et en Hollande. Il vérifiera avec ledit sieur des Rivaux l'inventaire qu'il a eu ordre d'en faire, dont il sera dressé deux copies; et il mettra son vu au bas de celles que ledit des Rivaux doit rapporter ici pour sa décharge et qu'il conservera pour me la faire passer à son arrivée à Paris par le comte de Broglie à qui il la remettra. Le baron de Breteuil lui renouvellera en mon nom l'ordre le plus précis de ne parler à qui que ce soit qu'audit comte de Broglie du secret dont il a connoissance et qu'il m'avoit plu de lui confier. LOUIS.

### CCCXXV. — LOUIS XV AU COMTE DE BROGLIE.
[Autogr. Arch. de l'Emp. K. 157.]

[Juillet 1768[2].]

Vous n'avez qu'à donner les 500 louis à M. Mocranosky pour son départ. Je vous les faires rembourser par mois,

---

[1] M. de Breteuil venait d'être nommé ambassadeur auprès des États-Généraux de Hollande. Il prit officiellement possession de son poste le 22 septembre 1768.

[2] On croit que c'est en 1768. (*Note de M. de Broglie.*)

avec beaucoup de compliments. Il y a du nouveau de Constantinople tant avec Vienne que pour icy, apparement que la lettre que je joins icy vous l'apprend.

N'espérés jamais pour le prince Xavier et peu pour Charles.

### CCCXXVI. — LOUIS XV A M. DE BRETEUIL.
[Flassan, *Hist. de la diplomatie*, t. VII, p. 2.]

[7 août 1768 [1].]

Monsieur le baron de Breteuil, quoique le succès n'ait pas entièrement répondu à votre travail et à votre zèle dans vos négociations en Suède, je ne veux pas pour cela que vous doutiez de ma satisfaction. Le choix que j'ai fait de vous pour remplacer en Hollande le marquis d'Havrincourt doit vous en être un sûr garant. Je compte que vous m'y servirez avec la même attention que vous avez fait jusqu'ici et que vous observerez aussi fidèlement le secret que je vous ai prescrit sur la correspondance particulière que vous avez avec moi. Par suite de la confiance que j'ai en vos lumières, je désire que vous travailliez sans perdre de temps à un mémoire détaché sur la Suède et sur l'état où vous l'avez laissée, sur les événements qui y sont arrivés, les moyens qu'il y aurait de les prévenir, et ceux que vous croyez les plus propres à remédier aux maux qui affligent un pays allié de la France depuis si longtemps. Quand vous aurez fini ce mémoire, vous le ferez passer au comte de Broglie, qui me le fera tenir.                LOUIS.

Compiègne, le 7 d'août 1768.

### CCCXXVII. — LE COMTE DE BROGLIE A M. DE BRETEUIL.
[Flassan, *Hist. de la diplomatie*, t. VII, p. 12.]

[Août 1768.]

Le sieur Dubois m'a envoyé ici, Monsieur le baron, la

---
[1] Cette pièce est par erreur datée de l'an 1767 dans l'*Histoire de la diplomatie* de M. de Flassan.

copie des mémoires dont vous lui avez donné communication et qui vous ont été remis par le ministre des affaires étrangères pour vous servir d'instruction dans le poste où vous venez de vous rendre [1].

J'ai remarqué en les lisant que les mémoires 1, 3 et 4, qui sont annoncés dans l'instruction, ne s'y trouvent pas joints et qu'il n'y a seulement que le n° 2 relatif à l'espèce de négociation que vous devez entamer avec M. de Thulemeyer. Je crois que les n°ˢ 3 et 4, qui, selon ce qui est indiqué, n'ont de rapport qu'au cérémonial à observer avec les différents ministres, seroient assez inutiles à mettre sous les yeux de Sa Majesté, mais il n'en est pas de même du n° 1, que l'on dit contenir le système politique adopté par le Roi vis-à-vis des Provinces-Unies; je vous prierai de me l'adresser. Quant à ce qui regarde le renouvellement des liaisons avec Sa Majesté Prussienne, auquel vous avez ordre de travailler, vous êtes trop éclairé pour ne pas sentir la conséquence d'une pareille démarche, surtout dans une circonstance aussi critique que celle où se trouve l'Europe aujourd'hui.

Vous vous doutez aussi certainement que votre correspondance avec M. de Thulemeyer excitera l'attention du ministre de Vienne à la Haye, et vous n'ignorez pas l'importance dont il est de ne faire naître aucun soupçon à la cour de Vienne. Il seroit donc inutile que je cherchasse à vous rappeler la prudence et la dextérité dont vous avez besoin pour que vos liaisons avec le ministre de Prusse ne causent aucun ombrage à M. de Reischack. Je compte que vous ne laisserez ignorer à Sa Majesté aucun détail de vos entrevues et que vous redoublerez de soin pour tâcher de pénétrer quelle est la véritable façon de penser du roi de Prusse sur tout ce qui se passera en Pologne. Vous

---

[1] Voyez dans Flassan ces instructions, en date d'août 1768.

savez combien il seroit avantageux de pouvoir en être instruit avant le départ du ministre qu'on se propose d'envoyer à Berlin, afin d'être en état de lui donner des instructions en conséquence.

J'imagine, Monsieur le baron, que depuis votre arrivée en Hollande, vous y aurez déjà entendu parler de la Corse. M. le général York cherche certainement à grossir les obstacles que nos troupes y éprouvent et à donner à cette entreprise le vernis le plus désagréable. Cette conduite ordinaire de la part des ambassadeurs anglais doit peu nous affecter; mais ce qui est intéressant, c'est de savoir s'il insinue aux États généraux que sa cour prend assez d'intérêt au sort des Corses pour leur destiner des secours, et si elle ne leur en donne pas déjà de cachés, en attendant qu'elle veuille agir ouvertement. Il faut convenir qu'il y a lieu de le soupçonner en voyant la manière dont Paoli reçoit et nos déclarations et nos attaques. Si l'Angleterre se mêle de cette querelle, quel degré d'importance cela n'y ajoute-t-il pas! J'espère que vous démêlerez mieux et plutôt qu'un autre le jugement qu'on doit en porter.

Quoique je vous adresse cette lettre de Ruffec, où je serai encore quelque temps, elle ne partira cependant pas sans avoir reçu, comme toutes celles que j'aurai l'honneur de vous écrire, l'approbation de Sa Majesté.

Le comte de BROGLIE.

*De la main du Roi.*

Vienne est instruit de toutes nos démarches avec le Roi de Prusse.

### CCCXXVIII. — LOUIS XV AU COMTE DE BROGLIE.
[Autogr. Arch. de l'Emp. K. 157.]

A Compiègne, ce 28 août 1768.

M. le duc de Choiseul peut avoir des notions, et il

doit en chercher la certitude; mais il ne m'a rien dit du tout sur vostre correspondance avec moy, n'y ne m'en a parlé, et de là vous pouves être très-sûr qu'on vous a menti grossièrement ou que vous aves voulu me sonder [1]. Du reste je ne réponds sûrement que de moy. Quand j'auray donné un successeur au pauvre Le Bel, si je lui donne ma confiance avec vous, je vous le fairay sçavoir.

Vous poures m'écrire ce que vous aures de curieux de Corse.

### CCCXXIX. — LOUIS XV AU COMTE DE BROGLIE.
[Autogr. Arch. de l'Emp. K. 157.]

Ce 23 janvier 1769.

M. de Choiseuil ne m'a encore rien dit sur le sieur Gerault, ainsy je ne puis vous en rien mander en ce moment.

### CCCXXX. — LOUIS XV AU COMTE DE BROGLIE [2].
[Autogr. Arch. de l'Emp. K. 157.]

Ce 13 février 1769.

Cet émissaires vray ou faux est un coquin, qui est arresté et qu'on amène icy; j'ay eu peur que ce ne fût un homme que vous m'aves mandé avoir envoié il y a quelques temps pour donner des nouvelles, ce qui seroit fascheux.

### CCCXXXI. — LE COMTE DE BROGLIE AU ROI.
[Autogr. Arch. de l'Emp. K. 157.]

A Paris, ce 10 mars 1769.

Sire,

J'ose espérer que Vostre Majesté daignera ne pas désapprouver que je prenne la liberté de mettre sous ses

---

[1] M. de Broglie, redoutant l'inimitié de M. de Choiseul, insistait de temps à autre pour qu'on l'admît au secret.

[2] Écriture défigurée; peut-être ce billet n'a-t-il pas été tracé par la main de Louis XV, ou bien il a été écrit sous l'empire d'une émotion violente.

yeux le mémoire cy-joint que le sieur Hennin vient de me remettre[1]; il m'a fait part en même temps des détails du mariage qu'il projette, qui en effet luy offre une fortune fort au-dessus des espérances qu'il pourroit naturellement avoir. En luy promettant d'avoir l'honneur de l'addresser à Vostre Majesté, j'ay cru devoir pressentir la somme qui luy seroit absolument nécessaire, et j'ay appris qu'on exigeoit celle de vingt mille livres en sus du peu que son père, procureur du Roy de Versailles, est en estat de luy assurer. Cela formeroit près de sept années de la gratification annuelle qu'il a plu à Vostre Majesté de luy fixer, mais quand elle n'auroit que la bonté de les luy donner qu'en billets de Nouet ou autres effets publiqs qui perdent plus de 40 pour 100, j'espère que cela n'en contribueroit pas moins à luy asseurer la fortune qu'il a en vue, et ce seroit une faveur distinguée et bien propre à augmenter le zèle ardent dont je l'ay toujours vu animé pour le service de Vostre Majesté. — Il doit, Sire, me remettre ces jours-cy un mémoire sur les affaires de Genève où l'origine et la suitte des troubles qui agitent cette ville et qui se sont étendus dans d'autres parties de la Suisse seront détaillés. Dès que je l'auray reçu, j'auray l'honneur de le faire passer à Vostre Majesté. Je suis, etc.

Le comte de Broglie.

*De la main du Roi.*

Vous n'aves qu'à faire accepter[2] pour 20,000 livres de ces effets, et je vous faires rembourser ce qu'ils auronts coûté, et les donner de ma part au sieur Hennin, en faveur de son mariage. Ce 13 mars. — Je vous envoie pour cela d'avance 6,000 livres.

---

[1] M. Hennin était résident à Genève.
[2] Mot douteux.

## CCCXXXII. — LOUIS XV AU COMTE DE BROGLIE.

[Autogr. Arch. de l'Emp. K. 157.]

Ce 22 mars, à deux heures, 1769.

Madame du Barry avoit vu vottre lettre sur le gouvernement; ce n'étoit pas un secret. A l'égard du gros paquet, elle le trouva sur ma table, elle voulu voir ce que c'étoit. Je ne voulus pas le lui montrer. Le lendemain, elle revint à la charge. Je lui dis que c'étoit sur des affaires de Pologne, que comme vous y aviez été ambassadeur, vous y aviez encore quelques relations dont vous me rendiez compte. Voilà tout ce que j'ay dit et fait. Je vois que vous aves été plus loing que moy. Je ne crois pas qu'elle le divulgue à M. de Choiseuil. Il n'y a pas de mal à ce que vous aves fait[1].

## CCCXXXIII. — LOUIS XV AU COMTE DE BROGLIE.

[Autogr. Arch. de l'Emp. K. 157.]

A Versailles, ce 16 may 1769.

Je seray ravi de voir le détail que Saint-Victor se propose de mettre par écrit; ordonnes-le lui de ma part, et quand il sera fini, vous me l'envoieres. Prenons garde quant voulant faire trop fleurir nos isles, nous ne leur donnions les moiens un jour et peut être promptement de se soustraire à la France, car cela arrivera sûrement un jour de toute cette partie du monde.

L'on envoie un autre ministre à Pétersbourg, mais le sieur Rossignol y reste toujours comme consul.

Nous ne sommes pas en état de rien promettre à M. de

---

[1] M. de Broglie était persuadé que madame du Barry en savait beaucoup plus long que le Roi ne le croyait ou ne voulait l'avouer. Voyez plus bas les mémoires du comte de Broglie en date des 13 mai et 14 juin 1774.

Gronsfeld; à l'égard du sieur Dupra, j'approuve que son traittement soit porté à 2,000 livres [1].

### CCCXXXIV. — LOUIS XV AU COMTE DE BROGLIE.
[Autogr. Arch. de l'Emp. K. 157.]

A Versailles, ce 18 septembre 1769.

D'icy à la fin de l'année mes arrangements ne me permettent d'augmenter en rien les 6,000 livres que je vous donne par mois[2]. De plus, la somme que vous demandes est un peu forte. Si les services du sieur Mocranosky étoient rendus, à la bonne heures.

### CCCXXXV. — LOUIS XV AU COMTE DE BROGLIE.
[Autogr. Arch. de l'Emp. K. 157.]

A Versailles, ce 21 mars 1770.

M. le prince Charles[3] m'a parlé hier dans son audience. Il a remis de grands mémoires à M. de Choiseuil. Les secours d'hommes sont impossibles, ceux d'argent bien difficiles, et l'employ un peu doutteux. Quand nous aurons vu les mémoires, nous verrons ce qu'il sera possible de faire pour la Pologne. A l'égard de la Porte, un traité avec cette puissance est bien scabreux. Un secours pouroit amener la guerre, ce que je ne veux pas.

M. Pit est un fol, et fol dangereux[4]. Ce qu'il a dit de nous mériteroit la corde, et l'exécution seroit dans tout autre païs. Quels cruels voisins nous avons là!

---

[1] Il s'agit de l'abbé de Prade.
[2] Les six mille francs dont il est ici question n'étaient pas destinés, à titre de traitement, au comte de Broglie, mais bien aux différentes dépenses de la correspondance secrète.
[3] Le prince Charles de Lorraine, frère de l'empereur François.
[4] Londres était alors en combustion : M. Pitt, qui avait quitté le ministère, attaqua violemment au Parlement la politique étrangère du ministère, et se répandit en éloquentes invectives contre la France.

CCCXXXVI. — ORDRE DE LOUIS XV RELATIF AU SIEUR GIRAULT.
[Autogr. Arch. de l'Emp. K. 157.)

5 may 1770.

J'ordonne au sieur Girault[1], que le comte de Broglie m'a proposé pour secrétaire auprès du sieur Durand, que j'envoie mon ministre plénipotentiaire à Vienne, de garder le plus grand secret sur tous les objets de son travail ainsy que sur ce qu'il jugera à propos de lui confier, et de n'en communiquer avec qui que ce soit sans exception, soit en France, soit à Vienne, en Pologne ou ailleurs, qu'avec les personnes qu'il lui indiquera. Mon intention est qu'il soit paié au sieur Girault la somme de deux mil livres de France, à commencer du 1er janvier de cette année, que le sieur Durand lui remettra de ma part, dont je le fairay rembourser.                     LOUIS.

A Versailles, ce 5 mai 1770.

CCCXXXVII. — LOUIS XV AU COMTE DE BROGLIE.
[Autogr. Arch. de l'Emp. K. 157.]

A Versailles, ce 6 juin 1770.

Come l'on ne scait ce qui peut arriver, si Durand n'est pas parti, montres-lui ce billet, sinon envoies-lui-en la copie bien chiffrée. Qu'il examine bien la figure de la teste aux pieds, sans rien excepter de ce qu'il lui sera possible de voir de l'archiduchesse Élizabeth, et qu'il s'informe de même de son caractère, le tout sous le plus grand secret, et sans trop donner de suspicions à Vienne, et il en rendra compte, sans se presser, par une occasion sûre[2].

[1] Il ne faut pas confondre M. Girault avec M. Gérault. Ce dernier, qui était aussi affilié à la correspondance secrète, restait à demeure à Varsovie, d'où il correspondait avec le comte de Broglie.
[2] Ce billet est relatif au projet du Roi d'épouser une archiduchesse d'Autriche; sur ce projet de mariage, voyez l'Étude préliminaire, p. 148.

## CCCXXXVIII. — NOTE DE M. DURAND A LOUIS XV SUR L'ARCHIDUCHESSE ÉLISABETH [1].

[Orig. chiffré. Arch. de l'Emp. K. 157.]

Juin 1770.

La personne dont il s'agit étoit, avant la petite vérole, la plus belle de sa famille; elle n'est pas grande, mais très bien prise dans sa taille, sans tache ni difformité sur son corps, du moins à ce que dit une femme qui pénètre jusque dans l'intérieur le plus intime. Ce n'est que depuis peu que les cils de ses paupières, que la petite vérole avoit fait tomber, commencent à reparoître. Cette maladie a grossi les traits de son visage; le nez et le teint ont souffert, le bas du visage est éfilé, la bouche assez bien garnie sans être à l'intérieur d'une forme parfaite; sa chevelure est blonde tirant sur le châtain, le front n'a rien d'irrégulier, les yeux sont bleus, le regard a de la douceur et de la vivacité. Il n'y a rien de choquant dans cet assemblage, la figure est gracieuse et la démarche est fort noble. Le caractère plaît encore davantage. On y trouve de la dignité sans hauteur, de la gayeté et de l'affabilité. Si quelquefois il échape quelques traits d'humeur et d'impatience, on est la première à en demander des excuses à ses propres domestiques. La répartie chez elle est prompte. Son frère lui disoit un jour qu'il étoit fâché de ce qu'on ne pouvoit trouver à la marier. « Que ne m'achète-t-on un mari, reprit-elle, comme on a fait pour ma sœur? » Elle aime un peu trop peut-être à relever les ridicules; c'est la seule chose que j'aye entendu censurer dans son caractère. Sa sœur depuis deux ans lui parle souvent d'un certain établissement, à quoi elle ne répond qu'en marquant

---

[1] Il s'agit ici de Marie-Élisabeth-Josèphe-Jeanne-Antoinette de Lorraine, archiduchesse d'Autriche, fille de Marie-Thérèse et de François, née le 13 août 1743, morte sans alliance, abbesse du chapitre noble d'Inspruck.

la satisfaction qu'il lui causeroit. Des propos tenus par la comtesse Salmont feroient croire qu'elle est initiée dans une secrète négotiation, ayant rejeté avec vivacité l'idée qu'on en avoit d'un mariage et ayant répondu qu'on en traitoit un d'un genre bien supérieur et que la sœur n'avoit rien mieux à faire que de rejoindre la sœur [1]. La retraite dans laquelle on vit ici empêche qu'on ne puise dans des sources; quoiqu'on n'ait négligé aucune occasion d'approcher de la personne, on n'a pu y parvenir que rarement.

### CCCXXXIX. — LOUIS XV AU COMTE DE BROGLIE.
[Autogr. Arch. de l'Emp. K. 157.]

A Versailles, ce 27 septembre 1770.

Dans le quartier d'octobre, vous devés toucher 27,000 livres. Ainsy vous aurés plus de fond qu'il ne sera nécessaires pour achever les années 1768 et 1769. Cependant, come vous annonces des lettres de change prestes à arriver, vous toucheres dans les premiers jours d'octobre 12,000 livres au lieu de 9,000, et autant dans les premiers jours de novembre; après quoi en décembre nous verrons ce qui sera arrivé.

### CCCXL. — LOUIS XV AU GÉNÉRAL MONNET.
[Autogr. Arch. de l'Emp. K. 157.]

Je répondray sur le sieur d'Éon quand le comte de Broglie en aura écrit, mais je doutte que M. de Choiseuil me propose jamais rien pour lui. Scaves-vous que M. du Châtelet est persuadé que d'Éon est une fille? Il y a vingt-quatre battaillons en Corse. M. de Choiseuil prétend que huit de plus est tout ce qu'il faut pour la bien deffendre.

[1] La sœur qu'on n'avait rien de mieux à faire que de rejoindre est Marie-Antoinette, mariée au Dauphin.

Je sçay parfaitement l'émigration qui se fait de la Lorraine allemande.

Ce 28 octobre 1770.

### CCCXLI. — LOUIS XV AU ROI D'ESPAGNE [1].
[Minute. Arch. de l'Emp. K. 144, n° 18.]

[Fin de décembre 1770.]

Le traité qui nous unit, mon cher frère, a été scellé entre nous par le sang et l'amitié, et je me félicite trop de l'indivisibilité de gloire et d'intérêt qu'il a établi entre votre couronne et la mienne, pour ne pas remplir avec le plus grand empressement tous les arrangements qu'il m'impose. C'est d'après la sincérité de ces dispositions que j'ai examiné avec une attention qui a été jusqu'au scrupule, le parti qui nous convenoit le mieux dans la situation présente de nos démêlées avec l'Angleterre; et c'est aussi d'après la confiance que m'inspire le retour des mêmes sentiments de la part de Votre Majesté, que je me suis flatté du juste égard qu'elle auroit et pour les raisons que j'ai chargé mon ministre de déduire dans sa réponse à M. de Grimaldi [2], et pour les conseils que mon amitié, mon expérience et notre intérêt commun m'engagent également à lui donner dans la mienne.

Notre vraie gloire, mon cher frère, car je ne sépare pas la mienne de la vôtre, consiste bien moins dans la promesse que vous exigez aujourd'hui des Anglois que dans la certitude des moiens que nous pouvons emploier de concert pour les forcer à nous faire raison dans le temps sur l'injustice de leurs prétentions. Je considère que tous les

---

[1] Sur les circonstances où cette lettre et celle de la fin de janvier 1771 furent écrites, voyez l'Étude préliminaire, p. 146. Contentons-nous de rappeler que M. de Choiseul excitait l'Espagne à déclarer la guerre à l'Angleterre et vouloit engager la France dans ce conflit.

[2] Ministre du Roi d'Espagne.

avantages du délai sont en notre faveur : il m'est surtout plus particulièrement essentiel pour consommer les opérations aux moiens desquelles j'ai déjà commencé avec succès à rétablir mes finances et me fournir par là des moiens de concourir aux vues de Votre Majesté et au bien de notre alliance avec une activité et une vigilance convenable à la dignité de ma couronne. Toutes les mesures que j'ai prises jusqu'icy dans mes ports, sur mes côtes et dans mes colonies ne sont que de pure deffensive. Je dois même vous prévenir que ces mesures seroient forcément les seules que je pourrois prendre aujourd'huy, si contre mon espoir Votre Majesté persistoit dans une résolution que je ne combats que pour mieux assurer par la suite des succès que je désire aussi vivement qu'elle, et que la précipitation peut seule nous faire perdre.

La loi que vous voulez imposer aux Anglois blesse trop essentiellement la vanité de cette nation pour qu'elle puisse l'accepter. Je vous avoue qu'elle me paroît même en quelque façon contradictoire à la satisfaction que vous consentez à lui donner, et je vois que cette considération toute seule suffiroit pour vous porter à ne pas insister.

Mais le grand motif qui doit surtout déterminer Votre Majesté à se désister d'une chose à laquelle les Anglois attachent au moins pour le moment présent la conservation de la paix, c'est que la preuve que vous donnerez par là de la sincérité de votre éloignement pour la guerre, nous laissera toujours les maîtres, quand nous croirons pouvoir la faire avec avantage, de faire valoir les droits dont vous vous réserverez toujours l'intégrité, quoique le fond de la question reste en compromis. Il dépendra de nous de choisir le moment, et c'est de ce moment bien choisi que dépendra le succès de la guerre que nous entreprendrons. C'est à cette réflexion si décisive que je conjure Votre

Majesté, mon cher cousin, de s'attacher principalement, de la peser avec la plus grande attention, et en s'y rendant, de régler sur elle les nouvelles instructions que vous donnerez à vos ministres.

Les conseils que je vous donne sont ceux d'un parent, d'un ami, et d'un allié qui ne met aucune distinction entre ses intérêts et les vôtres.

### CCCXLII. — LOUIS XV AU COMTE DE BROGLIE.
[Autogr. Arch. de l'Emp. K. 157.]

Ce 23 janvier 1771.

M. de Monteinar[1] m'a parlé de la demande du baron de Breteuil. Vous qui êtes militaires, comment pouves vous adopter une telle demande? Je vois pourtant que vous ne la croies pas dans l'ordre des militaires et vous le lui aves dit, et aves bien fait. Du reste, il est susceptible de toute autre graces, mais il faut qu'il quitte toute intrigue et qu'il s'occupe uniquement des affaires de son ambassade et de me plaire.

### CCCXLIII. — LOUIS XV AU ROI D'ESPAGNE.
[Minute. Arch. de l'Emp. K. 144, n° 18.]

[Fin de janvier 1771.]

Monsieur mon frère et cousin,

J'ai différé de répondre à la lettre de Votre Majesté, en date du 22 décembre dernier, jusqu'au retour du courier que je lui avois expédié le 23 du même mois pour lui faire part de la nécessité des changemens que je m'étois déterminé de faire dans mon ministère[2]. Je ne puis être

---

[1] Ministre de la guerre.

[2] Ce fut le 24 décembre 1770 que M. de Choiseul fut disgracié; on rapporte généralement la lettre suivante comme ayant été écrite par Louis XV à cette occasion :

« Mon cousin, le mécontentement que me causent vos services me force

que pénétré du retour de tendresse avec laquelle Votre Majesté répond dans la lettre du 2 de ce courant, à la confiance avec laquelle je lui ai exposé les embarras domestiques que me causoient mes parlements, et lui faits les plus sincères remercîmens sur la vivacité d'intérêt qu'elle prend à l'intégrité de mon autorité et sur l'offre généreuse qu'elle me fait de son secours pour forcer, s'il étoit nécessaire, la désobéissance des malintentionnés. Je puis dès aujourd'huy assurer Votre Majesté que, sans être obligé de recourir aux moyens extrêmes, la nature des arrangemens que j'ai pris ramènera bientôt aux termes du devoir et de l'obéissance des corps qui s'en sont écartés bien moins par principes que par suggestions[1].

à vous exiler à Chanteloup, où vous vous rendrez dans vingt-quatre heures. Je vous aurois envoyé beaucoup plus loin si ce n'étoit l'estime particulière que j'ai pour madame la duchesse de Choiseul, dont la santé m'est fort intéressante. *Prenez garde que votre conduite ne me fasse prendre un autre parti.* Sur ce je prie Dieu, mon cousin, qu'il vous ait en sa sainte garde. »

Le Roi aurait écrit à M. de Praslin une lettre plus laconique mais encore plus dure.

« Je n'ai plus besoin de vos services et je vous exile à Praslin, où vous vous rendrez dans vingt-quatre heures. » (*Vie privée de Louis XV*, t. IV, p. 150.)

Voici, d'après M. de Flassan, la teneur véritable de l'ordre de Louis XV :

« J'ordonne à mon cousin le duc de Choiseul de remettre la démission de sa charge de secrétaire d'État et de surintendant des postes entre les mains du duc de la Vrillière, et de se retirer à Chanteloup jusqu'à nouvel ordre de ma part. Louis.

» Versailles, le 24 décembre 1770.

» Le duc de la Vrillière remettra les ordres ci-joints à MM. de Choiseul et me rapportera leurs démissions. Sans madame de Choiseul, j'aurois envoyé son mari autre part, à cause que sa terre se trouve dans son gouvernement; mais il en usera comme s'il n'y étoit pas. Il n'y verra que sa famille et ceux que je permettrai d'y aller. » (*Histoire de la diplomatie*, t. VII, p. 47.) Cette dernière version est la véritable.

[1] Ce paragraphe fait allusion aux désordres causés par la suppression des parlements; on attribuait à l'étranger à ces événements une gravité qu'ils n'avaient pas; l'offre faite par le Roi d'Espagne à Louis XV est bonne à noter.

Les nouveaux ordres que Votre Majesté m'annonce avoir donné à son ambassadeur pour faciliter le succès de la négotiation avec la cour de Londres est la marque la plus essentielle de son amitié personnelle pour moi et de l'attachement qu'elle conserve pour la France. C'est avec la conformité de ces sentimens du plus tendre intérêt que je renouvelle à Votre Majesté les assurances cordiales d'un attachement plus fort que toutes les obligations respectives que nous imposent les traités. Votre Majesté n'avoit pas besoin d'entrer avec moi comme elle l'a fait [dans sa lettre] du 22 dans une espèce de justification des démarches que nous avons faits de concert depuis la dernière paix jusqu'à l'époque des discussions présentes de l'Espagne avec l'Angleterre.

L'indivisibilité de notre gloire, ainsi que de notre intérêt, ne permet pas de mettre la plus petite différence entre votre cause et la mienne. C'est par ce motif d'intérêt parfaitement commun que j'ai donné à Votre Majesté le conseil que je ne balancerois pas à prendre pour moi-même, en l'invitant à donner à l'Angleterre sa déclaration pure et simple sans exiger de cette couronne l'engagement d'une renonciation à terme fixé, comme elle s'étoit proposé de la faire demander par son ambassadeur à Londres. Ce seroit perdre le fruit de la prudence avec laquelle Votre Majesté a dissimulé jusqu'à présent tant de démarches et de prétentions injustes de la part des Anglois, que de ne pas encore remettre à s'en faire raison jusqu'au temps où on pourra se flatter de le faire avec sûreté et avantage. C'est à nous ménager cette vengeance éclatante et utile que nous devons mettre notre véritable gloire, et si quelque chose peut nous faire manquer cet objet, ce seroit de l'entreprendre avec précipitation.

J'adopte entièrement les idées très vraisemblables de

Votre Majesté sur la possibilité d'une combinaison concertée entre l'Angleterre et la Russie, et je ne doute pas que les vues réelles de cette nation ennemie ne se porte sur le commerce et les affaires du Levant; mais cette même considération qui fait le plus grand honneur à la perspicacité de Votre Majesté est à mes yeux un motif de plus pour vous engager à ôter à l'Angleterre le prétexte qu'elle cherche à nous donner par cet acte de condescendance politique le temps nécessaire pour la consommation des opérations navales de la Russie dans la Méditerranée, la retraite que les escadres russiennes feront alors de ces mers devant nous mettre à couvert d'une union dangereuse que nous ne pourrions pas empêcher aujourd'huy. Le Roi d'Angleterre s'est engagé à son Parlement de continuer ses armements même après le succès de la négotiation des îles Malouines : de notre côté nous continuerons les nôtres, et ce sera avec d'autant plus d'avantage de la part de la France, que la consommation des arrangemens que j'ai déjà fait pour le rétablissement de mes finances, me mettra à porter d'agir avec l'efficacité qui me convient et que je désire. Les changemens que je viens de faire dans mon ministère me mettront au-dessus des obstacles que l'intérêt particulier d'ambition et de jalousie personnelle pouvoit élever contre le succès de cette importante opération.

J'ai ordonné au marquis d'Ossun [1] de mettre sous les yeux de Votre Majesté l'état actuel de ma marine et celui des mesures que je prends pour mettre mes escadres à porter de concourir efficacement avec celles de Votre Majesté quand le temps des opérations sera venu. J'empêcherai l'impression que pouroit faire dans les cours étrangères, et surtout dans les ennemies, le parti que j'ai pris

[1] Ambassadeur de France à Madrid.

contre le duc de Choiseul, non-seulement en chargeant mes ambassadeurs de déclarer dans toutes ces cours et dans toutes les occasions combien les engagemens du pacte de famille [1] me sont chers et sacrés, mais j'ordonnerai de plus ici à mon ministre des affaires étrangères de le donner publiquement à connoître à tous les ambassadeurs et ministres résidant à ma cour. Ce sera surtout à la nature des forces et des moiens par lesquels je concourrai aux vues et aux projets de notre alliance que Votre Majesté sera convaincue avec toute l'Europe de la sincérité et de la vivacité d'une union que je regarde avec Votre Majesté comme faisant aujourd'huy notre sûreté mutuelle, et avec le temps fera notre gloire et le bien de nos roiaumes. Ces sentiments et ces espérances se réunissent et se confondent dans mon cœur avec ceux de la plus tendre et de la plus cordiale amitié.

### CCCXLIV. — LOUIS XV AU COMTE DE BROGLIE [2].

[Autogr. Arch. de l'Emp. K. 157.]

Madame du Barry n'en sçait pas plus qu'elle sçavoit, et je ne sçache pas que M. d'Aiguillon soit instruit [3]. Continues avec eux sur le même pied.

A Marly, ce 14 février 1771.

---

[1] Traité conclu, en 1761, par les soins du duc de Choiseul, et qui établissait une alliance offensive et défensive perpétuelle entre les divers souverains de la maison de Bourbon. Il était à craindre que la chute de M. de Choiseul n'entraînât celle de sa politique.

[2] Le 1er février le Roi écrivait à M. de Broglie : « Je vous envoie deux cents louis que vous désires. Ne convenes de rien avec personne que je ne vous le mande. (Autogr.)

[3] M. d'Aiguillon n'était pas encore ministre des affaires étrangères, mais il était ligué avec madame du Barry. Celle-ci cherchait à faire avouer au comte de Broglie l'existence de la correspondance secrète, et lui promettait même, pour prix de son indiscrétion, le portefeuille des affaires étrangères.

### CCCXLV. — LOUIS XV AU COMTE DE BROGLIE.
[Autogr. Arch. de l'Emp. K. 157.]

A Versailles, ce 2 mars 1771.

L'évêque d'Orléans[1] m'a proposé dimanche un prieuré pour l'abbé de Prat[2] que je lui ay donné; mais en le lui donnant, j'ai bien compté me soulager de ce que je lui donnois par vos mains. Il a déjà reçu plus de grâces qu'il n'en a méritées. S'il se conduit à l'avenir avec prudence et exactitude et hors de toute intrigue avec d'autre parti que le mien, il poura participer de nouveau à mes bontés. Je donne ces 2,000 par augmentation à Durand, qui ne peut rien recevoir sur les bénéfices.

### CCCXLVI. — LOUIS XV AU COMTE DE BROGLIE.
[Autogr. Arch. de l'Emp. K. 157.]

J'ay reçu la lettre du baron de Breteuil. C'étoit moy uniquement qui avois imaginé de l'envoyer en Suède dans ce moment-cy, come plus au fait qu'un autre ; il n'y fairoit pas le bien que j'en attendois ; je n'y pense plus. A l'égard de Vienne, si s'était un triomphe pour le parti Choiseul, il n'yrait pas non plus. Quel sot propos que celui de son retour aux affaires étrangères ! Quel méchant que celui du retour du Parlement[3] !

Ce 18 mars 1771.

### CCCXLVII. — LOUIS XV AU COMTE DE BROGLIE.
[Autogr. Arch. de l'Emp. K. 157.]

[Avril 1771.]

Les instructions du baron de Breteuil pour Vienne sonts

---

[1] M. de Jarente, qui avait la feuille des bénéfices.

[2] Je crois que c'est l'abbé de Prade, qui, après avoir soutenu en pleine Sorbonne une thèse scandaleuse, fut obligé de s'enfuir. Il trouva un asile en Prusse, mais il se rétracta. Il continua de résider en Prusse, et rendait secrètement des services au gouvernement français.

[3] On voit par ce billet et par les deux lettres au Roi d'Espagne quelle était l'animosité personnelle du Roi contre M. de Choiseul et les parlements; il croyait son autorité menacée par eux.

assez difficiles à faire, et je ne suis pas surpris que Gerard y soit embarassé. Je travailleray aux points essentiels. Je ne vous cacheray pas que dans le cas présent j'avois fait proposer au Roi de Suède si pour la diète il n'aimeroit pas mieux avoir le baron de Breteuil qu'un nouveau venu ; M. de Scheffer l'aime mieux à Vienne et le Roi aussy. M. d'Usson sera-t-il assez délié pour cette diète orageuse [1] ?

### CCCXLVIII. — LOUIS XV AU COMTE DE BROGLIE.
[Autogr. Arch. de l'Emp. K. 157.]

Vous faires ce que vous voudres sur madame de Bouflers [2].

Vous pouves annoncer la gratification au sieur Jakubosky.

Quand on demande l'avis à quelqu'un, il doit dire ce qu'il pense.

Vous aves entendu ce que j'ay dit. L'on doit s'y conformer.

J'ay bien jugé que l'incommodité de madame de Mirepoix [3] étoit un peu prolongée, elle est asses âgée pour scavoir ce qu'elle veut et ce qu'elle peut faire, ce n'est pas à moy à le rechercher.

Ce 26 avril, au soir [1771].

[1] M. de Breteuil n'alla pas à Vienne, du moins immédiatement. Ce poste fut donné au prince Louis de Rohan, si célèbre depuis par l'affaire du collier de la Reine. M. de Breteuil fut envoyé à Naples.

[2] Madame de Boufflers, veuve du duc de Boufflers, venait de donner sa démission de la charge de dame de Madame la Dauphine : il paraîtrait que le comte de Broglie désirait cette place pour sa femme. Elle fut donnée à la duchesse de Luxembourg.

[3] Madame de Mirepoix, amie de madame du Barry, protégeait le comte de Broglie et espérait le pousser par la favorite au ministère des affaires étrangères. Elle était alors dans une grande inquiétude ; son frère, M. de Beauvau, était en disgrâce pour avoir sollicité le rappel du Parlement. Madame

## CCCXLIX. — LOUIS XV AUX SIEURS CHRÉTIEN.
[Autogr. Arch. de l'Emp. K. 157.]

J'ordonne aux sieurs Chrétien que le comte de Broglie m'a proposé pour secrétaires auprès du sieur comte de Vergennes, que j'envoie mon ambassadeur en Suède, de garder le plus profond secret sur tous les objets de leur travail, ainsy que sur ce qu'il jugera à propos de leur confier et de n'en communiquer avec qui que ce soit sans exception, soit en France, soit en Suède ou ailleurs, qu'avec les personnes qu'il leur indiquera[1]. Mon intention est qu'il soit paié au sieur Chrétien père, deux mil cinq cents livres, et au sieur Chrétien fils, mille livres argent de France, à compter du 1ᵉʳ avril de cette année, que le sieur de Vergennes leur remettra de ma part et dont je le fairay rembourser.

LOUIS.

A Versailles, ce 10 may 1771.

## CCCL. — LOUIS XV AU COMTE DE BROGLIE.
[Autogr. Arch. de l'Emp. K. 157.]

A Saint-Hubert, le 9 juin 1771.

La lettre cy-jointe (qui est timbrée de Versailles), a eue de la méprise dans son envoi, a étée sûrement ouverte quelque part; de plus, elle me paraît renfermer deux paquets. Je les croy venus par mer à Naples, où la méprise se sera faites, mais je n'en suis pas sûr. M. d'Ogny me l'a remise ce

---

de Mirepoix demandait instamment le retour de son frère, et menaçait de se retirer de la cour si on ne lui donnait pas satisfaction. Elle s'était donné une entorse et en souffrait beaucoup. (*Lettres de madame du Deffand*, t. II, p. 154, 156, 161.)

[1] M. de Vergennes, qui était resté sans emploi depuis l'injuste disgrâce dont il avait été l'objet en 1768, fut envoyé en 1771 en Suède, où il contribua puissamment à la révolution qui fit triompher Gustave III de l'aristocratie. Une partie de ses dépêches ont été publiées par M. de Montherot dans les *Mémoires de l'Académie de Lyon*, année 1857.

matin dimanche, 9 juin, en me faisant faire ces remarques.

### CCCLI. — LE COMTE DE BROGLIE A LOUIS XV.
[Autogr. Arch. de l'Emp. K. 157.]

Paris, 25 mai 1771.

J'ay l'honneur d'envoyer cy joints à Vostre Majesté des projets de réponse à M. le chevalier de Saint-Priest et aux sieurs Gérault et Hénin; il m'a paru qu'on ne pouvoit plus différer de leur accuser au moins la réception de leurs lettres. J'ay entré dans un peu plus de détail avec l'ambassadeur à Constantinople, parce que je sens que sa position esloignée exige de luy faire connoître la marche qu'il a à suivre suivant les différentes circonstances. J'ai adjouté, Sire, à la response qui luy est destinée, un postscriptum d'après une dernière conversation que j'ay eue mercredy avec M. le comte de Mercy.

L'ambassadeur de Vienne est venu me chercher chez moi pour me faire part de ces nouvelles; il s'est fort étendu sur l'attention de sa cour à exclure l'Angleterre de la négociation de la paix entre les Turcs et les Russes; mais il m'a répété que tout cela ne pouvoit pas aller tant qu'on ne l'entendroit pas d'avantage. Ce ministre est revenu alors à ce qu'il m'avoit dit chez M. le duc de Noailles à Versailles, il m'a rendu la conversation qu'il avoit eue le lendemain avec M. le duc de La Vrillière, à qui, dit-il, il a demandé une réponse cathégorique sur le départ d'un ambassadeur quelconque pour sa cour. J'ay vu avec plaisir qu'il ne lui avoit pas articulé l'ordre qu'il a reçu de chercher un prétexte pour s'absenter lui-même, s'il n'en reçoit pas, en allant soit à Spa, soit dans le pays de Luxembourg, et je l'ai fort exhorté à suspendre cette déclaration. Sur les affaires, je ne luy ay répondu que des lieux communs, et, en continuant de le remercier de la confiance qu'il veut bien me marquer, j'ay aussy continué de l'asseurer que je n'estois pas dans le cas de traitter avec luy aucune affaire de ce genre, à quoy il a répliqué que cela ne l'empêcheroit pas de continuer à me les confier.

Je joins aussy à cette lettre, Sire, les lettres arrivées de Vienne, de Varsovie et de Londres; la première confirme ce que m'a dit M. de Mercy de la négotiation de M. Thugut à Constantinople [1], mais ce que M. le prince de Kaunitz a dit à M. Durand de ses conversations avec M. Orlow n'est pas tout à fait conforme à ce que m'en a rapporté M. de Mercy, qui prétend que le chancelier de la cour de Vienne n'a pas caché au général russe la résolution de Leurs Majestés Impériales de ne pas permettre l'affaiblissement de l'empire ottoman ny aucun changement sensible dans les possessions des puissances du Nord.

La lettre de M. d'Éon détruit les bruits qui se sont répandus depuis quelques jours sur son enlèvement. Il est fâcheux qu'une épisode aussy extravagante vienne encore le remettre sur la scène. Il n'y a au surplus aucune réponse à luy faire puisqu'il est en Irlande, et on ne luy enverra l'argent qui luy est deub qu'à son retour.

J'ay différé, Sire, d'avoir l'honneur de vous entretenir du sieur Rossignol. A mon arrivée de Ruffec, il m'apprit que MM. les ducs de Choiseul et de Praslin l'avoient l'un et l'autre dépouillé des places de consul et de résident qu'il occupoit à Pétersbourg. Le ministre de la marine luy a asseuré en même temps une pension de 2,000 livres, mais M. de Choiseul, en luy accordant aussy un pareil traittement sur les affaires étrangères, a décidé que le montant de ce traittement luy seroit retenu jusqu'à ce que M. de Beausset, héritier de celuy qui a esté ministre en Russie, ait esté

[1] Voyez l'Étude préliminaire, p. 164 et 165.

remboursé d'une somme de 30,000 livres que le sieur Rossignol a touché du produit de la vente des effets de ce ministre, et qu'il a employé à des affaires secrettes sur les ordres que j'ay vu de M. de Choiseuil, mais qu'il n'a jamais voulu reconnoistre. C'est une tracasserie du sieur Gérard qu'il est impossible de laisser supporter au sieur Rossignol. Je l'avois toujours asseuré depuis cinq mois qu'on pourroit arranger son affaire avec le nouveau ministre des affaires étrangères, et que je demanderois après cette décision à Vostre Majesté de vouloir bien luy continuer le traittement dont il jouit sur l'affaire secrette; et comme il est extrêmement tourmenté de l'incertitude de son sort, je me suis déterminé à mettre à vos pieds, Sire, ses très-humbles prières. C'est un ancien serviteur qui est depuis vingt-cinq ans dans les affaires et qui a toujours esté chargé de la correspondance secrette avec M. d'Havrincourt, jusqu'au moment qu'il a été placé comme consul et résident à Saint-Pétersbourg; il me paroît digne de recevoir des marques de la bonté et de la générosité de Vostre Majesté, et la médiocrité de sa fortune le met dans le cas d'en avoir le plus grand besoin. Je suis, etc. Le comte de BROGLIE.

CCCLII. — LE COMTE DE BROGLIE A LOUIS XV.
[Autogr. Arch. de l'Emp. K. 157.]

Paris, 25 juin 1771.

J'ay l'honneur d'envoyer cy-jointes à Vostre Majesté trois expéditions de Vienne et trois de Varsovie qui sont arrivées presque en même temps; quoyque les unes et les autres contiennent des détails intéressants, elles n'annoncent encore rien de décidé sur la tournure que les affaires doivent prendre incessamment tant en Pologne que du costé de la Hongrie. J'y ai seulement veu avec peine la confirmation des désastres arrivés aux pauvres confédérés, dont je soupçonne que l'ardeur du sieur Dumourier aura bien pu estre la véritable cause. Cet échec arrive bien mal à propos dans le début du ministère de M. le duc d'Aiguillon, qui m'en a paru un peu effarouché; et j'ai bien peur qu'il n'en résulte l'abandon total de ces malheureux Polonois. J'ose cependant suplier Vostre Majesté de considérer les efforts qu'ils ont fait depuis trois ans sans estre secourus de personne, et le bon usage qu'ils avoient fait du peu de secours qu'ils ont reçu. Le sieur Dumourier cherche à rejeter son imprudence sur leur lâcheté, même, dit-il, sur la trahison de quelques-uns des chefs Quelqu'un qui connoîtroit mieux et les hommes et les affaires se seroit attendu à trouver de tout cela dans une multitude rassemblée au hasard, et en conséquence, il ne se seroit pas commis vis-à-vis une milice nationale et enrégimentée. Le remède à tout cela ne seroit peut-être pas si difficile, si la cour de Vienne désiroit le bien de cette malheureuse nation, mais je soupçonne qu'elle l'aime mieux debellée que victorieuse; elle sera plus dans le cas de subir la loi qu'on voudra luy faire, et c'est là l'attitude où ses ambitieux voisins la désirent. C'est dans Vostre Majesté, Sire, qu'est leur unique ressource. Le nouveau ministère ne sauroit connoître encore combien le sort de cette république est politiquement intéressant pour la France, et le nouvel ambassadeur qu'on nomme pour Vienne le connoîtra encore bien moins; c'est ainsi que la Providence réunit touttes les circonstances pour la destruction de nos intérests et de nostre système dans cette partie de l'Europe, etc. Le comte de Broglie.

J'ay eu l'honneur, Sire, de demander il y a quelque temps les ordres de Vostre Majesté au sujet du sieur Rossignol et de luy proposer de luy continuer le traittement qu'il a sur la caisse secrette en considération des malheurs qu'il a éprouvés lorsque M. le duc de Choiseul l'a retiré de Russie, et à condition d'aider au travail de la correspondance lorsque les circonstances l'exigeront; je la suplie de vouloir bien me faire connoître sa volonté à cet égard, affin que je l'en instruise et qu'il puisse former son establissement à Paris si sa présence y est nécessaire. Je suis, etc. Le comte de Broglie.

*Au bas de la lettre, de la main du Roi.*

J'approuve ce que vous proposés pour le sieur Rossignol.

### CCCLIII. — LE COMTE DE BROGLIE A LOUIS XV.
[Autogr. Arch. de l'Emp. K. 157.]

A Paris, le 12 juillet 1771 [1].

Sire,

J'ay l'honneur d'envoyer cy-joint à Votre Majesté l'extrait des dépêches de M. le chevalier de Saint-Priest avec le projet d'une réponse à cet ambassadeur, ainsy que d'une pour M. Durand. Je désire qu'elle daigne y donner son approbation et je la suplie de vouloir bien me les renvoyer. J'ay vu, Sire, au dernier voyage de Choisy, M. d'Usson,[2] qui m'a dit que M. le duc d'Aiguillon lui offrait l'ambassade de Pologne lorsque la paix seroit faitte, et en attendant, de luy donner la place de ministre à la cour de Saxe. Cette destination me paroît rendre nécessaire d'admettre M. d'Usson à la correspondance secrette; car il ne sauroit aller en Pologne sans trouver différentes traces de cette correspondance; je ne pense pas, d'ailleurs, qu'il y ait aucun danger à la luy confier, car il n'a

---

[1] L'original porte 1761; mais c'est un *lapsus*.
[2] M. d'Usson n'alla ni en Pologne, ni en Saxe : le seul représentant officiel de la France en Pologne était M. Gérard à Dantzick.

plus de liaisons particulières avec aucuns des ministres, et je le crois d'ailleurs capable de fidélité; mais comme dans tous les cas il ne sera nécessaire de luy faire connoître les intentions de Votre Majesté qu'au moment de son départ, j'attendray qu'il soit prochain pour lui demander ses ordres à cet égard.

La manière dont il luy a plu de me parler déjà plusieurs fois de mon voyage à Ruffec ne me permet pas, Sire, de douter que Vostre Majesté ne l'approuve. Je compte m'y rendre aussytost après son départ pour Compiègne; je suis convenu avec M. le baron de Breteuil qu'il me donneroit advis du temps qu'il sera dans le cas de partir, affin que je puisse luy préparer ses instructions. Je seray même toujours prest à revenir les concerter icy avec luy si les circonstances l'exigent, ou si ses ordres me le prescrivent. J'ose me flatter qu'elle me rend la justice d'estre persuadée de mon empressement à les exécuter.

Je n'ay pas pu apprendre encore si elle avoit eu la bonté de se décider sur la place que la retraitte de madame la duchesse de Boufflers rend vacante[1]; je la suplie de se rappeller que je ne l'ay demandée qu'après en avoir obtenu la permission. Je me doutois bien que madame la Dauphine[2] voudroit en disposer elle-même; j'ay pris, Sire, la liberté de vous proposer le moyen de lever l'obstacle que cette princesse met à la nomination de madame de Broglie. Si Vostre Majesté daigne l'accepter, elle comblera de ses bienfaits un sujet qui désire avec passion de les mériter, et qui voudroit connoître les moyens de luy plaire pour s'en occuper sans cesse. Je laisse avec la plus respectueuse confiance la décision de cette affaire entre ses mains, sans vouloir la fatiguer par aucune importu-

---

[1] Voyez la lettre du Roi du 26 avril précédent.
[2] Marie-Antoinette.

nité. S'il lui plaît d'attacher madame de Broglie à madame la Dauphine, elle se rendra sur-le-champ à son devoir, et j'ose l'assurer qu'elle n'aura jamais à se repentir de ce choix, dont nous aurons l'un et l'autre une éternelle reconnoissance.

Je suis avec la plus parfaitte soumission et le plus profond respect, Sire, de Vostre Majesté, le très-humble, très-obéissant et très-fidèle serviteur et sujet.

Le comte de Broglie.

### CCCLIV. — ORDRE DE LOUIS XV RELATIF AU SIEUR LEBAS.
[Autogr. Arch. de l'Emp. K. 157.]

J'approuve que le chevalier de Saint-Priest, mon ambassadeur à la Porte, admette le sieur Lebas au secret de toutes les parties de sa correspondance directe avec moy qu'il croira nécessaires de lui confier, soit pour accélérer l'expédition des choses qui viendronts à sa connoissance au moien de l'intelligence dont il rend compte par sa lettre du 14 may dernier au comte de Broglie, soit pour faciliter son travail à ce sujet. J'ordonne au sieur Lebas, sur tous ces objets, le silence le plus absolu et toute la réserve et la circonspection que je dois attendre d'un sujet fidèle et affectionné à mon service. Louis.

A Fontainebleau, ce 30 octobre 1771.

### CCCLV. — LOUIS XV A M. DURAND.
[Copie. Arch. de l'Emp. K. 157.]

27 novembre 1771.

Monsieur Durand, l'exactitude avec laquelle vous vous êtes conformé aux instructions secrettes que je vous ay données à votre départ pour Vienne, l'utilité de vos relations et l'attention que vous avez apportée à la suite de la correspondance secrette à laquelle je vous ay autorisé, me font désirer que vous continuiez à me faire part dans la même forme de tout ce qui viendra à votre connoissance, pendant le séjour que vous y ferez, même après l'arrivée de mon ambassadeur, M. le coadjuteur de Strasbourg, soit sur les affaires que vous pourriez traiter vous-même sous sa direction, soit sur celles dont il vous donnera communication. Je verrai avec plaisir que vous joigniez toujours vos réflexions au détail des faits dont vous avez à me rendre compte, et que vous donniez à M. le coadjuteur tous les avis que vous croirez convenir au bien de mon œuvre. Sur ce, monsieur Durand, etc. (*sic*).

### CCCLVI. — LOUIS XV A M. DE BRETEUIL.
[Copie. Arch. de l'Emp. K. 157 [1].]

27 novembre 1771.

Monsieur le baron de Breteuil, le zèle avec lequel vous vous êtes occupé du soin de vous conformer à mes ordres dans la correspondance directe, laquelle je vous ai autorisé pendant votre séjour en Suède et en Hollande, me fait désirer que vous continuiez à me faire parvenir dans la même forme le plus régulièrement et le plus promptement possible, pendant l'ambassade à laquelle je vous ai destiné auprès de Sa Majesté Britannique, la copie de toutes vos dépêches à mon ministre des affaires étrangères et des réponses que vous en recevrez. Mon intention est, en conséquence, que vous remettiez avant votre départ au comte de Broglie et en son absence au général Monet, toutes les instructions et mémoires qui vous seront données, soit par écrit, soit verbalement, par M. le duc d'Aiguillon pour votre direction en Angleterre. Votre fidélité me répond que vous garderez un secret inviolable sur tout ce qui a trait à

[1] Le baron de Breteuil ne fut pas envoyé à Londres ainsi que, d'après cette lettre, cela avait été d'abord l'intention du Roi, mais à Naples.

cet objet, et que vous ne vous en ouvrirez avec qui que ce soit sans exception ; et afin que ce surcroît de travail ne nuise pas à l'exactitude de votre correspondance avec mon ministre, je vous ai attaché en qualité de secrétaire le sieur Gouguet, que le comte de Broglie m'a proposé, et auquel j'ai fait donner mes ordres en conséquence.

### CCCLVII. — LOUIS XV AU COMTE DE BROGLIE.
[Autogr. Arch. de l'Emp. K. 157.]

C'est pour marquer toute notre confiance en la cour de Vienne que M. d'Aiguillon a communiqué les lettres de Prusse à M. de Mercy et pour juger si elle ne voudroit pas *avoir sa part au gâteau sur la Pologne,* comme il y a tout lieu de le croire [1]. Vienne peut avoir déchiffré vos lettres, mais il faut toujours vous en tenir avec M. de Mercy comme aiant été ministre en Pologne.

Ce 12 janvier 1772.

### CCCLVIII. — LOUIS XV AU COMTE DE BROGLIE.
[Autogr. Arch. de l'Emp. K. 157.]

Ce 8 may, au soir, 1772.

Vottre lettre au sieur d'Éon envoiée par Drouet a trop de détail et est trop longue. Recomences-la [2]. Vous pouves demander à Durand tous les détails que vous croires nécessaires.

### CCCLIX. — LE COMTE DE BROGLIE AU CHEVALIER D'ÉON.
[Mém. de d'Éon, t. II, p. 141.]

Paris, le 11 mai 1772.

J'ai reçu, Monsieur, les lettres que vous avez pris la peine de m'écrire. Dès que j'ai eu rendu compte de la première à Sa Majesté, elle m'a chargé de vous envoyer le

---

[1] Voyez l'Étude préliminaire, p. 174.
[2] Voyez cette lettre à la date du 11 mai.

sieur Drouet. Vous savez qu'il possède toute notre confiance. Vous recevrez par lui des marques de la satisfaction de Sa Majesté. Je ne suis pas étonné que le Roi de Pologne ait eu la bonté de vous faire dire des choses obligeantes par son chambellan[1]. Ce prince vous a connu, a entendu parler de vous avantageusement en Prusse, et il sait l'utilité dont vous pourriez lui être; mais vous devez sentir aussi qu'il n'y a nul endroit où vous puissiez servir plus utilement le Roi qu'à Londres, surtout dans les circonstances actuelles[2]. De même il n'y a point de lieu où vous puissiez être plus en sûreté qu'à Londres contre les malices de vos ennemis. Continuez donc votre correspondance avec moi et Sa Majesté : c'est le vœu du Roi, qui vous recommande de ne point quitter l'Angleterre sans ses ordres. Mais Sa Majesté approuve la correspondance qu'il vous est proposé d'entretenir avec le Roi de Pologne. Il n'y a aucun danger à la former; Sa Majesté étant bien sûre de votre attachement et de votre fidélité, m'autorise à vous donner toute sorte de liberté à cet égard. Je me bornerai du reste à vous recommander tout ce qui peut intéresser Sa Majesté et vous assurer que je m'occuperai avec plaisir de faire valoir en cette occasion comme en toute autre les services que vous rendrez au Roi, et vous donner des preuves des sentiments avec lesquels je ne cesserai jamais d'être, etc.    Le comte de BROGLIE.

*Plus bas, de la main du Roi.*

Approuvé[3].

---

[1] Il avait écrit de sa propre main à d'Éon pour lui proposer de le prendre à son service.

[2] Le chevalier d'Éon continuait à entretenir de Londres une correspondance secrète avec le Roi, sous le nom de Wolf.

[3] Voyez la lettre du Roi du 8 mai.

## CCCLX. — MÉMOIRE DU COMTE DE BROGLIE AU ROI,

SUR LA PAIX DU NORD, LE DÉMEMBREMENT DE LA POLOGNE, ET LES SUITES QUE CES ÉVÉNEMENTS PEUVENT ET DOIVENT AVOIR SUR LE SYSTÈME POLITIQUE DE LA FRANCE. — *Remis le 7 juin 1772.*

[Original. Arch. de l'Emp. K. 159.]

Dès le premier moment des troubles de la Pologne, dont on pourroit fixer l'époque à la mort d'Auguste III, on a prévu que les Russes profiteroient de ces événements pour constater leur despotisme dans ce royaume, y décider à leur avantage les contestations qui existoient depuis longtemps sur l'affaire des limites entre la Russie et la république de Pologne, et s'emparer de l'Uckraine polonoise.

Les spéculateurs, attentifs à l'effet que l'annonce de pareils projets devoit faire sur le Roi de Prusse, ont été quelque temps dans l'incertitude. Elle consistoit à juger si ce prince croiroit devoir s'y opposer, ou s'il préféreroit de les favoriser; et si, en se joignant avec la Russie, il chercheroit, pour prix de son concours, à s'emparer, de son côté, des provinces de la Pomérélie et de la Warmie, qui lient et arrondissent ses États, et dont la richesse, la fertilité et la population les font regarder comme la meilleure partie de la Pologne.

Il est apparent que Sa Majesté Prussienne s'est déterminée, dès le commencement, à préférer ce second parti, et qu'elle ne s'est depuis occupée qu'à travailler, de concert avec l'Impératrice de Russie, à en préparer le succès.

Ces deux puissances n'ont pu s'empêcher de prévoir que presque toute l'Europe verroit avec jalousie de semblables agrandissements; mais l'excès de leur ambition leur a inspiré le courage nécessaire pour surmonter les obstacles qui pourroient s'y opposer.

Ces obstacles devoient naturellement venir de la Turquie, de la cour de Vienne, de la république de Pologne, soutenue ou au moins dirigée par la France, et enfin des puissances maritimes, qui ne pouvoient voir qu'avec ombrage les établissements que la Russie et la Prusse alloient former sur les côtes de la Baltique, et qui assuroient, surtout à cette dernière, le commerce exclusif de la Pologne, dont la Vistule est la clef. Il étoit évident qu'aucune puissance ne pourroit plus faire ce commerce qu'avec la permission de Sa Majesté Prussienne, puisque après cet événement, toutes les rivières qui servent au transport et à l'exportation des denrées de ce royaume couleroient à l'avenir au travers des États prussiens, où elles auroient leurs embouchures dans la mer Baltique.

Dans de pareilles circonstances, l'Impératrice de Russie n'a pas craint de donner beaucoup au hasard. Informée de longue main et avec précision de la décadence du gouvernement ottoman, de son anarchie, de sa mollesse et de son impéritie en tout genre, elle s'est déterminée à attaquer les Turcs de tous côtés. On a vu les flottes russes porter leurs pavillons dans l'Archipel, et y tenter des expéditions que des intelligences secrètes avec les Grecs de ces contrées y avoient préparées, pendant que les armées de terre, entretenues de tous leurs besoins aux dépens de la Pologne, se sont avancées jusque sur le Danube.

Les succès de ces différentes entreprises et de celles qui se sont exécutées en même temps en Moldavie, dans la Valachie, la Crimée et sur le Niester, ont passé les espérances qu'en avoit pu concevoir Catherine II, et ont jeté sur les Turcs un vernis de lâcheté et d'impuissance dont ils ne peuvent se relever.

Il n'y avoit que deux moyens, dont même la réunion étoit nécessaire, pour arrêter ce torrent de prospérités.

Le premier, de donner à la partie la plus nombreuse de

la nation polonoise, qui restoit encore attachée à son indépendance et à ses priviléges, les moyens de former une opposition puissante et respectable. Ils ne pouvoient lui être fournis que par les cours de France et de Vienne, et on ne sauroit se dissimuler l'intérêt qu'elles avoient l'une et l'autre à s'y déterminer. Il est certain qu'au moment où a éclaté la confédération de Bar, des secours pécuniaires de la part de la France, distribués avec sagesse, économie et connoissance de cause, auroient mis les Polonois en état de se soulever de tous côtés, et d'opérer la diversion la plus incommode et la plus efficace qui pût être faite en faveur des Turcs. Elle auroit donné aux confédérés une considération vis-à-vis du ministère ottoman, et même du reste de l'Europe, qui, vraisemblablement, auroit préservé ce malheureux royaume du démembrement presque déjà exécuté, et de l'avilissement dans lequel il est plongé.

M. le duc de Choiseul a senti, à différentes reprises, l'intérêt que la France avoit à ne pas laisser accabler un pays dont les liaisons avec la France sont aussi anciennes que naturelles, et dont l'utilité est évidente. Il a été présenté à ce ministre plusieurs projets par M. le général Mokranosky, qui ont tous été accueillis favorablement, mais n'en sont pas moins restés sans exécution. La cour de Vienne, avec qui M. le duc de Choiseul vouloit les concerter, y a toujours mis des délais et des obstacles, qu'il n'auroit pas vraisemblablement éprouvés, si, avec un langage ferme, noble et clair, il lui avoit déclaré que la France ne pouvoit voir avec indifférence ce qui se passoit en Pologne; que son éloignement ne la mettoit pas à portée d'y agir par elle-même; mais que c'étoit le cas où une alliance aussi respectable devoit se réunir, et annoncer conjointement une volonté fixe de s'opposer à tout projet de démembrement et d'envahissement. Une pareille déclaration devoit être communiquée à toutes les cours, avec ordre aux ministres respectifs d'y faire connoître le danger de prolonger une indifférence qui ne pouvoit qu'être nuisible à tout le reste de l'Europe, et d'ajouter les protestations les plus solennelles et les plus sincères du plus parfait désintéressement.

Il est indubitable qu'une telle conduite de la part des cours de France et de Vienne auroit eu le plus glorieux succès. La France, avec des secours pécuniaires portés seulement à deux cent mille livres par mois, auroit mis toute la Pologne en armes ; les grands seigneurs, assurés de la protection de deux alliés aussi puissants, se seroient déclarés, et toutes les armées russes n'auroient pas suffi pour dissiper cette multitude de confédérations, qui, dispersées dans toute la Pologne, séparées dans leurs entreprises, mais réunies dans leur esprit, auroient eu un corps représentatif de la république entière, fait pour être respecté et écouté. Les Turcs alors en auroient agi avec les Polonois en alliés ; on auroit pu même les unir par des traités ; la confédération auroit fait recevoir ses ministres dans toutes les cours ; elle auroit été sûre d'être admise à la négociation de la paix, et de pouvoir elle-même traiter ses intérêts avec succès.

C'étoit alors que la cour de Vienne devoit se décider à la contenance menaçante qu'elle a prise depuis trop tard, si elle avoit véritablement envie de s'opposer au pillage de la Pologne. On doit croire que dans les conférences tenues à Neustadt, en 1770, entre l'Empereur et le Roi de Prusse, et dont M. de Kaunitz n'a fait peut-être que des demi-confidences à M. Durand, il a été question de ce démembrement, et que le ministre autrichien ne s'est occupé depuis qu'à y faire participer Leurs Majestés Impériales avec le plus d'avantages qu'il lui seroit possible [1]. L'envahissement du comté de Zips, dans la même année, et l'occupation des territoires des quatre starosties de Nowitarg, Sandeck, Biecz et Pilzno, dans le palatinat de Cracovie, où les Autrichiens se sont alors établis, ne permet pas de douter que, dès cette époque, M. de Kaunitz n'eût formé la résolution de les réunir à la Hongrie, et de faire valoir des droits chimériques sur des possessions cédées en 1238 par Boleslas le Chaste, roi de Pologne, en faveur de Béla IV, roi de Hongrie. Mais Boleslas, chassé par ses sujets, n'a jamais été en droit d'aliéner des parties du royaume qui ne le reconnoissoit pas; et en effet, depuis plus de cinq cents ans, ces quatre starosties n'ont pas même été réclamées par les Hongrois, qui ne les ont jamais possédées.

Depuis cette prise de possession, à laquelle M. le prince de Kaunitz a voulu donner l'air d'une simple précaution, protestant même que sa cour seroit toujours prête à tout restituer, dès que les autres puissances voisines de la Pologne voudroient en user de même, la cour de Vienne s'est mise en armes, et a toujours cherché à nous persuader qu'elle avoit des dispositions moins hostiles que pacifiques; mais le moment est arrivé où la Russie et la Prusse l'ont obligée de se déclarer.

C'est dans ces circonstances que M. le comte de Mercy est venu annoncer à M. le duc d'Aiguillon, que le danger que les forces autrichiennes courroient en s'opposant seules aux armées russes et prussiennes réunies a déterminé Leurs Majestés Impériales à un démembrement de la Pologne qu'elles ne pouvoient empêcher.

Cet ambassadeur a dit que sa cour en reconnoissoit l'injustice, et que, pour la diminuer, elle a cru devoir y par-

---

[1] Sur ce point, voyez l'Étude préliminaire, p. 153 et suiv.

ticiper, imaginant que c'étoit le seul moyen d'y mettre des bornes, et observant, au surplus, que la portion qui en reviendroit à ses maîtres étoit si disproportionnée avec les acquisitions des deux autres puissances, qu'ils ne pourroient voir qu'avec douleur un événement qui faisoit pencher la balance à leur désavantage, de la manière la plus sensible.

M. le comte de Mercy a cherché à excuser le silence qui nous a été gardé, pendant le cours de cette négociation, sur celui que nous avons observé nous-mêmes; il a reproché à M. le duc d'Aiguillon ses liaisons avec les émissaires prussiens, et surtout la déclaration faite à M. de Sandoz, que nous verrions avec indifférence tout ce qui se passeroit en Pologne. Il a prétendu que le Roi de Prusse avoit fait connoître à Vienne l'envie que la France avoit de se rapprocher de lui; d'où il a conclu que sa cour, ne pouvant compter invariablement sur nous, avoit dû prendre ses précautions contre un orage auquel seule elle ne sauroit résister [1]. M. le duc d'Aiguillon a témoigné, de son côté, de la sensibilité à la réticence, et même à la méfiance de la cour de Vienne, d'où il peut résulter un refroidissement entre les deux cours, qui, allant, par une gradation naturelle, chaque jour en augmentant, peut mener à une dissolution entière et prochaine de toute espèce de liaisons entre les alliés.

Pour résumer le tableau qui vient d'être tracé, et constater la situation politique de l'Europe, au moment où la paix entre les Turcs et les Russes sera signée, et où le démembrement de la Pologne sera effectué, il est nécessaire de fixer l'état où se trouvera chaque puissance.

On ne peut disconvenir que la Russie ne termine cette

---

[1] Voyez l'Étude préliminaire, p. 176 et suiv., Rapport à Louis XV par M. de Vergennes sur une communication du prince de Kaunitz.

guerre de la manière la plus glorieuse, et qu'elle ne remplisse, par la paix qu'elle est prête à conclure, presque tous les projets de Pierre le Grand. Les fruits qu'elle en retirera sont : le commerce assuré de la mer Noire; l'affranchissement de la Crimée, de la Moldavie et de la Valachie sous sa protection; le levain de révolte et de fanatisme répandu dans tous les sujets grecs de l'Empire turc, même dans ceux de cette religion établis dans les pays autrichiens; la soumission des Petits-Tartares; par conséquent, les bornes de l'Empire reculées, les lignes de la nouvelle Servie devenues superflues, et les troupes qui les gardoient libres d'agir ailleurs; l'Uckraine polonoise soumise, assurant un point de dépôt pour la guerre sur le Danube et en Pologne; la civilisation des Cosaques, qui fournissent déjà de bonnes troupes; la remonte de toute sa cavalerie; une subsistance facile, et une influence despotique sur la Pologne. Dans une pareille position, on doit prévoir qu'elle sera prête incessamment à recommencer avec avantage, soit pour porter les derniers coups à la Turquie, soit pour attaquer la cour de Vienne, soit pour prendre un parti, à la mort du Roi de Prusse, contre le successeur de ce prince.

Sa Majesté Prussienne, sans avoir essuyé la dépense ni même l'embarras de la guerre, après avoir outrageusement pillé la Pologne, enlevé hommes, chevaux, bestiaux, argent, enrichie des dépouilles de ce malheureux royaume, gagnera encore, pour son lot de médiateur, toute la Prusse polonoise, quelques démembrements de la Grande-Pologne et l'évêché de Warmie, ce qui le rend maître de l'embouchure de la Vistule, et lui assure (comme il a déjà été observé) le commerce exclusif de la Pologne, à qui il imposera la loi la plus dure pour l'exportation et le débit de ses denrées. Cette acquisition est par là de beaucoup supérieure à celle de la Silésie, et donne à la puissance prussienne une consistance et un ensemble qui ne peuvent que la rendre formidable.

Des trois puissances copartageantes, l'Autriche est la seule dont la part n'est pas proportionnée à celle des deux autres ; mais enfin elle acquiert un territoire assez considérable, et cela sans coup férir, et sans rien dépenser. Le nombre de ses troupes, déjà très-important, augmente encore ; et elle fait tout cela, en amassant de l'argent, en éteignant ses dettes, en acquérant un grand crédit et de grands moyens, pour se trouver, au moment de la mort du Roi de Prusse, en état de reprendre la Silésie, ou pour entreprendre d'ici à peu d'années telle autre guerre qui conviendra au génie martial de l'Empereur. Il n'en manquera pas d'occasions ; la succession du Roi de Prusse et le recouvrement de la Silésie sur les héritiers de ce prince, celle de la maison de Neubourg lui en offriront en Allemagne ; il en peut rencontrer d'autres, soit en Pologne, en Turquie, peut-être même en Italie.

Il n'est pas possible de passer sous silence la part que le Roi de Pologne aura à ces événements, ou du moins ce qui en résultera pour lui, soit que les puissances voisines croient être intéressées à rendre cette couronne héréditaire, soit qu'elles désirent d'y laisser subsister l'anarchie qui a fait le malheur de cette république. Stanislas-Auguste se trouvera vraisemblablement possesseur assez tranquille du trône où Catherine II l'a fait monter. L'abattement de la noblesse et le renversement des anciennes formes constitutives lui auront aplani tous les obstacles qu'il a jusqu'ici éprouvés, et s'il parvenoit à rendre la couronne héréditaire, il pourroit alors, comme puissance intermédiaire, se faire rechercher de ses voisins et des autres puissances de l'Europe.

Pendant que toutes les puissances gagnent plus ou moins à cet arrangement général du Nord, la France seule, exclue de la médiation et du partage, ayant perdu toute influence en Pologne, en Suède, reste exposée à perdre encore, par les insinuations de la Russie et de l'Angleterre, son commerce du Levant et son ancien crédit sur les Turcs, qui rejetteront sur elle tous les malheurs de la guerre.

Il faut convenir que cette position, qui n'est ici nullement exagérée, doit faire faire les plus sérieuses réflexions au ministère, et l'engager à prendre sans délai des mesures convenables pour prévenir les malheurs qui en pourroient être la suite.

Le premier de tous les remèdes, sans doute, seroit de travailler au redressement des finances. C'est le meilleur moyen de rétablir la considération, sans laquelle une grande puissance est exposée, autant qu'une petite, à éprouver le manquement de ses ennemis, et la négligence de ses propres alliés. C'est à l'état fâcheux où les a mises une mauvaise administration, qui dure surtout depuis dix à douze ans, qu'il faut attribuer la décadence sensible de notre crédit en Europe; mais c'est une matière qui n'entre point dans le plan de ce mémoire. Contentons-nous donc de jeter les yeux sur le système qu'il convient d'embrasser pour ramener notre politique égarée, et former des mesures capables de regagner l'influence et la considération dont la France est en droit de jouir en Europe.

Il est d'une sage prévoyance de chercher à lire dans l'avenir, et de supposer les événements les plus vraisemblables et les plus prochains, pour tâcher de les tourner à son avantage, ou au moins s'assurer de n'être pas pris au dépourvu lorsqu'ils arriveront. Rien n'est plus humiliant que de se trouver sans alliés, si ce n'est d'en avoir sur lesquels on ne puisse pas compter, et qui ne donnent que des marques de méfiance et d'inconsidération. Quand une conduite maladroite ou inattentive a mis dans cette position, rien n'est plus pressé que d'en sortir; et il faut commencer par examiner de quel côté il convient de tourner ses vues, afin de mettre dans ses démarches l'assurance, la noblesse, et surtout la bonne foi la plus parfaite.

Dans la circonstance délicate où se trouve la France, il seroit peut-être naturel, mais il n'en seroit pas moins dangereux, de laisser établir un refroidissement avec la cour de Vienne qui ne tarderoit pas à dégénérer en brouillerie. Il est beaucoup plus à propos de s'expliquer confidemment avec cette cour. On peut ne lui pas dissimuler qu'on a lieu de se plaindre, que la délicatesse et l'amitié du Roi sont blessées; mais qu'il faut renouer des liens auxquels Sa Majesté est attachée, et qu'ainsi on désire reconnoître la nature et l'étendue des vues du ministère autrichien, avec la résolution de coopérer à leurs succès, et l'espérance que Leurs Majestés Impériales se prêteront, de leur côté, à ce qui peut être de la convenance du Roi.

Il ne semble pas qu'il y ait de temps à perdre pour prendre des mesures à cet égard. Mais, soit qu'elles réussissent ou non, vis-à-vis de la cour de Vienne, il ne faut pas moins se former un plan de conduite avec les autres puissances, nommément avec le Roi de Prusse, si l'éloignement de la cour de Vienne nous obligeoit à nous rapprocher de ce prince.

Jamais partage ne s'est fait sans être l'occasion de querelles entre les copartageants : il convient de se tenir à portée d'en profiter. Si le Roi de Prusse avoit la bonne foi et la fidélité dans ses engagements qui mettroient le comble à ses autres grandes qualités, on pourroit croire qu'il ne se trouveroit pas de difficultés à se rapprocher de ce prince, et qu'il sentiroit l'avantage que notre alliance lui procureroit et à son successeur, pour la garantie des possessions qu'il lui laissera; et cette liaison seroit peut-être le moyen le plus propre à assurer, à cette époque, la tranquillité de l'Europe.

La même réflexion peut avoir lieu pour la Russie : mais les mêmes difficultés peuvent s'y trouver, et elles doivent encore être augmentées par l'amour-propre et l'orgueil de Catherine II. Il faut cependant s'occuper avec soin de la ramener. La cour de Vienne n'aura que plus d'attention pour nous, lorsqu'elle nous verra dans une posture honnête avec les autres puissances. L'établissement du commerce sur la mer Noire amènera des objets de négociations entre la France et la Russie. Ce motif pourroit servir de prétexte à revenir à un traité de commerce qui a souvent été ébauché, et qui pourroit nous être utile pour tirer du pays les bois de construction et les matières premières de la marine, au préjudice de l'Angleterre.

On ne doit pas oublier d'observer ici que l'Angleterre est, après la France, la puissance à qui la révolution qui s'opère dans le Nord doit être la plus désagréable et la plus contraire. Seroit-ce un motif suffisant d'espérer qu'elle voulût se joindre à nous, pour en imposer aux puissances qui veulent s'enrichir du démembrement de la Pologne ? C'est ce dont il est difficile de se flatter; et, malgré la répugnance avec laquelle les Anglois doivent voir Sa Majesté Prussienne devenir avec avantage une puissance maritime sur la Baltique, et la Russie en possession de tout le commerce de la mer Noire, comment seroit-il possible de former un concert solide avec l'Angleterre pour s'y opposer ? Dans l'ignorance où l'on est des moyens qu'on pourroit y employer, on se contentera de dire qu'il n'y auroit nul inconvénient à traiter cet objet avec le ministère anglais, ne fût-ce que pour pénétrer l'effet que ces événements ont pu faire, tant sur Sa Majesté que sur la nation britannique.

Nous n'avons jusqu'ici traité que les objets relatifs à la politique du Nord, sur lesquels les solutions que nous avons cherchées ne sont pas plus solides que satisfaisantes. En jetant les yeux sur le Midi, on apercevra encore des sujets d'inquiétude, dignes de beaucoup d'attention. Le principal, sans doute, est l'établissement précaire de deux branches de la maison de Bourbon en Italie. On doit s'attendre que si le refroidissement actuel avec Vienne avoit des suites, une de ses premières démarches seroit d'envahir toutes les possessions de ces deux branches; et rien ne seroit plus facile dans l'état actuel des choses. On doit croire aussi que la république de Gênes, qui a des querelles subsistantes avec l'Empereur au sujet de San-Remo, sans parler des anciennes dont le souvenir ne doit pas être effacé, seroit une des premières victimes de notre désunion. Pour parer à ces deux inconvénients, il seroit à propos de faire sentir à la cour d'Espagne la nécessité de mettre Sa Majesté Sicilienne assez en forces pour résister aux premières entreprises qu'elle auroit à essuyer, et pouvoir attendre les secours que la France et l'Espagne lui enverroient.

La même prévoyance doit engager à fournir aux Génois les moyens de se précautionner également contre un premier coup de main. On connoît ceux qui ont été employés avec succès pendant la guerre finie en 1748, et combien l'animosité de ce peuple contre les Autrichiens fournit de ressources en pareille circonstance; mais encore faut-il la prévoir et les préparer.

Un troisième moyen de parer aux échecs que l'on peut avoir à craindre en Italie, est de ménager la cour de Turin, dont l'alliance, en pareil cas, peut être aussi utile à la France qu'elle est désirable pour elle. Le Roi de Sardaigne n'ignore pas l'intérêt qu'il a à se joindre aux puissances à qui l'agrandissement de la maison d'Autriche en Italie peut faire ombrage; ainsi il sera facile de s'en assurer.

De ce mémoire, dont l'étendue quoique grande n'est pas proportionnée à celle des matières qui y sont traitées, il résulte :

1° Que, dans les circonstances actuelles, il n'y a rien de si pressé que de sortir de la léthargie politique où l'on est, et de chercher à remédier au mal que cette même léthargie a occasionné;

2° Qu'on doit faire l'impossible pour ramener la confiance de la cour de Vienne, et dissiper le refroidissement existant avec elle, dont la suite pourroit être une liaison intime de sa part avec la Russie et la Prusse, qui nous deviendroit funeste, surtout si elle était mise en activité par le génie bouillant et martial qu'on suppose à l'Empereur;

3° Que, malgré le désir sincère de resserrer les nœuds avec la cour de Vienne, il faut s'occuper de ce qui se passe à Berlin, et se mettre en mesure avec dextérité et sagesse vis-à-vis du Roi de Prusse; de sorte que, si l'éloignement de Vienne devenoit invincible, on pût parer aux effets dangereux qu'on auroit à en craindre, en renouvelant nos anciennes alliances avec Sa Majesté Prussienne ou du moins avec son successeur, que, par cette raison, il convient d'avance de ménager avec suite et avec tout le soin possible;

4° Qu'une conséquence de cette possibilité de rupture avec la cour de Vienne doit être de mettre, par le moyen de l'Espagne, le Roi de Naples en état de résister aux premiers efforts des Autrichiens et d'attendre nos secours;

d'en user de même, de notre part, avec les Génois; et enfin de se ménager la possibilité, même la facilité, de former une alliance avec le Roi de Sardaigne, si les circonstances l'exigeoient.

### CCCLXI. — LOUIS XV AU COMTE DE BROGLIE.
[Autogr. Arch. de l'Emp. K. 157.]

A Versailles, ce 1er may 1772.

Vous pouves remettre à Durand la lettre dont vous me parles. A l'égard de l'aventure de l'autre paquet, j'escrivis sur-le-champ à d'Oigny, et je vous envoie la réponse qu'il m'a faites que vous me renvoieres par la première occasion. Je vous envoie ce mois-cy 12,000 livres au lieu de 9,000 : sur quoi vous prendres les frais du voiage du sieur Drouet ainsy que vous l'aves désiré.

### CCCLXII. — LOUIS XV AU COMTE DE BROGLIE.
[Autogr. Arch. de l'Emp. K. 157.]

M. d'Aiguillon a proposé au Conseil d'envoier Durand à Pétersbourg, ce qui cadre avec ce que vous m'avies mandé sur son bureau icy qu'il veut donner à un autre.

Ce 3 juillet 1772.

### CCCLXIII. — LOUIS XV AU COMTE DE BROGLIE.
[Autogr. Arch. de l'Emp. K. 157.]

Ce 27 juillet 1772.

M. d'Ogny[1] m'a remis une liste des adresses qu'il a pour réformer celles qui ne servent plus ou d'y en adjouter de nouvelles, s'il ne les a pas. Je vous l'envoie et vous me la renvoieres avec une liste d'une main inconnue, pour que je puisse la lui remettre.

[1] Intendant des postes, neveu et successeur de Jeannel.

## CCCLXIV. — LOUIS XV AU COMTE DE BROGLIE.
[Autogr. Arch. de l'Emp. K. 157.]

Ce 29 mars 1773.

M. d'Aiguillon a lu hier, au Conseil des lettres du chevalier de Saint-Priest[1], et ne m'a parlé de rien; elles m'onts paru signé de lui, mais d'une autre écriture que celle de coutume; aussy je croy que vous aves reçu l'original et lui la copie. Reste à scavoir si elle étoit accompagnée d'une lettre pour vous et pour moy. Rien de cela n'étoit dans la liasse de ces papiers que j'ay examinée. Voilà tout ce que je scay pour le présent.

## CCCLXV. — LE COMTE DE BROGLIE A LOUIS XV.
[Autogr. Arch. de l'Emp. K. 157.]

14 avril 1773.

Sire,

J'ay l'honneur d'envoyer à Vostre Majesté une expédition en original de M. le baron de Breteuil; ce qui a trait aux affaires politiques est peu digne de son attention, si on excepte ce que l'Impératrice Reine a mandé à la Reine de Naples sur le mécontentement que lui cause l'ambition de l'Empereur. Il est fort à désirer que ce soit l'expression sincère des sentiments de cette princesse plustost qu'une tournure adroitte mais prise de loing pour les faire parvenir à Votre Majesté. Je la suplie de lire avec bonté la lettre que M. de Breteuil m'écrit directement en faveur de M. le marquis de Bombelles, qu'elle a daigné admettre à la correspondance secrette; l'estat fascheux de la fortune de ce jeune homme luy rend, Sire, les secours de Vostre Majesté aussy nécessaires que sa conduitte et ses talents l'en rendent digne. Il est le seul de touttes les

---

[1] Ambassadeur à Constantinople.

personnes employées dans cette correspondance à qui jusques icy elle n'ait pas eu la bonté de fixer de traittement, et comme personne n'en a plus de besoin, j'ose espérer qu'Elle ne trouvera pas mauvais que je joigne mes prières à celles de M. le baron de Breteuil en sa faveur, et que je la suplie de trouver bon qu'il soit employé pour 3,000 livres sur l'estat des traittements. Avec ce bienfait de Vostre Majesté, il n'aura en tout que 6,000 livres pour se soutenir, et certainement ce sera à peine suffisant. Je suis, etc.  Le comte de BROGLIE.

*P. S.* J'ay l'honneur d'envoyer cy joints à Vostre Majesté les estats de payements des quartiers de juillet et d'octobre de l'année dernière; je la suplie de me les renvoyer approuvés.

*De la main du Roi.*

Le 1ᵉʳ mois vous aurés 10,000 livres et les suivants : ce qui faira ce que vous désirés pour M. de Bombelles.

### CCCLXVI. — MÉMOIRES SUR LA POLITIQUE ÉTRANGÈRE,

*Remis par M. de Broglie à Louis XV, du 16 avril à la fin d'août 1773.*

[Original. Arch. de l'Emp. K. 159.]

CONJECTURES RAISONNÉES SUR LA SITUATION ACTUELLE DE LA FRANCE DANS LE SYSTÈME POLITIQUE DE L'EUROPE, ET RÉCIPROQUEMENT SUR LA POSITION RESPECTIVE DE L'EUROPE A L'ÉGARD DE LA FRANCE. MÉMOIRES RÉDIGÉS PAR FAVIER, SOUS LA DIRECTION DU COMTE DE BROGLIE, A L'AIDE DE LA CORRESPONDANCE SECRÈTE [1].

#### INTRODUCTION.

Pour se mettre à portée d'apprécier la situation actuelle de la France dans l'ordre des grandes puissances, il faut

---

[1] Voir plus bas, à la date du 1ᵉʳ mars 1775, le mémoire où M. de Broglie fait connaître les circonstances dans lesquelles furent rédigés ces mémoires pour détacher le Roi de l'alliance autrichienne. Ils ont par eux-mêmes une grande valeur; en outre, les lettres de Louis XV et les autres documents que nous publions permettent de connaître la portée véritable de ces

remonter à la source, et partir d'un point fixe antérieur. Dès lors on peut tracer la ligne que la France a parcourue depuis dans cette sphère politique.

Ce point antérieur doit être placé à l'époque de 1756. C'est celle de la dernière guerre et du nouveau système, suite nécessaire du traité de Versailles, du 1er mai de cette année.

On voudroit en vain se dissimuler la dégradation rapide du crédit de la France dans les cours de l'Europe, de sa considération, de sa dignité même; enfin, osera-t-on le dire? par un déplacement incroyable, elle sembleroit avoir perdu son rang à la tête des grandes puissances, pour ne plus jouer sur la scène politique qu'un rôle passif ou subalterne.

Cependant point d'effets sans causes; il faut donc chercher celles d'une si étonnante révolution. Ces causes se réduisent à trois principales, dérivées les unes des autres, depuis 1756 jusqu'à la paix.

1° Le changement de système produit par le traité de Versailles;

2° Le faux plan de la guerre, dans lequel, en perdant de vue l'objet principal, on a pris le change, et tourné en guerre de terre une guerre maritime et de colonies, ce qui a été la suite du changement de système;

3° Les malheurs de la guerre qui ont découlé de ce faux plan, et nécessité à une paix aussi désavantageuse qu'elle parut indispensable.

Depuis la paix, trois autres causes principales, pareillement enchaînées les unes aux autres, ont amené encore plus rapidement cette dégradation.

---

mémoires, qui offrent un curieux résumé de la correspondance secrète. Voyez aussi l'Étude préliminaire, p. 183. Les notes de l'auteur des mémoires seront suivies de la lettre A.

1° Le défaut de système politique. L'ancien étoit détruit, et ce renversement nous avoit laissés, à la paix, sans autre allié en Allemagne que la cour de Vienne. Nous étions réduits dans le Nord à n'avoir d'autre allié que la Suède, qui, ainsi isolée, ne pouvoit nous être qu'à charge. Ceux du Midi ne pouvant avoir aucune influence dans ce système septentrional, ils étoient nuls à cet égard. On avoit appuyé et protégé la cour de Vienne; on finit par se persuader qu'elle étoit notre appui; du moins ce fut et le langage et l'opinion apparente de notre ministère.

On s'accoutuma à regarder la puissance autrichienne comme un corps avancé qui faisoit notre sûreté, et derrière lequel on pouvoit s'endormir à l'abri de toute surprise; mais au lieu de donner l'ordre à cette avant-garde, on le reçut d'elle, et la prééminence de la cour de Vienne s'établit proportionnellement à notre subordination.

2° Cette subordination, suite du défaut de système, est devenue la cause, à son tour, des effets les plus pernicieux. Soit que le ministère d'alors ne fût pas assez éclairé, assez réfléchi pour en prévenir les suites dangereuses; soit que des motifs personnels l'eussent déterminé à suivre le penchant qui sembloit l'entraîner dans ce système subalterne, il ne s'occupa plus que d'agir de concert avec la cour de Vienne, ou plutôt sous sa direction. Point de négociations pour renouer d'anciennes alliances, en former de nouvelles, ou du moins se rapprocher décemment des cours dont on s'étoit éloigné dans la dernière guerre. Si l'on parut enfin se prêter à quelques démarches d'étiquette, ce fut si lentement, si froidement, qu'on donna à la cour de Vienne le temps de se rapprocher avant nous des puissances avec qui elle avoit été ou en guerre ouverte ou en froideur marquée[1]. Il ne parut point qu'on

[1] Il est impossible de se rapprocher plus maladroitement, et moins noble-

lui eût demandé compte des avances qu'elle faisoit et qu'elle nous empêchoit de faire. Elle sembloit s'être placée comme un point intermédiaire entre nous et ces cours refroidies ou mal réconciliées ; mais ce fut bien plutôt un mur de séparation. On la vit régler chaque pas que nous devions faire dans la route oblique qu'elle nous avoit tracée. Enfin, sous prétexte de *l'union intime ou de l'intérêt commun*, elle parvint à persuader que nous n'avions aussi qu'une volonté commune, mais toujours suggérée par elle, et variable au gré de la sienne. L'Europe fut accoutumée à regarder la France comme une puissance devenue secondaire dans l'ordre politique, en un mot, un corps de réserve aux ordres de l'Autriche [1].

A peine cependant la paix étoit-elle conclue, que la cour de Vienne avoit réclamé à toute rigueur nos engagements les plus onéreux. C'étoit l'exécution d'un traité secret, signé aussi à Versailles le 30 décembre 1758. On ne fera pas ici l'énumération des stipulations d'une armée française de cent mille hommes en Allemagne, des subsides à payer par la France aux alliés de l'Impératrice, des troupes étrangères à soudoyer aussi par la France dans les armées autrichiennes : tout cela n'avoit été que trop scrupuleusement rempli de notre part. Mais, par l'article III de ce nouveau traité, le secours de vingt-quatre mille hommes stipulé dans celui de 1756 avoit été évalué

---

ment en même temps, qu'on le fit du Roi de Prusse, au moment de l'envoi de M. de Guines : le moment de la nomination de M. de Pons a cependant été encore plus mal choisi ; et il est très-apparent que c'est ce qui a donné lieu aux entrevues de Neustadt, où on a jeté les fondements de l'union funeste de l'Empereur et du Roi de Prusse. (A.)

[1] Jamais notre subordination n'a tant paru que dans l'affaire de Pologne, à laquelle la cour de Vienne n'a jamais voulu permettre qu'on prît part par les seuls moyens qui eussent pu être efficaces ; ce qui a été la cause de la foiblesse de ceux qu'on a employés, qui n'ont servi qu'à nous compromettre cruellement et à nous rendre presque ridicules. (A.)

en argent à 3,336,000 florins d'Empire, payables tous les ans pendant la durée de la guerre (8,340,000 livres). Il en étoit dû, à la paix, aux environs de 33 à 34 millions, pour les quatre années d'arrérages : il fallut s'arranger. On prit, en 1762, des termes pour le payement, qui fut enfin achevé en 1769.

Avec une somme si considérable, et l'économie que la cour de Vienne perfectionna dans ses finances, elle se trouva presque en meilleur état qu'avant la guerre ; elle remboursa ou fit des réductions, l'argent à la main ; elle établit son crédit, pendant que la France achevoit de ruiner le sien, pour en avoir abusé au gré de l'Autriche ; et par un effet certain de la *puissance pécuniaire,* celle-ci augmenta graduellement son *crédit de considération,* et la France, à proportion, perdoit du sien propre ce que son allié en acqueroit à ses dépens.

Cette supériorité (dont on ne fut point frappé alors, mais qui ne laissa pas d'être aperçue par des observateurs instruits), fut le premier degré de celle que l'Autriche a depuis usurpée insensiblement.

Le bon état de ses finances lui permit de rester puissamment armée, tandis que le ministère françois, réformant d'un côté et prodiguant de l'autre, laissoit la France désarmée, et sa frontière presque ouverte. Dès lors le *crédit de considération,* fondé sur la puissance militaire, fit pencher de plus en plus la balance politique du côté de la cour de Vienne.

Ce nouveau degré de supériorité, ou ne fut pas plus senti, ou fut dissimulé avec le même artifice. On crut, ou l'on feignit de croire, que si l'Impératrice tenoit son état militaire sur un pied si formidable, c'étoit pour la France autant que pour elle-même ; *que l'union intime des deux cours* tiendroit toujours les forces de l'une à la disposition de l'autre; et que, tout devenant commun entre deux alliés qui alloient encore s'unir plus étroitement par les liens du sang, c'étoit deux cent mille hommes de plus que le Roi auroit à son service.

Les prétextes, d'ailleurs, ne manquoient point pour pallier cette espèce de connivence. « Le Roi de Prusse
» restoit aussi puissamment armé; l'Impératrice ne pou-
» voit, sans imprudence, désarmer devant lui, et s'expo-
» ser par là à de nouvelles invasions. Celles-ci auroient
» fait renaître le *casus fœderis*, et nos secours alors ne
» pouvoient plus être limités. Il auroit fallu alors envoyer
» au fond de l'Allemagne des armées entières, et courir
» encore tous les risques d'une guerre qui auroit si mal
» réussi. Il falloit donc un frein à l'ambition du Roi
» de Prusse, et qui assurât en même temps notre tran-
» quillité. Ce frein ne pouvoit être qu'un état de guerre
» formidable : l'Autriche s'en chargeoit à ses propres dé-
» pens. Elle prévenoit par là toutes les tentations que ce
» voisin dangereux auroit pu avoir de troubler encore
» l'Allemagne et de bouleverser l'Europe. La France,
» d'ailleurs, tranquille, assurée au Midi, n'avoit rien à
» craindre du Nord, tant qu'elle resteroit unie avec la cour
» de Vienne. Quelle autre puissance pouvoit l'attaquer de ce
» côté-là? Et si quelqu'une l'eût osé, les États autrichiens
» lui opposoient une barrière insurmontable. Qu'avions-
» nous donc besoin, en temps de paix, de tenir sur pied de
» grandes armées? Celles de l'Impératrice veilloient à
» notre sûreté, et cette heureuse position nous répondoit,
» au moins par terre, d'une paix éternelle [1]. »

[1] Tel étoit le langage de notre ministère. Mais comment pouvoit-on regarder comme un avantage la foiblesse où la France restoit, pendant que l'Autriche et la Prusse demeuroient puissamment armées, et comment n'a-t-on pas prévu l'avantage que cela leur donneroit sur nous? (*A.*)

Ainsi, de notre aveu, la cour de Vienne se ménageoit sur nous tous les avantages de la *puissance militaire*. Il ne manquoit plus, pour nous mettre hors d'état de les lui disputer, que d'établir sa *puissance fédérative* sur les ruines de la nôtre.

Le défaut de système avoit entraîné la subordination de la France aux vues, aux désirs de la cour de Vienne. Cette seconde cause avoit amené son effet nécessaire. Ce fut pour la France de rester abîmée de dettes, sans crédit, et presque sans troupes, surtout sans autre alliance au delà du Rhin, que celle d'une cour prête à lui échapper, isolée alors, épuisée par une administration de finance monstrueuse. On la crut sans ressources; à quoi auroit servi son alliance?

L'Autriche cependant sembloit acquérir tous les jours une nouvelle vigueur, un degré de considération et de crédit. Recherchée par les Turcs, caressée par le Roi de Prusse, ménagée par la Russie, implorée par la Pologne, elle avoit à choisir entre ces quatre alliés. De trois, elle a mis le plus riche à contribution, pour le sacrifier ensuite, et s'est liguée avec les deux plus forts pour dépouiller le plus foible [1].

3° Cette alliance de l'Impératrice avec la Russie, dernière cause et dérivée des deux précédentes, en a donc été l'effet nécessaire; et en démasquant le système bien combiné de la cour de Vienne, elle a fait le complément de notre dégradation.

La puissance *fédérative*, fondée sur le nombre, l'uti-

[1] Depuis le moment de la vacance du trône de Pologne, la cour de Vienne a négocié très-habilement avec toutes ces cours, pour lesquelles elle n'a cherché en même temps à nous inspirer que de la méfiance pour les unes, de l'indifférence pour les autres. Il n'est pas maladroit d'avoir tiré, en juillet 1771, douze millions de livres des Turcs, à compte sur un subside de trente millions, pour après cela se lier avec leurs ennemis. (A.)

lité, la solidité des alliances, étoit le troisième et dernier avantage que l'Autriche avoit à prendre sur nous. Ses nouveaux alliés, en le partageant avec elle, ont aussi gagné chacun un rang dans l'ordre politique.

L'Europe, en général, a vu avec surprise la France rangée tout d'un coup en quatrième ligne parmi les puissances du continent. Mais cette surprise n'a été que pour le vulgaire, pour les esprits courts, frivoles et inappliqués. Ceux qui, dans la pratique ou la spéculation des affaires, ont réuni les avantages de l'observation et du calcul, avoient pu compter chaque pas rétrograde que nous faisions pour arriver au point où l'on vouloit nous placer.

L'affaire de Pologne et la guerre des Turcs ont été les derniers de ces pas si mal mesurés. Il resteroit sur tout cela de tristes réflexions à faire.

Comment les choses ont-elles pu en venir, par degrés, à ce point de calamité pour la Pologne et pour la Porte?

Comment une chaîne d'intrigues ou plutôt de tracasseries prolongées depuis 1765 jusqu'en 1771, n'a-t-elle abouti qu'à la ruine de nos alliés, de nos protégés, et à notre propre humiliation [1]?

Comment avoit-on commencé si foiblement et si tard ce qu'on auroit pu et dû entamer beaucoup plus tôt avec énergie [2] ?

[1] La Pologne est anéantie; la Turquie sera au moins très-entamée et fort abaissée; la Suède court les plus grands risques d'éprouver un pareil sort. (A.)

[2] Si on avoit donné à la Pologne deux millions de livres de subsides au moment que la confédération de Bar a éclaté, et qu'en reconnoissant M. de Willorusky pour ministre de cette confédération on eût envoyé auprès de ces chefs un ministre de France en état de bien faire employer cette somme, toute la Pologne eût été confédérée en trois mois, et il y eût eu plus de cent mille Polonois sur pied, partagés en différents corps, qui auroient désolé l'armée russe, auroient intercepté toutes ses communications, pillé ses convois, ses magasins, ses hôpitaux, et certainement l'utilité dont cette diversion intestine eût été aux Turcs auroit bien mis en droit de leur

Comment s'est-on laissé jouer si longtemps et si grossièrement par la cour de Vienne?

Comment cette illusion, qui auroit dû finir avec le ministère de M. de Choiseul, s'est-elle soutenue jusqu'au dernier moment?

Comment la France a-t-elle pu, sans le savoir, sans s'en douter, servir jusqu'au bout d'instrument à l'Autriche, pour amener la Russie et le Roi de Prusse au point de s'unir avec elle?

Mais il n'est plus temps d'agiter ces douloureuses questions. Il suffit d'avoir remonté aux causes primitives de la situation où se trouve aujourd'hui réduite la première puissance de l'Europe. Partons à présent d'un autre point fixe; c'est l'état actuel. Tâchons auparavant de le bien apprécier. Il est triste au premier coup d'œil; mais il n'est peut-être pas désespéré.

## SECTION PREMIÈRE.

### DE LA SITUATION ACTUELLE DE LA FRANCE DANS LE SYSTÈME POLITIQUE DE L'EUROPE.

On doit regarder comme une maxime fondamentale et un principe incontestable, que le crédit ou la considération d'un prince, d'un État quelconque, sa dignité même et sa prééminence, son rang enfin dans l'ordre politique, est nécessairement fondé sur la puissance; que celle-ci pourroit être envisagée sous deux faces : les troupes et les alliances; puissance militaire et puissance fédérative.

On pourroit ici ajouter un troisième article; c'est la puissance pécuniaire, la base et l'aliment des deux autres :

---

demander de payer ce subside. Tout cela a été proposé par des mémoires que M. de Mokranosky a présentés à M. le duc de Choiseul. Ce ministre, de son premier mouvement, commençoit par adopter ces idées; mais la cour de Vienne a toujours empêché de les exécuter. (*A.*)

mais cet objet regarde l'administration intérieure, dont on ne discutera pas les détails dans le présent mémoire. Peut-être sera-t-on dans le cas d'y revenir, et sera-t-il possible de prouver que nos ressources en ce genre ne sont pas épuisées au point que l'Europe le croit. La France aura toujours plus de *numéraire disponible* qu'aucune autre; et le crédit même, tout ruiné qu'il puisse être, renaîtra, si l'on veut, des premières mesures sages bien calculées, et surtout économiques que l'on voudra prendre.

On n'envisagera donc ici la situation actuelle de la France dans le système politique de l'Europe, que relativement à la *puissance militaire* et à la *puissance fédérative*.

### I. *De la situation actuelle de la France dans le système politique de l'Europe relativement à la puissance militaire.*

Cette puissance n'est pas uniquement fondée sur des armées nombreuses. Les moyens d'attaque en sont, il est vrai, le nerf et le mobile; mais tous les moyens de défense entrent aussi dans sa composition.

A cet égard, la France a conservé ses avantages sur les autres puissances de l'Europe : l'ensemble et l'arrondissement de ses possessions; la défense naturelle d'une partie de ses frontières, par les montagnes et les mers; la sûreté artificielle, par un triple cordon de places fortes, quoique très-mal entretenues; l'esprit d'une nation toujours invincible chez elle, ou toujours renaissante même de ses défaites, pour chasser ensuite l'ennemi et recouvrer enfin son territoire.

Mais de ces avantages, tout précieux qu'ils sont, il ne résulte véritablement qu'une force d'*inertie,* c'est-à-dire la difficulté d'être attaquée, la facilité de se défendre, la possibilité de recouvrer enfin ce qu'on a perdu. C'est, à proprement parler, la *partie passive* de la puissance militaire. Elle ne suffit point pour élever un prince, un État quelconque, au premier rang dans l'ordre politique, ni pour l'y maintenir, s'il néglige trop longtemps la *partie active* de la puissance militaire.

C'est donc par l'entretien constant, soutenu et perfectionné d'un état de guerre formidable, qu'un prince ou un État quelconque peut, ou s'élever, ou se maintenir au premier rang entre les grandes puissances. La Russie, la Prusse, l'Autriche elle-même, ne sont parvenues que par ce moyen à la place qu'elles occupent aujourd'hui; et c'est par le contraire que la France en paroît déchue. Il faut d'ailleurs observer, en passant, que ce n'est que pendant la paix qu'on peut former une bonne armée, et que ce seroit le temps où il seroit le plus essentiel que les troupes fussent entre les mains de gens capables de décider de leur constitution et de les instruire pour la guerre.

Il est triste, sans doute, pour un souverain chéri, humain, bienfaisant, d'enlever à l'agriculture, à l'industrie, aux arts utiles, la fleur de sa population : mais, faut-il l'avouer? ce n'est point à la France à se plaindre de cette nécessité. Louis XIV a fait le malheur de l'Europe et a porté de rudes atteintes au bonheur de ses peuples en établissant le premier l'usage des grandes armées. Son exemple et ses entreprises en ont fait un besoin constant pour tous les autres potentats; l'Europe est montée sur ce ton : c'est une maladie épidémique, et la philosophie même n'en guérira point les princes qu'elle compte parmi ses sectateurs et ses prosélytes.

Toute force étant relative, comme toute grandeur, la puissance militaire d'un État quelconque existe plus ou moins, en proportion de celle des autres États qui figurent avec lui sur la scène politique. Tant qu'il peut ou sait conserver ce genre de supériorité, il y joue les *premiers rôles*. Réduit à l'égalité, il ne les a plus *qu'en partage*; s'il tombe au-dessous de cette proportion, il ne doit plus prétendre qu'aux rôles *subalternes*.

C'est à quoi la France devroit désormais s'attendre, si elle persistoit à rester désarmée; car on ne peut pas dire que, ne voulant point jouer de ces rôles subordonnés, elle en seroit quitte pour n'en jouer aucun.

1° Ce seroit une triste et humiliante situation, qui répugneroit à la dignité et à la supériorité primitive de cette monarchie. La maison régnante est la plus illustre comme la plus ancienne de l'univers. La nation a régné jadis sur toute l'Europe connue, et, même après avoir perdu l'empire d'Allemagne, elle a toujours eu dans la masse générale une prépondérance qui est devenue en quelque sorte le patrimoine de la couronne.

Cette opinion, reçue depuis tant de siècles, ce dogme consacré par une prescription plus que millénaire, n'avoit jamais souffert aucune altération jusqu'à l'époque trop célèbre du pacte de famille [1]. Alors, pour la première fois, la France admit à l'égalité une autre monarchie; et

---

[1] On ne prétend pas blâmer l'alliance avec l'Espagne, qu'on regarde comme la plus essentielle et la plus naturelle que la France puisse jamais former : mais on croit qu'il seroit facile de prouver que le moment où elle a été faite a été mal choisi; que, faute de connoître la mauvaise administration intérieure de cette couronne à l'époque de ce traité, et combien elle étoit peu préparée aux efforts qu'on attendoit d'elle, son concours n'a pas servi à diminuer les désavantages de la paix pour la France, et qu'elle les a seulement fait partager à l'Espagne. Il eût donc été plus utile de faire craindre cette alliance à l'Angleterre, pour la déterminer à la paix, et d'attendre que la tranquillité fût rétablie en Europe, pour contracter des liaisons indissolubles avec l'Espagne. Il auroit surtout fallu ne jamais admettre à l'alternative de la préséance cette monarchie; et c'est une faute irréparable, beaucoup plus à regretter que la perte de plusieurs provinces dont on peut tôt ou tard se remparer. (*A.*) — Le pacte de famille fut conclu en 1761.

de ce préjugé qu'elle forma contre elle-même résulta peut-être la première idée du déplacement qu'elle éprouve aujourd'hui. Les puissances, en assez grand nombre, qui ne cédoient point à l'Espagne, commencèrent alors à révoquer en doute notre préséance; et comme, pour toute ambition, l'égalité, une fois obtenue, n'est qu'un pas de plus vers la supériorité, on crut bientôt qu'il ne seroit pas impossible de l'usurper sur nous ; tant il est dangereux de se laisser entamer sur l'opinion dans tout ce qui tient à la prééminence !

Mais, on ne sauroit trop le répéter, cette supériorité *de droit* ne s'acquiert et ne se maintient que par la supériorité *de fait,* c'est-à-dire par la réalité d'une puissance prépondérante.

Ensuite il faut bien observer que tout prince ou État déchu du premier rôle n'est pas toujours le maître de n'en jouer aucun.

Dans l'*ordre politique,* ainsi que dans l'*état social,* l'infériorité a toujours entraîné de fait la dépendance. La chimère d'un État plus foible qui resteroit indépendant vis-à-vis des plus forts, est démentie par l'histoire et par l'expérience. S'il n'est pas conquis, il est subjugué, et, en attendant d'être englouti à son tour, il est souvent forcé de creuser l'abîme où les autres disparoissent [1].

Tel seroit cependant le sort de la France même, si elle pouvoit adopter l'idée peu glorieuse de rester, *seule dans*

[1] Le peu d'influence que nous avons eu dans tout ce qui s'est passé dans le Nord, l'exclusion formelle que la Russie avoit donnée précédemment à la France dans les négociations entre elle et les Turcs, enfin la demande qu'on nous a faite de ratifier le démembrement de la Pologne, sur la promesse de renoncer à cette condition à l'agression de la Suède, sont autant de preuves d'infériorité bien humiliantes; et la dernière surtout ne seroit propre qu'à déshonorer la France, sans même préserver la Suède du sort dont elle est menacée, et qui ne seroit tout au plus que différé de peu de temps. (A.)

*son coin*, tranquille spectatrice des grands événements prêts à bouleverser l'Europe. Une ou deux révolutions dans l'ordre politique pourroient bien ne pas l'affecter encore directement; mais la troisième au plus tard, qui seroit très-prochaine, transporteroit trop près de chez elle le lieu de la scène.

Alors il faudroit bien, de force ou de gré, choisir entre deux partis, car il n'en resteroit pas un troisième : ou de consentir aux projets des puissances armées et prépondérantes contre les princes ou États foibles qui seroient attaqués, et de confirmer, par des accessions et des garanties, les usurpations des plus forts; dans ce premier cas, que pourroit-on espérer de plus favorable que d'être dévoré le dernier, ou de s'opposer hautement aux mesures prises de concert par les puissances armées et prépondérantes contre les États foibles et désarmés qu'elles voudroient envahir? Mais alors quelle apparence de s'y opposer avec succès, désarmé soi-même et abâtardi par une longue paix; forcé de prendre en un instant des mesures offensives, sans avoir préparé d'avance les moyens d'attaque, ou même de défense, si l'attaque ne réussissoit point, ce qui ne seroit que trop vraisemblable dans des circonstances si désavantageuses?

Ce n'est pas qu'on prétende ici suggérer des idées guerrières et ambitieuses. La paix est, sans doute, l'avantage le plus précieux pour un prince ou un État quelconque, et la postérité bénira toujours la mémoire d'un roi pacifique. Les lumières et la réflexion ont perfectionné, surtout dans ce siècle, la théorie des gouvernements sages. La guerre est à craindre pour les petits États, attendu qu'ils peuvent tout perdre; et pour les grands aussi, parce que leur degré d'action et de consommation, tant d'hommes que d'argent, étant toujours en raison de leurs moyens, il n'y a aucune proportion entre ce que leur coûtent ces efforts dispendieux, et ce qu'ils pourroient gagner par le succès même le plus complet.

C'est donc dans un esprit de paix, de conservation et d'humanité, qu'on ose répéter ici cet axiome si connu : *Si vis pacem, para bellum.* Ce n'est, en effet, qu'en se tenant toujours préparé pour la guerre, qu'on peut s'assurer pour longtemps les avantages inestimables d'une solide paix.

On pourroit même retourner ainsi la phrase : *Si vis bellum, para pacem;* et véritablement le moyen le plus sûr d'avoir bientôt la guerre, c'est de se réduire à ce qu'on appelle improprement l'*état de paix;* c'est de rester avec un pied de troupes si bas, qu'il suffise à peine pour la défensive.

L'expérience de tous les temps a prouvé cette vérité : on chercheroit vainement quelque exemple du contraire, il n'en existe point. On a vu une fois la France vingt ans de suite en paix (du côté du Nord et de l'Allemagne), sans être précisément armée; mais quel étoit alors l'état des puissances rivales? Épuisées toutes pour le moins autant que la France par la guerre de succession [1], aucune d'elles, après la paix, n'étoit restée avec un état militaire plus fort que le nôtre.

La Prusse, à cet égard, étoit encore au berceau; la Russie, à l'école; et nous n'avions encore avec l'une ni l'autre aucun de ces rapports directs ou indirects d'où peut naître la guerre. Si l'Autriche avoit déjà fait une grande figure, c'étoit au moyen des subsides qu'elle a toujours reçus. Ceux-ci avoient cessé à l'époque de la paix d'Utrecht; et réduite à ses propres revenus, alors si mal administrés, on sait à quel état son militaire étoit réduit, lorsqu'en 1733 elle força la France à une rupture.

---

[1] Il s'agit de la guerre de la succession d'Espagne sous Louis XIV.

Il n'est pas surprenant que dans de telles circonstances la France, qu'on pouvoit regarder alors comme la première puissance de l'Europe, ait pu si longtemps conserver la paix avec ses voisins, tous plus désarmés, plus épuisés qu'elle-même.

On ne doit pas plus s'étonner qu'elle n'ait eu, à cette époque, rien à démêler avec la Prusse et la Russie. Cet exemple unique est-il applicable à l'espèce présente? Jetons autour de nous un coup d'œil rapide. A commencer par l'Allemagne, nous y trouverons l'Autriche et la Prusse, qui n'ont pas désarmé à la paix, et dont les deux états militaires, réunis ensemble par la nouvelle alliance, forment une masse de quatre à cinq cent mille hommes.

Dans le Nord, un empire qui véritablement avoit toujours pu mettre sur pied des armées aussi nombreuses que mal disciplinées, mais qui réunit aujourd'hui le double avantage du nombre et de la discipline. Ses forces, ajoutées à celles des deux autres copartageants, donnent déjà un total de sept à huit cent mille hommes. Ce nombre n'est pas exagéré : mais si les trois puissances continuent d'augmenter leurs forces par des enrôlements forcés dans leurs nouvelles possessions, ce total pourroit sans difficulté se porter, en fort peu de temps, jusqu'à un million d'hommes.

Quelle parité y a-t-il donc entre les circonstances où la France, du même côté, a joui de vingt années de paix, et celles où l'Europe se trouve depuis les traités de Paris et d'Hubertsbourg?

Encore, dans des circonstances alors si favorables, n'auroit-elle pu la conserver si longtemps, au défaut de la puissance militaire, si elle n'en eût trouvé les moyens dans sa puissance fédérative. La France avoit à cette époque, et vers le Nord et dans l'Empire, des alliés puissants, et d'autant plus utiles, que, ne s'étant livrée exclusivement à aucun, elle les balançoit sans cesse les uns par les autres : mais ceci nous ramène à l'objet de l'article suivant, et nous n'anticiperons point ici sur les détails et les discussions dont cette partie essentielle est nécessairement susceptible.

Concluons qu'aujourd'hui la France se trouve réduite à l'état le plus foible, relativement à la puissance militaire, et proportionnellement avec les autres cours, dont les entreprises et les projets, ou formés ou éventuels, doivent le plus exciter son attention et ses précautions.

Que de cet état d'infériorité il résulte pour elle : 1.º la possibilité d'être engagée de force ou de gré à des accessions et des garanties d'où naîtroient forcément des mesures offensives et ruineuses, et par conséquent l'impossibilité de conserver la paix; 2º la même impossibilité, si elle refusoit de se prêter à ces accessions et garanties, puisque la foiblesse de son état militaire présent pourroit tôt ou tard tenter ces mêmes cours de s'en prévaloir, ainsi que de leur supériorité à cet égard, pour exiger de la France, à main armée, ces démarches qu'elle n'auroit pas voulu faire.

Donc la situation actuelle de la France dans le système politique de l'Europe, relativement à la puissance militaire, est désavantageux, précaire, et même dangereux.

Son crédit, sa considération, sa dignité même, tout y est compromis, et en y restant elle ne sauroit espérer de recouvrer son rang à la tête des grandes puissances. Elle ne pourroit pas même se flatter de conserver l'égalité, et soit pour s'y maintenir, soit pour la rétablir, elle seroit forcée enfin de faire ou de soutenir la guerre. Donc, bien loin de lui assurer la durée et l'affermissement de la paix dont elle jouit encore, cette situation l'expose à tous les inconvénients d'une guerre entreprise ou soutenue par force et sans préparation. Donc, enfin, l'amour même de la paix et le besoin de l'affermir imposent à la France la nécessité de faire un effort pour sortir de cette situation, et se remettre de niveau avec les autres grandes cours, relativement à la puissance militaire.

II. *De la situation actuelle de la France dans le système politique, relativement à la puissance fédérative.*

On croit avoir prouvé dans l'article précédent que la situation actuelle de la France relativement à la puissance militaire ne sauroit subsister encore quelque temps sans entraîner pour elle les malheurs d'une guerre directe ou indirecte, offensive ou défensive, et que, dans tous les cas, elle la feroit ou la soutiendroit avec désavantage, parce qu'elle n'y auroit pas été préparée.

Prouvons à présent que la situation de la France relativement à la puissance fédérative ne l'expose pas moins aux mêmes inconvénients et aux mêmes désavantages; mais parcourons auparavant ses alliances existantes, et suivant l'ordre topographique.

A commencer par le Nord, nous n'en trouvons qu'une avec l'État le plus foible de cette partie de l'Europe, la plus onéreuse de toutes et la plus susceptible de compromettre notre tranquillité : c'est l'alliance de la Suède.

Jamais le danger n'en a été si prochain ni même si inévitable. Les mesures prises depuis longtemps pour donner à la Suède quelque degré d'activité et d'utilité ont été souvent mal conduites, mal dirigées. L'aberration de notre système politique, en 1756, les rompit pour un temps, et en fit prendre d'opposées. On y revint depuis avec plus de chaleur et de prodigalité que de combinaisons et de calculs. On fit beaucoup d'éclat, aucun progrès réel, enfin l'instant est arrivé.

Le projet de favoriser la révolution étoit sans doute noble, grand et digne du Roi; l'exécution a fait honneur autant à ses lumières qu'à sa générosité, et l'importance du succès ne peut pas être contestée.

Mais les premiers fruits de cette révolution seront nécessairement tardifs. Loin de songer sitôt à les cueillir, il faudra semer et cultiver encore longtemps. Il faut à présent conjurer l'orage tout formé et tout prêt d'éclater; ainsi le succès même a fait naître, pour le moment, un embarras de plus.

Il ne doit cependant pas nous rebuter : le premier pas est fait, et, dans cette carrière, on ne recule pas impunément. La gloire du Roi seroit compromise, non-seulement à abandonner le nouveau monarque qu'il a honoré d'une amitié personnelle et paternelle, mais encore à le secourir foiblement.

Les moyens indirects seroient sans doute préférables, et leur succès plus certain, si la France n'avoit pas laissé déchoir dans le Nord et en Allemagne sa puissance fédérative. La voix des négociations auroit suppléé à la force des armes, et du moins la médiation, l'intervention de notre unique alliée en Allemagne auroit dû nous tenir lieu de tous ces moyens. L'a-t-on demandée, exigée à temps? auroit-on osé nous la refuser[1] ?

Des conjectures là-dessus seroient trop vagues et trop incertaines. Nous traiterons dans la troisième section des moyens qui pourroient nous rester à cet égard, ou de ceux

---

[1] On ne sauroit se dissimuler qu'après le mystère que la cour de Vienne nous avoit fait de son alliance avec la Russie et la Prusse, elle a comblé la mesure de sa négligence pour la France, en ne s'occupant pas d'éloigner l'orage qui menace la Suède, quand même nous ne l'aurions pas sollicitée de le faire : que seroit-ce si elle nous l'avoit refusé? (A.)

qui devroient bientôt résulter des nouvelles combinaisons du système politique : suivons à présent l'ordre que nous nous sommes prescrit.

En Allemagne, nous avions (nous avons encore, si l'on veut) la cour de Vienne. Ce seroit aussi un sujet de conjectures où l'on ne peut que s'égarer, lorsque l'on n'est pas au courant des affaires. C'est à ceux qui en tiennent le fil, à juger si désormais nos liaisons les plus intimes avec cette cour pourront s'appeler *une alliance*.

Il semble, du moins au premier coup d'œil, que ce seroit un abus des termes. Une alliance suppose une communauté d'intérêts, ou du moins de rapports entre eux, qui les concilie, les unit et les rend les mêmes. Les objets, il est vrai, peuvent en être différents, relativement à chacun des alliés, mais non pas séparés, encore moins contradictoires. On laisse à penser si, du moins à présent, tel est le cas de notre alliance avec la cour de Vienne. Elle auroit beau nous protester[1] « que ses sentiments sont toujours
» les mêmes à notre égard ; que sa ligue atroce avec la
» Russie et le Roi de Prusse n'est qu'une *déviation* passa-
» gère, où elle a été entraînée par les circonstances, un
» courant qui l'emporte, mais qui nous la ramènera, pour
» se livrer désormais uniquement à l'amitié, à la confiance
» qu'elle nous a vouée ; que cette union forcée n'a eu
» d'autre objet que de prévenir une guerre générale, dans
» laquelle nous aurions été entraînés nous-même néces-
» sairement ; que si nous eussions voulu nous engager plus
» avant et plus ouvertement dans les affaires de Pologne,
» elle n'y auroit agi que de concert avec nous ; mais qu'elle

---

[1] Tel est le langage de M. le prince de Kaunitz et celui de M. le comte de Mercy ; mais il faut convenir que ces raisonnements sont plus spécieux que fondés en raisons, et il n'y auroit rien de plus aisé que de les détruire. — Voyez l'Étude préliminaire, p. 176.

» ne pouvoit s'en mêler toute seule sans se mettre à dos
» deux grandes puissances déjà pour ainsi dire en posses-
» sion de ce royaume[1]; que voyant éclore les projets
» d'agrandissement formés par le Roi de Prusse, elle
» n'avoit eu d'autre parti à prendre que d'accepter les
» offres qu'on lui faisoit pour le sien propre; que c'étoit
» l'unique moyen de maintenir l'équilibre, de conserver
» la paix et de gagner du temps, pour remettre à loisir
» toutes choses sur l'ancien pied d'une communauté d'in-
» térêts et de volontés entre les deux familles si étroitement
» unies par les liens du sang. » Enfin toutes les autres
phrases de protocole et d'étiquette, lorsque après avoir
trompé un allié on veut se ménager les moyens de le
tromper encore. Il n'en seroit pas moins vrai que, par
cette nouvelle alliance, la Pologne resteroit démembrée,
l'Empire ottoman écrasé, le Roi de Suède peut-être
détrôné; toute l'Allemagne n'existeroit plus qu'à la discrétion et sous le bon plaisir de l'Empereur et du Roi de
Prusse, en attendant les occasions de dépouiller chacun
de ces princes l'un après l'autre.

L'Italie menacée et de l'oppression et de la tyrannie,
sous le prétexte spécieux des droits de l'*Empire romain*,

[1] M. le comte de Mercy a répandu dans le public que tout ce que sa cour a fait avec la Russie et la Prusse avoit été communiqué d'avance à notre ministère, et que ce n'est qu'à notre refus de nous mêler des affaires de Pologne, que la cour de Vienne a été obligée de céder aux propositions de deux autres puissances, auxquelles elle n'étoit pas en état de résister. Il a dit plus, car il a prétendu que le Roi de Prusse avoit communiqué au ministère autrichien des réponses de M. le duc d'Aiguillon, par lesquelles ce ministre assuroit Sa Majesté Prussienne que la France étoit indifférente à tout ce qui se faisoit en Pologne, et ne regarderoit même pas comme le *casus fœderis* tout ce qui pourroit arriver à ce sujet entre les cours de Vienne et de Berlin. On ne sauroit regarder ces allégations de M. de Mercy que comme une manière de disculper sa cour, étant impossible que M. le duc d'Aiguillon ait commis des fautes aussi capitales, et d'où proviendroit tout l'embarras où il se trouve aujourd'hui. (A.)

et l'Europe entière soumise à l'influence de trois potentats réunis pour la subjuguer ou la bouleverser, on demande si c'est pour la France cette perspective d'intérêts communs, sans laquelle, nous l'avons dit, il ne peut exister d'alliance solide et durable.

La France, il est vrai, conserve au Midi ses alliés naturels, le Roi d'Espagne, et, du moins encore, le Roi des Deux-Siciles. Les mêmes liens du sang et d'intérêt commun peuvent lui acquérir un jour le Roi de Sardaigne : Venise, Gênes, et peut-être les Suisses, pourroient également être jetés dans ses bras par la crainte de l'Empereur; mais cette même crainte pourroit aussi les retenir (c'est le génie des républiques). Enfin tous ces alliés du Midi, présents ou futurs, ne sauroient influer, du moins de sitôt, dans le système du Nord. Nous parlerons ailleurs des motifs qui pourroient un jour et les y entraîner et les y rendre utiles. Mais dans la crise actuelle, on l'a déjà dit, ces alliés sont nuls. Ils sont pour le Nord et pour l'Allemagne comme s'ils n'existoient pas.

Le seul donc de nos alliés méridionaux qui se trouve engagé dans la querelle du Nord, et qui auroit pu nous y aider à y tenir la balance, *c'est la Porte*. On sait où elle en est réduite; et à cet égard, elle s'est presque mise au même point que la Suède, c'est-à-dire de nous embarrasser pour le moment, et de ne pouvoir nous être utile.

La France cependant n'en est pas moins obligée, engagée d'honneur à soutenir le Roi de Suède, à favoriser les Turcs, au moins indirectement, et dans la négociation de la paix, puisque la guerre leur a si mal réussi; enfin à éviter, s'il se peut, qu'on ose exiger d'elle de ratifier [1]

---

[1] On a répandu dans le public que la Prusse et la Russie avoient déclaré qu'au prix de cette honteuse accession elles consentiroient à assurer la tranquillité de la Suède. Il est fort à désirer que la proposition n'en ait pas

par son accession et sa garantie la destruction de la Pologne; et dans cette crise qui ne souffre plus de retard, elle n'a plus d'allié que l'Autriche. Quel fond pour tout cela nous reste-t-il à faire sur la couronne de Vienne, liguée comme elle l'est avec la Russie, *connivente* avec elle contre la Porte, et copartageante de la Pologne?

Qu'est-ce d'ailleurs qu'un allié unique, exclusif, exigeant, et qu'on ne peut pas contre-balancer par d'autres alliances? Veut-il la guerre, il vous y entraîne contre ceux qu'il opprime; ou il vous la fera, si vous osez vous refuser à ses projets les plus despotiques. Il faut opter alors entre l'offensive ou la défensive.

Nous l'avons avancé dans l'article précédent : si la France a joui une fois dans ce siècle d'une paix de vingt ans avec le Nord et l'Allemagne, c'est en partie à sa puissance fédérative qu'elle a dû ce rare avantage. Elle n'étoit pas alors réduite à un seul allié. Ménagée et recherchée par toutes les puissances, elle ne se livroit qu'autant et pour aussi longtemps qu'elle l'éprouvoit fidèle à son amitié, surtout à l'*intérêt commun*. Ce lien (on l'a dit ailleurs, on ne peut trop le répéter) est le seul qui doive unir ou réunir deux puissances. S'il se relâche ou s'il se rompt, l'alliance ne subsiste plus de fait, quand même elle subsisteroit encore de nom. Ce n'est plus alors qu'un contrat insidieux, frauduleux, dans lequel tous les avantages se trouvent d'un côté et toutes les charges de l'autre. Ajoutons que

été faite, de peur qu'elle n'eût été acceptée pour sortir momentanément d'embarras. Rien ne seroit plus affligeant que d'être réduit au point qu'on ose faire une pareille proposition à la France. Outre la honte qui en résulteroit en l'acceptant, n'est-il pas facile de prévoir que ce ne seroit qu'une suspension d'hostilités que la Russie accorderoit à la Suède; qu'en attendant elle fomenteroit dans l'intérieur de ce royaume des divisions qui lui fourniroient le prétexte de s'en mêler par la voie des armes, et de remplir le même objet du renversement de la constitution actuelle, et peut-être du démembrement de la Livonie et de la Poméranie, par des voies encore plus odieuses? (A.)

l'honneur, la dignité, la gloire, la sûreté même de l'une des deux puissances alliées souffriroient trop de la dépendance où elle se trouveroit par là des volontés de l'autre; que celle-ci garderoit pour elle-même le profit, l'agrandissement, la domination, et ne laisseroit à celle-là que l'épuisement, l'avilissement et la servitude.

Le traité de Londres (1716), la quadruple alliance (1718), avoient assuré à la France la paix et la tranquillité dont elle jouit pendant les premières années du règne du Roi. L'influence prépondérante de l'Angleterre dans cette alliance fut le lien qui tint si longtemps ensemble la France et l'Autriche. Dès que celle-ci entreprit de le rompre par le traité de Vienne (1725), celui de Hanovre (1726) en fit aussitôt la balance. Le traité de Séville (1729) fut un nouveau contre-poids : mais enfin tous ces balancements soutenoient l'équilibre, et conservoient la paix. La France, réduite et livrée à l'alliance exclusive de l'Autriche, a-t-elle aujourd'hui de pareils moyens d'assurer sa propre tranquillité ?

Au contraire, il paroît que, depuis la ligue *copartageante*, cette alliance ne peut plus qu'entraîner la France dans des guerres directes ou indirectes, offensives ou défensives, mais toujours désavantageuses pour sa sûreté, parce qu'elle n'y seroit point préparée, et pour sa dignité, parce qu'elle n'y joueroit qu'un rôle ou forcé, ou passif, ou subalterne.

Donc la situation actuelle de la France dans le système politique de l'Europe relativement à la puissance fédérative est désavantageuse, précaire, et même dangereuse.

Donc le crédit de cette première puissance de l'Europe, sa considération, sa dignité, sa tranquillité, sa sûreté même, y sont compromis.

Donc, loin de pouvoir conserver la paix en restant davantage dans cette situation, elle s'y trouveroit de plus en plus exposée au malheur de faire la guerre ou au cas forcé de la soutenir.

Donc enfin, l'amour de la paix et le besoin de l'affermir par des alliances puissantes, solides, et réciproquement utiles, impose à la France la nécessité d'un nouveau système politique. C'est l'unique moyen de sortir enfin de la situation désavantageuse, périlleuse et critique où elle se trouve réduite relativement à la puissance fédérative.

Il est à peu près démontré que si la France a éprouvé, surtout depuis la dernière paix, une dégradation rapide de son crédit dans les cours de l'Europe, de sa considération, de sa dignité même; si, par un déplacement inouï, elle semble avoir perdu son rang à la tête des grandes puissances, pour ne plus jouer sur la scène politique qu'un rôle passif et subalterne, cette dégradation, ce déplacement a été l'effet de deux causes principales :

L'affoiblissement de la puissance militaire;

La réduction de sa puissance fédérative en Allemagne et dans le Nord à deux alliances, l'une ancienne et l'autre nouvelle, dont la première lui est à charge, et la seconde, après lui avoir été longtemps onéreuse et ruineuse, lui est enfin devenue dangereuse.

Que pour sortir de ce danger actuel imminent, pour se mettre en état de conserver la paix et de l'affermir, pour rétablir son crédit dans les cours de l'Europe, sa considération, sa dignité même et sa prééminence, il ne reste à la France qu'un seul moyen :

Ce seroit de former et réduire en pratique un autre système de puissance militaire et de puissance fédérative.

On se propose de chercher, d'indiquer et de discuter, dans la suite de ce travail, les mesures à prendre pour ce nouveau plan. Mais, pour y procéder avec ordre et méthode, il faut premièrement jeter un coup d'œil sur la position respective des autres puissances à l'égard de la France. De leurs différents rapports avec nous et entre elles-mêmes doivent nécessairement résulter de nouvelles combinaisons; et de celles-ci, les possibilités et les facilités dans la formation ou du moins dans le rétablissement de notre système politique. Suivons toujours l'ordre topographique, et commençons par le Nord, pour faire de là le tour de l'Europe.

## SECTION II.

### DE LA POSITION RESPECTIVE DES PUISSANCES DE L'EUROPE A L'ÉGARD DE LA FRANCE.

#### I. *De la Suède.*

On a déjà traité, dans la section précédente, de l'alliance de cette couronne. Il ne serait pas difficile de démontrer que, depuis Gustave-Adolphe, elle ne fut jamais utile à la France, même dans le temps des plus grandes prospérités des armées suédoises, et que dans les adversités dont cette nation a été accablée depuis, son alliance nous fut toujours onéreuse.

Les progrès de Gustave-Adolphe, qui s'avança comme un torrent jusqu'à nos frontières, nous l'avoient rendue formidable. Sa mort nous la rendit plus coûteuse et plus épineuse, et la politique du chancelier Oxenstiern embarrassa souvent celle du cardinal de Richelieu.

Les négociations de la paix de Westphalie ne traînèrent si longtemps que par l'opposition où se trouvoient presque toujours les intérêts et les prétentions de la Suède avec les nôtres.

Vingt ans après, sans aucun motif apparent qu'une basse jalousie, elle se laissa engager dans la triple alliance (en 1668), et osa partager avec l'Angleterre et la Hollande la gloire d'*avoir arraché les Pays-Bas à la France.*

Dans la guerre qui précéda le traité de Nimègue, la Suède, il est vrai, étoit revenue à l'ancien système d'union avec la France; mais le malheur de ses armes et les fautes de son gouvernement lui firent perdre en deux campagnes tous ses États dans l'Empire et les plus belles provinces de son territoire propre. Elle allait perdre tout le reste; Louis XIV le sauva, en portant ses armes victorieuses dans la basse Allemagne, pour faire restituer à la Suède tout ce qu'on lui avait pris. Le grand électeur de Brandebourg, Frédéric-Guillaume, attaqué par elle, et conquérant à juste titre de la Poméranie, fut trop heureux de recevoir la paix à cette condition. Le roi de Danemark s'y soumit aussi par le même traité de Saint-Germain, en 1679.

Il en coûta sans doute à la France pour le rétablissement de la Suède dans toutes ses possessions. Quelque avantageuses qu'eussent été pour la première les conditions de la paix de Nimègue (en 1678), elles l'auroient été encore davantage, si Louis XIV n'avoit préféré à ses intérêts particuliers la gloire de protéger une puissance alliée, quoiqu'il en eût éprouvé, dix ans avant, une espèce d'infidélité qu'il lui avoit pardonnée.

Relevée par la France au plus haut degré de prospérité, la Suède n'en fut guère plus reconnoissante. Au fort d'une guerre où tous ses ennemis naturels étoient engagés contre la France, elle ne lui offrit que sa médiation; et pendant les négociations de la paix de Ryswyck (en 1697), cette médiation fut toujours partiale pour les alliés, et désavantageuse pour la France.

Les victoires de Charles XII auroient été pour Louis XIV un sujet de consolation dans ses propres malheurs, une ressource même pour la France, si ce conquérant n'eût pas méconnu et ses intérêts et ceux de l'Europe entière. Il pouvoit lui rendre la paix, et devenir le bienfaiteur de la France et de l'humanité. Il alla se perdre en Ukraine. Réduit à chercher un asile en Turquie, et rentré enfin dans ses États pour les perdre pièce à pièce, il y reçut toujours les bienfaits de Louis XIV, qu'il n'avoit pas voulu secourir, et qui étoit lui-même accablé d'infortunes.

Depuis cette époque jusqu'à la guerre malheureuse de la Suède, en 1742, cette puissance, toujours à charge à la France, le devint encore davantage par ce mauvais succès.

Si dans la guerre de 1757 la Suède fut engagée avec nous dans la même cause, ce ne fut que pour son malheur, et sans nous être d'aucune utilité. Le parti russe s'étoit trouvé momentanément réuni avec le nôtre par les circonstances bizarres de ce temps-là. Il ne fallut donc pas de grands efforts d'intrigue ou d'éloquence pour engager des gens accoutumés à la corruption à se faire payer fort cher pour une chose à laquelle tous les partis étoient d'ailleurs déterminés.

La convention de Stockholm fut conclue (en 1757); les subsides promis devoient être payés moitié par la France et moitié par la cour de Vienne : mais l'article IV du *traité secret* conclu à Versailles, le 30 décembre 1758, entre le Roi et l'Impératrice Reine, la soulagea de ce fardeau. Il retomba tout entier à la charge de la France, même à compter du 1er juin précédent. Ainsi, tout bien considéré, on exagéra beaucoup, dans cette occasion, les services de notre parti en Suède et son attachement pour nous. On n'avoit pas moins grossi la part qu'on nous donnoit aux révolutions arrivées dans ce royaume. A bien apprécier ces événements, la France n'y fut que pour son argent.

On a vu comment la Suède l'a gagné et employé dans cette guerre. On sait ce qu'il en a coûté depuis, jusqu'à l'année dernière, pour nourrir sans effet la corruption, toujours évaluée trop haut, de gens qui n'y étoient que trop accoutumés. Quelques avantages obtenus (en 1769) pour notre commerce, quelques succès d'intrigue que la cour de Suède eut en même temps, présentèrent pour le moment une perspective plus riante : mais elle disparoissoit déjà, lorsque la révolution est enfin arrivée.

Le plus grand avantage que la France, pour le présent, en puisse retirer, sera celui d'avoir affaire uniquement et directement au nouveau monarque; de ne plus jeter son argent en dépenses secrètes, ou, si l'on avoit encore malheureusement besoin de corruption, d'en laisser le détail et le maniement à celui qui y est le plus intéressé. Elle peut et doit s'assurer par là d'un emploi utile, clair et régulier, des secours pécuniaires qu'elle continueroit d'accorder au roi de Suède personnellement, ainsi que des subsides promis à sa couronne.

Mais, on l'a déjà dit, ce n'est encore que semer; on n'est pas près de recueillir. Puisque cependant on se trouve engagé depuis cent cinquante ans dans cette culture, il ne faut pas l'abandonner aujourd'hui, quelque ingrate qu'elle ait été jusqu'à présent.

Il nous faut, dit-on sans cesse, un allié dans le Nord. On a raison ; mais il en faudroit deux pour se soutenir réciproquement et balancer dans la Baltique la puissance énorme de la Russie. C'est ce que nous discuterons dans l'article suivant : revenons à l'état présent de la Suède.

Il doit nous occuper, non-seulement par la crainte d'une attaque de la Russie, qui peut tout au plus être retardée, mais encore par le besoin de tenir ensemble le parti du nouveau monarque, et le garantir des effets funestes d'une division intestine.

Le parti même des *bonnets* ne peut pas être regardé comme anéanti [1]. La force a étouffé sa réclamation : la force peut la faire élever de nouveau. La Russie et le Danemark auroient beau protester de leurs intentions pacifiques, tant que ces deux puissances resteront armées dans la Baltique, on ne peut compter sur rien.

C'est ce qu'on examinera dans les articles de ces deux puissances. Résumons cependant sur la *position respective de la Suède à l'égard de la France.*

Le vœu du Roi de Suède est certainement de conserver l'amitié, et de se prêter à toutes les mesures qui pourront lui mériter et lui assurer la protection de la France ; mais, pour ne pas perdre celle dont le Roi l'honore personnellement, il doit se gouverner d'après les directions de la seule cour qui ait pris son parti. Il faut qu'il soit absolument impartial entre les cabales qui peuvent diviser son royaume ; qu'il mette toute son industrie, non à les fomenter et les balancer l'une par l'autre, ce qui est et fut toujours un misérable expédient, mais à les réunir dans l'intérêt commun de son service et du bien public, qui ne doit jamais en être séparé. Il auroit dû conséquemment se livrer moins à l'influence de M. Scheffer, et en même temps ne pas dégoûter M. le comte de Fersen [2].

Les circonstances dans lesquelles ce chef du parti soidisant *patriotique* s'étoit réuni à celui de la cour n'annonçoient de sa part que l'impossibilité de maintenir le sien. Celle de le relever un jour n'est pas aussi décidée. La retraite de ce chef, qui par les circon-

---

[1] Il y avait en Suède deux partis qui se disputaient le pouvoir : celui des *bonnets* et celui des *chapeaux*. Voyez l'Étude préliminaire, p. 181.

[2] Père de celui qui montra tant de dévouement à Marie-Antoinette.

stances, peut paroître équivoque, mérite beaucoup d'attention[1].

En vain se laisseroit-on endormir par les assurances de la Russie : son ministre à Stockholm[2] restera toujours à la tête du parti des *bonnets*, qu'il connoît, qu'il manie à son gré, et qu'il réunira facilement, surtout si M. de Fersen se concertoit avec lui. Dans cette position, l'intrigue au dedans pourroit rendre inutiles toutes les mesures qu'on auroit prises au dehors.

Si la fermentation étoit une fois portée, par les intrigues de la Russie, au point de l'explosion, ce seroit en vain qu'on voudroit se prévaloir de ses assurances et de ses protestations. Toute portée pour soutenir immédiatement le parti qui auroit éclaté, ou forcé la cour à le prévenir, elle ne lui refuseroit point sa protection, et se tireroit d'affaire par une distinction aisée à trouver. Elle n'attaqueroit point le Roi, mais elle défendroit la nation opprimée.

Pour prévenir ce coup toujours inévitable, s'il n'est pas bien prévu on cherchera, dans la suite de cet ouvrage les moyens de donner au nouveau monarque une consistance fixe et permanente, qui puisse en même temps nous rendre son alliance moins inutile et moins onéreuse.

Concluons seulement ici que la position respective de la Suède à l'égard de la France est celle d'un État sans moyens, sans ressources de son propre fonds, encore divisé, déchiré au dedans, menacé au dehors, exposé à l'attaque de plusieurs ennemis puissants et voisins, et qui

[1] On ne parle pas ici du général Pechlin. Il a été longtemps le Wilkes de la Suède ; mais il a le désavantage d'une vénalité connue et scandaleuse, même dans un pays où elle a été universelle. Il finira de même, si l'on veut, malgré l'importance qu'il a voulu se donner aussi par sa retraite. Il y a la même différence de M. de Fersen à lui, que de mylord Chatham à M. Wilkes. (A)

[2] Le comte d'Ostermann.

n'a pour appui qu'un allié unique, puissant aussi, mais éloigné; sans communication avec lui par terre, et dans des circonstances où il est, dit-on, difficile, peut-être impossible, de le secourir par mer.

## II. *Du Danemark.*

Chacun sait et l'état intérieur de cette cour, et ses ménagements forcés pour l'Angleterre et pour la Russie. A l'égard de la première, sa position est délicate. Peu s'en est fallu que l'affront fait à la Reine n'ait entraîné la nation anglaise dans une guerre contre le Danemark [1]. Celui-ci ne l'a évité qu'en se prêtant à toutes les conditions qu'on en a exigées, c'est-à-dire la liberté de la Reine, la conservation de son titre et le payement régulier des intérêts tant de sa dot que de son douaire.

On a parlé d'un second mariage du Roi de Danemark : cela seul pourroit constater le divorce et le rendre authentique aux yeux de toute l'Europe. Il seroit à souhaiter pour la France que ce mariage eût lieu. L'Angleterre, vraisemblablement, ne le verroit pas d'un œil tranquille, et il pourroit en résulter entre elle et la cour de Copenhague au moins une cessation de correspondance; car un ministre anglois ne pourroit pas décemment faire sa cour à la nouvelle Reine, et la reconnoître ainsi pour femme légitime au nom du Roi son maître; mais il y a peu d'apparence que ce bruit soit jamais fondé. Outre la crainte d'une rupture avec l'Angleterre, la Reine douairière [2], qui gouverne aujourd'hui, auroit trop de bonnes raisons pour empêcher ce mariage. Il romproit tous ses projets pour l'élévation du prince son fils, et lui feroit perdre le fruit de sa révolution.

[1] Allusion à la reine Mathilde, femme de Christian VII, sœur de George III, si connue par son intrigue avec Struensée.
[2] Julie-Marie, veuve de Frédéric V.

Il ne faudroit donc pas compter sur cet événement, qui cependant seroit le seul moyen de faire cesser tout d'un coup les ménagements forcés du Danemark pour l'Angleterre : tant qu'ils subsisteront et que les liens d'intimité entre celle-ci et la Russie ne se relâcheront point, le Danemark n'en restera que plus subordonné à ces deux puissances.

L'influence de la Russie, et son ascendant sur la cour de Copenhague, après avoir commencé sous Pierre I<sup>er</sup>, s'affoiblit sur la fin de son règne. On sait les démarches éclatantes qu'il fit en faveur de la maison de Holstein-Gottorp : le mariage de sa fille aînée avec le chef de cette branche, et tout ce qui s'ensuivit sous le règne de Catherine I<sup>re</sup>, alloient séparer pour jamais les intérêts du Danemark de ceux de la Russie. Sa mort les rapprocha sous Pierre II, et les réunit sous l'Impératrice Anne, contre les vues de la maison de Holstein.

L'avénement d'Élisabeth et l'adoption du jeune duc pour son successeur sembloient devoir rompre ces liens qui attachoient depuis si longtemps le Danemark à la Russie, et ceux de la confiance fondée sur l'intérêt commun. Cet événement en fit succéder de nouveaux, peut-être plus forts et plus durables; ce sont ceux de la crainte.

La longue et fameuse querelle entre la maison régnante et celle de Holstein-Gottorp n'étoit qu'assoupie par l'impuissance de celle-ci, et par l'abandon général et absolu où elle étoit tombée. L'héritier des prétentions sur le Sleswig l'étoit devenu du trône de Russie; le Danemark trembloit : heureusement pour lui, le ministère russe regardoit d'un œil de mépris les petits intérêts domestiques de ce jeune prince. L'orgueil national les laissoit apercevoir à peine comme un point dans la carte de l'Europe, et ce point disparut à côté d'un si vaste empire. On cherchoit même à détacher le grand-duc de toute affection, de tout penchant, de tout intérêt étranger à la nation qu'il avoit adoptée; on n'y réussit point.

On ne s'en embarrassa guère; et pendant tout le règne d'Élisabeth on fit avec la cour de Copenhague, sur l'affaire du Sleswig, différentes conventions, dont la multiplicité même prouvoit l'insuffisance et l'invalidité; mais le ministère russe n'en remplit que mieux son objet : c'étoit de tenir par la crainte le Danemark dans la dépendance de la Russie. Dès lors elle acheva d'écraser la Suède, ou par la force de ses armes, ou par les cabales et les divisions intestines qui y entretenoient l'anarchie, et parvint à établir dans le Nord un despotisme de couronne à couronne, dont l'histoire moderne n'offroit aucun exemple.

Outre cet intérêt réel et politique, les ministres en eurent un personnel à soutenir ce système. Ce fut le bénéfice qui résultoit pour eux de toutes ces négociations et conventions accumulées. Un usage asiatique, reste des mœurs anciennes, leur permettoit de recevoir pour chaque traité une certaine somme fixée pour le chancelier, et pour les autres ministres à proportion; mais cette espèce de corruption autorisée ne formoit que le plus petit objet des dépenses secrètes que la cour de Copenhague étoit obligée de faire en Russie.

Outre des douceurs plus cachées et plus considérables pour les chefs de l'administration, les favoris et les sous-ordres vendoient aussi leurs bons offices, ou jusqu'à leur silence ou leur indifférence [1]; et ce fut en grande partie l'origine des dettes dont le Danemark se trouva accablé.

---

[1] MM. de Schouvaloff, surtout le comte Alexandre, *grand maître* du grand-duc; MM. de Nariskin, de Sievers, etc., recevoient beaucoup d'argent. MM. Wolkoff et Olzewioff étoient pensionnés; ces deux derniers pourroient bien l'être encore. (A.)

La mort d'Élisabeth dérangea tout ce système de la cour de Copenhague, qui au fond n'en étoit pas un, mais seulement un tissu de petits expédients et de remèdes palliatifs pour vivre au jour la journée, et conserver, en payant, une possession toujours précaire. L'avénement de Pierre III jeta le Danemark dans la crise de 1762, dont il n'échappa que par une espèce de miracle.

Cet événement dut lui démontrer combien jusqu'alors sa méthode avoit été défectueuse et ruineuse. A peine eut-il commencé à respirer, qu'il auroit dû chercher à se faire des appuis solides contre la Russie, pour le cas éventuel et très-vraisemblable du retour des mêmes circonstances. Il ne paroît pas cependant que la cour de Copenhague ait rien changé à cette méthode vicieuse et dangereuse. On y a continué de ménager la Russie, de négocier avec elle seule sur le même pied, et d'acheter la tranquillité par la dépendance et la soumission. Le despotisme de la Russie, sous lequel on n'avoit pas cessé de plier, s'est fait sentir encore plus durement lors de la dernière commission de M. Saldern à Copenhague; et le ministère danois n'a pas pu s'empêcher d'en laisser échapper des plaintes amères; mais la crainte, ce grand mobile des gouvernements foibles, a bientôt étouffé ces murmures impuissants.

La révolution de Suède sembloit offrir au Danemark une occasion et des moyens de sortir de cette servitude, si son gouvernement connoissoit ses vrais intérêts, ou qu'il eût le courage d'y conformer ses mesures. Loin d'armer contre la Suède, l'objet de ces préparatifs devroit être sans doute de la soutenir contre la Russie. Les alarmes du Danemark, son état incertain relativement à la possession du Sleswig, le despotisme de la Russie à son égard, fondé sur cette incertitude, subsisteront toujours tant qu'il n'aura point d'appui dans le Nord contre cette puissance, dont le poids énorme accable également le Danemark et la Suède. Celle-ci, rendue à ses vrais principes, et recouvrant peu à peu son activité, pourroit, une fois de concert avec la cour de Copenhague, et peut-être bientôt avec d'autres puissances voisines, l'aider à secouer enfin le joug de la Russie. Il ne seroit pas absolument impossible que ce fût aussi le véritable objet des armements du Danemark, s'il pouvoit s'assurer d'être puissamment secondé par la France, et que l'Angleterre voulût du moins rester neutre de fait comme de nom, et le succès de cette manœuvre pourroit être d'autant plus sûr, que l'objet en seroit moins prévu; mais on ne fait pas toujours, on fait même très-rarement, ce qu'on pourroit et devroit faire. Il arrive le plus souvent qu'on se laisse entraîner par la crainte ou par la force de l'habitude.

Si ces deux mobiles sont encore ceux du ministère danois, il est très-apparent que, bien loin de se concerter avec nous sur aucun objet particulier, la cour de Copenhague va se laisser emporter dans un tourbillon de projets fort opposés à tous les nôtres.

En partant de cette supposition, qui n'est que trop vraisemblable, il nous reste à examiner quelle est la position respective du Danemark à l'égard de la France.

Si l'on veut remonter à l'origine des alliances du Danemark avec la France, on la trouvera très-ancienne; mais on reconnoîtra qu'elle lui a toujours été également inutile et onéreuse[1].

François I<sup>er</sup>, par un de ces traits de chevalerie analogues à son caractère, fournit à Christiern II, roi de Danemark, un corps de six mille hommes, qui se trouva au siége de

---

[1] Les rapports d'amitié de la France avec le Danemark remontent très-haut; l'histoire de ces relations cordiales au moyen âge serait curieuse à traiter.

Stockholm. C'étoit à Charles V à secourir son beau-frère : son rival s'en chargea. Les frimas du Nord détruisirent ce secours, dont il ne revint pas en France la dixième partie. Charles V cependant s'occupoit d'affermir en Espagne son autorité mal établie, et préparoit en Italie les coups qu'il devoit porter à François I$^{er}$.

Depuis cette époque jusqu'à nos jours, le Danemark a souvent fait avec nous des alliances défensives et des traités de subsides, dont le montant accumulé feroit aujourd'hui une somme immense; mais, dans le vrai, il ne nous a jamais été d'aucun secours. Il s'étoit même entièrement livré à nos ennemis dans la guerre de succession; et peut-être à cet égard n'étoit-il pas sans excuse, attendu la partialité que nous avions montrée pour la Suède. Mais après la ruine de celle-ci, les intérêts de Georges I$^{er}$ comme électeur de Hanovre l'engagèrent à nous entraîner dans son alliance avec cette couronne, et à lui faire garantir par la France la possession du Sleswig. Pour cela et pour notre argent, elle ne nous a jamais fourni aucune valeur.

On a sagement fait de lui retrancher des subsides qui ne paroissoient avoir aucun objet réel, ni même vraisemblable. Ses affinités, son intimité avec l'Angleterre, son assujettissement à la Russie et ses préjugés d'habitude contre la Suède, excluoient les trois cas seulement où son alliance auroit pu nous être utile et notre argent bien employé.

Le changement de système arrivé en 1756 acheva de rompre tous les liens que le Danemark auroit pu espérer de renouer avec la France. Celle-ci, livrée à la cour de Vienne, fut aussitôt brouillée avec le roi de Prusse. Elle est restée depuis séparée, pour le moins, d'intérêts avec ce monarque. C'étoit par son alliance seule qu'elle auroit pu conserver avec le Danemark, ainsi qu'avec la Suède, une communication libre et sûre par la basse Allemagne. Ce chemin une fois fermé, les puissances du Nord ne pouvoient plus ni espérer quelque secours de notre part, ni se prêter à aucune diversion en notre faveur. Celle qui eût osé l'entreprendre étoit (et seroit encore) sûre d'être écrasée avant que la France eût pu lui donner la main; et c'est en effet ce changement de système qui a isolé de nous tout le Nord et la plus grande partie de l'Empire. Chacun s'est retourné du côté du plus fort. Les uns ont plié devant la cour de Vienne; les autres ont fléchi sous le pouvoir de la Russie : tous enfin ont craint, ménagé, flatté le roi de Prusse.

Si, à l'époque de la convention de Closter-Seven, le Danemark parut un moment se prêter à nos vues, ce fut premièrement pour nous éloigner de ses frontières, auxquelles nous touchions déjà, et détourner le torrent d'un autre côté; de plus, pour faire sa cour au feu roi d'Angleterre, en sauvant du moins son armée; ensuite pour plaire aux cours de Vienne et de Pétersbourg, en rejetant sur le roi de Prusse tout l'effort de nos armées; enfin parce qu'alors la situation de ce prince paroissoit absolument désespérée. Mais depuis, lorsqu'elle l'a vu relevé, victorieux, tranquille, réuni avec les deux puissances autrefois conjurées contre lui, quel parti restoit-il à prendre que de les ménager toutes trois, et de s'unir avec elles, ou pour y gagner quelque chose, ou, au pis aller, pour ne rien perdre?

Quel secours en effet auroit pu attendre le Danemark, s'il avoit voulu ou osé se déclarer pour la Suède, secouer le joug de la Russie, et braver la proximité comme la puissance du roi de Prusse? Auroit-ce été de la cour de Vienne? Celle-ci est liguée avec les deux autres. De la

France? Eh! que pourroit-elle, que voudroit-elle entreprendre contre deux des copartageants, tant que le lien qui l'unit au troisième lui tient aussi les mains liées? De l'Angleterre? Cette cour a des mécontentements personnels contre celle de Copenhague, et malheureusement, loin de la secourir elle-même, il est trop apparent qu'elle ne voudroit pas nous le permettre. Avions-nous préparé les voies pour nous faire demander ce secours, ou pour le faire accepter d'avance en cas de besoin? Nos mesures étoient-elles prises pour nous assurer que du moins l'Angleterre ne s'y opposeroit pas? Avions-nous enfin médité, combiné, concerté, tenté quelques moyens de communiquer par mer avec le Nord, puisqu'il nous étoit devenu physiquement impossible d'y pénétrer par terre?

Si, contre toute attente et toute vraisemblance, rien de tout cela n'avoit été prévu ni calculé; si depuis on avoit vécu au jour la journée, et compté pour toute ressource sur le chapitre des événements; si l'on avoit sans cesse espéré ou promis, tantôt une dissension et une rupture entre les trois copartageants, tantôt une révolution, ou dans le gouvernement ou le ministère de Russie; si l'on s'étoit laissé séduire par des assurances de celle-ci, des promesses vagues de la cour de Vienne, des compliments de celle de Londres, faudroit-il s'étonner, lorsque l'orage crèvera, de voir le Danemark fondre de son côté sur la Suède? Cela seroit dans l'ordre essentiel et nécessaire des événements politiques.

Concluons donc que la position respective du Danemark à l'égard de la France est actuellement celle d'une puissance peu assurée dans son intérieur, gênée par l'Angleterre, alarmée par le Roi de Prusse, subjuguée par la Russie, animée contre la Suède par les préjugés invétérés d'une haine nationale, isolée de la France, de ses intérêts, de ses alliances, de ses secours, médiocrement intentionnée pour nous, et, le fût-elle beaucoup mieux, nécessitée à suivre l'impulsion la plus contraire à nos vues, à nos projets, à nos entreprises.

Mais de ce penchant qui l'entraîne par la force des circonstances, des événements vraisemblables et peut-être prochains qui doivent en résulter, il naîtra de nouveaux rapports entre le Danemark et nous, et respectivement avec d'autres puissances : ceux-ci amèneront de nouvelles combinaisons ou de nouveaux motifs de rapprochement ou d'éloignement réciproque ; de là aussi des changements combinés ou nécessités dans le système politique entre les puissances septentrionales, et de celles-ci à l'égard de la France, et peut-être des occasions favorables pour celle-ci de recouvrer son influence dans le Nord. A cette influence tenoient en partie sa considération, sa dignité et sa prééminence dans l'ordre des grandes puissances. Ce sera un des principaux objets de nos conjectures dans la suite de cet ouvrage. Continuons à présent notre tournée d'observations.

FIN DU PREMIER VOLUME.

# TABLE

## DU PREMIER VOLUME.

### ÉTUDE SUR LE CARACTÈRE ET LA POLITIQUE PERSONNELLE DE LOUIS XV.

#### I. LES CORRESPONDANCES INTIMES.

| | Pages. |
|---|---|
| Louis XV, dernier roi de France, a-t-il été bien jugé?. . . . . . . . | 1 |
| Sa faiblesse de caractère, fruit en partie de son éducation. . . . . . . | 3 |
| Il n'ose commander. . . . . . . . . . . . . . . . . . . . . . . . . | 5 |
| Il conspire contre ses ministres. . . . . . . . . . . . . . . . . . | 6 |
| Sa défiance; cabinet noir; sa manie de correspondances secrètes; M. de Chauvelin; l'abbé de Broglie. . . . . . . . . . . . . . . . | 7 |
| Embarras du Roi à la mort de Fleury; le maréchal de Noailles. . . . | 8 |
| Correspondance intime du Roi et du maréchal, publiée en partie par l'abbé Millot, complétement par M. Rousset. . . . . . . . . . . | 9 |
| M. de Noailles rappelle au Roi la tradition de Louis XIV; les conseils de ce dernier au duc d'Anjou. . . . . . . . . . . . . . . . . . | 10 |
| Étude des procédés épistolaires de Louis XV. . . . . . . . . . . . | 15 |
| Usage des sobriquets et des expressions triviales. . . . . . . . . . | 17 |
| Négociation avec la Sardaigne; part directe qu'y prend le Roi. . . . | 19 |
| Bon sens de Louis XV. . . . . . . . . . . . . . . . . . . . . . . | 23 |
| Sa bienveillance naturelle; déclaration de principes à ce sujet. . . . . | 24 |
| Louis XV a envie de se mettre à la tête de l'armée; ses hésitations; rôle que joue madame de la Tournelle, depuis duchesse de Châteauroux.. . . . . . . . . . . . . . . . . . . . . . . . . . . . . | 25 |
| La discipline militaire attire son attention. . . . . . . . . . . . . | 27 |
| Il s'inquiète des bruits de Paris. . . . . . . . . . . . . . . . . . | 28 |
| Jugement du Roi sur la stérilité de la France en grands hommes, rapproché d'un semblable jugement du Roi de Prusse. . . . . . . . | 30 |
| Le Roi décline l'emploi de moyens indignes de la franchise qui convient à un prince. . . . . . . . . . . . . . . . . . . . . . . . | 32 |
| Il se décide avec peine à aller à l'armée; sa lettre au Dauphin. . . . | 33 |
| L'épaule de mouton des sous-lieutenants; maladie de Metz. . . . . . | 34 |
| Application du Roi au gouvernement; suite des négociations avec la Sardaigne. . . . . . . . . . . . . . . . . . . . . . . . . . . . | 35 |

| | Pages. |
|---|---|
| Billet daté du champ de bataille de Fontenoy. | 36 |
| Suite des négociations avec la Sardaigne ; part personnelle qu'y prend Louis XV ; témoignage du marquis d'Argenson. | 37 |
| Le Roi envoie M. de Noailles en Espagne. | 39 |
| Irritation de la cour de Madrid ; mort de Philippe V ; aigreur du Roi envers Ferdinand VI ; discussions au sujet de la dot de Madame infante et de la fille du Dauphin. | 42 |
| Louis XV père ; sa lettre à madame de Ventadour. | 45 |
| Louis XV fils et ami ; sa lettre à M. de Noailles. | 46 |
| Correspondance maladroite avec le Roi d'Espagne, dont Louis XV sent le danger. | 47 |
| Fin de la correspondance avec le maréchal de Noailles. | 48 |

## II. LA CORRESPONDANCE SECRÈTE.

| | |
|---|---|
| Bruit public lors de l'avénement de Louis XVI de l'existence de correspondances secrètes du feu Roi ; le comte de Broglie, exilé et accusé d'intrigues, se justifie et produit une correspondance secrète sur la politique extérieure, qu'il dirigeait par ordre de Louis XV ; cette correspondance, qu'on croit à tort avoir été brûlée, conservée au dépôt du ministère des affaires étrangères ; on n'en peut avoir communication. | 51 |
| Publication par M. de Ségur de quelques Mémoires ayant fait partie de la correspondance secrète ; billets originaux inédits de Louis XV conservés aux Archives de l'Empire ; autres documents sur ce sujet, publiés par M. de Flassan et M. F. Gaillardet. | 53 |
| Tableau de l'Europe en 1750. | 56 |
| Vues du prince de Conti sur le trône de Pologne. | 57 |
| Établissement d'une correspondance secrète sous les ordres du prince de Conti ; quels étaient les correspondants. | 58 |
| Le travail du prince avec le Roi demeure mystérieux. | 60 |
| Madame de Pompadour exclue du secret ; elle cherche à le pénétrer. | 62 |
| Tercier, premier commis des affaires étrangères, est l'agent principal de la correspondance. | 63 |
| Le comte de Broglie admis au secret ; portrait de ce personnage. | 63 |
| Craintes du Roi d'être trahi. | 69 |
| Changements dans la politique extérieure de la France. | 70 |
| Portrait de Marie-Thérèse ; M. de Kaunitz travaille à rapprocher la France et l'Autriche. | 71 |
| Traité de Versailles, 1756 ; le prince de Conti écarté. | 73 |
| La correspondance secrète a un but nouveau : la liberté de la Pologne. | 74 |
| La liberté de la Pologne et l'alliance avec l'Autriche sont les bases de la politique personnelle du Roi. | 75 |

## TABLE.

Pages.

M. de Broglie favorable à la Pologne, mais hostile à l'Autriche; le Roi cherche à le convertir à ses idées............... 76
Correspondance secrète découverte à Vienne; le général Monnet.... 78
Détails sur le *Livre rouge* renfermant les acquits au comptant...... 79
Fonds affectés à la correspondance secrète................ 80
Tentatives de rapprochement entre la France et la Russie; le chancelier Bestucheff, M. de Woronzof; M. Douglas et d'Éon envoyés en Russie................................ 81
Correspondance secrète entre Louis XV et la czarine Élisabeth.... 83
Accession de la Russie au traité de Versailles; article secrétissime de M. Douglas désavoué......................... 84
Éventualités de la vacance du trône de Pologne; candidats........ 85
Projets divers du prince de Conti sur la Pologne, la Courlande et Neufchâtel; opinion du Roi........................ 87
Le comte de Broglie en Pologne..................... 88
Parti anti-autrichien à la cour de France; sentiments du Dauphin... 89
Famille royale de Saxe......................... 90
Le comte de Broglie se compromet auprès de M. de Brühl; il est rappelé.................................. 90
Il suit son frère à l'armée; dissensions entre les généraux; M. de Soubise; perte de la bataille de Filinghausen; les Broglie rappelés et exilés................................ 91
Avénement de M. de Choiseul au ministère; haine de Louis XV contre Frédéric II............................... 95
Disgrâce officielle de Tercier pour avoir approuvé le livre *De l'Esprit*, d'Helvétius; Louis XV lui continue sa faveur secrète et le comble de bontés................................. 96
M. de Broglie admis à la direction de la correspondance secrète.... 98
M. de l'Hôpital à Saint-Pétersbourg; il est remplacé par M. de Breteuil, qu'on admet au secret..................... 99
La grande-duchesse Catherine et M. Poniatowski; opinion de Louis XV sur le caractère de la princesse..................... 101
Instructions secrètes à M. de Breteuil, contraires aux instructions du ministre................................ 103
M. de Choiseul et la Pologne; il promet peu............. 103
Louis XV lit et corrige toutes les lettres et instructions envoyées aux correspondants secrets........................ 104
Mort d'Élisabeth; politique personnelle vis-à-vis de la nouvelle Impératrice de Russie............................ 105
Curiosité du Roi............................ 106
Ignorance avouée du Roi en matière de finances; il a un penchant à l'avarice............................... 106

| | Pages. |
|---|---|
| Révolte en Russie qui met Catherine II au pouvoir; maladresse de M. de Breteuil; blâme et instructions du Roi, qui adopte vis-à-vis de la Russie une politique de méfiance. | 108 |
| Danger couru par Louis XV; il tient à la vie et l'avoue. | 110 |
| Paix de 1763 reconnue honteuse par le Roi. | 111 |
| Il cherche à se venger de l'Angleterre et organise un projet de descente dans ce pays. | 112 |
| D'Éon contribue à ce projet; il est affilié à la correspondance secrète; sa querelle avec l'ambassadeur de Guerchy et M. de Praslin. | 114 |
| Louis XV signe un ordre public de rappel et lui ordonne secrètement de rester en Angleterre. | 115 |
| M. de Praslin veut faire enlever d'Éon et demande son extradition. | 117 |
| D'Éon menace de faire connaître le motif secret de sa présence en Angleterre; curieuse correspondance du Roi pour le calmer. | 121 |
| Arrestation d'un agent de la correspondance secrète qu'on met à la Bastille; Louis XV prend M. de Sartines pour confident et fait disparaître tous les papiers compromettants. | 124 |
| Il finit par mettre d'Éon à l'abri de ses ministres et lui accorde une pension de douze mille livres. | 129 |
| Mort d'Auguste III; bonnes intentions du Roi pour la Pologne. | 130 |
| Un Roi ne hait pas ses sujets. | 131 |
| Intrigues en Pologne; entrée des troupes russes dans ce pays *pour raccourcir le chemin;* Catherine annonce ses projets d'intervention. | 132 |
| Différents prétendants au trône de Pologne; le prince Xavier; les Piast. | 133 |
| Anarchie en Pologne; M. Poniatowski, candidat de la Russie, mal vu du Roi, qui refuse de lui donner une princesse du sang. | 134 |
| L'abbé de Broglie perd l'espérance du chapeau. | 136 |
| Mort subite de Tercier; bonté du Roi; M. de Choiseul joué. | 138 |
| Le Roi ordonne au comte de Broglie de bien vivre avec le ministre; aveu d'intrigue. | 140 |
| Craintes que d'Éon inspire au Roi; mort de M. d'Havrincourt. | 141 |
| Réflexions philosophiques de Louis XV. | 141 |
| M. de Breteuil, à la Haye, suit, par ordre du Roi, une politique contraire à celle de M. de Choiseul, qui tente un rapprochement avec la Prusse. | 142 |
| Position difficile de M. de Broglie; madame du Barry veut pénétrer le secret de la correspondance. | 142 |
| Louis XV désapprouve la fondation de Versoix, sur les bords du Léman. | 145 |
| Causes de la chute de M. de Choiseul; lettres de Louis XV au Roi d'Espagne; gravité des circonstances; jugement sur les Parlements; espérances dans une réforme financière; projets contre l'Angleterre. | 146 |
| Étrange opinion de Louis XV sur les colonies. | 148 |

|  | Pages. |
|---|---|
| Sa haine contre Pitt. | 148 |
| Projet de mariage du Roi avec l'archiduchesse Élisabeth, sœur de Marie-Antoinette; description intime de la princesse envoyée au Roi. | 148 |
| Nouveaux efforts de madame du Barry pour connaître la correspondance; elle se ligue avec M. d'Aiguillon. | 149 |
| Haine du Roi contre M. de Choiseul et les Parlements | 150 |
| Historique, d'après des pièces en partie inédites, des préliminaires du partage de la Pologne; rôle de la France et de l'Autriche. | 151 |
| L'initiative de ce partage appartient à Frédéric II; il s'en fait gloire dans ses *Mémoires*. | 152 |
| L'Autriche craint la Russie; la France secourt faiblement la Pologne; Du Mouriez et autres officiers français en Pologne. | 154 |
| Le prince Henri de Prusse propose le partage de la Pologne à Catherine II, qui accepte; Frédéric II invite l'Autriche à prendre sa part. | 157 |
| Bruits inquiétants qui arrivent au Gouvernement français de Berlin et de Stockholm. | 160 |
| M. de Mercy sonde M. de Broglie; défaite de Du Mouriez; lettre prophétique de M. de Broglie à Louis XV. | 162 |
| Guerre entre la Russie et la Turquie; comment l'Autriche est amenée à consentir au partage. | 166 |
| Louis XV cherche à savoir si l'Autriche *veut sa part du gâteau*. | 174 |
| Aveux de Frédéric II au prince de Hesse; rôle de Marie-Thérèse d'après le roi de Prusse et le prince Louis de Rohan. | 174 |
| Justification tentée par l'Autriche en 1777. | 176 |
| Ce que pense le gouvernement anglais du partage de la Pologne; lettre du Foreign-Office à lord Cathcart. | 179 |
| Révolution en Suède appuyée par le ministère secret; on prépare des troupes pour envoyer en Suède soutenir le coup d'État. | 181 |
| Arrestation de Favier et d'autres agents; M. de Broglie impliqué dans une prétendue conspiration. | 183 |
| M. de Broglie insulte M. d'Aiguillon et est exilé par le Roi. | 184 |
| Crainte du Roi d'être trahi. | 185 |
| M. de Broglie reste à la tête du ministère secret; négociations pour l'achat en Angleterre de pamphlets contre madame du Barry; d'Éon; Beaumarchais. | 186 |
| Le Roi apprend que la correspondance secrète est interceptée en Autriche; le prince Louis de Rohan; mort de Louis XV. | 189 |
| Que faut-il penser de Louis XV; situation difficile de la royauté; omnipotence ministérielle; le Roi obligé de s'effacer devant ses ministres; révolution nécessaire. | 191 |

## CORRESPONDANCE SECRÈTE DE LOUIS XV.

| Nos. | | Pages. |
|---|---|---|
| 1 | Louis XV au comte de Broglie. — 12 mars 1752. | 195 |
| 2 | Louis XV à Tercier. — 28 décembre 1754. | 195 |
| 3 | Louis XV à Tercier. — 8 novembre 1754. | 196 |
| 4 | Louis XV à Tercier. — 15 décembre 1754. | 196 |
| 5 | Louis XV à Tercier. — 31 octobre 1754. | 197 |
| 6 | Le comte de Broglie à M. Jacobowski. — Fin de janvier 1755. | 197 |
| 7 | Louis XV à Tercier. — 1er février 1755. | 202 |
| 8 | Louis XV à Tercier. — 15 mars 1755. | 203 |
| 9 | Louis XV à Tercier. — 4 mai 1755. | 203 |
| 10 | Instructions secrètes au prince de Conti, approuvées par le Roi, au chevalier Douglas, chargé d'une mission en Russie. — 1er juin 1755. | 203 |
| 11 | Note sur la manière allégorique d'écrire convenue avec M. le chevalier Douglas, allant en Russie. — 1er juin 1755. | 208 |
| 12 | Louis XV à M. d'Havrincourt. — 28 juin 1755. | 209 |
| 13 | Louis XV à Tercier. — 17 septembre 1755. | 209 |
| 14 | Louis XV à Tercier. — 10 octobre 1755. | 210 |
| 15 | Louis XV au comte de Broglie. — 28 octobre 1755. | 210 |
| 16 | Louis XV à Tercier. — 4 novembre 1755. | 210 |
| 17 | Louis XV à Tercier. — 14 janvier 1756. | 211 |
| 18 | Louis XV à Tercier. — 1er avril 1756. | 211 |
| 19 | Louis XV à Tercier. — 26 juin 1756. | 211 |
| 20 | Louis XV à Tercier. — 1er novembre 1756. | 212 |
| 21 | Louis XV à Tercier. — 9 novembre 1756. | 212 |
| 22 | Louis XV à Tercier. — 27 novembre 1756. | 213 |
| 23 | Louis XV au comte de Broglie. — 24 décembre 1756. | 214 |
| 24 | Louis XV à Tercier. — 26 décembre 1756. | 214 |
| 25 | Louis XV à Tercier. — 14 janvier 1757. | 215 |
| 26 | Louis XV au comte de Broglie. — 22 janvier 1757. | 216 |
| 27 | Louis XV à Tercier. — 25 janvier 1757. | 216 |
| 28 | Louis XV à Tercier. — 13 février 1757. | 217 |
| 29 | Louis XV à Tercier. — 24 février 1757. | 218 |
| 30 | Louis XV à Tercier. — 11 mars 1757. | 219 |
| 31 | Louis XV au comte de Broglie. — 11 mars 1757. | 219 |
| 32 | Louis XV à Tercier. — 23 mars 1757. | 220 |
| 33 | Louis XV à Tercier. — 9 avril 1757. | 220 |
| 34 | Louis XV au comte de Broglie. — 2 juin 1757. | 221 |
| 35 | Louis XV à Tercier. — 19 juin 1757. | 221 |
| 36 | Louis XV à Tercier. — 20 juillet 1757. | 222 |

## TABLE.

| Nos. | | Pages. |
|---|---|---|
| 37 | Louis XV à Tercier. — 7 août 1757.................. | 223 |
| 38 | Louis XV à Tercier. — 24 août 1757................. | 223 |
| 39 | Louis XV à Tercier. — 27 août 1757................. | 223 |
| 40 | Louis XV à Tercier. — 15 septembre 1757............ | 224 |
| 41 | Louis XV à Tercier. — 21 septembre 1757............ | 224 |
| 42 | Louis XV à Tercier. — 27 septembre 1757............ | 225 |
| 43 | Louis XV à Tercier. — 7 octobre 1757............... | 225 |
| 44 | Louis XV à Tercier. — 11 octobre 1757.............. | 225 |
| 45 | Louis XV à Tercier. — 16 octobre 1757.............. | 225 |
| 46 | Louis XV à Tercier. — 6 décembre 1757.............. | 226 |
| 47 | Louis XV à Tercier. — 10 janvier 1758.............. | 227 |
| 48 | Louis XV à Tercier. — 15 janvier 1758.............. | 227 |
| 49 | Louis XV à Tercier. — 20 janvier 1758.............. | 227 |
| 50 | Louis XV à Tercier. — 20 janvier 1758.............. | 228 |
| 51 | Louis XV à Tercier. — 22 mars 1758................. | 228 |
| 52 | Louis XV au comte de Broglie. — 25 mars ou avril 1758. | 228 |
| 53 | Louis XV à Tercier. — 27 avril 1758................ | 229 |
| 54 | Louis XV au comte de Broglie. — 21 mai 1758........ | 229 |
| 55 | Louis XV à Tercier. — 28 mai 1758.................. | 230 |
| 56 | Louis XV à Tercier. — 10 juillet 1758.............. | 230 |
| 57 | Louis XV à Tercier. — 30 juillet 1758.............. | 230 |
| 58 | Louis XV au comte de Broglie. — 30 juillet 1758.... | 231 |
| 59 | Louis XV à Tercier. — 10 août 1758................. | 231 |
| 60 | Louis XV à Tercier. — 21 août 1758................. | 232 |
| 61 | Louis XV à Tercier. — 12 septembre 1758............ | 232 |
| 62 | Louis XV à Tercier. — 26 octobre 1758.............. | 233 |
| 63 | Louis XV à Tercier. — 10 novembre 1758............. | 234 |
| 64 | Louis XV à Tercier. — 19 novembre 1758............. | 235 |
| 65 | Louis XV à Tercier. — 2 décembre 1758.............. | 235 |
| 66 | Louis XV à Tercier. — 7 décembre 1758.............. | 235 |
| 67 | Louis XV à Tercier. — 20 décembre 1758............. | 236 |
| 68 | Louis XV à Tercier. — 25 janvier 1759.............. | 236 |
| 69 | Louis XV à Tercier. — 23 février 1759.............. | 236 |
| 70 | Louis XV au comte de Broglie. — 3 mars 1759........ | 237 |
| 71 | Louis XV à Tercier. — 11 mars 1759................. | 238 |
| 72 | Louis XV à Tercier. — 22 mars 1759................. | 238 |
| 73 | Louis XV au comte de Broglie. — 23 mars 1759....... | 238 |
| 74 | Louis XV à Tercier. — 29 mars 1759................. | 239 |
| 75 | Louis XV à Tercier. — 10 mai 1759.................. | 239 |
| 76 | Louis XV à Tercier. — 17 juin 1759................. | 239 |
| 77 | Louis XV à Tercier. — 11 juillet 1759.............. | 240 |
| 78 | Louis XV à Tercier. — 15 juillet 1759.............. | 241 |

| N°s | | Pages |
|---|---|---|
| 79 | — Louis XV à Tercier. — 9 août 1759. | 241 |
| 80 | — Louis XV à Tercier. — 14 août 1759. | 241 |
| 81 | — Louis XV à Tercier. — 30 août 1759. | 241 |
| 82 | — Louis XV à Tercier. — 4 octobre 1759. | 242 |
| 83 | — Louis XV à Tercier. — 7 octobre 1759. | 242 |
| 84 | — Louis XV à Tercier. — 14 octobre 1759. | 243 |
| 85 | — Louis XV à Tercier. — 21 octobre 1759. | 243 |
| 86 | — Louis XV à Tercier. — 26 octobre 1759. | 243 |
| 87 | — Louis XV à Tercier. — 1er novembre 1759. | 243 |
| 88 | — Louis XV à Tercier. — 3 novembre 1759. | 244 |
| 89 | — Louis XV à Tercier. — 16 novembre 1759. | 244 |
| 90 | — Louis XV à Tercier. — 25 janvier 1760. | 244 |
| 91 | — Louis XV à Tercier. — 6 février 1760. | 245 |
| 92 | — Louis XV à Tercier. — 7 février 1760. | 245 |
| 93 | — Louis XV à Tercier. — 22 février 1760. | 245 |
| 94 | — Louis XV au comte de Broglie. — 24 février 1760. | 246 |
| 95 | — Louis XV au comte de Broglie. — 26 février 1760. | 246 |
| 96 | — Louis XV au baron de Breteuil. — 26 février 1760. | 247 |
| 97 | — Le baron de Breteuil à Louis XV. — 1er mars 1760. | 248 |
| 98 | — Louis XV au comte de Broglie. — 4 mars 1760. | 248 |
| 99 | — Louis XV au chevalier d'Éon. — 7 mars 1760. | 248 |
| 100 | — Louis XV à Tercier. — 9 mars 1760. | 250 |
| 101 | — Extrait des instructions remises par M. de Choiseul au baron de Breteuil, envoyé en Russie. — 16 mars 1760. | 250 |
| 102 | — Louis XV à Tercier. — 30 mars 1760. | 251 |
| 103 | — Louis XV à Tercier. — 3 avril 1760. | 252 |
| 104 | — Louis XV au comte de Broglie. — 5 avril 1760. | 252 |
| 105 | — Louis XV à Tercier. — 16 avril 1760. | 253 |
| 106 | — Louis XV à Tercier. — 23 avril 1760. | 253 |
| 107 | — Louis XV à Tercier. — 24 avril 1760. | 254 |
| 108 | — Louis XV à Tercier. — 1er mai 1760. | 254 |
| 109 | — Louis XV à Tercier. — 10 mai 1760. | 254 |
| 110 | — Le comte de Woronzof, au nom de l'Impératrice Élisabeth, à Tercier, pour communiquer au Roi. — 20 mai 1760. | 255 |
| 111 | — Louis XV à Tercier. — 23 juillet 1760. | 256 |
| 112 | — Louis XV à Tercier. — 29 juillet 1760. | 256 |
| 113 | — Louis XV à M. de Breteuil. — 16 août 1760. | 257 |
| 114 | — Tercier, au nom du Roi, à M. de Woronzof, pour communiquer à l'Impératrice de Russie. — 16 août 1760. | 260 |
| 115 | — Le baron de Breteuil à Louis XV. — 27 septembre 1760. | 260 |
| 116 | — Louis XV à Tercier. — 6 octobre 1760. | 261 |
| 117 | — Louis XV à Tercier. — 11 octobre 1760. | 262 |

| Nos. | | Pages. |
|---|---|---|
| 118 | — Louis XV à Tercier. — 10 décembre 1760 | 262 |
| 119 | — Louis XV à Tercier. — 3 janvier 1761 | 262 |
| 120 | — Louis XV à Tercier. — 8 janvier 1761 | 263 |
| 121 | — Louis XV à Tercier. — 25 janvier 1761 | 263 |
| 122 | — Louis XV à Tercier. — 5 février 1761 | 263 |
| 123 | — Louis XV à Tercier. — 23 mars 1761 | 264 |
| 124 | — Louis XV à Tercier. — 25 avril 1761 | 264 |
| 125 | — Louis XV au comte de Broglie. — 3 mai 1761 | 264 |
| 126 | — Louis XV à Tercier. — 20 mai 1761 | 265 |
| 127 | — Louis XV au comte de Broglie. — 31 mai 1761 | 265 |
| 128 | — Louis XV au comte de Broglie. — 6 juin 1761 | 266 |
| 129 | — Louis XV à Tercier. — 11 juin 1761 | 266 |
| 130 | — Louis XV à Tercier. — 23 juin 1761 | 266 |
| 131 | — Le comte de Broglie au duc de Choiseul (lettre confidentielle). — 16 juillet 1761 | 266 |
| 132 | — Le comte de Broglie au duc de Choiseul (lettre confidentielle). — 28 juillet 1761 | 268 |
| 133 | — Louis XV à Tercier. — 16 août 1761 | 270 |
| 134 | — Louis XV à Tercier. — 9 septembre 1761 | 271 |
| 135 | — Louis XV à Tercier. — 21 octobre 1761 | 271 |
| 136 | — Louis XV à Tercier. — 3 janvier 1762 | 271 |
| 137 | — Louis XV au baron de Breteuil. — 9 février 1762 | 271 |
| 138 | — Louis XV à Tercier. — 27 mars 1762 | 274 |
| 139 | — Louis XV à Tercier. — 4 mai 1762 | 274 |
| 140 | — Louis XV à Tercier. — 1er juin 1762 | 274 |
| 141 | — Louis XV à Tercier. — 19 juin 1762 | 275 |
| 142 | — Louis XV à Tercier. — 7 juillet 1762 | 275 |
| 143 | — Louis XV à Tercier. — 15 juillet 1762 | 276 |
| 144 | — Louis XV à Tercier. — 25 juillet 1762 | 276 |
| 145 | — Louis XV à Tercier. — 28 juillet 1762 | 276 |
| 146 | — Louis XV à Tercier. — 6 août 1762 | 277 |
| 147 | — Louis XV à Tercier. — 24 août 1762 | 277 |
| 148 | — Louis XV à Tercier. — 31 août 1762 | 278 |
| 149 | — Louis XV à Tercier. — 10 septembre 1762 | 278 |
| 150 | — Louis XV au baron de Breteuil. — 10 septembre 1762 | 279 |
| 151 | — Louis XV à Tercier. — 17 septembre 1762 | 285 |
| 152 | — Louis XV à Tercier. — 6 octobre 1762 | 285 |
| 153 | — Louis XV à Tercier. — 13 octobre 1762 | 286 |
| 154 | — Louis XV à Tercier. — 26 octobre 1762 | 286 |
| 155 | — Louis XV à Tercier. — 27 octobre 1762 | 287 |
| 156 | — Louis XV à Tercier. — 27 janvier 1763 | 287 |
| 157 | — Louis XV à Tercier. — 4 février 1763 | 288 |

| Nos. | | Pages. |
|---|---|---|
| 158 | Louis XV à Tercier. — 19 février 1763............ | 288 |
| 159 | Louis XV à Tercier. — 26 février 1763............ | 288 |
| 160 | Louis XV à Tercier. — 4 mars 1763............... | 289 |
| 161 | Louis XV à Tercier. — 17 mars 1763.............. | 290 |
| 162 | Louis XV à Tercier. — 22 mars 1763.............. | 290 |
| 163 | Louis XV à Tercier. — 25 mars 1763. ,........... | 290 |
| 164 | Louis XV au comte de Broglie. — 7 avril 1763...... | 291 |
| 165 | Louis XV à Tercier. — 19 avril 1763.............. | 291 |
| 166 | Louis XV au comte de Broglie. — 28 avril 1763..... | 292 |
| 167 | Louis XV à Tercier. — 8 mai 1763................ | 292 |
| 168 | Louis XV à Tercier. — 19 mai 1763............... | 293 |
| 169 | Louis XV à Tercier. — 28 mai 1763............... | 293 |
| 170 | Louis XV à Tercier. — 3 juin 1763................ | 293 |
| 171 | Louis XV au chevalier d'Éon. — 3 juin 1763....... | 293 |
| 172 | Tercier au chevalier d'Éon. — 10 juin 1763....... | 294 |
| 173 | Louis XV à Tercier. — 18 juin 1763............... | 295 |
| 174 | Louis XV à M. Durand. — 26 juin 1763............ | 295 |
| 175 | Louis XV à Tercier. — 3 juillet 1763.............. | 296 |
| 176 | Louis XV au baron de Breteuil. — 13 juillet 1763... | 296 |
| 177 | Louis XV à Tercier. — 13 juillet 1763............. | 297 |
| 178 | Louis XV à Tercier. — 27 juillet 1763............. | 297 |
| 179 | Louis XV à Tercier. — 19 août 1763.............. | 298 |
| 180 | Louis XV à Tercier. — 18 septembre 1763.......... | 298 |
| 181 | Louis XV au chevalier d'Éon. — 4 octobre 1763.... | 298 |
| 182 | Louis XV à Tercier. — 11 octobre 1763............ | 299 |
| 183 | Louis XV à Tercier. — 12 octobre 1763............ | 299 |
| 184 | Louis XV à Tercier. — 16 octobre 1763............ | 300 |
| 185 | Louis XV à Tercier. — 21 octobre 1763............ | 300 |
| 186 | Louis XV à Tercier. — 28 octobre 1763............ | 301 |
| 187 | Louis XV à Tercier. — 2 novembre 1763........... | 301 |
| 188 | Louis XV à Tercier. — 3 novembre 1763........... | 301 |
| 189 | Louis XV à Tercier. — 4 novembre 1763........... | 302 |
| 190 | Louis XV au comte de Guerchy. — 4 novembre 1763. | 302 |
| 191 | Louis XV au chevalier d'Éon. — 4 novembre 1763.. | 303 |
| 192 | Louis XV à Tercier. — 11 novembre 1763.......... | 304 |
| 193 | Louis XV à Tercier. — 18 novembre 1763.......... | 305 |
| 194 | Louis XV à Tercier. — 19 novembre 1763.......... | 305 |
| 195 | Louis XV à Tercier. — 20 novembre 1763.......... | 306 |
| 196 | Louis XV à Tercier. — 2 décembre 1763........... | 306 |
| 197 | Louis XV à Tercier. — 5 décembre 1763........... | 306 |
| 198 | M. de Guerchy à Louis XV. — 6 décembre 1763..... | 307 |
| 199 | Note de M. Monin à Louis XV. — 6 décembre 1763.. | 308 |

| Nos | | Pages. |
|---|---|---|
| 200 — Louis XV à Tercier. — 12 décembre 1763. | | 309 |
| 201 — Louis XV à Tercier. — 17 décembre 1763. | | 309 |
| 202 — Louis XV à Tercier. — 23 décembre 1763. | | 309 |
| 203 — Tercier au chevalier d'Éon. — 27 décembre 1763. | | 310 |
| 204 — Louis XV à Tercier. — 30 décembre 1763. | | 310 |
| 205 — Louis XV à Tercier. — 27 janvier 1764. | | 311 |
| 206 — Louis XV à Tercier. — 3 février 1764. | | 311 |
| 207 — Louis XV à Tercier. — 12 février 1764. | | 312 |
| 208 — Louis XV à Tercier. — 29 février 1764. | | 312 |
| 209 — Louis XV à Tercier. — 22 mars 1764. | | 313 |
| 210 — Le chevalier d'Éon à Tercier. — 23 mars 1764. | | 313 |
| 211 — Louis XV à Tercier. — 25 mars 1764. | | 316 |
| 212 — Le chevalier d'Éon à Tercier. — 27 mars 1764. | | 317 |
| 213 — Louis XV à Tercier. — 9 avril 1764. | | 319 |
| 214 — Louis XV à M. de Nort. — 9 avril 1764. | | 319 |
| 215 — Louis XV à Tercier. — 10 avril 1764. | | 320 |
| 216 — Louis XV à Tercier. — 11 avril 1764. | | 320 |
| 217 — Louis XV à Tercier. — 17 avril 1764. | | 320 |
| 218 — Le chevalier d'Éon à Louis XV. — 20 avril 1764. | | 321 |
| 219 — Le chevalier d'Éon au comte de Broglie. — 20 avril 1764. | | 312 |
| 220 — Louis XV à Tercier. — 1er mai 1764. | | 322 |
| 221 — Louis XV à Tercier. — 22 mai 1764. | | 322 |
| 222 — Louis XV à Tercier. — 25 mai 1764. | | 323 |
| 223 — Louis XV à Tercier. — 27 mai 1764. | | 323 |
| 224 — Louis XV à Tercier. — 31 mai 1764. | | 323 |
| 225 — Louis XV à Tercier. — 4 juin 1764. | | 324 |
| 226 — Louis XV à Tercier. — 13 juin 1764. | | 324 |
| 227 — Louis XV à Tercier. — 30 juin 1764. | | 324 |
| 228 — Louis XV à Tercier. — 7 juillet 1764. | | 325 |
| 229 — Louis XV à Tercier. — 14 juillet 1764. | | 325 |
| 230 — Louis XV à Tercier. — 18 juillet 1764. | | 325 |
| 231 — Louis XV à Tercier. — 21 juillet 1764. | | 326 |
| 232 — Louis XV à Tercier. — 4 août 1764. | | 326 |
| 233 — Louis XV à Tercier. — 8 août 1764. | | 326 |
| 234 — Louis XV à Tercier. — 11 août 1764. | | 326 |
| 235 — Louis XV à Tercier. — 25 août 1764. | | 327 |
| 236 — Louis XV au comte de Broglie. — 29 août 1764. | | 327 |
| 237 — Louis XV à Tercier. — 30 août 1764. | | 227 |
| 238 — Louis XV à Tercier. — 30 août 1764. | | 327 |
| 239 — Louis XV au baron de Breteuil. — Août 1764. | | 329 |
| 240 — Louis XV à Tercier. — 12 octobre 1764. | | 331 |
| 241 — Louis XV à Tercier. — 24 octobre 1764. | | 331 |

| Nos | | Pages |
|---|---|---|
| 242 | Le chevalier d'Éon au comte de Broglie. — 2 novembre 1764. | 332 |
| 243 | Louis XV à Tercier. — 1er décembre 1764 | 333 |
| 244 | Louis XV à Tercier. — 3 janvier 1765 | 333 |
| 245 | Louis XV à Tercier. — 9 janvier 1765 | 334 |
| 246 | Louis XV à Tercier. — 10 janvier 1765 | 334 |
| 247 | Louis XV à Tercier. — 14 janvier 1765 | 334 |
| 248 | Louis XV à Tercier. — 14 janvier 1765 | 335 |
| 249 | Louis XV à Tercier. — 16 janvier 1765 | 335 |
| 250 | Louis XV à Tercier. — 17 et 18 janvier 1765 | 336 |
| 251 | Louis XV à M. Dubois-Martin. — 21 janvier 1765 | 337 |
| 252 | Louis XV à Tercier. — 24 janvier 1765 | 337 |
| 253 | Louis XV à Tercier. — 4 février 1765 | 338 |
| 254 | Louis XV à Tercier. — 6 février 1765 | 338 |
| 255 | Louis XV à Tercier. — 19 février 1765 | 339 |
| 256 | Louis XV à Tercier. — 22 mars 1765 | 339 |
| 257 | Louis XV au comte de Broglie. — 10 avril 1765 | 339 |
| 258 | Louis XV au comte de Broglie. — 14 avril 1765 | 340 |
| 259 | Louis XV au comte de Broglie. — 20 avril 1765 | 340 |
| 260 | Louis XV au comte de Broglie. — 24 avril 1765 | 341 |
| 261 | Louis XV au comte de Broglie. — 21 mai 1765 | 341 |
| 262 | Louis XV à Tercier. — 25 mai 1765 | 341 |
| 263 | Louis XV à Tercier. — 28 mai 1765 | 342 |
| 264 | Louis XV à Tercier. — 15 juin 1765 | 342 |
| 265 | Louis XV à Tercier. — 20 juin 1765 | 342 |
| 266 | Ordre de Louis XV au sieur Rossignol. — 21 juin 1765 | 343 |
| 267 | Louis XV à Tercier. — 29 juin 1765 | 343 |
| 268 | Louis XV à Tercier. — 30 juin 1765 | 344 |
| 269 | Louis XV à Tercier. — 27 juillet 1765 | 344 |
| 270 | Louis XV à Tercier. — 10 août 1765 | 344 |
| 271 | Louis XV à Tercier. — 29 août 1765 | 345 |
| 272 | Louis XV à Tercier. — 7 septembre 1765 | 345 |
| 273 | Louis XV à Tercier. — 19 septembre 1765 | 345 |
| 274 | État des sommes payées par le Roi, en 1765, pour la correspondance secrète | 346 |
| 275 | Louis XV à Tercier. — 22 septembre 1765 | 346 |
| 276 | Louis XV à Tercier. — 27 septembre 1765 | 347 |
| 277 | Louis XV à Tercier. — 28 septembre 1765 | 347 |
| 278 | Louis XV à Tercier. — 13 octobre 1765 | 347 |
| 279 | Louis XV à Tercier. — 24 et 30 novembre 1765 | 348 |
| 280 | Louis XV à Tercier. — 11 décembre 1765 | 348 |
| 281 | Louis XV à Tercier. — 1er mars 1766 | 348 |
| 282 | Louis XV à Tercier. — 21 mars 1766 | 349 |

## TABLE.

| Nos | | Pages. |
|---|---|---|
| 283 | Louis XV à Tercier. — 24 mars 1766. | 349 |
| 284 | Louis XV à Tercier. — 30 mars 1766. | 349 |
| 285 | Ordre de Louis XV relatif au chevalier d'Éon. — 1er avril 1766. | 349 |
| 286 | Louis XV à Tercier. — 15 avril 1766. | 350 |
| 287 | Louis XV à Tercier. — 14 mai 1766. | 350 |
| 288 | Louis XV à Tercier. — 31 mai 1766. | 350 |
| 289 | Louis XV à Tercier. — 12 octobre 1766. | 351 |
| 290 | Louis XV à Tercier. — 18 octobre 1766. | 351 |
| 291 | Louis XV à Tercier. — 10 novembre 1766. | 351 |
| 292 | Louis XV à Tercier. — 16 novembre 1766. | 351 |
| 293 | Louis XV à Tercier. — 8 décembre 1766. | 352 |
| 294 | Louis XV au comte de Broglie. — 24 janvier 1767. | 352 |
| 295 | Louis XV au comte de Broglie. — 26 janvier 1767. | 352 |
| 296 | Louis XV au comte de Broglie. — 26 janvier 1767. | 353 |
| 297 | Louis XV au comte de Broglie. — 6 février 1767. | 354 |
| 298 | Louis XV au comte de Broglie. — 12 février 1767. | 354 |
| 299 | Louis XV au comte de Broglie. — 16 février 1767. | 355 |
| 300 | Louis XV au comte de Broglie. — 19 février 1767. | 356 |
| 301 | Louis XV au comte de Broglie. — 20 février 1767. | 356 |
| 302 | Louis XV au comte de Broglie. — 13 mars 1767. | 357 |
| 303 | Louis XV au comte de Broglie. — 24 mars 1767. | 357 |
| 304 | Louis XV au comte de Broglie. — 2 avril 1767. | 357 |
| 305 | Louis XV au comte de Broglie. — 3 avril 1767. | 358 |
| 306 | Louis XV au comte de Broglie. — 16 avril 1767. | 358 |
| 307 | Louis XV au comte de Broglie. — 22 avril 1767. | 358 |
| 308 | Louis XV au comte de Broglie. — 1er mai 1767. | 359 |
| 309 | Louis XV au comte de Broglie. — 23 août 1767. | 359 |
| 310 | Louis XV au comte de Broglie. — 20 septembre 1767. | 360 |
| 311 | Louis XV au comte de Broglie. — 4 janvier 1768. | 360 |
| 312 | Louis XV au comte de Broglie. — 8 janvier 1768. | 360 |
| 313 | Louis XV au comte de Broglie. — 29 janvier 1768. | 361 |
| 314 | Louis XV au comte de Broglie. — 12 mars 1768. | 361 |
| 315 | Louis XV au comte de Broglie. — 6 mai 1768. | 361 |
| 316 | Louis XV au comte de Broglie. — 8 mai 1768. | 362 |
| 317 | Louis XV à M. de Saint-Priest. — 13 mai 1768. | 362 |
| 318 | Louis XV au comte de Broglie. — 24 mai 1768. | 363 |
| 319 | Louis XV au comte de Broglie. — 12 juin 1768. | 363 |
| 320 | Louis XV au comte de Broglie. — 28 juin 1768. | 363 |
| 321 | Mémoire secret de M. de Vergennes au Roi sur la politique de la France en Turquie. — Juin 1768. | 364 |
| 322 | Le comte de Broglie à Louis XV. — 11 juillet 1768. | 396 |

| Nos | | Pages. |
|---|---|---|
| 323 | Instructions secrètes de Louis XV à M. de Breteuil, ambassadeur en Hollande. — 24 juillet 1768. | 397 |
| 324 | Louis XV à M. de Breteuil. — 24 juillet 1768. | 401 |
| 325 | Louis XV au comte de Broglie. — Juillet 1768. | 401 |
| 326 | Louis XV à M. de Breteuil. — 7 août 1768. | 402 |
| 327 | Instructions du comte de Broglie à M. de Breteuil, approuvées par le Roi. — Août 1768. | 402 |
| 328 | Louis XV au comte de Broglie. — 28 août 1768. | 404 |
| 329 | Louis XV au comte de Broglie. — 23 janvier 1769. | 405 |
| 330 | Louis XV au comte de Broglie. — 13 février 1769. | 405 |
| 331 | Le comte de Broglie à Louis XV, avec une apostille du Roi. — 10 mars 1769. | 405 |
| 332 | Louis XV au comte de Broglie. — 22 mars 1769. | 407 |
| 333 | Louis XV au comte de Broglie. — 16 mai 1769. | 407 |
| 334 | Louis XV au comte de Broglie. — 18 septembre 1769. | 408 |
| 335 | Louis XV au comte de Broglie. — 21 mars 1770. | 408 |
| 336 | Ordre de Louis XV relatif au sieur Girault. — 5 mai 1770. | 409 |
| 337 | Louis XV au comte de Broglie. — 6 juin 1770. | 409 |
| 338 | Note secrète de M. Durand à Louis XV sur l'archiduchesse Élisabeth. — Juin 1770. | 410 |
| 339 | Louis XV au comte de Broglie. — 27 septembre 1770. | 411 |
| 340 | Louis XV au général Monnet. — 28 octobre 1770. | 411 |
| 341 | Louis XV au Roi d'Espagne. — Fin de décembre 1770. | 412 |
| 342 | Louis XV au comte de Broglie. — 23 janvier 1771. | 414 |
| 343 | Louis XV au Roi d'Espagne. — Fin de janvier 1771. | 414 |
| 344 | Louis XV au comte de Broglie. — 14 février 1771. | 418 |
| 345 | Louis XV au comte de Broglie. — 2 mars 1771. | 419 |
| 346 | Louis XV au comte de Broglie. — 18 mars 1771. | 419 |
| 347 | Louis XV au comte de Broglie. — Avril 1771. | 419 |
| 348 | Louis XV au comte de Broglie. — 26 avril 1771. | 420 |
| 349 | Louis XV aux sieurs Chrétien. — 10 mai 1771. | 421 |
| 350 | Louis XV au comte de Broglie. — 9 juin 1771. | 421 |
| 351 | Le comte de Broglie à Louis XV. — 25 mai 1771. | 422 |
| 352 | Le comte de Broglie à Louis XV. — 25 juin 1771. | 424 |
| 353 | Le comte de Broglie à Louis XV. — 12 juillet 1771. | 426 |
| 354 | Ordre de Louis XV relatif au sieur Lebas. — 30 octobre 1771. | 428 |
| 355 | Louis XV à M. Durand. — 27 novembre 1771. | 428 |
| 356 | Louis XV à M. de Breteuil. — 27 novembre 1771. | 429 |
| 357 | Louis XV au comte de Broglie. — 12 janvier 1772. | 430 |
| 358 | Louis XV au comte de Broglie. — 8 mai 1772. | 430 |
| 359 | Le comte de Broglie au chevalier d'Éon, avec l'approuvé du Roi. — 11 mai 1772. | 430 |

| Nos | | Pages. |
|---|---|---|
| 360 | Mémoire du comte de Broglie à Louis XV sur la paix du Nord, le démembrement de la Pologne, et les suites que ces événements peuvent et doivent avoir sur le système politique de la France. — Remis le 7 juin 1772. | 432 |
| 361 | Louis XV au comte de Broglie. — 1er mai 1772. | 445 |
| 362 | Louis XV au comte de Broglie. — 3 juillet 1772. | 445 |
| 363 | Louis XV au comte de Broglie. — 27 juillet 1772. | 445 |
| 364 | Louis XV au comte de Broglie. — 29 mars 1773. | 446 |
| 365 | Le comte de Broglie à Louis XV. — 14 avril 1773. | 446 |
| 366 | Mémoires sur la politique étrangère, remis par M. de Broglie à Louis XV, du 16 avril à la fin d'août 1773. | 447 |
| | *Introduction*. | 447 |
| | *Section Ire*. — De la situation actuelle de la France dans le système politique de l'Europe. | 455 |
| | I. — De la situation actuelle de la France dans le système politique de l'Europe relativement à la puissance militaire. | 456 |
| | II. — De la situation actuelle de la France dans le système politique relativement à la puissance fédérative. | 464 |
| | *Section II*. — De la position respective des puissances de l'Europe à l'égard de la France. | 472 |
| | I. — De la Suède. | 472 |
| | II. — Du Danemark. | 478 |

FIN DE LA TABLE DU PREMIER VOLUME.

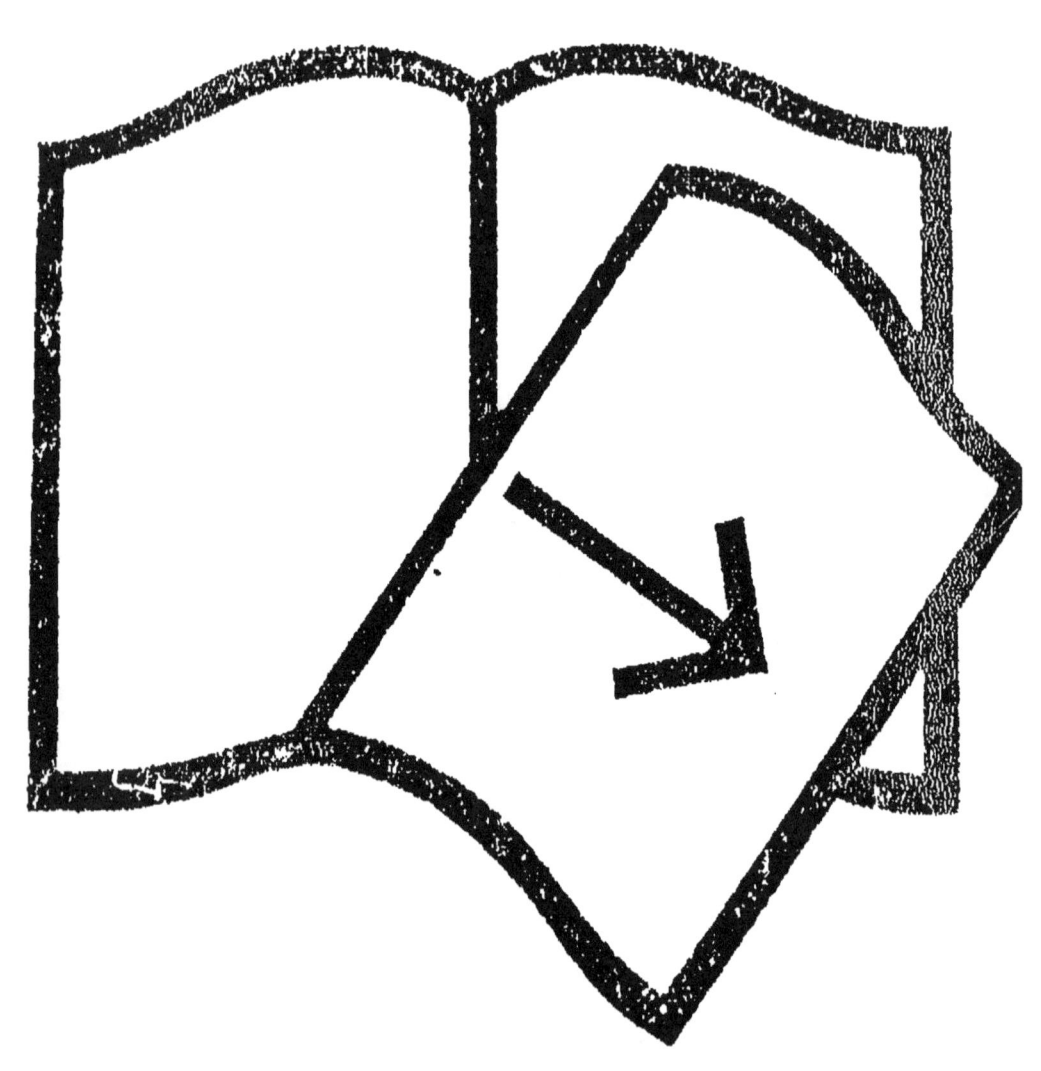

Couvertures supérieure et inférieure manquantes

www.ingramcontent.com/pod-product-compliance
Lightning Source LLC
Chambersburg PA
CBHW071706230426

43670CB00008B/928